中國民間故事史

先秦至隋唐五代篇

祁連休——著

導言

祁連休

民間故事有廣義與狹義之分。廣義的民間故事指所有的散文體口頭敘事文學，包含神話、民間傳說和狹義的民間故事。狹義的民間故事則是除去神話、民間傳說的散文體口頭敘事文學，它通常分為幻想故事、寫實故事（又稱「生活故事」）、民間笑話、民間寓言四個門類。

本書的起迄時間為先秦至清末，並不涉及現代和當代。

中國民間文學史研究，是整個中國文學史研究的一個薄弱環節；而中國民間故事史研究，又是中國民間文學史研究的一個薄弱環節。對於中國故事學界的同仁而言，加強中國民間故事史研究，可謂任重道遠。

民間文學不同於作家文學，而有其特殊性。民間故事在民間文學的各種體裁中，也有其特殊性。如同編纂中國文學史、中國民間文學史一樣，中國民間故事史可以有各種各樣的寫法，可以作各種各樣的探索與嘗試。筆者力圖按中國民間故事本身的特點來撰寫這一部民間故事史，以充分展示中國歷代民間故事作品為主旨，希望讀者見到的這部著作，不但能夠儘量充分地揭示出中國古代民間故事多彩多姿的面貌，而且突出其不同於一般筆記小說、通俗小說的民間文學特徵。為此：

1，本書以展示見諸歷代各種古籍文獻的不同門類、不同題材的民間故事為主線來撰寫這一部中國民間故事史，而不是以展示歷代記載民間故事的古籍文獻為主線。因為本書揭示的是中國民間故事的發展史，而不是以作家文學為主的中國文學史。

2，本書在梳理中國民間故事發展史的時候，除了以大部分篇幅展示歷代的民間故事作品之外，還用一定的篇幅來展示與其密切相關的民間故事類型的發展史以及展示民間故事的記錄史、編選史等，讓這部著作盡量具備民間故事史應有的內容和特點。

中國古代的民間故事浩如煙海，數量極大。可是，很難找到記載民

間故事的專書。中國歷代的民間故事大都分別收進各種古籍文獻，尤其是各種筆記小說之中。長期以來，它們往往被研究者視為志怪小說、軼事小說、諧謔小說等。筆者在撰寫本書的過程中，首先要解決一個作品的鑑別問題，自始至終都要不斷從各種古籍文獻中鑑別出被歷代文人錄寫的比較本色的民間故事，以及雖有一定的藝術加工但仍然保存基本面貌的民間故事，以便進行梳理、分析和論述。對此，儘管學界已經做過不少探索和嘗試，卻仍然具有一定的挑戰性。筆者認為，從古籍文獻中分辨出民間故事，大致有兩種鑑別方法：1，以符合民間故事的基本特徵（包括思想內容、藝術風格、敘事特點、結構模式等）以及流傳變異、故事類型的相關特徵為準繩，這是最主要的鑑別方法。而在區分民間故事與民間傳說方面，則可以有相當的靈活性，因為兩者之間存在著一定的模糊帶，要想將它們十分準確地區分開來，並不很容易。2，運用各種參照的方法進行鑑別：以各種已有定評的古代民間故事作為參照；以中國各民族現當代口傳民間故事作為參照；以外國民間故事作為參照，等等。

在撰寫本書的過程中，尚需解決一個作品的斷代問題。筆者採取的方法是根據作品記錄的年代來斷定作品的年代。這種斷代方法，是一種比較簡便易行的方法，也是一種大致可靠的方法。何況很難找到一種可以取代它的更好的斷代方法。一般來講，以記錄民間故事的時間來斷定其年代，雖然不一定很準確，可能會有一些誤差，但出入不會太大。正如我們將被記錄下來的現代人所講的民間故事視為現代民間故事，把被記錄下來的當代人所講的民間故事視為當代民間故事一樣。

中國民間故事的發展史時間漫長，有文獻資料可以稽考者，上自春秋末年，下迄清末民初，歷時兩千多載。根據中國民間故事發展史的實際情況，並且為了詳細敘述的方便，本書共分為四冊，第一冊又分三編：第一編先秦兩漢時期（約前519-220），跨度七百多年。這一個時期是中國民間故事的萌生時期。此時，各個門類的民間故事均已出現，並且有不同程度的發展。其中，以民間寓言最為耀眼，成為中國民間故事發展史上的一個不可企及的高峰。第二編魏晉南北朝時期（220-589），跨度三百六十多年。這是中國民間故事開始走向成熟的一個時期。此時，各種門類的民間故事都有了一定的發展，逐漸成熟。其中，幻想故事奇峰突起，出現許

多名篇佳製，充分顯示出中國民間故事的風采和魅力。第三編隋唐五代時期（581-960），跨度近四百年。這個時期的民間故事仍以幻想故事最為突出，成為魏晉南北朝之後中國民間故事的又一座豐碑。與此同時，寫實故事也有較為顯著的發展，是這個時期民間故事的另一個亮點。相比之下，這個時期的民間笑話與民間寓言的發展則較為緩慢。第二冊宋元時期（960-1368），跨度四百餘年，是中國民間故事發展史上的一個承上啟下的重要時期。這個時期，幻想故事、寫實故事、民間笑話、民間寓言的發展都比較均衡，成就卓著，為明清時期中國民間故事的大發展奠定了堅實的基礎。第三冊明代時期（1368-1644），跨度兩百七十多年。這個時期的幻想故事、寫實故事、民間笑話均有較大的發展，民間笑話的發展尤其顯著，成為中國民間笑話發展的頂峰，十分引人注目。第四冊清代時期（1616-1911），跨度近三百年。這是中國民間故事全面繁榮的時期，各種門類的民間故事的發展均非常顯著，幻想故事和寫實故事的發展更為突出。清代又是中國民間故事由古代進入現當代的一個過渡時期。這個時期民間故事的全面繁榮，為中國現當代口傳民間故事的大發展從多方面提供了可靠保障。

目次

第一編　先秦兩漢時期的民間故事

在中國的散文體民間敍事文學作品（包括神話、民間傳說、民間故事）裡面，民間故事產生較晚。民間故事是從神話、民間傳說脫胎而來的，經過相當長的時期才逐漸發展成為一種獨立的民間文學體裁。到了春秋、戰國時期，中國民間故事才開始在各社會階層中口耳相傳，輾轉流布，日益為廣大平民百姓所喜愛，並且引起諸多有才學之士的注視，不斷被他們錄寫成文字，因而得以傳於後世。

先秦時期，在民眾中已經湧現出一些民間故事的熱心編創者和傳承人。這無疑是中國民間故事走向獨立的一個重要標誌。對於他們編講、傳播民間故事的活動，先秦時期的古籍文獻已屢見記載。譬如：

> 齊諧[1]者，志怪者也。諧之言曰：「鵬之徙於南冥也，水擊三千里，摶扶搖而上九萬里，去以六月息者也。」
>
> 《莊子·雜篇·外物》，「齊諧者志怪者也」

> 任公子為大鉤巨緇，五十犗以為餌，蹲乎會稽，投竿東海，旦旦而釣，期年不得魚。已而大魚食之，牽巨鉤錎沒而下，騖揚而奮鬐，白波若山，海水震盪，聲侔鬼神，憚赫千里。任公子得若魚，離而臘之，自製河以東，蒼梧以北，莫不厭若魚者。已而後世輇才諷說之徒，皆驚而相告也。
>
> 《莊子·雜篇·外物》，「任公子釣大魚」

> 終髮北之北有溟海者，天池也有魚焉。其廣數千里，其長稱焉，其名為鯤。有鳥焉，其名為鵬，翼若垂天之雲，其體稱焉。世豈知有此物哉？大禹行而見之，伯益知而名之，夷堅聞而志之。
>
> 《列子·湯問》，「夷堅聞而志之」

以上引文中的「齊諧」、「輇才諷說之徒」、「夷堅」以及《孟子·萬章》中提及的「齊東野人」等，無論是民間傳說人物，還是無名氏，

---

[1] 齊諧：一作書名。《莊子》成玄英疏云：「姓齊名諧，人姓名也；亦言書名也。齊國有此俳諧之書也。」

他們無一不是這個時期生活在人民群眾裡面的民間故事的編創者和傳承人的代表。他們到了後世甚至成為民間故事編創者和傳承人，或者民間故事的代稱。例如，〔南朝宋〕東陽無疑撰《齊諧記》、〔南朝梁〕吳均撰《續齊諧記》、〔宋〕洪邁撰《夷堅志》、〔宋〕周密撰《齊東野語》、〔金〕元好問撰《續夷堅志》、〔元〕無名氏撰《湖海新聞夷堅續志》、〔清〕袁牧撰《新齊諧》（後改名為《子不語》）等的書名，均與此有關。經過時間的沖刷，這些民間故事的編創者和傳承人大都成為難以稽考的佚名氏。先秦時期以及其後歷朝歷代的民間故事，都是由他們這些既熟悉生活，又熟悉民間文學技巧，熱愛民間故事的人編創和加工，或者經他們口傳心授而得以廣為流布的。

先秦時期的民間故事，因為尚處於萌生階段，並不像後世的民間故事那樣興盛，那樣豐富多彩，但已粗具規模，包含幻想故事、寫實故事、民間笑話、民間寓言等各種門類，只是被錄寫成文字流傳下來的作品數量不太多。如今能夠見到的，主要是保存在先秦諸子著作當中的民間故事，其中大部分是民間寓言。這與先秦諸子著作採錄民間故事的取向密切相關。因為儒、道、墨、法、名等各派學者的著作錄寫民間故事的目的，大都是藉以闡述自己的學術觀點和政治主張，比較看中那些蘊含一定寓意的作品，他們的首選自然是民間寓言。

兩漢時期的民間故事依舊處於萌生階段，數量也比較少，甚至還不及先秦時期多，然而卻出現了一些不同於先秦時期的變化：一是民間寓言大為減少，幻想故事的數量明顯增加，民間故事各門類的比重有相當變化；一是錄寫民間故事的典籍漸趨多元化，除了西漢初年屬諸子百家體系的著作韓嬰撰《韓詩外傳》、劉安及其門客蘇非等撰《淮南子》、劉向撰《新序》和《說苑》外，尚有史書司馬遷撰《史記》、班固撰《漢書》，理論著作陸賈撰《新語》、賈誼撰《新書》、桓譚撰《新論》、王充撰《論衡》、王符撰《潛夫論》、荀悅撰《申鑒》、牟融撰《牟子》以及其他著作如應劭撰《風俗通義》、陳寔撰《異聞記》等。

第一章　先秦兩漢的民間寓言

第一節　先秦的民間寓言

先秦時期，主要是戰國時期，被學界譽為中國寓言文學創作的黃金時代。先秦諸子著作包括儒家的《論語》、《孟子》、《荀子》，道家的《莊子》、《列子》[2]，墨家的《墨子》，名家的《尹文子》[3]，法家的《韓非子》、《慎子》、《申子》，雜家的《呂氏春秋》、《尸子》，縱橫家的《戰國策》、《闕子》，雜糅儒家、墨家思想的《晏子春秋》以及史籍《左傳》、兵書《孫子》等，均載有數量不等的寓言，其中的寓言大部分屬民間寓言範疇——或者是從民眾當中採錄的民間寓言，或者是由民間寓言加工而成的作品，在不同程度上帶有民間寓言的特色。只有較少的一部分作品是作者創作的，譬如《莊子·外篇·秋水》「魚之樂」、《莊子·雜篇·外物》「詩禮發塚」、《墨子·耕柱》「為義」、《墨子·所染》「染絲」、《韓非子·內儲說上》「慈棗之功」、《韓非子·說林下》「操弓」、《呂氏春秋·審應曉·不屈》「蝗螟」。

先秦時期的民間寓言，數量超過其後歷代的民間寓言，千姿萬態，意味深長，堪稱中國民間故事發展史上的第一座豐碑。這個時期的民間寓言，大多為人事寓言。而在數量不多的擬人寓言裡面，幾乎都是動物寓言，其他的擬人寓言極少。這同現當代民間寓言的擬人寓言為主，人事寓言較少的格局截然相反。這或許與早期的民間故事由神話、民間傳說脫胎而來，作者想像力尚欠發達，藝術虛構的運用尚不太熟練相關。

---

[2] 《列子》相傳為〔戰國〕列禦寇撰。早佚。今本《列子》八篇，係〔東晉〕張湛輯錄、增補。可能存有原書佚文，學界大都認為是魏晉時的作品，亦有人認為作於東漢。但也有人認為它並非偽書。由於聚訟紛紜，莫衷一是，本書暫將其放在先秦時期論析。

[3] 《尹文子》的作者為〔戰國〕尹文，屬名家。其學說採合了儒、墨、道、法各家的觀點。此書殘存兩卷，學界有人疑為魏晉間人偽託，有人則以為無庸置疑。本書亦將此書放在先秦時期論析。

一、先秦民間寓言中的人事寓言

先秦時期民間寓言中的人事寓言，以題材來劃分，有兩大類：一類取材於神話，或者取材於歷史故事與民間傳說；一類取材現實生活。前者的比重超過後者，而以取材於歷史故事與民間傳說的作品最為突出。取材於歷史故事與民間傳說的人事寓言，只有一小部分作品虛構成分較少，大體上接近於歷史事實。諸如《左傳·宣公二年》「桑下餓人」、《國語·周語上》「川壅必潰」、《韓非子·喻老》「唇亡齒寒」、《呂氏春秋·孟春記·去私》「祁黃羊舉賢」《呂氏春秋·不苟論·當賞》「不賞陶狐」、《戰國策·魏策一》「知伯索地」等等。其中的大部分作品則包含較多的虛構成分，民間傳說的色彩濃郁，譬如，《莊子·外篇·田子方》「魯少儒」：

> 莊子見魯哀公，哀公曰：「魯多儒士，少為先生方者。」莊子曰：「魯少儒。」哀公曰：「舉魯國儒服，何謂少乎？」莊子曰：「周聞之，儒者冠圜冠者，知天時；履句屨者，知地形；緩（『綬』之誤）佩玦者，事至而斷。君子有其道者，未必為其服也。為其服者，未必知其道也。公固以為然，何不號於國中曰：『無此道而為此服者，其罪死！』」
>
> 於是哀公號之五日，而魯國無敢儒服者。獨有大丈夫，儒服而立乎公門。公即召而問以國事，千轉萬變而不窮。莊子曰：「以魯國而儒者一人耳，可謂多乎？」

這一則寓言說明，真正有學識、有道術的儒者，是不露形跡的。世人不應該被假象所迷惑。這則寓言不但故事情節出自虛構，而且人物關係也出自虛構，魯哀公與莊周雖然都是歷史人物，但前者比後者早一百多年，彼此相見乃是民間傳說的構思。又如，《韓非子·喻老》「扁鵲見蔡桓公」，其故事情節與人物關係亦出自虛構，扁鵲乃春秋末戰國初的名醫[4]，

---

[4] 方于長桑君，因他如醫術高明，被世人尊稱為「扁鵲」。

與蔡桓公（前714～前707在位）相距二百多年，兩人是不可能聚在一起的。《新序‧雜事二》「扁鵲見齊桓侯」，故事情節與此則相同，接受診治的則是齊桓公（前711～前694在位）。這則故事的求醫者，《昭明文選》的〈七發〉注、〈養生論〉注均引作晉桓公（前388～前369在位）。這些作品中的人物多次更替，更顯示出民間傳說流傳變異的特徵。

1.先秦時期取材於神話、歷史故事與傳說的人事寓言

這個時期取材於神話的人事寓言，或者採用舊有的神話故事情節，或者憑藉神話人物新編故事，各有不同，所涉及的神話人物僅有渾沌、夸父、羿、河伯等幾位，作品的數量也比較少。試看：

> 南海之帝為儵，北海之帝為忽，中央之帝為渾沌。儵與忽時相遇於渾沌之地，渾沌待之甚善。儵與忽謀報渾沌之德，曰：「人皆有七竅，以視、聽、食、息，此獨無有，嘗試鑿之。」日鑿一竅，七日而渾沌死。
>
> 《莊子‧內篇‧應帝王》，「渾沌之死」

這一則寓言說明，違背客觀規律，盲目蠻幹，好心辦壞事，必定沒有好的結果，甚至釀成悲劇。通篇作品文字簡樸，其描寫卻頗為生動，在先秦時期的民間寓言當中具有一定的代表性。

此外尚有批評不善擇人的《孟子‧離婁下》「逄蒙殺羿」、譏笑盲目自大的《莊子‧外篇‧秋水》「望洋興嘆」、稱頌矢志不移堅強毅力的《列子‧湯問》「夸父逐日」、倡導相互配合、相互支持的《胡非子》佚文「弓矢相濟」等。

這個時期取材於歷史故事與民間傳說的人事寓言，數量相當大，視野十分開闊，涉及的人物眾多，君王有商周時期的成湯、紂王、周武王、周幽王，春秋時期的齊莊公、秦襄公、鄭武公、衛莊公、蔡桓侯、魯莊公、齊桓公、衛文公、秦穆公、晉文公、楚莊王、燕昭公、衛獻公、楚康王、衛靈公、宋元公、魯哀公、吳王闔廬、越王勾踐，戰國時期有齊宣王、魏文侯、秦惠公、魏武侯、宋康王、魏惠王、齊威王、韓昭侯等。文臣式將

有商周時期的伊尹、比干，春秋時期的齊相管仲、齊大臣鮑叔、齊將觸子、楚大夫孫叔敖、楚將養由基、晉大夫祁奚、智伯、趙簡子、趙襄子、彌子瑕、魯相公孫儀、叔孫豹、魯大夫邱成子、魏將吳起、鄭相子產、鄭大夫鄧析、宋大臣子罕、高陽應、秦大夫百里奚、公孫枝、吳大夫伍子胥、越大夫范蠡，戰國時期的齊相鄒忌、魏相李悝、魏大臣龐恭、史起、魏敬、魏將樂羊、宋相唐鞅、韓大臣段喬、秦相張儀、秦大夫司馬唐、許涫等。各派學者有老子、孔子、墨子、列子、莊子、尹文、楊朱以及各派弟子顏回、子貢、曾參、巫馬期、子遊、子牢、冶徒、縣子碩等。賢人隱士有列精子高、溫伯雪子、義蒔、田邑、段於木等。藝術人才有師曠、俞伯牙、師襄、瓠巴、韓娥等。名醫有扁鵲、醫竘等。工匠能人有公輸般、梓慶、歐冶、庖丁、匠石、輪扁、伯樂、九方皋、王良、東野稷等。作品的內容包括治國理政、為官處世、識才用人、治學態度、思想方法等許多方面，寓意大多較為深刻，往往能從不同的角度給人以啟迪和鞭策。

有關治國理政的寓言，往往通過發生在君王身邊的各種事件來闡述治國安邦的道理，從不同的角度向主政者提出忠告。試看，

> 昔者，楚靈王好士細要（腰）。故靈王之臣，皆以一飯為節，脅息然後帶，扶牆然後起。比期年，朝有黧黑之色。
>
> 《墨子·兼愛中》「楚王好細腰」

> 昔者，紂為象箸而箕子怖。以為象箸必不加於土鉶，必將犀玉之杯；象箸、玉杯，必不羹菽藿，則必旄象、豹胎；旄象、豹胎，必不衣短褐而食於茅屋之下，則錦衣九重，廣室高臺。「吾畏其卒，故怖其始。」居五年，紂為肉圃，設炮烙，登糟丘，臨酒池，紂遂以亡。——故箕子見象箸以知天下之禍。故曰：「見小曰明。」
>
> 《韓非子·喻老》，「紂為象箸」

前一則寓言，說明上有所好，下必甚焉，倘若君王的行為出現偏差，就可能出現意想不到的嚴重後果，值得格外警惕。後一則寓言，說明大災

難往往是由小貪欲一步步發展而來的。見微知著。太師箕子從使用象牙筷子的生活細節便窺見殷紂王的奢侈放縱、荒淫無度必然帶來滅亡的結局。為政者不能引以為戒。此類寓言尚有諷刺喜歡奉承、貪圖虛名的《尹文子・上篇》「宣王好射」、贊許開放言路，反對偏聽誣陷的《韓非子・內儲說下》「宰臣上炙」、責備聽信讒言者不辨真偽、是非的《韓非子・內儲說上》「三人言市有虎」、提倡君王應聽取賢臣之言，從善如流的《韓非子・外儲說左上》「齊桓公好紫服」，批判憑一時愛憎對臣屬毀譽無常的《韓非子・說難》「彌子瑕失寵」、褒揚君王賞罰適度的《呂氏春秋・不苟論・當賞》、揭露居高位者玩忽法令以致失信於民、身敗名裂的《呂氏春秋・慎行論・疑似》「幽王擊鼓」、指責因貪心而輕信謊言，造成決策失誤的《呂氏春秋・孝行覽・必己》「竭池求珠」、稱譽君王堅守信用，不輕慢臣僚的《戰國策・魏一》「文侯期獵」、告誡為政不可聽從似是而非的見解，否則後果堪憂的《戰國策・秦二》「扁鵲見秦武王」等。

有關為官處世的寓言，大多從正反兩個方面闡述當官從政和為人處世的各種準則，表達肅清官場積弊，淨化社會風氣的良好願望。試看：

> 宋之鄙人，得璞玉而獻之子罕，子罕不受。
>
> 鄙人曰：「此寶也，宜為君子器，不宜為細人用。」
>
> 子罕曰：「爾以玉為寶，我以不受子玉為寶。」
>
> 是鄙人欲玉，而子罕不欲玉。故曰：「欲不欲，而不貴難得之貨。」
>
> 　　　　　　　　　　　　《韓非子・喻老》，「子罕不受玉」

> 墨者有鉅子腹䵍居秦，其子殺人。
>
> 秦惠王曰：「先生之年長矣，非有他子也。寡人已令吏弗誅矣。先生之以此聽寡人也。」
>
> 腹䵍對曰：「墨者之法曰：『殺人者死，傷人者刑。』此所以禁殺傷人也。夫禁殺傷人者，天下大義也。王雖為之賜，而令吏弗誅，腹䵍不可不行墨子之法。」
>
> 不許惠王，而遂殺之。

人之所私也，忍其所私以行大義，鉅子可謂公矣。

《呂氏春秋‧孟春紀‧去私》「腹䵍殺子」

　　前一則寓言出自《左傳‧襄公十五年》，文字較為簡練。它通過宋相國子罕的行為表明，品德高潔的人不存任何貪念，而以廉潔自律為理念。《韓非子‧外儲說右下》「公孫儀不受魚」的題旨與此則相似，它進一步說明為官應潔身自處，貪圖非分，必將自毀。後一則寓言以墨家學派大師腹䵍大義滅親的行為表明，徇私勢必枉法，執法必須大公無私。此類寓言，尚有讚揚知過能改，因而大有作為的《晏子春秋‧內篇雜上》「禦者」、褒獎重視親情與道義，輕視財物與利害的《莊子‧外篇‧山水》「林回棄璧」、譴責虛情假意惡劣世風的《莊子‧雜篇‧外物》「莊周貸粟」、告誡人們不可驕傲自滿，應處處謙虛謹慎的《荀子‧宥坐》「欹器」、勸人遠離被親信左右而反復無常者的《韓非子‧說林上》「魯丹去中山」、說明讒言可畏，讓世人應有所防範的《韓非子‧說林上》「樂羊食子」、主張遠離阿諛奉承，以人為鏡的《呂氏春秋‧恃君覽‧達鬱》「列精子高窺井」、批評不聽忠告，自以為是的《呂氏春秋‧似順論‧別類》「高陽應為室」、提倡人貴有自知之明，切莫為諛辭蒙蔽的《戰國策‧齊策一》「鄒忌比美」、揭露偽君子醜惡面目的《戰國策‧齊策四》「田駢不宦」等。

　　有關識才用人的寓言，反復闡述只有積極、慎重地發現人才，給以信任，放手使用，方能充分發揮人才的積極性，不讓魚目混珠者、嫉賢妒能者得逞。試看：

　　宋元君將畫圖，眾史皆至，受揖而立；舐筆和墨，在外者半。有一史後至者，儃儃然不趨，受揖不立，因之舍。公使人視之，則解衣般礡，裸。君曰：「可矣，是真畫者也。」

《莊子‧外篇‧田子方》

　　孔子窮乎陳、蔡之間，藜羹不糝，七日不嘗粒，晝寢。顏回索米，得而爨之，幾熟，孔子望見顏回攫其甑中而食之。選間食熟，謁孔子而進食。孔子佯為不見之。孔子起曰：「今者夢見先君，食

中國民間故事史——先秦至隋唐五代篇　020

潔而後饋。」顏回對曰：「不可！向者煤炱入甑中，棄食不祥，回攫而飲之。」孔子歎曰：「所信者目也，而目猶不可信；所恃者心也，而心猶不足恃。弟子記之，知人固不易矣！」故知非難也，孔子之所以知人難也。

《呂氏春秋‧審分覽‧任數》，「顏回攫甑」

　　前一則寓言，以春秋時期宋元君不為那些裝模作樣的畫工所欺瞞，發現了一個有真本領的畫工的實例，說明識人絕非易事，只有獨具慧眼，方能去偽存真，鑒別出有用的人才。後一則寓言，通過孔子對弟子顏淵的一次誤會，闡明「知人固不易」，切不可主觀臆斷，被假像迷惑。此類寓言，尚有說明善於發現並扶持有用之材，在關鍵時刻就會發揮大作用的《左傳‧宣公二年》「桑下餓人」、告誡世人遇事必須深入調查研究，輕信謠言容易上當受騙的《孟子‧萬章上》「校人烹魚」、提倡用人應依據具體情況來決定的《莊子‧外篇‧山木》「不材生死」、強調識寶不易，識人更難的《韓非子‧和氏》「和氏璧」、稱頌任人唯賢、外舉不避仇，內舉不避親的《呂氏春秋‧孟春紀‧去私》「祁奚舉賢」、主張用人應讓其充分自主，切勿從旁牽制的《呂氏春秋‧審應覽‧具備》「掣肘」、提醒當政者用人行事一開始就應慎重的《管子‧小問》「傅馬棧」、提示招賢納士必得具有極大誠意的《戰國策‧燕策一》「千金求馬」、提醒為官者須當訪求賢士，遠離奉迎之輩的《宓子》「陽橋與魴」等。

　　有關治學之道的寓言，一再闡明為學應當刻苦努力，專心致志，方能精益求精，達到很高的境界，否則一事無成。試看：

　　　　弈秋，通國之善弈者也。使弈秋誨二人弈。其一人專心致志，惟弈秋之為聽；一人雖聽之，一心以為有鴻鵠將至，思援弓繳而射之。雖與之俱學，弗若之矣！為是其智弗若與？曰：非然也。

《孟子‧告子上》，「學弈」

　　　　子列子常射中矣。請之于關尹子。關尹子曰：「知子之所以中乎？」答曰：「弗知也。」關尹子曰：「未可。」

退而習之三年，又請。關尹子曰：「子知子之所以中乎？」子
列子曰：「知之矣。」關尹子曰：「可矣，守而勿失。」

《呂氏春秋‧李秋紀‧審己》，「列子學射」

　　前一則寓言，通過兩個學生治學態度的對比，說明學習不聚精會神，
專心致志，老師再高明也不會收到好效果。後一則寓言，借助列子學射的
事例說明治學不應當僅滿足於感性認識，只有刻苦鑽研，掌握規律，方能
達到精深的境界。此類寓言，尚有旨在譏嘲學習漫無目的，無所作為，
提倡學以致用的《莊子‧雜篇‧列禦寇》「屠龍術」、揭示學習不集中
精神，患得患失，必然不會取得好成績的《韓非子‧喻老》「趙襄主學
御」、讚賞為學孜孜不倦，不斷探索，終於豁然貫通的《呂氏春秋‧不苟
論‧博志》「尹儒學御」、強調學習必須練基本功，不斷進取，方能獲得
成功的《列子‧湯問》「紀昌學射」、告誡學子學無止境，須當胸懷大
志，不懈努力，切莫半途而廢的《列子‧湯問》「薛譚學謳」等。
　　有關思想方法的寓言，大都從正面或反面闡述端正思想方法對於治國
理政、為人處世的重要性，說明思想方法不正確往往會帶來危害，造成損
失。試看：

昔者海鳥止于魯郊，魯侯禦而觴之於廟，奏《九韶》以為樂，
具太牢以為膳。鳥乃眩視憂悲，不敢食一臠，不敢飲一杯，三日而
死。此以己養養鳥也，非以鳥養養鳥也。

《莊子‧外篇‧至樂》，「魯侯養鳥」

伯樂教二人相踶馬，相與之簡子廄觀馬。其一人從後而循之，
三撫其尻，而馬不踶，此自以為失相。其一人曰：「子非失相也。
此其為馬也，踒肩而腫膝。夫踶馬也者，舉後而任前；腫膝不可任
也，故後不舉。子巧于相踶馬，而拙于任腫膝。」

《韓非子‧說林下》，「相踶馬」

　　前一則寓言，由養鳥問題說明辦事須當考慮對象，倘若不從實際出

發，主觀行事，儘管用心良苦也不會有好的結果。後一則寓言，由識別踢人的烈馬說明忽視事物相互關聯的特點，不全面觀察和考慮問題，就可能出偏差。此類寓言，尚有譏笑不顧自身條件而盲目模仿他人的《莊子・外篇・天運》「醜女效顰」、倡導善於分析和思索，不要被表面現象迷惑的《莊子・外篇・田子方》「魯少儒」、說明採用以緩濟急、捨近求遠的辦法與事無補的《韓非子・說林上》「遠水不救近火」、主張遇見緊急事務必冷靜處置，盲目衝動大多適得其反的《韓非子・外儲說左上》「釋車而走」、稱讚善於吸取教訓，及時改正過失的《戰國策・楚策四》「亡羊補牢」、揭示實際行動與主觀願望相悖，任何努力都達不到目標的《戰國策・魏策四》「南轅北轍」等。

2.先秦時期取材於日常生活的人事寓言

這個時期取材於日常生活的人事寓言，其數量顯然不如取材於歷史故事與民間傳說的人事寓言多，其內容的豐富程度亦不及取材於歷史故事與民間傳說的人事寓言。但是，它們取材於當時的社會生活和家庭生活，生活氣息濃厚，非常貼近普通民眾，更富有民間故事的特色和韻味，值得珍視。就總體而言，這一部分人事寓言，以治國之道、為人處世、思想方法等內容較為常見。

有關治國之道的寓言數量較少，大多沒有直接牽涉治理國家的人和事，卻可以由日常生活的各種故事引申出治國理政的道理，讓主政者受到啟迪。試看：

> 宋人有酤酒者，為器甚潔清，置表甚長，而酒酸不售。問之裡人其故。裡人云：「公之狗猛，人挈器而入，且酤公酒，狗迎而噬之，此酒所以酸而不售也。」
>
> 《晏子春秋・內篇・問上》，「狗猛酒酸」

這一則寓言，諷諭君王治國切勿讓權臣當道，阻塞賢路。《晏子春秋》記述齊景公問相國晏嬰治理國家害怕什麼？晏嬰就講了「社鼠[5]」與

5　《晏子春秋・內篇・問上》「社鼠」說的是：社廟是將木料捆紮起來再塗上泥土修成的，老鼠躲

「猛狗」兩則寓言故事，說明國家裡面也有社鼠和猛狗，那就是君王左右的小人與專權者，他們蔽善揚惡，曚騙人主，欺壓百姓，封堵賢能之士，國家怎會沒有禍患？取材於日常生活的先秦人事寓言，由此可見一斑。此類寓言，尚有倡導為政應當舉賢事能，嚴密法紀，不讓奸佞有機可乘的《墨子・尚賢上》「盜其無自出」、主張對付強暴之國不應順從、屈服的《荀子・富國》「處女遇盜」、提倡不但要有嚴刑峻法，而且必須使犯罪者去除僥倖心理的《韓非子・內儲說上》「竊金難止」、譏笑大才小用，不得用人要義的《呂氏春秋・士容論・士容》「狗乃取鼠」、嘲諷昏君問政威壓愈多，民眾愈不為其所用的《呂氏春秋・離俗覽・用民》「取道殺馬」、揭示佞臣當道必然阻礙言路，使君王閉目塞聽的《戰國策・楚策一》「狗嘗溺井」等。

有關為人處世的寓言，數量較多，大都通過發生在民眾身邊的大小趣事，闡發為人處世的道理，讓人回味無窮。試看：

> 鄰父有與人鄰者，有枯梧樹。其鄰之父言梧樹之不善也。鄰人遽伐之。鄰父因請而以為薪。其人不悅，曰：「鄰者若此其險也，豈可為之鄰哉？」此有所宥也。夫請以為薪與弗請，此不可以疑梧樹之善與不善也。
>
> 《呂氏春秋・先識覽・去宥》「枯梧樹」

> 齊有黃公者，好謙卑。有二女，皆國色。以其美也，常謙辭毀之，以為醜惡。醜惡之名遠布，年過而一國無聘者。衛有鰥夫，時冒娶之，果國色。然後曰：「黃公好謙。故毀其子不姝美。」於是爭禮之，亦國色也。國色實也，醜惡名也。此違名而得實矣。
>
> 《尹文子・大道上》，「黃公好謙卑」

前一則寓言，說明遇事無定見，思想上有偏頗，便難以作出正確的判斷。後一則寓言，說明為人處世應當實事求是，過謙不符合實際，往往

在其中，用火熏怕燒壞社廟，用水灌又怕損壞社廟的泥牆。這些老鼠之所以無法殺死，是因為躲在社廟裡的緣故。

效果不佳，甚至造成誤會，帶來損失。此類寓言，尚有強調不可忽視環境對人影響的《孟子‧滕文公下》「楚人學齊語」、指出判斷行為的好壞應以客觀效果為準繩的《莊子‧外篇‧駢拇》「臧與穀俱亡羊」、鞭撻滿口仁義道德、行為卑鄙無恥之輩的《莊子‧雜篇‧外物》「詩禮發塚」、諷刺為學者望文生義、穿鑿附會的《韓非子‧外儲說左上》「郢書燕說」、譏誚自私偏愛，不辨美醜的《呂氏春秋‧有始覽‧去尤》「魯有惡者」、揭示物以類聚，人以群分的《呂氏春秋‧孝行覽‧遇合》「逐臭之夫」、反對輕信謠諑，提倡調查研究的《呂氏春秋‧慎行論‧察傳》「穿井得一人」、揭示名人效應，申說良才冀得名人推薦的《戰國策‧燕策二》「賣駿馬」、諷刺庸人自擾的《列子‧天瑞》「杞人憂天」、頌揚團結奮鬥、矢志不移精神的《列子‧湯問》「愚公移山」等。

有關思想方法的寓言，數量亦不少，往往借助日常生活中發生故事，從正反兩個方面來闡釋提高認知能力和改善處事方法的重要性。試看：

> 齊人有好獵者，曠日持久而不得獸，入則愧其家室，出則愧對其知友州裡。惟其所以不得之故，則狗惡也。欲得良狗，則家貧無以。於是還疾耕。疾耕則家富，家富則有以求良狗，狗良則數得獸矣，田獵之獲常過人矣。非獨獵也，百事也盡然。
>
> 《呂氏春秋‧不苟論‧貴當》，「好獵者」

> 楚有祠者，賜其舍人卮酒。舍人相謂曰：「數人飲之不足，一人飲之有餘。請畫地為蛇，先成者飲酒。」一人蛇先成，引酒且飲之，乃左手持卮，右手畫蛇，曰：「吾能為之足！」未成，一人之蛇成，奪其卮，曰：「蛇固無足，子安能為之足？」遂飲其酒。為蛇足者，終亡其酒。
>
> 《戰國策‧齊策二》，「畫蛇添足」

前一則寓言，說明世間許多事物彼此關聯，相互制約，只要方法對頭，便可以從根本上解決問題。後一則寓言，說明凡事須按規律處置，切不可自作聰明，弄巧反拙。此類寓言，尚有譏諷違背自然規律，急於求

成的《孟子・公孫丑上》「揠苗助長」、告誡世人切莫盲目模仿，否則非但學不到本領，甚至會丟掉一己之長的《莊子・外篇・秋水》「邯鄲學步」、闡明不懂客觀律規，輕舉妄動，勢必張惶失措，造成悲劇的《莊子・雜篇・漁父》「畏影惡跡」、批評因名失實，徒增煩惱，乃至帶來不幸的《尹文子・大道上篇》「盜與毆」、提倡講話辦事應當實事求是，以免前後矛盾，傳為笑柄的《韓非子・難一》「自相矛盾」、既嘲諷捨本逐末、本末倒置者，又嘲諷因過分追求形式而掩蓋內容者的《韓非子・處儲說左上》「買櫝還珠」、倡導辦事必須調查研究，反對主觀臆斷，盲目行動的《韓非子・說林上》「織履者欲徙越」、指出思想僵化，墨守陳規者做事勢必徒勞無益的《呂氏春秋・慎大覽・察今》「刻舟求劍」、批評不知變通，憑經驗辦事，很容易導致失敗的《呂氏春秋・慎大覽・察今》「循表涉澭」、嘲諷辦事主觀武斷者脫離實際，荒唐可笑的《呂氏春秋・慎大覽・察今》「引嬰投江」等。

二、先秦民間寓言中的擬人寓言

擬人寓言指以生物和非生物作為擬人對象的各種寓言。此類寓言，包括動物寓言、植物寓言、非生物寓言等。在中國古代民間寓言裡面，擬人寓言數量不太多，與現當代口頭流傳的民間寓言大部分為擬人寓言，蘊藏量甚多的情況大相徑庭。在先秦時期的擬人寓言中，絕大多數為動物寓言，其他擬人寓言則甚為罕見。

先秦時期的動物寓言，擬人化的主角有：飛禽類如鵬、鸞鳳（以上為傳說中的飛禽）、蒙鳩、鷗、燕雀、尺鷃、鶄鷯鷯，走獸類如夔、蚿蚿、巨虛（以上為傳說中的走獸）、虎、豻（又作「蟸」）、麋、鹿、猿、狙（獼猴）、狐、兔、犬、豕，其他動物如鯤（傳說中的魚類）、鱉、魚、蛙、眸、蛇、蜮（兩頭蛇）、蚿（百足蟲）、虱，它們大都具有比較鮮明的個性特徵。這些寓言通過各種動物角色的言行，生動地展示了現實生活中的人情世態，傳達出作為故事編講者和傳承人的廣大民眾的感情和意願，寓意往往比較深刻，給人以啟迪和教益。試看：

埳井之鼃（蛙）……謂東海之鱉曰：「吾樂與！出跳梁乎井幹之上，入休乎缺甃之崖，赴水則接腋持頤，蹶泥則沒足滅跗。還虷蟹與科斗，莫吾能若也！且夫擅一壑之水，而跨跱埳井之樂，此亦至矣。夫子奚不時來入觀乎？」東海之鱉，左足未入，而右膝已縶矣。於是逡巡而卻，告之海曰：「夫千里之遠，不足以舉其大；千仞之高，不足以極其深。禹之時，十年九潦，而水弗為加益；湯之時，八年七旱，而崖不為加損。夫不為頃久推移，不以多少進退者，此亦東海之大樂也。」於是埳井之鼃聞之，適適然驚，規規然自失也。

《莊子・外篇・秋水》，「埳井之蛙」

虎求百獸而食之，得狐。狐曰：「子無敢食我也！天帝使我長百獸。今子食我，是逆天帝命也。子以我為不信，吾為子先行，子隨我後，觀百獸之見我而敢不走乎？」虎以為然，故遂與之行。獸見之皆走。虎不知獸畏己而走也，以為畏狐也。

《戰國策・楚策一》，「狐假虎威」

前一則寓言，通過淺井之蛙、東海之鱉的行為與對答，將坐井觀天、孤陋寡聞者自鳴得意的情狀作了生動的描繪和辛辣的嘲諷，命意雋永，發人深省。後一則寓言，通過狐狸矇騙百獸之王的一次絕妙表演，頗為形象地揭示出假借他人權勢招搖過市，恐嚇弱小的卑劣行徑，同時無情嘲諷目空一切的強暴者被人利用卻毫無覺察，愚蠢之至。此類寓言，尚有說明眾生各有所長，發揮各自的特點便可自立於世的《莊子・外篇・秋水》「夔、蚿蛇與風」、揭示有遠大抱負者往往被齷齪小人所猜忌的《莊子・外篇・秋水》「鵷鶵與鴟」、諷刺鼠目寸光之輩無法理解他人遠大志向的《莊子・內篇・逍遙遊》「鯤鵬與斥鷃」、揭示喜歡賣弄小聰明者往往結局不妙的《莊子・外篇・徐無鬼》「一狙現巧」、闡明缺乏牢靠基礎，一切辛苦往往徒勞的《荀子・勸學》「蒙鳩為巢」、揭示玩弄權術者當未被識破之時就能夠得逞的《韓非子・說林上》「涸澤之蛇」、闡明吸血鬼你爭我鬥，有時又會相互勾結，狼狽為奸的《韓非

子・說林下》「三虱食彘」、預言爭權攘利者相互傾軋、殘殺，必將自取滅亡的《韓非子・說林下》「蟨蟲自齕」、告誡世人當居安思危，切不可貪圖一時安樂而處險不驚的《呂氏春秋・有始覽・諭大》「燕雀處室」、倡導相互合作，取長補短、共度難關的《呂氏春秋・慎大覽・不廣》「蹶與蛩蛩、距虛」、讚頌勇猛果敢、一往無前精神的《尸子》「鹿」、主張對狡猾奸詐者必須以更高明的手段將其制服的《戰國策・楚策三》「黠壤落網」、嘲諷互不相讓，兩敗俱傷，讓他人得利的《戰國策・燕策二》「鷸蚌相爭」、宣揚犧牲小我保全大我精神的《戰國策・趙策三》「虎怒決蹯」等。

先秦時期的動物寓言，乃是我國民間寓言中的動物寓言之濫觴，它在創作題材、思想內容、表現形式、藝術技巧等諸多方面都為後世的動物寓言積累了寶貴的經驗。後世的民間動物寓言，尤其是現當代的民間動物寓言，正是繼承了先秦動物寓言的傳說，並且使之發揚光大，異彩紛呈。

先秦時期民間寓言中的其他擬人寓言，故事主角包括世人熟悉的土偶、木人、金屬、樹木、影子等，其數量雖然甚少，但想像奇特，構思巧妙，在先秦寓言中獨樹一幟，頗為引人注目。試看：

> 有國于蝸之左角者，曰觸氏。有國於蝸之右角者，曰蠻氏。時相與爭地而戰，伏屍數萬，逐北，旬有五日而後反。
>
> 《莊子・雜篇・則陽》，「觸蠻之戰」

這一則寓言，借助對蝸角兩個小之又小的國家間相廝殺的描寫，以輕蔑口吻抨擊主政者為了掠奪與兼併而挑起的一場戰事如何兇暴殘忍，給無辜軍民帶來慘重的損失。兩個微型國家的戰事顯然出自藝術虛構，但卻折射出戰國時期戰亂迭起，災禍連年的嚴酷現實，針對性很強，鮮明地展示出民眾的思想感情。此類寓言，尚有嘲諷沒有獨立人格，完全依附他人的《莊子・內篇・齊物論》「罔兩問景」、提倡順乎自然，不可違拗天意的《莊子・內篇・大宗師》「大冶鑄金」、闡明不要離開故土，以免失掉根基漂泊異鄉的《戰國策・齊策三》「土偶與桃梗」、歎息受制於人而不能掌握自己命運的《戰國策・趙策一》「柱山兩木」等。

先秦時期的民間寓言，大都蘊含著較為深刻的寓言，哲理性強，往往能夠讓人們從中領悟大到治理國家，處理國與國之間的關係，小到為人處世，解決家庭糾紛方面的許多道理，得到各種啟示和教益。正因為如此，先秦的典籍，首先是先秦諸子的著作，大量錄寫當時民間流布的寓言，用以闡述自己的學術觀點和政治主張，藉以增強文章的感染力和說服力。譬如，《韓非子·喻老》「扁鵲見蔡桓公：」

　　扁鵲見蔡桓公，立有間。扁鵲曰：「君有疾在腠理，不治將恐深。」桓侯曰：「寡人無疾。」

　　扁鵲出，桓侯曰：「醫之好治不病以為功。」

　　居十日，扁鵲複見曰：「君之病在肌膚，不治將益深。」桓侯不應。扁鵲出，桓侯又不悅。

　　居十日，扁鵲複見曰：「君之病在腸胃，不治將益深。」桓侯又不應。扁鵲出，桓侯又不悅。

　　居十日，扁鵲望桓侯而還走。桓侯故使人問之。扁鵲曰：「疾在腠理，湯熨之所及也；在肌膚，針石之所及也；在腸胃，火齊之所及也；在骨髓，司命之所屬，無奈何也。今在骨髓，臣是以無請也。」

　　居五日，桓侯體痛，使人索扁鵲，已逃秦矣。桓侯遂死。

　　這一則寓言，意在說明為政應及早消除隱患，以免造成不可彌補的損失。作者在徵引歷史故事之前便寫道：「有形之類，大必起於小；行久之物，族必起於少。故曰：天下之難事必作于易，天下之大事必作於細。」並且指出：「圖難於其易也，為大於其細也。千丈之堤，以螻蟻之穴潰；百尺之室，以突隙之煙焚。」然後才正式講述扁鵲治病的故事，用生動有趣的藝術形象闡發防微杜漸，避免禍害的要義。在講完扁鵲治病的故事後接著引申道：「故良醫之治病也，攻之於腠理。此皆爭之於小者也。夫事之禍福亦有腠理之地，故曰，聖人蚤從事焉。」

　　又如，《呂氏春秋·士容論·務大》「燕雀處室[6]」：

---

[6] 見《太平廣記》卷三一七。

燕爵（雀）爭善處於一屋之下，母子相哺也，區區焉相樂也，自以為安矣。灶突決，上棟焚，燕爵（雀）顏色不變，是何也？不知禍之將及之也。不亦愚乎。

作者闡述為臣之道引用了這一則寓言，說明人臣須當首先致力於為國建功立業，切不可結黨營私，貪圖個人安樂而不知危險。在講完這則寓言之後，作者緊接著闡明：「夫為人臣者，進其爵祿富貴，父子兄弟相與比周於一國，區區焉相樂也，而以危其社稷，其為灶突近矣，而終不知也，其與燕爵（雀）之智不異。」

再如，《戰國策・魏策四》「南轅北轍」：

魏王欲攻邯鄲，季梁聞之，中道而反，衣焦不申，頭塵不去，往見王，曰：「今者臣來，見人於大行，方北面而持其駕，告臣曰：『我欲之楚。』臣曰：『君之楚，將奚為北面？』曰：『吾馬良。』臣曰：『馬雖良，此非楚之路也。』曰：『吾用多。』臣曰：『用雖多，此非楚之路也。』曰：『吾禦者善。』——此數者愈善，而離楚愈遠耳！今王動欲成霸王，舉欲信於天下。恃王國之大，兵之精銳，而攻邯鄲，以廣地尊名。王之動愈數，而離王愈遠耳，猶至楚而北行也。」

這一則寓言，記述魏國賢臣季梁聽說魏惠王準備攻打趙國都邯鄲時，由出使途中風塵僕僕地回去勸阻魏惠王，為其講了這個故事，藉以說明魏惠王意欲成就霸業，可是「恃王國之大，兵之精銳，而攻邯鄲，以廣地尊名，王之動愈數，而離王愈遠耳，猶至楚而北行也。」

先秦時期的民間寓言原本流布於民間，不斷在民眾之中產生影響，經過諸子百家和其他著作家的錄寫和徵引之後，它們流傳得越發廣泛和久遠，其在各社會階層的影響也越發得以拓展，逐漸演化為成語、諺語，融入社會生活。由先秦時期的民間寓言演化而來的成語有「同舟共濟」（出《孫子》）、「揠苗助長」（出《孟子》）、「蝸角虛名」、「屠

龍之技」、「螳臂擋車」、「相濡以沫」、「邯鄲學步」（以上出《莊子》）、「濫竽充數」、「老馬識途」、「自相矛盾」、「守株待兔」（以上出《韓非子》）、「掩耳盜鐘」、「網開三面」、「逐臭之夫」、「一鳴驚人」、「唇亡齒寒」（以上出《呂氏春秋》）、「畫蛇添足」、「狐假虎威」、「南轅北轍」、「驚弓之鳥」、「百發百中」、「亡羊補牢」、「千金買首」、「坐山觀虎鬥」（以上出《戰國策》）、「杞人憂天」、「餘音繞樑」、「朝三暮四」（以上出《列子》）等；由先秦時期的民間寓言演化而來的諺語有「殺雞焉用牛刀」（出《論語》）、「五十步笑百步」（出《孟子》）、「楚王好細腰，宮中多餓死。」（出《墨子》）、「遠水不救近火」、「畫人物難，畫鬼魅易」（以上出《韓非子》）、「鷸蚌相爭，漁翁得利」（出《戰國策》）等。這些成語、諺語，世代相傳，直到如今仍在廣泛使用，足見其影響之深遠。

第二節　兩漢的民間寓言

兩漢時期的民間寓言，是在先秦寓言的基礎上發展起來的，既有所繼承，又有所創新，呈現出不同的發展態勢。

在繼承先秦寓言方面，兩漢時期的民間寓言呈現出沿襲和發生較大變異兩種情況。兩漢時期的一部分民間寓言，大體上沿用了先秦寓言原有的作品而小有變化，其內容與形態均與先秦時間的民間寓言的差別並不明顯。舉例來講，見於《淮南子》、《新序》的「宋人獻璞」，出自《左傳》、《韓非子》、《呂氏春秋》；見於《韓詩外傳》、《淮南子》、《史記》、《說苑》的「失馬飲盜」，出自《呂氏春秋》；見於《論衡》、《新論》、《風俗通義》的「夔一足」，出自《韓非子》、《呂氏春秋》；見於《史記》、《說苑》、《風俗通義》的「土偶與桃梗」，出自《戰國策》，見於《漢書》的「邯鄲學步」，出自《莊子》。

兩漢時期的另一部分民間寓言，則是由先秦寓言衍化而來，其變異頗為顯著。譬如，見於《韓詩外傳》、《說苑》的「螳螂捕蟬」，是由《莊子》衍化而來，互相比照，前兩則與後一則在故事情節、藝術形象諸方面都有較明顯的不同。

莊周遊乎雕陵之樊，睹一異鵲，自南方來者，翼廣七尺，目大運寸，感周之顙，而集於栗林。莊周曰：「此何鳥哉？翼殷不逝，目大不睹。」蹇裳躩步，執彈而留之。

　　睹一蟬，方得美蔭而忘其身；螳螂執翳而搏之，見得而忘其形；異鵲從而利之，見利而忘其真。莊周怵然曰：「噫！物固相累，二類相召也。」捐彈而反走。虞人逐而誶之。莊周反入，三月不庭。

《莊子・外篇・山木》，「遊雕陵」

　　園中有榆，其上有蟬。蟬方奮翼悲鳴，欲飲清露，不知螳螂之在後，曲其頸，欲攫而食之也。螳螂方欲捕蟬，而不知黃雀在後，舉其頸，欲啄而食之也。黃雀方欲食螳螂，不知童子挾彈丸在榆下，迎而欲彈之。童子方欲彈黃雀，不知前有深坑，後有掘株也。此皆見前之利，而不顧後害者也。

《韓詩外傳》卷十第二十一章，「螳螂捕蟬」

　　園中有樹，其上有蟬。蟬高居悲鳴飲露，不知螳螂在其後也；螳螂委身曲附欲取蟬，而不知黃雀在其傍也；黃雀延頸欲啄螳螂，而不知彈丸在其下也。此三者皆務欲得其前利，而不顧其後之有患也。

《說苑・正諫》，「螳螂捕蟬」

　　又如，見於《韓詩外傳》、《淮南子》的「螳螂搏輪」，是由《莊子》衍化而來。《莊子・內篇・人間世》「螳臂當車」僅記一個故事梗概：「汝不知夫螳螂乎？怒其臂以當車轍，不知其不勝任也，是其才之美者也。」《韓詩外傳》卷八與《淮南子・人間訓》所載的「螳螂搏輪」文字幾乎完全相同。

　　齊莊公出獵，有一蟲舉足將搏其輪。問其御曰：「此何蟲也？」對曰：「此謂螳螂者也。其為蟲也，知進而不知卻，不量力

而輕敵。」莊公曰：「此為人，必為天下勇武矣。」回車而避之。勇武聞之，知所盡死矣。

《淮南子・人間訓》，「螳螂搏輪」

再如，《韓詩外傳》「大澤之雉」是由《莊子》衍化而來，故事情節有所豐富，藝術形象更為鮮明。

澤雉十步一啄，百步一飲，不蘄畜乎樊中。神雖王，不善也。

《莊子・內篇・養生主》，「澤雉」

君不見大澤中雉乎？五步一啄，終日乃飽，羽毛悅澤，光照於日月，奮翼爭鳴，聲響於陵澤者何？彼樂其志也。援置之囷倉中，常啄粱粟，不旦時而飽，然猶羽毛憔悴，志氣益下，低頭不鳴，夫豈食不善哉？彼不得其志故也。

《韓詩外傳》卷九，「大澤之雉」

在兩漢時期的民間寓言中，也有不少作品是當時採錄的，並未見諸先秦時期的典籍。它們的出現使我國古代民間寓言進一步得到了充實，並且帶來了新的氣息和活力。譬如《韓詩外傳》的「束蘊請火」、「屠牛吐」，《禮記》的「苛政猛於虎」、「嗟來之食」，《淮南子》的「塞翁失馬」、「鵲巢扶枝」、《史記》的「指鹿為馬」，《新序》的「曲突徙薪」、「中天臺」，《說苑》的「梟東徙」、「追女失妻」，《論衡》的「周人不遇」、「雞犬皆仙」，《潛夫論》的「隨聲逐響」，《申鑒》的「一目之羅」，《牟子》的「對牛彈琴」，《風俗通義》的「杯弓蛇影」、「城門失火」。

但是，總的講來兩漢時期的民間寓言數量不及先秦時期多，其豐富程度亦比先秦時期遜色。中國民間寓言的這種發展態勢，從兩漢時期開始。一直持繼了一千多年，到了明、清時期才得以改觀，由此而過渡到現當代時期，出現民間寓言的新高峰。

一、兩漢民間寓言中的人事寓言

兩漢時期民間寓言中的人事寓言，絕少取材於神話，大都取材於歷史故事與傳說，或者取材於日常生活。取材於歷史故事與傳說的人事寓言，通常都借用各種歷史人物和相關的活動來展開故事，通過對國家、社會、人生的認知和思考，表達廣大民眾的見解和願望。試看：

> 孔子過泰山側，有婦人哭於墓者而哀，夫子式而聽之，使子路問之曰：「子之哭也，一似重有憂者？」而曰：「然。昔者吾舅死于虎，吾夫又死焉，今吾子又死焉。」夫子曰：「何為不去也？」曰：「無苛政。」夫子曰：「小子識之；苛政猛於虎也！」
>
> 《禮記·檀弓下》，「苛政猛於虎」

> 郴為汲令，以夏至日謁見主簿杜宣，賜酒。時北壁上有懸赤弩，照於杯，形如蛇。宣畏惡之，然不敢不飲。其日便得胸腹痛切，妨損飲食，大用羸露，攻治萬端，不為愈。
>
> 後郴因事過至宣家，窺視問其變故。云：「畏此蛇，蛇入腹中。」郴還聽事，思維良久，顧視懸弩，必是也。則使門下史將鈴下，徐扶輦載宣於故處，設酒。杯中故複有蛇。因謂宣：「此壁上弩影耳，非有他怪。」宣遂解，甚夷懌，由是瘳平。
>
> 《風俗通義·怪神》，「杯弓蛇影」

前一則則寓言，又見於《新序·雜事第五》。它通過一鄉婦的哭訴，尖銳地揭露出暴政給民眾帶來的深重災難，使人不寒而慄。後一則寓言，又見於《晉書·樂廣傳》。它通過一椿趣事讓世人認識到，遇事應深入調查研究，不可被假像迷惑，以致自相驚擾，帶來災禍。此類寓言，尚有倡導尊重人才，視賢能為國寶的《韓詩外傳》卷十「以人為寶」、主張人君當賢明，不可親諂諛，逐諫臣，以免危害國家的《新書·先醒》「虢君好諛」、告誡主政者倘若只看表面現象，武斷行事，必然賞罰不當的《淮南

子・人間訓》「陽虎亂魯」、揭露權臣顛倒黑白，鎮壓異己，為人不齒的《史記・秦始皇本紀》「指鹿為馬」、指出君王不能知人善任，勢必失去良臣，無法挽回損失的《新序・雜事第五》「田饒去魯」、闡明對臣屬應量才使用，不可求全責備的《說苑・雜言》「甘戊渡大河」、稱頌活到老學到老精神的《說苑・建本》「炳燭而學」、嘲諷辦事不問對象，主觀者盲動，行為可笑的《牟子》「對牛彈琴」等。

　　這個時期取材於日常生活的人事寓言，採用百姓熟悉的人物、事件來表述作品的題旨，更易為廣大民眾接受和認同。試看：

　　　　齊王厚送女，欲妻屠牛吐，屠牛吐辭以疾。其友曰：「子終死腥臭之肆而已乎？何為辭之？」吐應之曰：「其女醜。」其友曰：「子何以知之？」吐曰：「以吾屠知之。」其友曰：「何謂也？」吐曰：「吾肉善，如量而去，苦少耳；吾肉不善，雖以他附益之，尚猶賈不售。今厚送子，子醜故耳。」其友後見之，果醜。

　　　　　　　　　　　　　　　　　　《韓詩外傳》卷九，「屠牛吐」

　　　　近塞上之人，有善術者。馬無故亡入胡，人皆弔之。其父曰：「此何遽不為福乎？」居數月，其馬將胡駿馬而歸。人皆賀之。其父曰：「此何遽不能為禍乎？」家富良馬，其子好騎，墮而折其髀。人皆弔之。其父曰：「此何遽不為福乎？」居一年，胡人大入塞，丁壯者引弦而戰，近塞之人，死者十九。此獨以跛之故，父子相保。

　　　　　　　　　　　　　　　　　　《淮南子・人間訓》，「塞翁失馬」

　　前一則寓言，以世人習見的嫁娶之事作譬喻，說明在情況不明時，採用類推法進行判斷，亦可有所發現，它在觀察、處理問題方面無疑會給世人以啟迪。後一則寓言，以邊民親歷的一些變故闡述休咎、禍福相互依存、相互轉化的道理，頗富哲理性。此類故事，尚有讚揚不忘舊、不忘本的《韓詩外傳》卷九「不忘菁簪」、稱許寧肯餓死也不願忍受屈辱的《禮記・檀弓下》「嗟來之食」、主張為人應有深謀遠慮，遇事方可化險為夷

的《淮南子‧氾論訓》「此楚任俠者」、闡明處世往往旁觀者清，當局者迷，置身事外則可依據客觀情況作出判斷的《淮南子‧詮言訓》「三人同舍」、指出機遇往往關乎一人之前程、命運的《論衡‧逢遇篇》「仕數不遇」、譏誚一味追求形式，辦事不講效果的《闕子》「桂餌金鉤」、批判缺乏主見，輕舉妄動者辦事荒唐的《潛夫論‧賢難》「隨聲逐響」、諷刺學習帶有很大盲目性者愚蠢可笑的《孔叢子‧陳士義》「學長生者」等。

二、兩漢民間寓言中的擬人寓言

兩漢時期民間寓言中的擬人寓言，數量明顯少於先秦時期。而在這個時期的擬人寓言當中，絕大多數是動物寓言，幾乎很難找到其他擬人寓言。這個時期的動物寓言，擬人化的主角有龍、鳳、虁（以上為傳說中的動物）、牛、羊、狐、梟、鳩、雉、鵲、雀、螳螂等，其數量亦遠不及先秦動物寓言多。試看：

> 夫鳳凰之初起也，翾翾十步，藩籬之雀，喔咿而笑之。及其升少陽，一詘一信，展羽雲間，藩籬之雀超然自知不及遠矣。
>
> 《韓詩外傳》卷九，「鳳凰展羽」

> 梟逢鳩。鳩曰：「子將安之？」梟曰：「我將東徙。」鳩曰：「何故？」梟曰：「鄉人皆惡我鳴，以故東徙。」鳩曰：「子能更鳴，可矣。不能更鳴，東徙猶惡子之聲。」
>
> 《說苑‧談叢》，「梟將東徙」

前一則寓言，運用對比、襯托的手法展示鳳凰之偉麗、瀟灑與麻雀之渺小、委瑣，嘲諷目光短淺者不可與前程遠大者同日而語，只能望洋興嘆，自慚形穢。後一則寓言，通過貓頭鷹妄圖以遷徙的辦法改變被人厭惡的境遇，說明不找到症結，從根本上解問題，僅僅迴避矛盾是無濟於事的。此類寓言，尚有勸告世人行事依託不靠牢非常危險的《韓詩外傳》卷九「巢於葭葦」、闡述任何物質享受都無法消除精神桎梏之苦的《韓詩外

傳》卷九「大澤之雉」、指明只有具備全域觀念方可防止片面性，避凶趨吉的《淮南子‧人間訓》「鵲巢扶枝」、提醒人們凡事不可被假像迷惑，以免上當受騙的《淮南子‧人間訓》「狐捕雉」、揭示弄虛作假者最終將會原形畢露的《法言‧吾子篇》「羊蒙虎皮」、讚揚全神貫注，一往無前精神的《新論》佚文「牛與夔」等。

兩漢時期的人事寓言與擬人寓言亦有不少作品後世廣為流布，逐漸演化出世人經常運用的成語和諺語，有關的成語如：「嗟來之食」（出《禮記》）、「指鹿為馬」（出《史記》）、「曲高和寡」（出《新序》）、「曲突徙薪」（出《漢書》）、「對牛彈琴」（出《牟子》）「杯弓蛇影」、「吳牛喘月」（出《風俗通義》）、「燕雀處室」（出《孔叢子》）等，有關的諺語如：「塞翁失馬，安知非福」（出《淮南子》）、「一人得道，雞犬升天」（出《論衡》）、「城門失火，殃及池魚」（出《風俗通義》）等。

第二章 先秦兩漢的其他民間故事

先秦兩漢的民間故事，除民間寓言外，尚有幻想故事、寫實故事、民間笑話等門類，與後世的民間故事的格局毫無二致。這些門類的民間故事雖然都遠不如同期的民間寓言發達，但它們都已粗具規模，為後世這幾個門類的民間故事的發展，初步奠定了基礎。中國古代的民間故事，有相當一部分作品都帶有不同程度的民間傳說的色彩。中國古代民間故事的這個特點，在先秦兩漢的民間故事中都有較充分的體現，不僅民間寓言如此，幻想故事、寫實故事、民間笑話等也不例外。

在先秦兩漢的其他門類的民間故事中，有的門類先秦時期較多，有的門類兩漢時期較多，有的門類則先秦兩漢大體上相當。現分別論析如下。

第一節 先秦兩漢的幻想故事

先秦兩漢時期的幻想故事，包括動物故事、鬼魂故事、精怪故事、神異故事幾類，無論哪一類流傳下來的作品數量都不太多，先秦時期的作品尤為少見。先秦兩漢時期的動物故事，尚未成為完全獨立的幻想故事類別，它與這個時期的動物寓言頗為近似，兩者之間顯然存在著模糊帶。譬如《戰國策・齊策三》「疾犬與狡兔」。這一則動物故事，其命意與《戰國策・燕策二》「鷸蚌相爭」相似，亦可視為動物寓言。

> 韓子盧者，天下之疾犬也；東郭逡者，海內之狡兔也。韓子盧逐東郭逡，環山者三，騰山者五，兔極於前，犬廢於後，犬兔俱罷，各死其處。田父見之，無勞倦之苦，而擅其功。

同樣，像《莊子・雜篇・徐無鬼》「一狙現巧」、《韓非子・說林下》「三虱食彘」、《呂氏春秋・有始覽・諭大》「燕雀處室」、《戰

策‧楚策一》「狐假虎威」、《淮南子‧人間訓》「狐捕雉」、《說苑‧談叢》「梟將東徙」等，也是具有一定寓意的動物故事，既可作為動物寓言看待，又可作為動物故事看待。

先秦兩漢時期的鬼魂故事（俗稱鬼故事），大致包含三個方面的內容，首先是鬼魂報冤復仇，伸張正義，計有《左傳‧莊公八年》「彭生索命」、《墨子‧明鬼》「杜伯報冤」、《墨子‧明鬼》「莊子儀復仇」、《風俗通義》佚文「周翁仲」[7]等。例如：

> （魯莊公八年）冬十二月，齊侯游於姑棼，遂田於貝丘。見大豕，從者曰：「公子彭生也。」公怒曰：「彭生敢見！」射之，豕人立而啼。公懼，墜於車，傷足，喪屨。
>
> 　　　　　　　　　　《左傳‧莊公八年》，「彭生索命」

公子彭生，系齊襄公同姓的貴族。魯桓公十八年四月，公子彭生受齊襄公的指使，害死了魯桓公。後因受到魯人指責，齊襄公為了推卸自己的責任，便歸罪於公子彭生，並讓齊人殺了彭生。（事見《左傳‧桓公十八年》）這個故事描述作為替罪羊而被殺的公子彭生的冤魂，變為野豬來向齊襄公索命。齊襄公雖然未死，卻被嚇得從車上跌了下來，撞傷了腳，丟失了鞋子，十分狼狽。又如：

> 周宣王殺其臣杜伯而不辜，杜伯曰：「吾君殺我而不辜，若以死者為無知，則止矣；若死而有知，不出三年，必使吾君知之。」其三年，周宣王合諸侯而田于圃田，車數百乘，從數千，人滿野。日中，杜伯乘白馬素車，朱衣冠，執朱弓，挾朱矢，追周宣王，射之車上，中心折脊，殪車中，伏弢而死。
>
> 　　　　　　　　　　　《墨子‧明鬼下》，「杜伯報冤」

杜伯無辜被殺，系由周宣王偏聽偏信所致。據《汲塚瑣語》云：「宣

---

[7] 見《太平廣記》卷三一七。

王之妾女鳩欲通杜伯，杜伯不可。女鳩反訴之王，王囚杜伯于焦。杜伯之友儒丸諫而不聽，並殺之。」如果說鬼魂報冤復仇在《左傳·莊公八年》「彭生索命」中尚未完全達到目的的話，在這一則中，卻完全達到了目的。杜伯的鬼魂追殺濫殺無辜的周宣王，將其射殺于車中，倒在弓袋之上，可謂大快人心。這一則作品，故事情節完整，人物形象鮮明，頗為動人，在早期鬼魂故事中具有一定的代表性，在後世仍有流布。

應當指出的是，在這個時期的鬼魂復仇故事中，報冤的鬼魂既有上層社會的含冤受誅的大臣，也有下層社會被奪去兒子飲恨而歿的屠人，他們報復的對象則為帝王或者官宦人家。此類故事無疑蘊含著較強的社會意義。

在這個時期的鬼魂故事中，與鬼魂復仇有關聯的尚有鬼魂報恩的作品。例如，《左傳·宣公十五年》「魏顆得報」：

> 初，魏武子有嬖妾，無子。武子疾，命（魏）顆曰：「必嫁是。」疾病則曰：「必以為殉。」及卒，顆嫁之，曰：「疾病則亂，吾從其治也。」及輔氏之役，顆見老人結草以亢杜回，杜回躓而顛，故獲之。夜夢之曰：「余，而所嫁婦人之父也。爾用先人之治命，余是以報。」

這則故事寫秦晉兩國的輔氏（在今陝西大荔縣東南）戰役時，巍武子寵妾之父的鬼魂，用結草把秦國的大力士杜回絆倒，讓晉國大臣魏顆將其俘獲，得以擊敗了秦軍，從而報答魏顆不將其女殉葬之恩。這一則鬼魂報恩的故事，同這個時期的許多鬼魂故事一樣，也帶有一些傳說色彩，無疑具有一定的普遍性。

鬼魅作祟，為害世人是時期鬼魂故事的另一個內容。計有《呂氏春秋·慎行論·疑似》「黎丘奇鬼」、《風俗通義·怪神》「汝陽西門亭」等。試看：

> 汝南汝陽西門亭有鬼魅，賓客宿止有死亡，其屬厭者皆亡髮失精。尋問其故，云先時頗已有怪物。其後郡侍奉掾宜祿鄭奇來，去亭六七裡，有一端正婦人，乞得寄載。奇初難之，然後上車。入

亭，趨至樓下。吏卒檄白：「樓不可上。」奇曰：「我不惡也。」時亦昏冥，遂上樓，與婦人樓宿。未明，發去。亭卒上樓掃除，見死婦，大驚，走白亭長。亭長擊鼓會諸廬吏，共集診之，乃亭西北八里吳氏婦新亡，以夜臨殯，火滅；火至失之。家即持去。奇發行數里，腹痛，到新頓利陽亭加劇，物故。樓遂無敢復上。

《風俗通義·怪神》，「汝陽西門亭」

在這個時期的鬼魂故事中，故事性強，描寫最為細緻生動的當推這一類作品。這類作品儘管為數不多，卻很值得注視。它們的出現，無疑是中國古代民間流布的鬼魂故事走向成熟的一個標誌。

鬼魂訴苦是這個時期鬼魂故事的又一個內容。譬如，《風俗通義·怪神》「張漢直」，它描述的是一個病死於陌上者訴說饑寒交迫的苦痛，讓人哀傷不止。這類作品比較罕見，卻揭示出中國古代鬼魂故事的一個不可忽視的方面。此類作品與前兩類作品所構成的先秦兩漢時期的鬼魂故事，使幻想色彩濃厚的鬼故事由此而引起世人關注。在中國古代民間故事中佔有顯著位置鬼魂故事由此發端，逐漸蔚為大觀，走向輝煌。

先秦兩漢時期的精怪故事，登場的精怪並不多，大都敘寫狗、狸（野貓）、白頭公等精怪作祟為害之事，以狗精作祟的故事最為突出。最早的一則，是兩漢交替之季桓譚撰《新論》「兩狗怪」：

呂仲子婢死，育女四歲，數來為沐頭浣濯。道士雲其家青狗為之，殺之則止。陽仲文亦言，所知家嫗死，忽起飲食，醉後而坐祭床上。如是三四，家益厭苦。其後醉行，壞垣得老狗，便打死殺之，推問乃里頭沽家狗。[8]

這一則故事，是由兩個狗怪故事並聯而成，都是描述狗怪假冒亡故之人（一為婢子，一為老嫗），造成混亂，平添恐怖。如果說前一則狗怪的作為尚無惡意的話，後一則卻是故意驚擾民眾的正常生活，令人不堪其苦。《風

---

[8] 引自《太平御覽》卷八八五。又見該書卷九〇五，兩則文字略有出入。

俗通義‧怪神》「來季德」乃是後面一個狗怪故事的異文，情節大致相同，描寫更為具體、生動，揭示了該故事在流傳過程中出現的發展、變化。

> 司空南陽來季德停喪在殯，忽然坐祭床上，顏色服飾、聲氣熟是也。孫兒婦女以次教誡，事有條貫，鞭撻奴婢，皆得其過。飲食飽滿，辭訣而去。家人大哀剝斷絕。如是三四，家益厭苦。其後飲醉形壞，但得老狗，便仆殺之，推問裡頭沽酒家狗。

狗怪故事，尚有寫狗怪汙飲食、盜炊釜、燒衣物、偷鏡子、藏小兒，百端搗亂，後被樸殺的《風俗通義‧怪神》「臧仲英」和寫狗怪人立而行，戴冠、蓄火，令家人惶懼不已，數日後自暴而死的《風俗通義‧怪神》「李堅叔」。

除了狗怪故事，尚有寫老狸精前來傾覆亭宿者，後被捉住，將其燒殺的《風俗通義‧怪神》「郅伯夷」、寫十餘圍的大樹覆蓋數畝，播不生穀，伐之鮮血流灑，飛出四隻大白頭公即被格殺的《風俗通義‧怪神》「張叔高」等。這些精怪故事，在題材、情節、形象諸方面，對魏晉南北朝時期的精怪故事都有較大的影響。魏晉南北朝時期的此類故事，有的是由先秦兩漢時期的作品衍化而來，譬如，晉‧干寶撰《搜神記》卷十六〈秦巨伯〉乃是由《呂氏春秋‧慎行論‧疑似》「黎丘奇鬼」衍化來的；有的甚至抄自先秦兩漢時期的有關著作，譬如，《搜神記》卷三〈臧仲英〉，卷十七〈來季德〉，卷十八〈張叔高〉、〈沽酒家狗〉、〈李堅叔〉均抄自《風俗通義》，文字小有變化。

先秦兩漢時期的神異故事，作品甚少，然而都短小別致，頗具藝術魅力。譬如：

> 恒思有悍少年，請與（神）叢搏，曰：「吾勝叢，叢借我神三日；不勝叢，叢困我。」乃左手為叢投，右手自為投。勝叢，叢借其神。三日，叢往求之，遂弗歸。五日而叢枯，七日而叢亡。
>
> 《戰國策‧秦策三》，「恒思神叢」

這一則故事，通過少年與神樹博戲，將其制服的趣事，展現了凡人借助自己特有的靈活、機智，以及征服神明的氣概，令世人為之振奮。又如，《說苑‧正諫》「白龍上訴」寫天帝的坐騎白龍化為一條魚，被漁夫射瞎了一隻眼。它上天宮控訴，天帝認為漁夫捉魚合乎情理，並無過錯。這一則故事表明，主宰萬物的天帝也不能偏聽偏信，只有主政者辦事公道，方可國泰民安，展示出普通民眾的美好期盼。

第二節 先秦兩漢的寫實故事與民間笑話

一、先秦兩漢的寫實故事

先秦兩漢時期的寫實故事，數量多於同期的幻想故事。它包括家庭故事、諷刺故事、案獄故事、呆子故事、騙子故事等，門類比較齊全，涉及家庭生活和社會生活的許多方面，生活氣息濃郁，千姿百態，令人目不暇接。其中，家庭故事最為引人注目，作品大都圍繞夫妻、婆媳、母子、父女、姐弟等關係來展開故事情節，以表現平民百姓的思想感情和生活追求見長，往往引起聽眾的共鳴，因而得以廣泛流布。

有關婚嫁、迎娶的故事，包括《韓非子‧說林下》「衛人教女」、《呂氏春秋‧孝行覽‧遇合》「教女外藏」、《呂氏春秋‧審應覽‧不屈》「取新婦」、《戰國策‧宋衛策》「衛人迎新婦」等。前兩則故事大同小異，都寫指使女兒藏私房錢的。其時女子過門後，深受舊禮教束縛，觸犯家規動輒被離棄。故事主角的父母惟恐她讓夫家逐出，使叮囑她積攢私蓄。誰知她這樣做，竟促使婆母將其休掉。但是，她的父母並不自責，反以為女兒做得對，抑或認為給他們出主意的人對自己好，無不讓人歎惋。後兩則故事亦大致相似，都寫新媳的言行舉止不合時宜。故事主角出嫁時和到夫家後的一些言語，儘管均無可厚非，然而卻與她的身份不相符。由此足見為人處世必須看場合，不能隨心所欲，否則會貽笑大方。

有關夫妻關係的故事，主要從相互忠誠的視角來展開的。《戰國策‧秦策一》「楚人有兩妻」，寫楚人兩個妻子對待外人挑逗持不同的態度，

引出不同的結果。故事表明，忠誠者可以信賴，輕佻者必遭唾棄。《說苑·正諫》「追女失妻」，寫丈夫輕狂，與妻子同行時跑去追逐年青女子，妻子一氣之下離他而去，結果他竟變成曠夫（無妻室的成年男子）。它說明丈子不忠誠同樣沒有好結局。此外，尚有寫妻子與人私通，丈夫受愚弄的《韓非子·內儲說下》「李季浴矢」，寫原配有外遇欲謀害丈夫，小妾暗中施救反遭鞭笞的《戰國策·燕策一》「主父笞妾」等，它們無論筆致詼諧還是沉鬱，都往往能使讀者、聽眾有所感悟。

有關母子關係的故事，作品較多。有的作品熱情襃揚孝敬老母的事蹟，譬如寫兒子對老母生事愛敬，死事哀戚的《風俗通義·愆禮》「夏甫孝母」，寫兒子生不識母而將一老婦當亡母侍奉的《風俗通義·愆禮》「子威認母」。有的作品則無情揭露偽善者的醜惡面目，譬如寫狠心出賣老母，卻虛情假意地讓人善待的《淮南子·說山訓》「郢人鬻母」、寫盼望老母速死以便作悲痛表演的《淮南子·說山訓》「何不速死」等。

有關婆媳、父女關係的故事，作品數量甚少，但頗為精彩，歷來為研究者注目。寫婆媳關係的故事如：

> 里婦與里之諸母相善也。里婦夜亡肉，姑以為盜，怒而逐之。婦晨去過所善諸母，語以事而謝之。里母曰：「女安行，我今令而家追女矣。」即束縕請火於亡肉家，曰：「昨暮夜犬得肉爭鬥相殺，請火治之。」亡肉家遽追呼其婦。
>
> 《漢書·蒯通傳》，「束縕請火」

這一則故事，又見於《韓詩外傳》卷七，文字略有出入，而此則描寫較為細緻。作品寫鄰里的老媽媽們用看似不經意的言行，便婆母立刻將逐出家門的兒媳追回來，從而化解了因誤會引起的一場家庭危機。故事以白描的手法展現裡母們的善心與機智，落墨不多，卻躍然紙上，頗為感人。寫父女關係的故事如：

> 郡人張廣定者，遭亂常避地。有一女年四歲，不能步涉，又不可擔負，計棄之。固當餓死，不欲令其骸骨之露。村口有古大塚，

上巔先有穿穴，乃以器盛縋之，下此女於塚中，以數月許乾飯及水漿與之，而舍去。候世平定，其間三年，廣定得還鄉里。欲收塚中所棄女骨，更殯埋之。廣定往視，女故坐塚中，見其父母猶識之，甚喜。而父母猶初恐其鬼也，入就之，乃知其不死。問之從何得食，女言糧初盡時甚饑，見塚角有一物，伸頸吞氣，試效之，轉不復饑；日月為之，以至於今。父母去時所留衣被，自在塚中，不行往來，衣服不敗，故不寒凍。廣定乃索女所言物，乃是一大龜耳。女出，食谷初小腹痛，嘔逆，久許乃習。

《異聞記》，「張廣定女」

這一則故事，又見〔南朝宋〕劉義慶撰《幽明錄》及《太平廣記》卷四七二。作品系當時的一則社會傳聞，帶有一定的傳奇色彩，是這個時期的寫實故事中情節較為曲折、精彩的一篇。它從一個側面具體生動地揭露了東漢末年社會動亂、民眾顛沛流離時的遭遇。作品將災禍臨頭，父女勢不兩全，不得不捨棄親骨肉，而又不忍其骸骨暴露時，故事主角格外揪心的情狀描寫得淋漓盡致。雖說故事結局出現奇跡，但也無法抹去戰亂給平民百姓帶來的深切的痛苦和不幸。

這個時期的諷刺故事，數量不少，大多取材于世人的日常生活，其中最出彩的當推《孟子‧離婁下》「墦間乞食」：

齊人有一妻一妾而處室者。其良人出，則必饜酒肉而後反。其妻問所與飲食者，則盡富貴也。其妻告其妾曰：「良人出，則必饜酒肉而後反，問其與飲食者，盡富貴也，而未嘗有顯者來。吾將瞯良人之所之也。」

蚤起，施從良人之所之，遍國中無與立談者。卒之東郭墦間，之祭者，乞其餘；不足，又顧而之他。——此其為饜足之道也。

其妻歸，告其妾，曰：「良人者，所仰望而終身也。今若此！」與其妾訕其良人，而相泣於中庭。而良人未之知也，施施從外來，驕其妻妾。

這一則故事描述那個丈夫每日到墳地裡乞食，回家後竟在妻妾面前擺闊；當其行徑敗露之後，卻仍然洋洋得意，恬不知恥。作品對此等無恥之徒厭惡至極，給以無情的揭發和辛辣的嘲諷，將其釘在恥辱柱讓人唾罵。這個時期的諷刺故事，尚有奚落可憐蟲以恥辱為榮耀的《韓非子·外儲說左下》「二子誇父」、訕笑吹牛者誇誇其談的《韓非子·外儲說左上》「鄭人爭年」、譏誚財迷心竅者為非作歹，肆行無忌的《呂氏春秋·先識覽·去宥》「攫金者」、諷刺損人利己者強詞奪理的《呂氏春秋·審應覽·淫辭》「亡緇衣」、抨擊聚斂財富者精神空虛，不得安寧的《列子·周穆王》「尹氏治產」、鄙夷無真知灼見者人云亦云的《淮南子·修務訓》「楚人烹猴」等。

這個時期的呆子故事，實際上也是一種諷刺故事，只不過被嘲笑的對象是智商不高的愚人。此類故事，大部分對被嘲笑者採取比較寬容的態度，語多詼諧，並無惡意。試看：

> 鄭縣人卜子妻之市，買鱉以歸。過潁水，以為渴也，因縱而飲之，遂亡其鱉。
>
> 　　　　　　　　　　《韓非子·外儲說左上》，「潁水縱鱉」

> 宋之愚人得燕石梧台之東，歸而藏之，以為大寶。周客聞而觀之。主人父齋七日，端冕之衣，纍之以特牲，革匱十重，緹巾十襲。客見之，俯而掩口，盧胡而笑曰：「此燕石也，與瓦甓不殊。」主人父怒曰：「商賈之言，豎匠之心！」藏之愈固，守之彌謹。
>
> 　　　　　　　　　　　　　　　　《闞子》，「愚人得燕石」

這兩則揭示愚人幹蠢事的故事，一為卜妻出於憐憫而放走了團魚，一為鄭人由於無知與固執將近似玉石的燕石當寶物珍藏起來，並且對他人的點撥嗤之以鼻。作品在取笑他們的同時，又為其感到惋惜，寄予一些同情。此類故事，尚有嘆惜呆子疑心生暗鬼，自己嚇自己，失氣而亡的《荀子·解蔽》「涓蜀染」、譏笑蠢婦誤解丈夫的話語，故意將新褲弄得破爛不堪的《韓非子·外儲說左上》「乙妻為褲」、嘲諷書呆子死讀書鬧出笑

話的《韓非子・外儲說左上》「重帶自束」、挖苦蠢漢既無知又不虛心的《韓非子・外儲說左上》「不識車軛」、恥笑愚人不勞而獲，大做發財夢的《列子・說符》「得遺契」、嘲諷笨人做事不得法，只知蠻幹的《論衡・非韓》「禦馬剗馬」、諷刺書呆子辦事不講方式方法，徒勞無功的《申鑒》「儒子驅雞」等。

這個時期的騙子故事，大都見於先秦典籍，數量較少，卻頗精彩。其中最耐人尋味的是《韓非子・外儲說左上》「棘刺母猴」：

> 燕王好微巧。衛人曰：「請以棘刺之端為母猴。」燕王說之，養之以五乘之奉。王曰：「吾試觀客為棘刺之母猴。」客曰：「人主欲觀之，必半歲不入宮，不飲酒食肉，雨霽日出，視之晏陰之間，而棘刺之母猴乃可見也。」燕王因養衛人，不能觀其母猴。
>
> 鄭有台下之冶者謂燕王曰：「臣為削者也，諸微物必以削削之，而所削必大於削。今棘刺之端不容削鋒，難以治棘刺之端。王試觀客之削，能與不能可知也。」王曰：「善。」謂衛人曰：「客為棘削之母猴也，何以治之？」曰：「以削。」王曰：「吾欲觀見之。」客曰：「臣請之舍取之。」因逃。

這則故事構思巧妙，生動有趣，堪稱先秦時期民間故事的佳作。故事中的騙子，騙術未必多麼高明。他之所以能夠得逞於一時，騙取以五乘之地稅收所作的俸祿，躲在宮中過著逍遙自在的日子，是由於他深知君主不可能半年不近美色，不可能每日不食酒肉，無法觀看他的「絕技」，因而得以蒙混下去。當他的伎倆被一個細心的鐵匠識破後，立刻逃之夭夭。這個謊稱能夠在棘刺尖上刻獼猴的騙子，很容易使人聯想到安徒生筆下那兩個騙子，即以製作誰也看不見的美麗新衣來騙取大量金銀財物的「御聘織師」。而《韓非子》錄寫的這則故事，比安徒生的《皇帝的新裝》早兩千年光景。此類故事尚有寫將老農徑尺美玉騙來獻給君王，得到高官厚祿的《尹文子・大道上》「獻玉」、寫謊稱大魚為河神以騙取君王信任的《韓非子・內儲說上》「此河伯」、寫以學不死之道欺騙昏聵君王的《韓非子・外儲說左上》「燕王學道」等。

這個時期的案獄故事，為數非常少，但作品都頗有藝術魅力。此類故事的出現，為日後古代案獄故事的興盛奠定了基礎。譬如，

> 潁川有富室，兄弟同居。兩婦數月皆懷妊，長婦胎傷，因閉匿之。產期至，同到乳母舍。弟婦生男，夜因盜取之，爭訟三年，州郡不能決。丞相黃霸出坐殿前，令卒搶兒，取兩婦各十步，叱婦曰：「自往取之。」長婦抱持甚急，兒大啼叫。弟婦恐傷害之，因乃放與，而心甚愴愴，長婦甚喜。霸曰：「此弟子也。」責問乃伏。
>
> 《風俗通義》佚文「二婦爭子」[9]

這一則故事，運用心理分析的方法，通過觀察兩個婦女對幼兒的態度來找出生母，了結了州郡三年不能判決的一椿爭子案，既簡便易行，又準確無誤，充分顯示出斷案者的睿智，因而傳為千古佳話。此類故事，尚有寫通過婦女的哭聲發現疑竇，進而偵破了一椿謀夫案的《韓非子‧難三》「子產聞哭」、寫官吏利用竊賊頭目暗中以紅土液污染眾偷衣袖的特徵，得以將其一網打盡的《漢書‧張敞傳》「偷長汙褚捕盜」、寫因捨身救助恩人而感動君王，使報恩者與系獄當死者均得寬宥的《風俗通義》佚文「齊人空車」等。

這個時期的破除迷信故事，主要見於西漢的典籍，作品往往因情節曲折風趣，富於傳奇性，在民間不脛而走，頗受青睞。試看：

> 魏文侯時，西門豹為鄴令。豹往到鄴會長老，問之民所疾苦。長老曰：「苦為河伯娶婦，以故貧。」豹問其故，對云：「鄴三老、廷掾常歲賦斂百姓，收取其錢得數百萬，用其二三十萬為河伯娶婦，與祝巫共分其餘錢持歸。當其時，巫行視小家女好者，云是當為河伯婦，即娉取。洗沐之，為治新繒綺縠衣，閒居齋戒；為治齋宮河上，張緹絳帷，女居其中。為具牛酒飯食，（行）十餘日。共粉飾之，如嫁女床席，令女居其上，浮之河中。始浮，行數十里

9　該佚文見於〔唐〕虞世南輯《北堂書鈔》，又見於〔唐〕馬總編《意林》，〔宋〕李昉等編《太平御覽》。

乃沒。其人家有好女者，恐大巫祝為河伯取之，以故多持女遠逃亡。以故城中益空無人，又困貧，所從來久遠矣。民人俗語曰『即不為河伯娶婦，水來漂沒，溺其人民』雲。」西門豹曰：「至為河伯娶婦時，願三老、巫祝、父老送女河上，幸來告語之，吾亦往送女。」皆曰：「諾。」

至其時，西門豹往會之河上。三老、官屬、豪長者、裡父老皆會，以人民往觀之者三二千人。其巫，老女子也，已年七十。從弟子女十人所，皆衣繒單衣，立大巫後。西門豹曰：「呼河伯婦來，視其好醜。」即將女出帷中，來至前。豹視之，顧謂三老、巫祝、父老曰：「是女子不好，煩大巫嫗為入報河伯，得更求好女，後日送之。」即使吏卒共抱大巫嫗投之河中。有頃，曰：「巫嫗何久也？弟子趣之！」複以弟子一人投河中。有頃，曰：「弟子何久也？複使一人趣之！」複投一弟子河中。凡投三弟子。西門豹曰：「巫嫗弟子是女子也，不能白事，煩三老為入白之。」複投三老河中。西門豹簪筆磬折，向河立待良久。長老、吏、傍觀者皆驚恐。西門豹顧曰：「巫嫗、三老不來還，奈之何？」欲複使廷掾與豪長者一人入趣之。皆叩頭，叩頭且破，額血流地，色如死灰。西門豹曰：「諾。且留待之須臾。」須臾，豹曰：「廷掾起矣。狀河伯留客之久，若皆罷去歸矣。」鄴吏民大驚恐，從是以後，不敢複言為河伯娶婦。

《史記·滑稽列傳》，「河伯娶婦」

這一則著名的民間故事，不但具體描述了地方官吏、豪強與巫婆狼狽為奸，利用為河伯娶婦來搜刮錢財，使當地民眾持女逃亡，人口日稀，陷於貧困惶恐之中，對迷信活動造成的深重災難作了無情的控訴，而且生動展示足智多謀的賢令沉著懲治歹徒，震攝邪惡，終於徹底禁絕了這個為害一方的迷信活動，為治鄴掃清障礙，贏得廣泛讚譽。這則故事，後世多有傳誦，至今仍在河北一帶流布。《風俗通義·怪神》「山神取公嫗」，又見於《後漢書·宋均列傳》，是由「河伯娶婦」衍生出來的，情節近似，

描寫較為簡略。此類故事，尚有《風俗通義‧怪神》「鮑君神」、「李君神」、「石賢士神」等，它們後世都有流傳，而以「鮑君神」的異文較多。《風俗通義‧怪神》「鮑君神」寫商車主人取走他人拴在田間的一頭獐子，又放一枚鮑魚在那裡。獐主歸來，見到獐子變成鮑魚，以為是神靈現身，便蓋廟供奉，號「鮑君神」。消息一傳開，方圓數百里皆來治病求福，香火旺盛。數年後鮑魚主又經此地說道：「此我魚也，當有何神？」上堂取之，從此再沒人來拜神。「李君神」、「石賢士神」也是誤將李樹或石人奉為神明的。一旦真相大白，便無人再去頂禮膜拜了。一千多近兩千年能出現這一些具有樸素的唯物主義思想的故事，產生破除迷信的積極影響，實屬難能可貴。

這個時期的友人、鄰里故事，從不同的視角說明人們處世經常要面對和自己交往的朋友、鄉鄰，只有處理好人際關係，方可和諧親善，創造一個良好的生存環境。譬如：

> 客有過主人者，見灶直埃，傍有積薪。客謂主人曰：「曲其埃，遠其積薪。不者，將有火患。」主人默然不應。
>
> 居無幾何，家果失火。鄉聚里中人哀而救之，火幸息。於是殺牛置酒，燔發灼爛者在上行，餘各用功次坐，而反不錄言曲埃者。向使主人聽客之言，不費牛酒，終無火患。
>
> 《說苑‧權謀》，「曲埃徙薪」

這一則故事，又見《漢書‧霍光傳》，內容相同，文字略有出入。它由一場火災引發的問題闡明應當聽取朋友的忠告，防患於未然。如果不吸取教訓，本末倒置，仍然與事無補。此類故事，尚有告誡鄰里之間不可做與自己身份不符之事的《墨子‧魯問》「擊鄰家之子」、揭示採取果斷措施避開兇橫鄰居的《韓非子‧說林下》「賣宅避悍」、褒獎眾女伴以寬容態度對待貧女的《戰國策‧秦策三》「江上處女」、稱頌朋友之間相互敬重、相互關心的《風俗通義‧愆禮》「子敬侍榻」、讚揚哭祭故舊以報知遇之恩的《風俗通義‧愆禮》「孺子哭墳」等。

這個時期的寫實故事，還涉及其他一些內容，例如寫殘疾人樂天安

命，自食其力的《莊子・內篇・人間世》「支離疏」、寫商賈善弄權謀以獲取暴利的《韓非子・說林下》「宋賈買璞」、寫勇士臨危不懼，敢於鬥兕猛動物使眾人得救的《呂氏春秋・恃君覽・知分》「次非斬蛟」、寫有勇無謀者相互殘害的《呂氏春秋・仲冬紀・當務》「割肉相啖」、寫乞丐忍辱含垢以求生計的《列子・說符》「豈辱馬醫」等。

二、先秦兩漢的民間笑話

中國古代的民間笑話，到了魏晉南北朝時期才逐漸走向成熟。而在先秦兩漢時期，民間笑話尚處於萌生階段，相當數量的一些作品，兼有民間寓言特徵和民間笑話因素，而完全具有民間笑話特徵的作品則數量並不多。

這個時期的民間笑話以及具有笑話因素的寓言，主要見於諸子著作。比較典型的民間笑話，往往相當精彩，廣為人知。試看：

> 鄭人有且置履者，先自度而置之其坐，至之市而忘操之，已得履，乃曰：「吾忘持度。」反歸取之。及反，市罷，遂不得履。人曰：「何不試以足？」曰：「寧信度，無自信也。」
>
> 《韓非子・外儲說左上》，「鄭人置履」

> 魯人有公孫綽者，告人曰：「我能起死人。」人問其故。對曰：「我固能治偏枯，今吾倍所以為偏枯之藥，則可以起死人矣。」
>
> 《呂氏春秋・似順論・別類》，「起死人」

前一則笑話，對教條主義者嚴重脫離實際的可笑行為作了尖銳的嘲諷。作品後世仍有傳播，人們至今耳熟能詳。後一則笑話，對那種機械論者混淆量與質的區別，辦事荒唐作了無情的揭露和譏誚。後世流傳的治駝背者不管他人死活的笑話，很可能就是在這則作品啟示下創作出來的。此類笑話，尚有奚落知錯不改，藉故拖延時間的《孟子・滕文公下》「攘雞者」、嘲諷夫妻倆做發財夢互不信任，醜態畢露的《韓非子・內儲說下》

「夫妻禱祝」、恥笑貪得無厭者什麼好處都想占的《風俗通義》佚文「東食西宿」[10]等。

　　這個時期具有笑話因素的寓言、故事數量不少，大都為人們所熟知。諸如《孟子・公孫丑上》「揠苗助長」、《韓非子・五蠹》「守株待兔」、《韓非子・外儲說左上》「潁水縱鱉」、《呂氏春秋・不苟論・自知》「掩耳盜鐘」、《呂氏春秋・慎大覽・察今》「引嬰兒投江」、《戰國策・齊策二》「畫蛇添足」等等。後世的笑話集，有不少就曾將先秦兩漢時期的此類寓言、故事視為笑話選編進去的。譬如，〔三國魏〕邯鄲淳將「獻山雞」（出《尹文子》）選入其《笑林》。又如，〔清〕鐵舟寄庸撰《笑典》，收有「亦捧心矉其里」、「詩固有之曰」等（均出《莊子》），「甚智其子」、「不如釋臣」、「自知其益富」、「子豈能毋怪哉」、「因曰此河伯」、「浴以蘭湯」、「子將以買妾」、「與黃帝之兄同年」、「像吾故褲」、「今又曰車軛」、「以為渴也」、「寧信度」、「裘獨有尾」等（均出《韓非子》），「遽契其舟」、「徒見金耳」、「子豈不得哉」、「此不下九石」、「遽掩其耳」等（均出《呂氏春秋》），「吾富可待矣」、「無似竊鐵者」（均出《列子》），「虎以為然」、「夢見灶君」、「拊髀無笞服」等（均出《戰國策》），「賤人貴馬」、「寇來不能上」等（均出《史記》），「一近婦人病數月」、「歸遺細君」等（均出《漢書》）。

---

[10] 引自〔唐〕歐陽詢等撰《藝文類聚》卷四十。

第三章　先秦兩漢的民間故事類型[11]

中國是一個具有數千年文明史的古國。它與印度、埃及、希臘等文明古國一樣，同為世界民間故事類型的發祥地之一，對於世界民間故事類型的形成、發展、演變，產生了積極的影響，有著巨大的貢獻，值得進行全面、系統的梳理和深入、細緻的研究。先秦兩漢是中國民間故事的創始時期，也是民間故事類型的萌生時期，對於這個時期民間故事類型進行認真的梳理和探究，對中國乃至世界民間故事類型尤其是初始時段的民間故事類型的認知，無疑是必不可少的，具有重要意義。

第一節　先秦的民間故事類型

從現存的古籍文獻資料來看，中國的民間故事類型，最初出現在兩千四五百年前的春秋後期，至戰國時期逐漸有所增加，主要見諸《墨子》、《孟子》、《莊子》、《韓非子》、《呂氏春秋》、《戰國策》以及《列子》等書。其中以《墨子》記載的故事類型最早，以《韓非子》、《呂氏春秋》記載的故事類型最多。

在春秋後期至戰國時期的三百年左右的時間內，總共出現了近二十個民間故事類型。對於中國民間故事類型剛剛形成的階段而言，數量並不算少。這同當時百家爭鳴的文化學術背景下先秦諸子及其學生、門客錄寫民間故事，藉以闡述自己的學術見解和政治主張密切相關。其中有一些故事類型，在先秦時期以及兩漢時期已不止見於一書。舉例來講，鬼魂報冤型故事見諸《墨子‧明鬼》、《汲冢瑣語》等；戲后誤國型故事見諸《韓非子‧外儲說左上》、《呂氏春秋‧慎行論‧疑似》、《列女傳》卷七、

---

[11] 本章以及後面各編的民間故事類型的章節，參考拙著《中國古代民間故事類型研究》，河北教育出版社，2007年5月。

《史記・周本紀》等；不死藥型故事見諸《韓非子・說林上》、《戰國策・楚策四》等；射石飲羽型故事見諸《呂氏春秋・季秋紀・精通》、《韓詩外傳》卷六、《新序・雜事四》、《史記・李將軍傳》、《漢書・李廣蘇建傳》、《論衡・儒增》等；狐假虎威型故事見諸《戰國策・楚策一》、《尹文子》佚文、《新序・雜事二》等。這些無不說明，先秦時期以及兩漢時期已有一些民間故事類型流布較廣，並且在流布過程中逐漸發生變異。

這個時期的民間故事類型、門類已比較齊備，包括幻想故事、寫實故事、民間笑話、民間寓言等幾個屬於狹義民間故事範疇的類型以及民間傳說的類型。但凡後世有的故事類型門類，在這個時期基本上都已經出現。這個時期出現的民間故事類型，為中國民間故事類型的發展奠定了一個良好的基礎。

在這個時期的民間故事類型裡面，數量最多的是民間寓言方面的故事類型。其中，最為引人注目的是人事寓言方面的故事類型戲后誤國型故事、射石飲羽型故事、不死藥型故事、揠苗助長型故事、守株待兔型故事、刻舟求劍型故事、愚公移山型故事、射石飲羽型故事等。此外，還有動物寓言方面的狐假虎威型故事、黃雀伺蟬型故事、鷸蚌相爭型故事等、從民間故事類型的角度，也不難窺見先秦時期民間寓言繁榮興旺的態勢。

在這個時期的民間故事類型裡面，其他類別的故事類型數量都不大，幻想故事方面有鬼魂報冤型故事、鬼欺老翁型故事；寫實故事方面有誇年高型故事、放鱉喝水型故事、哭夫不哀型故事；民間笑話方面有呆人買鞋型故事、夫妻禱祝型故事；民間傳說方面有介子推型故事、機關木人型故事。

在這個時期的民間故事類型裡，有部分故事類型後世還衍生出一個或多個次類型（又稱「亞型」）。譬如，不死藥型故事到了兩漢時期就衍生出不死酒型故事；鬼欺老翁型故事到了魏晉南北朝時期就衍生出狐精為祟型故事；夫妻禱祝型故事，到了魏晉南北朝時期就衍生出貧人甕算型故事，到了明代時期又衍生出雞卵夢型故事。

如同世間萬物都會經歷一個由萌生、發展到逐漸消亡的過程一樣，民間故事類型也會經歷這樣一個過程，其中有的故事類型的這個過程比較迅速，有的故事類型的這個過程相當漫長，情況各有不同。在這個時期的民

間故事類型中，有一些故事類型在古代雖然多有流布，影響不小，但卻未能延續到現當代時期，屬於在古代便已逐漸消亡，變為歷史陳跡，試看，鬼欺老翁型故事最早見諸《呂氏春秋》：

> 梁北有黎丘部，有奇鬼焉，喜效人之子姪昆弟之狀。邑丈人有之市而醉歸者，黎丘之鬼效其子之狀，扶而道苦之。丈人歸，酒醒，而誚其子曰：「吾為汝父也，豈謂不慈哉？我醉，汝道苦我，何故？」其子泣而觸地曰：「孽矣！無此事也。昔也往責（債）於東邑人，可問也。」其父信之，曰：「嘻！是必夫奇鬼也，我固嘗聞之矣。」
>
> 明日，端復飲於市，欲遇而刺殺之。明旦之市而醉，其真子恐其父之不能反也，遂逝迎之。丈人望其真子，拔劍而刺之。丈人智惑于似其子者，而殺其真子。

這一事類型，在魏晉南北朝時期發生了明顯的變異，出現了《搜神記》卷十六〈秦巨伯〉這則異文：

> 瑯琊秦巨伯，年六十，嘗夜行飲酒，道經蓬山廟。忽見其兩孫迎之，扶持百余步，便促伯頸著地，罵：「老奴汝某日捶我，我今當殺汝。」伯思惟某時信捶此孫。伯乃佯死，乃置伯去。
>
> 伯歸家，欲治兩孫。兩孫驚愕，叩頭言：「為子孫，寧可有此！恐是鬼魅，乞更試之。」伯意悟。數日，乃詐醉，行此廟間。複見兩孫來，扶持伯。伯乃急持，鬼動作不得。達家，乃是兩〔疑脫「偶」字〕人也。伯著火炙之，腹背俱焦坼。出著庭中，夜皆亡去。伯恨不得殺之。
>
> 後月餘，又佯酒醉夜行，懷刃以去。家不知也。極夜不還。其孫恐又為此鬼所困，乃俱往迎伯，伯竟刺殺之。

唐代以來，這一故事類型得到了進一步的發展，出現了〔唐〕張鷟撰《朝野僉載》、佚文《張簡》、〔五代〕徐鉉撰《稽神錄》卷二「望江李

令」、〔宋〕歐陽玄撰《睽車志‧黎丘鬼》等異文。但是，這一故事類型在宋以後便逐漸消亡，至現當代已基本上不復流布。

在這個時期的故事類型中，在古代已逐漸消亡的尚有鬼魂報冤型故事（流傳至明代便逐漸消亡）、射石飲羽型故事（流傳至明代便逐漸消亡）、哭夫不哀型故事（流傳至明代便逐漸消亡）。另外一些故事類型則一直流布至現當代時期，至今仍然具有一定的生命活力，例如，介子推型故事、誇年高型故事、機關木人型故事、放鱉喝水型故事、刻舟求劍型故事、愚公移山型故事、狐假虎威型故事。

第二節　兩漢的民間故事類型

兩漢時期的時間跨度為四百多年，見諸古籍文獻記載的民間故事並不太豐富，與之相應的民間故事類型的數量亦不多，僅有十五個，不及先秦時期。這個時期的民間故事類型，多數見於《風俗通義》，此外尚見於《淮南子》及《淮南子注》、《史記》、《吳越春秋》、《漢書》、《漢武故事》、《漢武帝別國洞冥記》以及漢譯佛經《舊雜譬喻經》等。

兩漢時期的民間故事類型，除幻想故事類型（如鮫人淚型故事）、民間寓言類型（如塞翁失馬型故事、眾鳥舉網型故事）、民間笑話類型（如東食西宿型故事）外，以寫實故事類型和民間傳說類型數量居多。首先要提及的是破除迷信方面的故事類型，計有河伯娶婦型故事、山神娶親型故事、鮑君神型故事、桑中生李型故事、石賢士神型故事等，在這個時期的民間故事類型中比較突出。另外案獄方面的故事類型尚有著名的二母爭子型故事與憑汙捉盜型故事。它們的出現，使案獄故事類型逐漸受到世人青睞。民間傳說類型計有孟姜女型故事、爍身鑄劍型故事、不死酒型故事，亦值得注意。孟姜女型故事是中國四大傳說中出現最早的一個故事類型，知名度很高。

值得一提的是，在這個時期出現的城陷為湖型故事，十分引人注目。它最早見於《淮南子‧俶真訓》，記載極為簡略：

夫歷陽之都，一夕反[12]而為湖。勇力聖知與罷怯不肖者同命。

〔東漢〕高誘撰《淮南子注》釋文所引的一則民間故事，對此作了詳盡而生動的闡述：

歷陽，淮南國之縣名，今屬江都。昔有老嫗常行仁義。有二諸生過之，謂曰：「此國當沒為湖。」謂嫗：「視東城門閫有血，便走上北山，勿顧也。」自此嫗便往視門閫，

閫者問之，嫗對曰如是。其暮，門吏故殺雞，血塗門閫。明旦，老嫗早往視門，見血便上北山。國沒不湖。與門吏言其事，適一宿耳。一夕旦而為湖也。

這則故事，後世異文極多，〔三國魏〕曹丕撰《列異記》、〔晉〕干寶撰《搜神記》、〔南朝齊〕祖沖之撰《述異記》、〔南朝梁〕任昉撰《述異記》、〔南朝梁〕劉之遴撰《神錄》、〔唐〕李亢撰《獨異志》、〔唐〕焦璐撰《窮神秘覽》、〔宋〕李昉等編纂《太平廣記》、〔宋〕劉斧撰輯《青瑣高議》、〔元〕盛如梓撰《庶齋老學叢談》、〔明〕張岱撰《夜航船》、〔清〕袁枚撰《子不語》、〔清〕毛祥麟撰《墨餘錄》、〔清〕宣鼎撰《夜雨秋燈錄》、近人曹繡君編《水經注異聞錄》等均有記載，現當代時期仍在上海、山東、江蘇、福建、湖北、四川、西藏等地的漢族和某些少數民族聚居區廣為流布。這無疑與兩千年間此類地質災害在我國各地時有發生直接相關。

在中國古代民間故事類型裡面，兩漢時期首次出現原類型與次類型共生的奇特現象。這便是原類型鮑君神型故事與其次類型桑中生李型故事和石賢士神型故事同時出現在《風俗通義》之中。順便指出，將兩個或兩個以上的情節近似而又相對獨立的故事類型，區分出哪個為原類型，哪些為次類型只是相對而言的，並無絕對的準確性。因為在通常的情況下，學界總是將先出現的故事類型定為原類型，而將後出現的故事類型定為次類

---

12 〔漢〕許慎撰《說文解字‧第三下》：「反，覆也。」此字《太平御覽》作「化」。

型。由於古籍文獻存在散佚的現象，或者錄寫方面存在疏漏的現象，現存較早的故事類型未必一定比現存較晚的故事類型產生得早，加之還有某些故事類型同時出現在一書之中，譬如此處提及的鮑君神型故事等三個故事類型，同見於《風俗通義・怪神》，很難確定孰先孰後。因此，原類型與次類型的劃分，不可能很準確。我們之所以將鮑君神型故事定為原類型，一則是它在《風俗通義・怪神》中排在最前面，一則是它在後世流布更廣，影響比另外兩個故事類型更大。

中國古代民間故事和民間故事類型在萌生、發展、演變過程中，曾經受到過境外民間故事的影響。在大約四五百年甚至更長的一個歷史階段中，這種影響主要是通過漢文以及一些少數民族文字翻譯的佛教文學經典等途徑而產生的。而這種影響，開始於教佛傳入我國不久的東漢末年。在兩漢時期新出現的民間故事類型裡面，有一個故事類型——眾鳥舉網型故事，最初見諸東漢末年的漢譯佛經《雜譬喻經》[13]。

> 昔有捕鳥師，張羅網於澤上，以鳥所食物著其中。眾鳥命侶，竟來食之。鳥師引其網，眾鳥盡墮網中。時有一鳥，大而多力，身舉此網，與眾鳥俱飛而去。鳥師視影，隨而逐之。有人謂鳥師曰：「鳥飛虛空，而汝步逐，何其愚哉。」鳥師答曰：「不如是告。彼鳥日暮，要求棲宿，進趣不同，如是當墮。」其人故逐不止，日以轉暮，仰觀眾鳥，翻飛爭競，或欲趣東，或欲趣西，或望長林，或欲赴淵。如是不已，須臾便墮。鳥師遂得次而殺之。
>
> 《雜譬喻經》卷二十六，「捕鳥師」

晉代比丘道略集，一說十六國時鳩摩羅什譯《眾經撰雜譬喻經》卷下「網鳥」，文字與此則大同小異。由翻譯成我國文字的佛教文學經典中的故事演化而來的民間故事類型的，雖然在兩漢時期僅此一個，卻開風氣之先，代表著後世中國古代民間故事類型形成、發展、演變的一個不可忽視的方面。到了魏晉南北朝時期，此種故事類型將不斷湧現，展現出我國民間故事類型的一個新發展走向。

---

[13] 東漢末年漢譯的《雜譬喻經》，又稱《舊雜譬喻經》，譯者一為婁迦讖，一為佚名。

中國古代民間故事類型，以其在民眾中廣為傳播，影響深遠而引起後世文藝創作的關注。自唐宋以來，尤其是元明以後的通俗小說，戲曲、曲藝創作，往往從古代民間故事類型中汲取創作題材。而最早被作為創作題材的，是兩漢時期的民間故事類型。〔元〕李行道撰雜劇《灰闌記》（全名《包待制智勘灰闌記》），乃是以首見於《風俗通義》的二母爭子型故事為題材編寫而成的。

第四章　先秦兩漢的民間故事採錄

撰寫中國民間文學史，包括撰寫中國故事史在內，主要是以歷代古籍文獻的相關資料為依據的。因此，對於歷代古籍文獻在民間文學作品，包括民間故事在內的採錄狀況的關注，是撰寫此類著作的一個不可忽視的重要內容。

先秦兩漢時期民間故事的採錄，是由這個時期的諸子百家和史學家以及其他學術著作的作者完成的。他們對於採錄民間故事的興趣和熱情，無論是以傳達學術見解和政治主張為目的，還是將其作為史料來運用，無不出於自身的特定需要，而不是像現代民間文藝學家、民俗學家那樣，將其作為科學研究的對象來錄寫的，並且以一定的科學規範為準繩。儘管如此，他們對當時流傳的民間故事的錄寫，仍然是相當認真的。他們錄寫民間故事時，往往能夠尊重人民群眾的創造性，注意保存民間故事的基本面貌，而不作任意改動；有的著作在錄寫民間故事時，甚至同時收入不止一種異文，態度頗為嚴謹，從而為後世留下這個時期的珍貴的民間故事研究資料，並且為歷代的民間故事採錄提供了有益的經驗。

第一節　先秦民間故事的異文

先秦時期民間故事的採錄起步較民間歌謠晚，剛剛處於初始階段，無前人的經驗可資借鑒，基本上是在一種自發的狀態下進行的。但是，由於採錄者大都是在文學史、學術史上具有相當地位的名家，眼界不凡，水平甚高，從而確保了採集到的民間故事的質量和價值。他們所採錄的民間故事，既突出了重點又帶有一定的廣泛性，即所採集的民間故事以寓言為主兼及其他門類，使後世從中得以窺見先秦時期民間故事的大致面貌。

民間文學作品的生命在於流傳。民間故事絕不可能一成不變。它總是在流傳的過程中產生變異，保持活力，發揮影響。只有捕捉到民間故事在

流傳過程中的各種生存形態和變化，才能真正認識民間故事，發現民間故事的特徵和價值。先秦時期在採錄民間故事時對各種作品流傳變異形態的重視和錄寫，使我國的民間故事採錄在初始階段便有一個較高的起點。下面將就先秦時期不同典籍錄寫同一民間故事異文和同一典籍錄寫同一民間故事異文的狀況作具體的論析。

　　先秦時期不同典籍收錄同樣一則民間故事的例證較為多見，其中既有各書分別采自民間的，又有轉錄自他書，經過一定的改動的，後者亦可視為一種變異。有的民間故事，同見於五書，如「楚王好細腰」分別見諸《墨子》、《晏子春秋》、《荀子》、《韓非子》、《管子》，此外尚見諸兩漢時期的《淮南子》；有的民間故事，同見於四書，如「直躬告父」分別見諸《論語》、《莊子》、《韓非子》、《呂氏春秋》，「越王好勇」分別見諸《墨子》、《晏子春秋》、《韓非子》、《管子》，此外尚見諸《淮南子》；有的民間故事，同見於三書，如「庖丁解牛」分別見諸《莊子》、《呂氏春秋》、《管子》，「子罕不受玉」分別見諸《左傳》、《韓非子》、《呂氏春秋》，此外尚見諸兩漢時期的《新序》、《淮南子》，「大忠與小忠」分別見諸《左傳》、《韓非子》、《呂氏春秋》，此外尚見諸兩漢時期的《韓詩外傳》、《淮南子》、《說苑》；有的民間故事，同見於兩書，如：「桑下餓人」分別見諸《左傳》、《呂氏春秋》，此外尚見諸兩漢時期的《史記》、《說苑》，「夔一足」分別見諸《韓非子》、《呂氏春秋》，此外尚見諸兩漢時期的《論衡》、《新論》、《風俗通義》，「咎犯薦仇」分別見諸《韓非子》、《呂氏春秋》，此外尚見諸《韓詩外傳》、《新序》、《說苑》。茲舉數例以見各書錄寫的異文的變化。

　　「直躬告父」的故事，各書的記載分別為：

　　　　葉公語孔子曰：「吾黨有直躬者，其父攘羊，而子證之。」孔子
　　　　曰：「吾黨之直者異於是：父為子隱，子為父隱。──直在其中矣。」
　　　　　　　　　　　　　　　　　　　　　　　　　　　　《論語・子路篇》

　　　　直躬證父，尾生溺死，信之患也。……此上世之所傳，下世之

所語，以為士者正其言，必其行，故服其殃，離其患也。

《莊子·雜篇·盜跖》

楚之有直躬，其父竊羊而謁之吏；令尹曰：「殺之！」以為直于君而曲于父，報而罪之。以是觀之，夫君之直臣，父之暴子也。

《韓非子·五蠹》

楚有直躬者，其父竊羊而謁之上。上執而將誅之。直躬者請代之。將誅矣，告吏曰：「父竊羊而謁之，不亦信乎？父誅而代之，不亦孝乎？信且孝而誅之，國將有不誅者乎？」荊王聞之，乃不誅也。孔子聞之曰：「異哉！直躬之為信也。一父而載取名焉。」故直躬之信，不若無信。

《呂氏春秋·仲冬紀·當務》

以上四則異文，不但繁簡有別，而且故事情節多有變化，題旨亦不一致。《論語》、《莊子》記載的兩則極其簡約，僅僅提到直躬者告發其偷羊之事，僅為以後的故事發展提供了粗略的梗概。《韓非子》的一則故事情節稍有拓展，指出直躬者對君主雖然忠心，卻于父親大逆不道，應當將其治罪。《呂氏春秋》的一則變化最大，題旨與以上三則都不相同，著重譴責直躬者利用其父偷羊之事兩次為自己撈取名聲，認為此等欺世盜名的「誠信」不如沒有。

「其馬將敗」的故事，各書的記載分別為：

東野稷以禦見莊公，進退中繩，左右旋中規，莊公以為文[14]弗過也，使之鉤百而反。顏闔遇之，入見曰：「稷之馬將敗。」公密而不應。少焉，果敗而反。公曰：「子何以知之？」曰：「其馬力竭矣，而猶求焉，故曰敗。」

《莊子·外篇·達生》

---

[14] 吳汝綸《莊子點勘》指出，「文」係「造父」之誤。《太平御覽》卷七四六引亦作「造父」。

定公問于顏淵曰：「東野子之善馭乎？」顏淵對曰：「善則善矣，雖然，其馬將失。」定公不悅，入謂左右曰：「君子固讒人乎？」三日而校來謁，曰：「東野畢之馬失，兩驂列，兩服入廄。」定公越席而起曰：「趨駕召顏淵。」顏淵至。定公曰：「前日寡人問吾子，吾子曰：『東野畢之馭，善則善矣。雖然，其馬將失。』不識吾子何以知之？」顏淵對曰：「臣以政知之。昔舜巧於使民，而造父巧于使馬。舜不窮其民，造父不窮其馬，是以舜無失民，造父無失馬也。今東野畢之馭，上車執轡，銜體正矣；步驟馳騁，朝禮畢矣；歷險致遠，馬力盡矣。然猶求馬不已，是以知之也。」定公曰：「善！可得少進乎？」顏淵對曰：「臣聞之，鳥窮則啄，獸窮則攫，人窮則詐。自古及今，未有窮其下而能無危者也。」

《荀子·哀公》

東野稷以禦見莊公，進退中繩，左右旋中規。莊公曰：「善。」以為造父不過也。使之鉤百而少及焉。顏闔入見，莊公曰：「子遇東野稷乎？」對曰：「然，臣遇之。其馬必敗。」莊公曰：「將何敗？」少頃，東野之馬敗而至。莊公召顏闔而問之，曰：「子何以知其敗也？」顏闔對曰：「夫進退中繩，左右旋中規，造父之禦無以過焉。鄉臣遇之，猶求其馬，臣是以知其敗也。」

《呂氏春秋·離俗覽·適威》

以上三則異文，雖然故事情節大體上相同，但具體描寫存在差異，並且出場的虛構人物亦多有出入。《莊子》與《呂氏春秋》的兩則比較接近。其中的君王均為春秋時期的魯莊公（前693～前665在位），而指出馭馬必敗者均為戰國時期魯國賢人顏闔。然而《呂氏春秋》的一則描寫較《莊子》的一則細緻。這三則異文，以《荀子》的一則變化最大。不但善馭者作東野畢，與另兩則有出入，而且君王作春秋時期的魯定公（前509～前495在位），而指出馭馬必敗者為孔子的學生、春秋末期的顏淵（前

521～前490）。不僅如此，其情節描寫更為具體生動，並有較多的闡述和發揮。將此三則異文進行對比，其變化、差別是顯而易見的。

先秦時期同一典籍收錄同一則民間故事的不同異文，既有載於同一篇者，也有載於不同篇者，多見於《莊子》、《韓非子》、《呂氏春秋》等書，以《韓非子》最為突出。

這個時期載於一書之同篇異文，數量不等，以兩則最為常見，如《韓非子·內儲說上》的「魯哀公問治國之道」、「南郭吹竽」，《韓非子·內儲說下》的「湯中有礫」、「李季矢浴」，《韓非子·外儲說左上》的「棘刺母猴」、「桓公聽計」，《韓非子·外儲說左下》的「夔一足」、「解狐薦仇」，《韓非子·外儲說右上》的「太公望殺賢者」、「衛君與薄疑」，《韓非子·外儲說右下》的「殺牛塞禱」、「蘇代使燕」。三則的如《韓非子·外儲說左上》的「少者飲酒」，《韓非子·外儲說右下》的「潘壽進言」，四則的如《韓非子·外儲說右下》的「淖齒與李兌」，五則的如《韓非子·外儲說右下》的「造父與王良」。茲舉例論析如下。

在《韓非子·外儲說右下》中「桓公聽計」的兩則異文為：

> 齊桓公微服以巡民家，人有年老而自養者，桓公問其故。對曰：「臣有子三人，家貧，無以妻之，傭未及反。」桓公歸以告管仲。管仲曰：「畜積有腐棄之財，則人飢餓；宮中有怨女，則民無妻。」桓公曰：「善。」乃諭宮中有婦人而嫁之。下令於民曰：「丈夫二十而室，婦人十五而嫁。」

> 一曰：桓公微服而行於民間，有鹿門稷者，行年七十而無妻。桓公問管仲曰：「有民老而無妻者手？」管仲曰：「有鹿門稷者，行年七十矣而無妻。」桓公曰：「何以令之有妻？」管仲曰：「臣聞之：上有積財，則民臣必匱乏於下；宮中有怨女，則有老而無妻者。」桓公曰：「善。」令于宮中，女子未嘗禦，出嫁之。乃令男子年二十而室，女年十五而嫁。則內無怨女，外無曠夫。

這兩則異文都寫桓公微服私訪發現老百姓娶不起妻子，並且聽從宰相管仲進言而及時解決了民眾難心之事。但具體情節變異頗大，無財物娶妻者一為老者的三個兒子，由桓公自己打聽出來的；一為叫鹿門稷的七十老翁，由管仲向桓公轉述的。兩相比較，彼此的差異就一目了然了。

在《韓非子・外儲說右下》記載的「造父與王良」異文，達四則之多，分別為：

> 造父御四馬，馳驟周旋而恣欲于馬。恣欲于馬者，擅轡策之制也。然馬驚於出彘，而造父不能禁制者，非轡策之嚴不足也，威分於出彘也。王子于期為駙駕，轡策不用，而擇欲于馬，擅芻水之利也。然馬過於圃池，而駙馬敗者，非芻水之利不足也，德分于圃池也。故王良、造父，天下之善御者也，然而使王良操左革而叱咤之，使造父操右革而鞭笞之，馬不能行十里，共故也。田連、成竅，天下善鼓琴者也，然而田連鼓上、成竅擘下，而不能成曲，亦共故也。夫以王良、造父之巧，共轡而御，不能使馬，人主安能與其臣共權以為治？以田連、成竅之巧，共琴而不能成曲，人主又安能與其臣共勢以成功乎！
>
> 一曰：造父為齊王駙駕，渴馬服成，效駕圃中。渴馬見圃池，去車走池，駕敗。王子于期為趙簡主取道，爭千里之表，其始發也，彘伏溝中，王子于期齊轡策而進之，彘突出於溝中，馬驚駕敗。
>
> 一曰：造父為齊王駙駕，以渴服馬，百日而服成。服成請效駕齊王，王曰：「效駕於圃中。」造父驅車入圃，馬見圃池而走，造父不能禁。造父以渴服馬久矣，今馬見池，駻而走，雖造父不能治。今簡公之法，禁其眾久矣，而田成恒利之，是田成恒傾圃池而示渴民也。
>
> 一曰：王子于期為宋君為千里之逐。已駕，察手吻文。且發矣，驅而前之，輪中繩；引而卻之，馬掩跡。拊而發之，彘逸出於竇中。馬退而卻，策不能進前也；馬駻而走，轡不能止也。

《韓非子・外儲說右下》「造父與王良」是該書，也是先秦時期記

載異文最多的一則民間故事。它們有著明顯的相似之處：造父、王良兩人均為駕車馭馬的能手，同時或交替出現；馴馬的兩種基本手段──以繩、鞭調教和用草、水控制相似；被干擾的情狀──豬竄道上和出現菜園水池相似。這無疑是四則故事互為異文的基本點。然而，四則異文又有許多不同之處：造父的車主有的未作交代，有的為齊王；王良的車主有的未作交代，有的為趙簡子或宋君，都有所變化。而兩人的出場情況亦不相同；前兩則兩人都同時出現，第一則造父駕四馬，以轡繩和馬鞭掌控，王良為副駕，用草料和水掌控；第二則造父為副駕，以控制飲水來馴馬，王良駕馬竟賽，用轡繩和馬鞭驅趕。後兩則均僅出現其中一人，第三則只出現造父，他為駙駕，以控制飲水來馴馬；第四則只出現王良，他駕車時以轡繩和馬鞭掌控。在四則異文裡面，第一則顯然是最基本的故事形態，《韓非子・外儲說右下》首先錄寫它，是很有道理的，而後面三則的各種變異，無疑是在流布過程中產生的。該書不厭其煩地將異文一一引出，這在當時無疑十分難能可貴，足見錄寫者是別具慧眼的。

　　這個時期載於一書之不同篇章的異文，數量較前一種略少一些，計有見於《莊子・內篇・齊物論》與《莊子・雜篇・寓言》的「罔兩問景」，見於《莊子・外篇・山木》與《莊子・雜篇・讓王》的「孔子困于陳蔡」，見於《莊子・外篇・至樂》與《莊子・外篇・達生》的「魯侯養鳥」，見於《韓非子・說林下》與《韓非子・說難》的「疑鄰為盜」，見於《韓非子・難一》與《韓非子・難勢》的「自相矛盾」，見於《呂氏春秋・有始覽・諭大》與《呂氏春秋・士容論・務大》的「燕雀處室」，見於《呂氏春秋・審應覽・重言》與《呂氏春秋・審應覽・精諭》的「桓公伐鄰國」。另外，尚有介乎以上兩者的一種記載異文的情況。這就是「子罕專罰」，《韓非子・外儲說右下》有二則異文，《韓非子・二柄》有一則異文。茲舉例論析如下。

　　《莊子》中「魯侯養鳥」的兩則異文為：

　　　　昔者海鳥止于魯郊，魯侯禦而觴之於廟，奏《九韶》以為樂，
　　　　具太牢以為膳。鳥乃眩視憂悲，不敢食一臠，不敢飲一杯，三日而

死。此以已養養鳥也，非以鳥養養鳥也。夫以鳥養養鳥者，宜棲之深林，游之壇陸，浮之江湖，食之鰍鰷，隨行列而止，委蛇而處。彼唯人言之惡聞，奚以夫譊譊為乎？

《莊子‧外篇‧至樂》

昔者有鳥，止于魯郊。魯君說之，為具太牢以饗之，奏《九韶》以樂之。鳥乃始憂悲眩視，不敢飲食。此之謂以已養養鳥也。若夫以鳥養養鳥者，宜棲之深林，浮之江湖，食之以委蛇，則平陸而已矣。

《莊子‧外篇‧達生》

這兩則異文，一詳一略。前則多細節描述，寫魯侯為歡迎海鳥，特意在宗廟內給它飲酒，為它奏舜時的《九韶》樂曲，用帝王祭祀時使用的牛、羊、豬三牲作為膳食，鳥卻眼花心悲，不敢吃、喝，三天便死去。故事進而說明魯侯不應用自己的生活方式來養鳥，而應按鳥的生活方式養鳥。後則顯然是由前則縮寫而成。這組異文在先秦時期的諸多異文中，有一定的代表性。

《呂氏春秋》中「桓公伐鄰國」的兩則異文為：

齊桓公與管仲謀伐莒，謀未發而聞于國。桓公怪之曰：「與仲父謀伐莒，謀未發而聞于國，其故何也？」管仲曰：「國必有聖人也。」桓公曰：「譆！日之役者，有執柘瘁而上視者，意者其是邪！」乃令復役，無得相代。少頃，東郭牙至。管仲曰：「此必是已。」乃令賓者延之而上，分級而立。管子曰：「子邪言伐莒者？」對曰：「然。」管仲曰：「我不言伐莒，子何故言伐莒？」對曰：「臣聞君子善謀，小人善意。臣竊意之也。」管仲曰：「我不言伐莒，子何以意之？」對曰：「臣聞君子有三色：顯然喜樂也，鐘鼓之色也；湫然清靜者，衰絰之色也；艴然充盈手足矜者，兵革之色也。日者臣望君之在臺上也，艴然充盈手足矜者，此兵革之色也。君呿而不唫，所言者『莒』也；君舉臂而指，所當者

『莒』也。臣竊以慮，諸侯之不服者，其惟莒乎！臣故言之。」凡耳之聞以聲也。今不聞其聲而以其容與臂，是東郭牙不以耳聽而聞也。桓公、管仲雖善匿，弗能隱矣。故聖人聽于無聲，視於無形。詹何、田子方、老耼是也。

《呂氏春秋・審應覽・重言》，「東郭牙知伐莒」

　　齊桓公合諸侯，衛人後至。公朝而與管仲謀伐衛，退朝而入。衛姬望見君，下堂再拜，請衛君之罪。公曰：「吾于衛無故，子曷為請？」對曰：「妾望君之入也，足高氣強，有伐國之志也。見妾而有動色，伐衛也。」明日君朝，揖管仲而進之。管仲曰：「君舍衛乎？」公曰：「仲父安識之？」管仲曰：「君之揖朝也恭而言也徐，見臣而有慚色，臣是以知之。」君曰：「善。仲父治外，夫人治內，寡人知終不為諸侯笑矣。」桓公之所以匿者不言也，今管子乃以容貌音聲，夫人乃以行步氣志，桓公雖不言，若暗夜而燭燎也。

《呂氏春秋・審應覽・精諭》，「齊桓公欲伐衛」

　　這兩則異文，雖說都是講齊桓公與管仲一起謀劃攻打鄰國被人發覺之事，並且覺察者都是因善於觀察主事者的言行、舉止而作出準確的判斷，但差別很大。兩則異文不但覺察者及其身份不同，意欲攻打的國家不同，而且具體情節亦不大相同，充分展示出民間故事在流布過程中發生明顯變異的特徵。它們在先秦時期的諸多異文中亦具有一定的代表性。

第二節　兩漢民間故事的異文

　　兩漢時期的民間故事錄寫活動，是在繼承先秦時期優良傳統的基礎上發展起來的。這個時期收錄民間故事的著作更趨多元化，除了漢初屬於諸子百家系統、反映儒家思想的《韓詩外傳》、《說苑》、《新序》和反映道家思想的《淮南子》等外，尚有史學巨著《史記》、《漢書》以及各種理論著作，包括陸賈撰《新語》、賈誼撰《新書》、桓譚撰《新論》、王充撰《論衡》、王符撰《潛夫論》、荀悅撰《申鑒》、應劭撰《風俗通

義》等。但是，這個時期所錄寫的民間故事，數量卻不如先秦時期錄寫的民間故事多，而且有不少民間故事與先秦時期文寫的民間故事大體上相似——其中有的是由先秦時期的各種著作中迻錄的，文字有所改動，有的則是直接錄寫的有關異文。譬如，「小忠與大忠」，先秦時期見諸《左傳》、《韓非子》、《呂氏春秋》、兩漢時期見諸《韓詩外傳》、《淮南子》、《說苑》，「眾賀獨吊」先秦時期見諸《荀子》、《列子》、《尹文子》，兩漢時期見諸《韓詩外傳》、《淮南子》、《說苑》，「和氏璧」先秦時期見諸《韓非子》，兩漢時期見諸《淮南子》、《新序》、《論衡》，「咎犯薦仇」先秦時期見諸《韓非子》、《呂氏春秋》，兩漢時期見諸《韓詩外傳》、《說苑》、《新序》，「夔一足」先秦時期見諸《韓非子》、《呂氏春秋》，兩漢時期見諸《論衡》、《新論》、《風俗通義》，「高赫受上賞」先秦時期見諸《韓非子》、《呂氏春秋》，兩漢時期見諸《淮南子》、《史記》、《說苑》。茲舉兩例以見一斑。

「失馬飲盜」的故事，先秦兩漢的記載分別為：

> 昔者秦繆公乘馬而車為敗，右服失而野人取之。繆公自往求之，見野人方將食之於岐山之陽，繆公歎曰：「食駿馬之肉而不還飲酒，餘恐其傷女也。」於是遍飲而去。處一年，為韓原之戰，晉人已環繆公之車矣。晉梁由靡已扣繆公之左驂矣，晉惠公之右路石奮投而擊繆公之甲，中之者已六箭矣。野人之嘗食馬肉於岐山之陽者三百有餘人，畢力為繆公疾鬥于車下，遂大克晉，反獲惠公以歸。
>
> 《呂氏春秋・仲秋紀・愛士》

> 秦繆公將田，而喪其馬，求三日而得之於菫山之陽，有鄙夫乃相與食之。繆公曰：「此駁馬之肉，不得酒者死。」繆公乃求酒，遍飲之然後去。明年，晉師與繆公戰，晉之右路石者圍繆公而擊之，甲已墮者六箭矣。食馬者三百餘人，皆曰：「吾君仁而愛人，不可不死。」還擊晉之右路石，免繆公之死。
>
> 《韓詩外傳》卷十，第十二章

秦穆公出遊而車敗，右服失馬，野人得之。穆公追而及之岐山之陽，野人方屠而食之。穆公曰：「夫食駿馬之肉，而不還飲酒者，傷人。吾恐其傷汝等。」遍飲而去之。處一年，與晉惠公為韓之戰。晉師圍穆公之車，梁由靡扣穆公之驂，獲之。食馬肉者三百餘人，皆出死為穆公戰于車下，遂克晉，虜惠公以歸。

《淮南子‧氾論訓》

　　初，繆公亡善馬，岐下野人共得而食之者三百餘人。吏逐得，欲法之。繆公曰：「君子不以畜產害人。吾聞食善馬肉，不飲酒傷人。」乃皆賜酒而赦之。三百人者聞秦擊晉，皆求從。從而見繆公窘，亦皆推鋒爭死，以報食馬之德。

《史記‧秦始皇本紀》

　　秦繆公嘗出而亡其駿馬，自往求之，見人已殺其馬，方食其肉。繆公謂曰：「是吾駿馬也。」諸人皆懼而起，繆公曰：「吾聞食駿馬肉，不飲酒者殺人。」即以次飲之酒，殺馬者皆慚而去。居三年，晉攻秦繆公圍之。往時食馬肉者相謂曰：「可以出死，報食馬得酒之恩矣。」遂潰圍，繆公卒得以解難，勝晉，獲惠公以歸。

《說苑‧復恩》

　　以上四則兩漢時期的異文，均由先秦時期《呂氏春秋》的一則故事衍化而來。這五則異文的基本情節相同，都是寫春秋時期秦穆公[15]飲盜食馬肉者，秦晉之戰時盜馬者以死相救的故事，但是繁簡有別，而且具體描寫的許多細節，包括穆公失馬的因由，盜馬地點，盜馬者的人數、秦晉之戰距盜馬的時間、穆公失利的狀況，盜馬者出擊的結果等彼此都有一定的差異。

　　「巧救亡鳥者」的故事，先秦兩漢的記載分別為：

　　景公好弋，使燭鄒主鳥而亡之，公怒，詔吏殺之。晏子曰：「燭鄒有罪三，請數之以其罪而殺之。」公曰：「可。」於是召而

---

15 多數異文作「秦繆公」。「繆」通「穆」。

數之公前，曰：「燭鄒！汝為吾君主鳥而亡之，是罪一也；使吾君以鳥之故殺人，是罪二也；使諸侯聞之，以吾君重鳥以輕士，是罪三也。」數燭鄒罪已畢，請殺之。公曰：「勿殺！寡人聞命矣。」

《晏子春秋‧外篇》，「燭鄒亡鳥」

齊景公出弋昭華之池，使顏斫聚主鳥而亡之。景公怒而欲殺之。晏子曰：「夫斫聚有死罪四，請數而誅之。」景公曰：「諾。」晏子曰：「斫聚！汝為吾君主鳥而亡之，是罪一也。使吾君以鳥之故而殺人，是罪二也。使四國諸侯聞之，以吾君重鳥而輕士，是罪三也。天子聞之，必將貶絀吾君，危其社稷，絕其宗廟，是罪四也。此四罪者，故當殺無赦，臣請加誅焉。」景公曰：「止！此吾過矣。願夫子為寡人敬謝焉。」

《韓詩外傳》卷九第十章，「顏斫聚亡鳥」

景公好弋，使燭雛主鳥而亡之，景公怒而欲殺之。晏子曰：「燭雛有罪，請數之以其罪，乃殺之。」景公曰：「可。」於是乃召燭雛數之景公前曰：「汝為吾君主鳥而亡之，是一罪也；使吾君以鳥之故殺人，是二罪也；使諸侯聞之以吾君重鳥而輕士，是三罪也。」數燭雛罪已畢，請殺之。景公曰：「止。」勿殺而謝之。

《說苑‧正諫》，「燭雛亡鳥」

　　以上兩則兩漢時期的異文，由先秦時期的一則衍化而來。三則的基本情節相同，都是寫晏子巧諫齊景公，使亡鳥者避免了殺身之禍。《說苑》的一則更接近《晏子春秋》的一則，只是文字略有出入，而《韓詩外傳》的一則變化較大，其一為亡鳥者的姓名有所不同，顏斫聚由顏燭趨[16]衍化而來；其二為晏子在齊景公面前列數亡鳥者的罪狀，由《晏子春秋》中的三條變為四條，新增加了：「天子聞之，必將貶絀吾君，危其社稷，絕其宗廟，是罪四也。」其出入比較明顯。

兩漢時期的民間故事採錄，也發掘出不少新的作品，如《韓詩外傳》中的「束蘊請火」、「鳳凰展翅」、「弓人之妻」，《禮記》中的「苛政猛於虎」，《淮南子》中的「塞翁失馬」、「哭母不哀」、「楚人烹猴」、「鵲巢扶枝」，《史記》中的「指鹿為馬」、「河伯娶婦」，《說苑》中的「追女失妻」、「祠少求多」、「白龍上訴」、「梟東徒」，《新序》中的「曲突徙薪」，《漢書》中的「汙赭捕盜」，《論衡》中的「仕數不遇」、「禦馬剄馬」，《新論》中的「兩狗怪」、《申鑒》中的「儒人驅雞」，《異聞記》中的「張廣定女」，《風俗通義》中的「二母爭子」、「杯弓蛇影」、「山神娶公嫗」、「來季德」、「郅伯夷」、「張叔高」。其中不乏名篇佳作，在中國民間故事史上頗有影響。不過就總的數量而言，這個時期新採錄的民間故事不如先秦時期所採錄的民間故事多。

　　這個時期在民間故事採錄中對異文的關注，使先奏時期的優良傳統得到了延續和發展。這個時期對異文的關注既包含不同典籍錄寫同一作品的不同異文，也包含同一典籍錄寫同一作品的不同異文。前者如「起死回生」見諸《韓詩外傳》、《史記》、《說苑》，「浮西河」見諸《韓詩外傳》、《新序》，《說苑》，「束蘊請火」見諸《韓詩外傳》、《漢書》，「學遠射」見諸《淮南子》、《說苑》，「指鹿為馬」見諸《新語》、《史記》，「曲突徙薪」見諸《說苑》、《漢書》、《新論》。茲舉例說明於後。

　　「起死回生」故事的記載分別為：

　　　　扁鵲過虢侯，世子暴病而死。扁鵲造宮門，曰：「吾聞國中卒有壞土之事，得無有急乎？」曰：「世子暴病而死。」扁鵲曰：「人言鄭醫秦越人能活之。」中庶子之好方者出應之，曰：「吾聞上古醫曰茅父。茅父之為醫也，以莞為席，以芻為狗，北面而祝之，發十言耳，諸扶輿而來者皆平復如故。子之方豈能若是乎？」扁鵲曰：「不能。」又曰：「吾聞中古之為醫者曰逾跗。逾跗之為醫也，搦腦髓，爪荒莫，吹區九竅，定腦脫，死者復生。子之方豈能若是乎？」扁鵲曰：「不能。」中庶子曰：「苟如子之方，譬

如以管窺天，以錐刺地，所窺者大，所見者小，所刺者巨，所中者少。如子之方，豈足以變駭童子哉？」扁鵲曰：「不然。事故有昧投而中蝨頭，掩目而別白黑者，夫世子病所謂屍蹶者。以為不然，試入診世子股陰當溫，耳焦焦如有啼者聲。若此者，皆可活也。」

中庶子遂入診世子，以病報虢侯。虢侯聞之，足跣而起，至門曰：「先生遠辱，幸臨寡人。先生幸而治之，則糞土之息，得蒙天載地長為人。先生弗治之，則先犬馬填溝壑矣。」言未卒而涕泣沾襟。扁鵲入，砥鍼礪石，取三陽五輸，為軒光之灶，八減之湯，子同搗藥，子明灸陽，子遊按摩，子儀反神，子越扶形，於是世子復生。天下聞之，皆以扁鵲能起死人也。扁鵲曰：「吾不能起死人，直使夫當生者起耳。」

《韓詩外傳》卷十，第九章

其後扁鵲過虢。虢太子死，扁鵲至虢宮門下，問中庶子喜方者曰：「太子何病，國中治穰過於眾事？」中庶子曰：「太子病血氣不時，交錯而不得泄，暴發於外，則為中害。精神不能止邪氣，邪氣蓄積而不得泄，是以陽緩而陰急，故暴蹶而死。」扁鵲曰：「其死何如時？」曰：「雞鳴至今。」曰：「收乎？」曰「未也，其死未能半日也。」「言臣齊勃海秦越人也。家在於鄭，未嘗得望精光侍謁於前也。聞太子不幸而死，臣能生之。」中庶子曰：「先生得無誕之乎？何以言太子可生也！臣聞上古之時，醫有俞跗，治病不以湯液醴灑，鑱石橋引，案机毒熨，一拔見病之應。因五藏之輸，乃割皮解肌，訣脈結筋，搦髓腦，揲荒爪幕，湔浣腸胃，漱滌五藏，練精易形。先生之方能若是，則太子可生也；不能若是而欲生之，曾不可以告咳嬰之兒。」終日，扁鵲仰天歎曰：「夫子之為方也，若以管窺天，以郄視文。越人之為方也，不待切脈望色聽聲寫形，言病之所在。聞病之陽，論得其陰；聞病之陰，論得其陽。病應見於大表，不出千里，決者至眾，不可曲止也。子以吾言為不誠，試入診太子，當聞其耳鳴而鼻張，循其兩股以至於陰，當尚溫也。」

中庶子聞扁鵲言，目眩然而不瞚，舌撟然而不下，乃以扁鵲言入報虢君。虢君聞之大驚，出見扁鵲于中闕，曰：「竊聞高義之日久矣，然未嘗得拜謁於前也。先生過小國，幸而舉之，偏國寡臣幸甚。有先生則活，無先生則棄捐填溝壑，長終而不得反。」言未卒，因嘘唏服臆，魂精泄橫，流涕長潸，忽忽承睫，悲不能自止，容貌變更。扁鵲曰：「若太子病，所謂「屍蹷」者也。夫以陽入陰中，動胃繟緣，中經維絡，別下于三焦、膀胱，是以陽脈下遂，陰脈上爭，會氣閉而不通，陰上而陽內行，下內鼓而不起，上外絕而不為使，上有絕陽之絡，下有破陰之紐，破陽絕陽，色廢脈亂，故形靜如死狀。太子未死也。夫以陽入陰支蘭藏者生，以陰入陽支蘭者死。凡此數事，皆五藏蹷中之時暴作也。良工取之，拙者疑殆。」扁鵲乃使弟子子陽厲鍼砥石，以取外三陽五會。有間，太子蘇。乃使子豹為五分之熨，以八減之齊和煮之，以更熨兩脅下。太子起坐。更適陰陽，但服湯二旬而複故。

故天下盡以扁鵲為能生死人。扁鵲曰：「越人非能生死人也，此自當生者，越人能使之起耳。」

《史記‧扁鵲列傳》

扁鵲過趙王，王太子暴疾而死。鵲造宮門曰：「吾聞國中卒有壤土之事，得無有急乎？」中庶子之好方者，應之曰：「然。王太子暴疾而死。」扁鵲曰：「入言鄭醫秦越人能活太子。」中庶子難之曰：「吾聞上古之為醫者曰苗父。苗父之為醫也，以菅為席，以芻為狗，北面而祝，發十言耳，諸扶而來者，輿而來者，皆平復如故。子之方能如此乎？」扁鵲曰：「不能。」又曰：「吾聞中古之為醫者曰俞柎。俞柎之為醫也，搯腦髓，束肓莫，炊灼九竅而定經絡，死人複為生人，故曰俞柎。子之方能若是乎？」扁鵲曰：「不能。」中庶子曰：「子之方如此，譬若以管窺天，以錐刺地，所窺者甚大，所見者甚少。鈞若子之方，豈是以變駭童子哉？」扁鵲曰：「不然，物故有眛掃而中蚊頭，掩目而別白黑者。太子之疾，所謂屍厥者也。以為不然，入診之，太子股陰當溫，耳中焦焦，如有嘯者聲然者，皆可治也。」

中庶子入報趙王，趙王跣而趨，出門曰：「先生遠辱，幸臨寡人。先生幸而有之，則糞土之息，得蒙天履地而長為人矣。先生不有之，則先犬馬填溝壑矣。」言未已，涕泣沾襟。扁鵲遂診之，先造軒光之灶，八成之湯，砥針礪石，取三陽五輸，子容搗藥，子明吹耳，陽儀反神，子越扶形，子遊矯摩，太子遂得復生。天下聞之皆曰：「扁鵲能生死人。」鵲辭曰：「予非能生死人也，特使夫當生者活耳。夫死者猶不可藥而生也。」

《說苑‧辨物》

以上三則作品的基本情節相同，寫的都是被譽為扁鵲的戰國名醫秦越人救活暴病而死者的傳奇故事。後面的兩則均由《韓詩外傳》的一則衍化而來，後一則更為接近《韓詩外傳》的文本。相互比較後不難發現，三則作品除了文字有不同程度的差異外，具體細節亦有變化，包括被救者有的作世子，有的作太子；被救者的父王有的作虢侯，有的作趙王；中庶子稱讚的名醫有的為上古的茅（亦作「苗」）父，中古的踰跗（亦作「俞柎」），有的則為上古的俞跗；另外，協助秦越人治病的諸子弟的名以及其操作的項目，出入也相當大。

「指鹿為馬」故事的記載分別為：

秦二世之時，趙高駕鹿而從行。王曰：「丞相何為駕鹿？」高曰：「馬也。」王曰：「丞相誤也，以鹿為馬。」高曰：「陛下以臣言不然，願問群臣。」臣半言鹿，半言馬。當此之時，秦王不能自信其目，而從邪臣之說。

《新語‧辨惑》

趙高欲為亂，恐群臣不聽，乃先設驗。持鹿獻於二世，曰：「馬也。」二世笑曰：「丞相誤耶？謂鹿為馬。」問左右。左右或默；或言馬，以阿順趙高；或言鹿者。高因陰中諸言鹿者以法。

《史記‧秦始皇本紀》

這兩則異文的基本情節相同，都是寫丞相趙高為了篡權亂政，故意顛倒黑白以檢驗群臣的態度。但西漢初年陸賈撰《新語》中的文本與司馬遷撰《史記》的文本存在好幾處差異：第一，後者點明趙高此舉目的，前者卻未點明；第二，前者寫趙高駕鹿從行，後者寫趙高獻鹿于秦二世；第三，群臣的態度前者半言鹿、半言馬，後者或沉默、或言馬、或言鹿；第四，結果前者寫二世竟從邪臣之說，後者寫趙高暗中對言鹿者施以報復。

這個時期同一典籍錄寫同一作品的不同異文者，如《說苑·雜言》記有「渡大何」的三則異文；《說苑·正諫》與《說苑·權謀》各記有「桑中追女」的一則異文；《風俗通義》佚文錄有「城門失火」的兩則異文。茲舉例說明如下。

「桑中追女」的記載分別為：

> 趙簡子舉兵而攻齊，令軍中有敢諫者，罪至死。被甲之士名曰公盧，望見簡子大笑。簡子曰：「子何笑？」對曰：「臣有宿笑。」簡子曰：「有以解之則可，無以解之則死。」對曰：「當桑之時，臣鄰家夫與妻俱之田，見桑中女，因往追之，不能得，還，其妻怒而去之。臣笑其曠也。」簡子曰：「今吾伐國失國，是吾曠也。」於是罷師而歸。

《說苑·正諫》，「公盧諫趙簡子」

> 晉文公伐衛入郭，坐士令食曰：「今日必得大垣。」公子慮俯而笑之。文公曰：「奚笑？」對曰：「臣之妻歸，臣送之。反見桑者而助之，顧臣之妻則亦有送之者矣。」文公懼，還師而歸，至國而貉人攻其地。

《說苑·權謀》，「公子慮諫晉文公」

以上兩則異文的基本情節相同，講述的都是以見異思遷者追逐採桑女導致髮妻離去之事，來規勸王侯，因而阻止了一場進攻鄰國之戰的故事。但具體描寫卻有好些差異：第一，故事背景不同，一為趙攻齊時，一為晉

攻衛時；第二，進諫者不同，一為公盧，一為公子慮；第三，追桑女者不同，一為鄰人，一為公子慮本人；第四，失去髮妻狀況不同，一為已經發生，一為可能發生。兩則異文出現的變化是顯而易見的。

值得提及的是，在《風俗通義・怪神》中，接連錄寫的「鮑君神」、「李君神」、「石賢士神」三篇異文，具有原類型與次類型的特徵，十分罕見。對此，本編第三章第二節已作過論述，不贅。

第三節　先秦兩漢民間故事的結構模式

先秦兩漢是中國古代民間故事的創始時期。這個時期的民間故事從思想內容到表現形式的各個方面，都為後世的民間故事創作積累了藝術經驗。它們在民間故事結構模式方面的經驗，對後世的民間故事的發展、繁榮亦頗有貢獻。

首先要提及的是民間故事最為常見的兩種結構模式——兩段式和三段式。這兩種基本結構模式，在先秦兩漢時期的民間故事中，已經得到了較為普遍的應用。

兩段式包括一般兩段式和對比式兩種。一般兩段式為同一角色連續做大體相似的兩件事，或者是兩個角色相繼做大體相似的一件事，構成兩次重複的結構模式。譬如：《呂氏春秋・孟春紀・去私》「祁奚薦賢」，由祁奚向晉平公舉薦自己的仇家解狐去任縣令和祁奚向晉平公舉薦自己的兒子祁午去任軍事官吏組成。採用此類結構模式的尚有《晏子春秋・內篇雜下》「晏子使楚」、《韓非子・說難》「彌子瑕失寵」、《韓非子・外儲說左下》「西門豹納璽」、《呂氏春秋・慎行論・疑似》「黎丘奇鬼」、《呂氏春秋・季秋紀・審己》「列子學射」、《列子・黃帝》「朝三暮四」、《韓詩外傳》「起死回生」、等。

對比式為同一角色連續做大體相似的兩件事，或者是兩個角色相繼做大體相似的一件事，其結果形成鮮明的對比。譬如，《韓非子・內儲說上》「南郭吹竽」，寫齊宣王使三百人吹竽，南郭處士混跡其中，與眾吹竽者一樣享受薪俸；齊湣王使人吹竽，喜歡吹竽者一一獨奏，南郭處士無法蒙混，只得溜之大吉。又如，《新序・雜事四》「熊渠子射石」，寫熊

渠子誤以寢石為伏虎，彎弓一射，竟連箭尾羽毛都射進去了；當他發現那是一塊寢石時，彎弓再射，不但折斷了箭，而且石頭上連一點痕跡都沒留下。採用此類結構模式的先秦兩漢民間故事，較前一類多，尚有《孟子·告子上》「學弈」、《莊子·外篇·秋水》「埳井之蛙」、《韓非子·外儲說左上》「齊桓公好服紫」、《韓非子·外儲說左上》「楚王擊鼓」、《呂氏春秋·孝行覽·必己》「孔子馬逸」、《呂氏春秋·恃君覽·達鬱》「列精子高窺井」、《列子·說符》「兩個蘭子」、《列子·周穆王》「尹氏治產」、《戰國策·燕策二》「賣駿馬」、《韓詩外傳》卷九「鳳凰展翅」、《淮南子·修務訓》「楚人烹猴」、《風俗通義·怪神》「杯弓蛇影」等。

　　三段式為同一角色連續做大體相似的三件事，或者三個角色相繼做一件大體相似的一件事，構成三次重複的結構模式。先秦兩漢時期的民間故事，採用此種結構模式的較多。譬如，《韓非子·和氏》「和氏璧」，寫和氏獻玉璞於楚厲王，厲王以為誑，刖其左足；楚武王即位後，和氏又去獻玉璞，武王亦以為誑，刖其右足；楚文王即位，和氏抱玉璞哭於楚山之下，文王使玉匠治其璞而得寶，命名「和氏璧」。又如，《戰國策·宋衛策》「迎新婦」，寫新婦上花車時叮囑僕人照看好在左右兩邊拉車的驂馬，不好鞭打在中間拉車的轅馬；花車到婆家，人們剛扶新婦下來，她就叫伴娘把灶膛裡的火滅了，以免失火；進屋後新婦看見一個石臼，又說把它搬到窗戶下，在這兒妨礙走路，主人笑之。再如，《淮南子·人間訓》「塞翁失馬」，寫塞翁丟馬之後皆往弔，翁以為焉知非福？數月後其馬帶駿馬歸來；人皆賀之，塞翁以為焉知非禍？其子好騎，墮而折髀；人皆弔之，塞翁以為焉知非福？一年後胡人入塞，丁壯應戰，死者十九，塞翁之子因跛，父子得以保全。採用此類結構模式的作品，尚有《莊子·內篇·養生主》「庖子解牛」、《韓非子·內儲說上》「三人言市有虎」、《呂氏春秋·離俗覽·用民》「取道殺馬」、《戰國策·秦策二》「曾參殺人」、《戰國策·齊策一》「鄒忌比美」、《戰國策·魏策四》「南轅北轍」、《淮南子·道應訓》「楚有善為偷者」、《論衡·非韓》「禦馬剄馬」、《論衡·逢遇》「仕數不遇」等。

先秦兩漢時期的民間故事，尚有四段式、連環式等其他結構模式。四段式主要為同一角色連續做大體相似的四件事，構成四次重複的結構模式。譬如，《莊子・外篇・達生》「紀渻子養鬥雞」，由以下四段組成：紀渻子為周宣王養鬥雞，過十日王問養成否？紀說：不行，它正虛驕傲氣；過十日王又問養成否？紀說：不行，它聞聲、見影都不冷靜；過十日王又問養成否？紀說：不行，它見到旁的雞便怒目而視，氣焰很盛；過十日王又問養成否？紀說：差不多了，它聽見旁的雞打鳴再也不變化無常。鬥雞時旁的雞見了它掉頭便跑。採用四段式的故事，尚有《韓非子・喻老》「扁鵲見蔡桓公」、《列子・周穆王》「燕人返國」、《史記・滑稽列傳》「河伯娶婦」等。

　　連環式為故事情節中若干個母題彼此勾連，形成環環相扣的結構模式。譬如，《呂氏春秋・不苟論・貴賞》「齊人有好獵者」，寫好獵者發現打不到野獸的原因後，便奮力耕種；奮力耕種後，家裡就富裕起來；家裡富裕起來後，也就有錢購買狗；獵狗精良，就不斷捕得野獸，打獵的收穫經常超過別人。採用連環式的尚有《韓詩外傳》卷十「螳螂捕蟬」等。

第二編　魏晉南北朝時期的民間故事

　　中國民間故事在經過先秦兩漢數百年的創始期之後，步入了魏晉南北朝走向成熟的時期。這個時期為時三百多年，其民間故事有了顯著的發展，日趨成熟。這首先是中國民間故事自身演變的結果。中國民間故事在先秦兩漢時期的發展過程中，逐漸為廣大民眾所熟悉，參與編講和傳承的平民百姓日益增多，在藝術上有了較多的積累，為民間故事各個門類的進一步發展打下了較為堅實的基礎，為中國民間故事在這個時期的初步繁榮創造了有利條件。不僅如此，由於這個時期文學創作，尤其是小說創作的異常活躍，對於民間故事的發展產生了一定的推動作用，而且還受到當時當時知識階層的談風──包括清談與戲談（亦稱劇談、話談、戲語）風氣盛行的影響，以及通過佛經文學翻譯等渠道傳入大量印度民間故事的影響有著不同程度的關聯。

　　這個時期民間故事的初步繁榮，最主要體現在幻想故事的奇峰突起，呈現出空前興旺發達的態勢，異彩紛呈，成為中國民間故事發展史上的一座豐碑。這個時期不但有眾多的典籍記載了大量的各種門類的幻想故事，而且藝術表現手段日臻嫻熟，藝術形象鮮明動人，名篇佳制疊出，不但出現不少傳世之作，而且形成不少故事類型，對後世的幻想故事產生深遠的影響。這個時期的幻想故事，大體上由鬼魂故事、精怪故事和神異故事組成，其中以鬼魂故事的數量最大，內容最豐富，藝術成就最突出，格外耀眼。

　　這個時期的民間故事，主要見諸〔三國魏〕邯鄲淳撰《笑林》、舊題〔三國魏〕曹丕撰《列異傳》、〔晉〕張華撰《博物志》、〔晉〕郭璞撰《玄中記》、〔晉〕葛洪撰《抱朴子》、〔晉〕束皙撰《發蒙記》、〔晉〕干寶撰《搜神記》、〔晉〕裴啟撰《語林》、〔晉〕王嘉撰《拾遺記》、〔晉〕郭澄之撰《郭子》、〔晉〕陸氏撰《異林》、〔晉〕王浮撰《神異記》、〔晉〕戴祚撰《甄異傳》、舊題〔東晉〕陶潛撰《搜神後記》、〔東晉〕祖台之撰《志怪》、〔東晉〕荀氏撰《靈鬼志》、〔東晉〕孔約撰《孔氏志怪》、〔東晉〕佚名撰《錄異傳》、〔南朝宋〕劉義慶撰《幽明錄》、《世說新語》和《宣驗記》、〔南朝宋〕劉敬叔撰《異苑》、〔南朝宋〕郭季產撰《集異記》、〔南朝宋〕東陽無疑撰《齊諧記》、〔南朝宋〕虞通之撰《妒記》、〔南朝齊〕王琰撰《冥祥記》、

〔南朝齊〕祖沖之撰《述異記》、〔南朝齊梁間〕沈約撰《俗說》、〔南朝梁〕陶弘景撰《冥通記》、〔南朝梁〕吳均撰《續齊諧記》、〔南朝梁〕任昉撰《述異記》、〔南朝梁〕劉之遴撰《神錄》、〔南朝梁〕殷芸撰《殷芸小說》、〔南朝梁陳間〕佚名撰《續異記》、〔北魏〕酈道元撰《水經注》、〔北齊〕顏之推撰《冤魂志》、《集靈記》和《顏氏家訓》等。其中，《笑林》、《列異傳》、《搜神記》、《搜神後記》、《幽明錄》、《異苑》、《述異記》（祖沖之撰）等書錄寫的民間故事尤多，在中國民間故事史上的地位頗為重要。

中國是一個具有悠久歷史的文明古國，文代發展和傳承呈現千姿百態景象。中國的民間文學在發展、演變的歷程中，既曾經不斷影響鄰近國家的民間文學，又曾經不斷接受鄰近國家民間文學的影響。這種民間文學的相互影響，在民間敘事文學，首先是民間故事領域內表現得尤為明顯。

中國各民族民間故事接受外來影響，最早也是最突出的當推古代印度民間故事的影響。古代印度民間故事傳到中國各地，除了通過民間渠道（包括來華商賈、僧人、旅行者以及其他人員）以口頭形式傳播外，最主要是通過佛經文學譯本（漢文和藏、蒙古、傣等少數民族文字的譯本）不斷地、反復地傳播。許多見於印度古籍的著名民間故事，最初並不是通過其譯本直接傳入中國的。例如大約成書於公元前一世紀的古代印度故事集《五卷書》、大約成書於公元前幾世紀的印度巴利文故事集《佛本生故事》，直至二十世紀中、後期才有漢文譯本在我國刊行。但是，它們所收采的好些古代印度民間故事，卻早在一千幾百年前就開始通過各種佛教經典的譯本陸續傳入中國。

我國最初一大批佛經譯本都是漢文本，翻譯的時間由東漢末一直延續到宋代，時間跨度將近一千年之久。而在這些漢譯佛經當中，包含古代印度民間故事的經典，主要有東漢末年至十六國的幾種《雜譬喻經》、〔東漢末〕康孟祥譯《佛說興起行經》、〔三國吳〕康僧會譯撰《六度集經》、〔三國吳〕支謙譯《佛說義足經》與《佛說九色鹿經》、〔西晉〕竺法護譯《生經》、〔西晉〕法矩與法立譯《大樓炭經》、〔東晉〕法顯譯《涅槃經》、〔東晉〕佚名譯《天尊說阿育王譬喻經》、〔東晉〕曇無蘭譯《佛說大魚事經》、〔十六國後秦〕竺佛念譯《出曜經》、〔十六國

後秦〕鳩摩羅什譯《大莊嚴論經》、〔南朝宋〕求那跋陀譯《佛說大意經》、〔南朝齊〕求那毗地譯《百喻經》（或稱《百句譬喻經》、《痴華鬘》）、〔北魏〕吉迦夜與曇曜譯撰《雜寶藏經》、〔北魏〕慧覺等譯撰《賢愚經》（全稱《賢愚因緣經》）、〔隋〕闍那崛多譯《佛本行集經》、〔唐〕義淨譯《根本說一切有部毗奈耶破僧事》等。

中國民間故事接受外來影響，有一個吸收、消化的階段。到了魏晉南北朝時期，隨著漢譯佛經的數量不斷增加，影響日盛，通過佛經傳入我國的印度民間故事逐漸流布到全國各地，並且在流布的過程中逐漸本土化，從而為我國的民間敘事文學增添了新鮮的血液。

第一章 魏晉南北朝的幻想故事

在中國民間故事裏面，鬼魂故事的蘊藏異常豐厚，從古至今，鬼魂故事在我國民間口耳相傳，歷久不衰，一直為各民族民眾津津樂道，是中國民間故事的一大特點和亮點。此類故事同遠古先民的萬物有靈、靈魂不滅的鬼魂觀直接相關，並且與從漢代佛教傳入中國以後帶來的因果報應，生死輪迴的觀念多有關聯。系統、深入地揭示中國鬼魂故事的發展歷程，不但有助於瞭解中國民間故事的全貌和特色，而且對於瞭解中國各民族的鬼神文化和民俗文化亦頗有裨益。

中國的鬼魂故事在經過先秦兩漢時期的孕育之後，到了魏晉南北朝時期，數量急遽增多，蔚為大觀。這個時期的鬼魂故事題材相當廣泛，主要包含人鬼戀情、人鬼交誼、還陽復生、魂歸故里、冤魂復仇、鬼魅作祟、鬥鬼驅鬼以及鬼魂求助、善惡有報等等。後世有關鬼魂故事的題材，在這個時期幾乎都已出現。數量眾多的涉及幽冥世界的各種鬼魂故事，曲折生動地反映了當時社會生活、家庭生活的許多方面，並且表達了廣大民眾的真情實感和對美好未來的憧憬。這個時期的鬼魂故事出現了形形色色的鬼魂，包括不同性別、不同年齡、不同職業、不同社會地位的鬼魂；既有善良的鬼，又有邪惡的鬼；既有老鬼，又有新鬼。此外還有出現了特殊衣著、長相的鬼魂，如赤鬼、黑衣白袷鬼、白布褲鬼、一足鬼、八尺鬼、三丈鬼；出現了不同死因、不同使命、不同個性、不同狀態的鬼魂，如溢鬼、溺鬼、產鬼、疫鬼、瘧鬼、鬼卒、冥吏、廁鬼、厲鬼、妒鬼、傻鬼、病鬼、餓鬼、饞鬼、醉鬼、跛鬼。

這個時期的鬼魂故事，經歷了前期即魏晉時期與後期即南北朝時期兩個發展階段。兩個發展階段的鬼魂故事既有許多共同之處，又有一些不同之處。從中可以窺見這個時期鬼魂故事的發展、演變歷程。

第一節　魏晉的鬼魂故事

魏晉時期的鬼魂故事，數量甚多，除少量作品是由先秦兩漢時期的作品發展、衍化而來的[17]外，絕大多數作品是這個時期新出現的，其中某些作品雖經采錄者做了一定程度的潤飾，但仍然保存了民間故事的基本結構和特徵，而大部分作品則展現出口傳形態，民間故事韻味相當濃郁。魏晉時期的鬼魂故事，以《列異傳》、《搜神記》、《搜神後記》、《甄異傳》、《靈鬼志》等書記載比較多。其中，最為引人注目的是人鬼戀情人鬼交誼、還陽復生、鬥鬼驅鬼四類，冤魂復仇、鬼魂作祟、魂歸故里幾類也不少。此外，尚有一些其他內容的鬼魂故事。

魏晉時期的人鬼戀情故事，大多寫未婚男子日暮投宿時與年輕情純女鬼的一段短暫而難忘的情緣。故事往往發生在郊外的家中。年輕女鬼有的為名門望族之後，有的出身一般家庭，有的甚至是貧陋人家之女，無不端莊清麗，一往情深。臨別時刻，年輕女鬼大都以各種可心之物相贈，寄托了一片深厚的情意。此類作品突現出男女之間的真摯戀情有時足以超越生死障礙，無比溫馨，無比感人，回味雋永，從而為鬼魂故事拓展了一個前所未有的美好天地。譬如，《列異傳‧談生》：

> 談生者，年四十，無婦，常感激讀《詩經》。夜半，有女子年可十五六，姿顏服飾，天下無雙，來就生，為夫婦之言：「我與人不同，勿以火照我也。三年之後方可照。」為夫妻，生一兒，已二歲；不能忍，夜伺其寢後，盜照視之。其腰已上生肉如人，腰下但有枯骨。婦覺，遂言曰：「君負我。我垂生矣，何不能忍一歲而竟相照也？」生辭謝，涕泣不可複止，云：「與君雖大義永離，然顧念我兒。若貧不能自偕活者，暫隨我去，方遺君物。」生隨之去，入華堂，室宇器物不凡。以一珠袍與之，曰：「可以自給。」裂取

---

[17] 例如，《搜神記》卷十六〈秦巨伯〉，由《呂氏春秋‧慎行論‧題似‧黎丘奇鬼》衍化而來。《搜神記》卷十六〈汝陽鬼魂〉，抄自《風俗通義‧怪神‧汝陽西門亭》，《搜神記》卷十八〈張叔高〉，抄自《風俗通義‧怪神‧張叔高》，文字均稍有改動。

生衣裾，留之而去。

　　後生持袍詣市，睢陽王家買之，得錢千萬。王識之曰：「是我女袍，此必發墓。」乃取考之。生具以實對，王猶不信。乃視女冢，冢完如故。發視之，果棺蓋下得衣裾。呼其兒，正類王女。王乃信之。即召談生，複賜遺衣，以為主婿。表其兒以為侍中。

　　這則作品出現的時間較早，其故事情節曲折而完整，故事主角的形象鮮活動人，十分富於人情味。難能可貴的是，它通過一個中年書生與睢陽王亡女的深摯戀情，表現了普通民眾無視古代社會門第的一種婚姻觀念，在當時無疑具有進步意義。這則故事與其後的同類作品有幾處明顯的差異：一是雙方結為夫妻的地點在男主角家中，直至行將永訣時，女方才將男方帶至墓中，取物相贈。二是女主角一開始便暗示自己是鬼類，並且申明三年後方可照視，以期復生。不幸垂生之時竟出了變故。三是這樁幽婚其後得到王府承認，乃與談生敘翁婿之禮。這則故事，不但具有較為的思想意義，而且具有較高的藝術價值，是魏晉時期鬼魂故事中的一篇很有代表性的佳作。又如，《搜神後記》卷六〈張姑子〉：

　　漢時諸暨縣吏吳詳者，憚役委頓，將投竄深山。行至一溪，日欲暮，見年少女子來，衣甚端正。女曰：「我一身獨居，又無鄰里，唯有一孤嫗，相去十余步爾。」詳聞甚悅，便即隨去。行一里餘，即至女家，家甚貧陋。為詳設食。至一更竟，忽聞一嫗喚云：「張姑子。」女應曰：「喏。」詳問是誰，答云：「向所道孤獨嫗也。「二人共寢息。至曉雞鳴，詳去，二情相戀，女以紫手巾贈詳，詳以布手巾報之。行至昨所應處，過溪。其夜大水暴溢，深不可涉。乃回向女家，都不見昨處，但有一冢爾。

　　這則作品寫某縣吏在深山荒嶺獨行時，偶遇一少女鬼魂，兩情相悅，迎至其家中，共寢息，分別時互贈手巾。作品以質樸無華的文字刻畫的女主角，乃是一位出身寒素的清純女子幽魂，她常年與一老嫗的孤魂為鄰，家居貧陋，與親門貴冑有天壤之差。她以誠待人，情深意篤，給人留下難

忘的印象，是中國古代鬼魂故事中別有風致的藝術形象。

魏晉時期的人鬼戀情故事，尚有寫青年男女門第懸殊，生不能婚配，死後方得團聚的《搜神記・紫玉》、寫男女幽婚，別後又得重逢的《搜神記・崔少府墓》、寫某男子投宿時與墓中弱女鬼魂一夕寢止，晨起別離時得到一雙指環的《甄異傳・秦樹夜宿》、寫假葬於郡外之太守女兒的鬼魂與代太守之子愛戀，常來寢息，後因其父發家而斷送復生希望的《搜神後記・李仲文女》、寫未婚男子與少女鬼魂幽會並得到可心贈物的《搜神後記・何參軍女》、寫未殯亡女到船中與還鄉的心上人團聚，其人到家方知變故的《祖台之志怪・郭氏女》等。

魏晉時期的人鬼交誼故事，大都描寫世人善待各種鬼魂，抑或鬼魂善待世人，充滿友善與溫馨，揭示超越生死界限的人鬼交誼無比珍貴。在這個時期的鬼魂故事裏面，此類稱頌友情的故事，與上述人鬼戀情稱頌愛情的故事以及魂歸故里中稱頌親情的故事相互補充、彼此呼應，使贊美世間真情的主題得以延伸、拓展和發揚光大，為身處戰亂繁興，社會動蕩時期的廣大民眾帶來心靈的慰藉。此類故事，慣常出現求載、寄宿、接待、安葬等母題，這也正好是社會動蕩不安，百姓流離顛沛的時期，世人十分關心的問題，帶有一定的普遍性。例如，《搜神記》卷五〈周式〉：

> 漢下邳周式嘗至東海，道逢一吏，持一卷書求寄載。行十餘裏，謂式曰：「吾暫有所過，留書寄君船中，慎勿發之。」去後，式盜發視書，皆諸死人錄，下條有式名。須臾，吏還，式猶視書。吏怒曰：「故以相告，而忽視之！」式叩頭流血。良久，吏曰：「感卿遠相載，此書不可除卿名。今日已去，還家，三年勿出門，可得度也。勿道見吾書。」
>
> 式還不出，已二年餘，家皆怪之。鄰人卒亡，父怒，使往吊之。式不得已，適出門，便見此吏。吏曰：「吾令汝三年勿出，而今出門，知複奈何！吾求不見，連累為鞭杖。今已見汝，無可奈何。後三日日中，當相取也。」式還，涕泣具道如此。父故不信，母晝夜與相守。至三日日中時，果見來取，便死。

這則作品借助較為曲折的故事情節來贊頌人鬼之間的友情。那個求寄載的勾魂冥吏為了答謝故事主角，冒著被處罰的風險為其指出了躲過厄運的辦法。誰知三年即將過去時，老父強令其人出門吊喪，冥吏無可奈何，只得對其人下手。在將其取走之前，冥吏還故意留下三天時間讓他與家人訣別，關懷、貼體之情溢於言表，真可謂仁至義盡。這則作品著力塑造的是冥吏形象，通過叮囑、發怒、指點、訴苦、待寬、勾魂等一系列細節，將其在公幹與友情之間感到兩難的心態刻畫得活靈活現，頗為成功。

又如，《錄異傳‧鄒覽寄宿》：

> 謝邈之為吳興郡，帳下給使鄒覽，乘樵船在部伍後。至平望亭，夜雨，前部伍頓住。覽露船無所庇宿，顧見塘下有人家燈火，便往投之。至，有一茅屋，中有一男子，年可五十，夜織薄。別床有小兒，年十歲。覽求寄宿，此人欣然相許。小兒啼泣歔欷，此人喻止之，不住啼，遂至曉。覽問何意，曰：「是仆兒。其母當嫁，悲戀故啼耳。」將曉，覽去，顧視不見向屋，唯有兩冢，草莽湛深。行逢一女子乘船，謂覽曰：「此中非人所行，君何故從中出？」覽具以所見告之。女子曰：「此是我兒，實欲改適，故來辭墓。」因哽咽至家，號咷，不復嫁。

這則作品最動人之處在於，它從一個投宿者的視角，平實無華地敘寫了一個貧寒農戶的遭遇，從而揭示出連年戰亂和社會動蕩給普通百姓，尤其是廣大村民帶來的莫大痛苦和不幸，並且寄予深切的同情。這個鄉村裏的三口之家，原本可以憑藉自己的勞作過上安穩的日子，可是突如其來的變故奪走了兩個男性——當家人和小兒的生命，使這個家庭遭到了極其沉重的打擊。其家的未亡人不得已動了改嫁的念頭，卻又難以割捨親情，倍受熬煎。她最終決意「不再嫁」，——可以逆料，等待她的將是更加淒楚的生活。在這個時期的鬼魂故事中，它無疑是一則催人淚下的優秀作品，頗為難得。

魏晉時期的人鬼交誼故事，尚有寫鬼魂托夢，請求遷葬漬水棺木，文某乃將其遷至高燥處的《搜神記‧文穎》、寫池某拿出自家所釀之酒讓三

鬼暢飲，三鬼居然醉倒於樹林中的《搜神記‧鬼酣醉》、寫張某善待求載勾魂鬼卒，鬼卒不忍相取，竟以他人替代的《甄異傳‧張闓遇鬼》、寫鬼魂幫助一貧寒人家致富的《甄異傳‧鬼助張牧》、寫周某日暮寄宿時受到一村女幽魂熱情接待的《搜神後記‧監賀太守》、寫某人暮夜投宿時，二少女幽魂為其彈奏箜篌的《搜神後記‧陳阿登》、寫鬼魂托夢求葬其在江中飄流之棺木，殷某將其安葬並以酒食祭奠的《搜神後記‧上虞人》、寫唐某歡宴二冥吏，然而仍難免一死的《靈鬼志‧唐鄖劂》等。

還陽復生題材的作品。在中國鬼魂故事中比較常見，數量不少。此類作品自魏晉時期日漸增多，第一次引起世人的注目。魏晉時期的還陽復生故事，往往圍繞社會、家庭、婚戀三條線展開。它們借助發生在前朝或者當時的具有傳奇色彩的故事，從不同的側面反映社會生活和家庭生活，涉及諸多矛盾、問題，讚美真摯感人的愛情、親情和友情，暴露世間的各種醜惡現象。其中，不乏思想性，藝術性俱佳的名篇。例如，《搜神記》卷十五〈河間郡男女〉：

> 晉武帝世，河間郡有男女私悅，許相配適。尋而男從軍，積年不歸，女家更欲適之。女不願行，父母逼之，不得已而去。尋病死。其男戍還，問女所在，其像具說之。乃至家，欲哭之盡哀，而不勝其情。遂發冢開棺，女即蘇活，因負還家。將養數日，平復如初。
>
> 後夫聞，乃往求之。其人不還，曰：「卿婦已死，天下豈聞死人可復活耶？此天賜我，非卿婦也。」於是相訟。郡縣不能決，以讞廷尉。秘書郎王導奏：「以精誠之至，感於天地，故死而更生。此非常事，不得以常禮斷之。請還開冢者。」朝廷從其議。

這則作品與《搜神記》卷十五〈王道平〉頗為相似。這兩則均寫男子從軍征伐，多年後還鄉時，其被迫出嫁的意中人早已悒郁而死。男子繞墓悲號，發冢開棺，女即復蘇，便隨其還家。夫家興訟，官府感其精誠，乃斷歸開冢者。所不同的是，前一則發生在西晉初年，後一則發生在秦朝，故事背景有了變化。這樣的作品，熱忱讚美戀人之間的深摯感情具有超凡的力量，能使亡故已久的女子得以再生，真可謂「精誠貫於天地」。但

是，透過動人的婚戀故事，便不難窺見戰事給普通民眾帶來的不幸遭遇和心靈創傷。這樣的作品，無疑能夠喚起聽眾的思考，甚至引發世人對連年戰亂乃至古代包辦婚姻的控制和譴責。

魏晉時期的還陽復生故事，尚有寫病歿之前口稱將得復生，七日後家人掘墳果見其平復如故的《列異傳·史均》、寫鬼神暗中使人盜墓，讓誤捉當還陽者得以破棺而出的《搜神記·李娥》、寫一對在冥界相識之被誤召青年男女，還陽後配為夫妻的《搜神記·賈文合》、寫因有感於丈夫慟哭無子，亡妻死後復蘇，懷孕十月，產訖而死的《搜神記》佚文〈馮稷妻〉、寫章某被在陰曹主事之表兄放還者，與其託表兄放還之女子結為伉儷的《甄異傳·章沉》，寫太守之子開棺救出被枉殺當更生之前太守愛女，遂為夫妻的《搜神後記·徐玄方女》、寫被同伴謀害之商賈死而復蘇，訴官讓殺人者伏罪的《搜神後記·陳良》、寫冥吏向亡靈索取金釧後竟將其人放還的《搜神後記·李除》、寫亡故後三日復蘇，言上天見官府取劍乃還的《錄異傳·賀瑀》等。

魏晉時期的鬼魂作祟故事，大都寫時而隱身變幻、時而原形畢露的諸多鬼魅，或者登堂入，或者到荒郊野外，以各種方式胡作非為，驚怖世人，甚至奪走無辜者的性命，較為曲折生動地揭示出在社會動蕩不安之時，廣大民眾經常受到騷擾、驚嚇，無法過上正常生活的情狀。其中的惡鬼形象，是由先秦兩漢時期的鬼魅故事發展而來，又對後世的鬼魅故事產生較大的影響。譬如《搜神記》卷十七〈頓丘鬼魅〉：

　　魏黃初中，頓丘界有人騎馬夜行，見道中有一物，大如兔，兩眼如鏡，跳躍馬前，令不得前。人遂驚懼，墮馬。魅便就地捉之，驚怖暴死。良久得蘇，蘇已失魅，不知所在。乃更上馬，前行數裏，逢一人，相問訊已，因說：「向者事變如此，今相得為伴，甚歡。」人曰：「我獨行，得君為伴，快不可言。君馬行疾，且前，我在後相隨也。」遂共行。語曰：「向者物何如，乃令君怖懼耶？」對曰：「其身如兔，兩眼如鏡，形甚可惡。」伴曰：「試顧視我耶？」人顧視之，猶複是也。魅便跳上馬，人遂墮地，怖死。家人怪馬獨歸，即行推索，乃於道邊得之。宿昔乃蘇，說狀如是。

這則鬼魅作祟故事以三國魏初年為背景，敘述鬼魅先後變為兔子與行人，對素不相識的騎馬者一再進行驚擾、恐嚇，讓其人從馬上摔下來，昏死在地，過一宿才得以蘇醒，生動具體地揭示出鬼魅作祟，給世人帶來了嚴重的危害。

魏晉時期的此類故事，尚有寫鬼魅不但逐走請神驅鬼的道士，而且變本加厲地在房梁上胡作非為的《搜神記・倪彥思》、寫鬼魅變兒孫捉弄老翁，竟讓老翁誤刺兒孫的《搜神記・秦巨伯》、寫鬼魅使無意中擊中其腳之小兒大病殞死的《搜神後記・誤中鬼腳》、寫持琵琶少鬼與擊鼓老鬼先後求寄載，均吐舌張目使趕車人驚怖幾死的《錄異傳・夜行遇二鬼》、寫行船人以杖竿擊求載鬼魅，不久便死去的《靈鬼志・陳皋遇赤鬼》等。

魏晉時期的鬥鬼驅鬼故事，數量較多，且不乏精彩篇什。此類故事，鋒芒所向大多是為害善良的各種惡鬼，比較鮮明地展現了世人（包括在家人與出家人）善於鬥爭的智慧，才幹和敢於蔑視邪惡的大無畏氣概，十分富有情趣。譬如，《列異傳・宗定伯》：

> 南陽宗定伯，年少時，夜行逢鬼。問曰：「誰？」鬼曰：「鬼也。」鬼曰：「卿複誰？」定伯欺之，言：「我亦鬼也。」鬼問：「欲至何所？」答曰：「欲至宛市。」鬼言：「我亦欲至宛市。」共行數裏。鬼言：「步行太亟，可共迭相擔也。」定伯曰：「大善。」鬼便先擔定伯數裏。鬼言：「卿太重，將非鬼也？」定伯言：「我新死，故重耳。」定伯因複擔鬼，鬼略無重。如是再三。定伯複言：「我新死，不知鬼悉何所畏忌？」鬼曰：「唯不喜人唾。」於是共道遇水，定伯因命鬼先渡；聽之了無聲。定伯自渡，漕漼作聲。鬼複言：「何以作聲？」定伯曰：「新死不習渡水耳，勿怪！」行欲至宛市，定伯便擔鬼至頭上，急持之。鬼大呼，聲咋咋，索下。不復聽之。徑至宛市中，著地化為一羊，便賣之。恐其便化，乃唾之。得錢千五百，乃去。於時言：「定伯賣鬼，得錢千五百。」

這則作品，又見《搜神記》卷十六（故事主角作「宋定伯」），文字

略有出入。其最成功之處在於刻畫出一個既膽識過人，又異常機敏，並且很幽默風趣的不怕鬼人物。故事主角夜行時遇鬼不驚，善於應對，謊稱自己是新鬼，一再對自己怕行為進行掩飾，在交談中有意打聽對方禁忌，最後竟將其賣掉。這在一千七八百年前流傳的鬼魂故事中，是一個相當突出的藝術形象，對後世的民間故事多有影響。

又如，《搜神後記》卷六〈白布褲鬼〉：

> 樂安劉池苟家在夏口，忽有一鬼來住劉家。初因暗，彷彿見形如人，著白布褲。自爾後，數日一來，不復隱形，便不去。喜偷食，不以為患，然且難之。初不敢呵罵。吉翼子者，強梁不信鬼，至劉家，謂主人曰：「卿家鬼何在？喚來，今為卿罵之！」即聞屋梁作聲。時大有客，共仰視，便紛紜擲一物下，正著翼子面，視之，乃主人家婦女褻衣，穢猶著焉。眾共大笑為樂。吉大慚，洗面而去。
>
> 有人語劉：「此鬼偷食，乃食盡，必有形之物，可以毒藥中之。」劉即於他家煮野葛，取二升汁，密齎還家。向夜，舉家作粥糜，食餘一甌，因瀉葛汁著中，置於幾上，以盆覆之。人定後，聞鬼從外來，發盆啖糜。既訖，便擲破甌走去。須臾間，在屋頭吐，嗔怒非常，便棒打窗戶。劉先已防備，與鬥。亦不敢入。至四更中，然後遂絕。

這是一則比較平實的作品，藝術性不及前則。其可貴之處在於，它一方面暴露了鬼魅擾民，肆無忌憚，可恨之至；一方面展現出世人與鬼魅抗爭的艱巨性和頑強精神，說明無論鬼魅何等猖狂，畢竟邪不敵正，終歸被勇敢多智的人們制伏，悄然絕跡。

這個時期的驅鬼鬥鬼故事，尚有寫聚眾發弓弩射殺從四面而來之鬼魅，使其應聲一一倒入土中的《搜神記・王昭》、寫揮刀砍傷入戶勾引世人之鬼婦的《搜神記・鍾繇》、寫以八毒丸對付鬼病，讓重病者痊癒的《搜神後記・腹中鬼》、寫放牧小兒竊取鬼用以捕人之網，將其縛獲的《搜神後記・鬼設網》等。

隨著佛教的進一步傳播，佛教的影響在我國民間故事中逐漸顯現出來。這種影響，在魏晉時期的鬼魂故事裏面已有所反映。這個時期的鬥鬼驅鬼故事，有不少制服鬼魅的故事主角是以胡道人[18]、沙門[19]或者佛家弟子形象出現的，無不體現出佛教的影響。例如，《搜神後記》卷二〈胡道人咒術〉中以咒誓呼鬼王，迫使惡鬼還驢的便是胡道人。又如《靈鬼志‧驅鬼治病》中讀經、驅趕群鬼，使骨消肉盡的病人得以痊癒的乃是佛教僧侶。再如，《靈鬼志‧周子長》中敢於同鬼魅進行較量的乃是佛家弟子。

魏晉時期的冤魂復仇故事，大都涉及各式各樣的社會問題，現實性較強。它們往往通過對亡靈伸冤復仇事件的描述，揭露官場黑暗和社會上的各種醜惡現象，表現出民眾的憤慨，以及懲惡鋤凶的強烈願望。其中的蒙冤受害之鬼魂，大多屬於社會上的弱勢群體。他們有冤無處伸，含恨離開人世，或者死後亦不免受到侵擾，兒女受人虐待，於是其鬼魂不得不以各種方式傾訴苦情，討回公道，使作惡為害者難逃法網。譬如，《搜神記》卷十六〈蘇娥〉：

> 漢九江何敞，為交州刺史，行部到蒼梧郡高安縣，暮宿鵠奔亭。夜猶未半，有一女從樓下出，呼曰：「妾姓蘇，名娥，字始珠，本居廣信縣，修裏人。早失父母，又無兄弟，嫁與同縣施氏。薄命夫死，有雜繒帛百二十四，及婢一人，名致富。妾孤窮羸弱，不能自振，欲之旁縣賣繒。從同縣男子王伯賃車牛一乘，直錢萬二千，載妾並繒，令致富執轡，乃以前年四月十日，到此亭外。於時日已向暮，行人斷絕，不敢復進，因即留止。致富暴得腹痛，妾之亭長舍乞漿取火。亭長龔壽操戈持戟，來至車旁，問妾曰：『夫人從何所來？車上所載何物？丈夫安在？何故獨行？』妾應曰：『何勞問之？』壽因持妾臂曰：『少年愛有色，冀可樂也。』妾懼怖不從。壽即持刀刺脅下，一創立死。又刺致富，亦死。壽掘樓下合埋，妾在下，婢在上，取財物去。殺牛燒車，車釭及牛骨，貯亭東空井中。妾既冤死，痛感皇天，無所告訴，故來自歸於明使

---

[18] 胡道人：指來華傳教的印度僧人。
[19] 沙門：佛教專指依照戒律出家修道的僧侶。

君。」敞曰：「今欲發出汝屍，以何為驗？」女曰：「妾上下著白衣，青絲履，猶未朽也。願訪鄉里，以骸骨歸死夫。」

掘之果然。敞乃馳還，遣吏捕捉，拷問具服。下廣信縣驗問，與娥語合。壽父母兄弟，悉捕系獄。敞表壽：「常律殺人，不至族誅。然壽為惡首，隱密數年，王法自所不免。令鬼神訴者，千載無一。請皆斬之，以明鬼神，以助陰誅。」上報聽之。

這則作品以漢代為背景，寫一孤窮羸弱的年輕寡婦出外賣絲織品，途中夜宿時為前來調戲的亭長殺害，財物被奪。凶犯直到冤魂向一清官控告後方被緝捕歸案，才得到懲處。作品所刻畫的受害無助的鬼魂和凶殘淫惡的鄉間小吏，在魏晉時期的同類作品中都具有一定的典型性。

這個時期的魂魂復仇故事，尚有寫一太守死後被誣而受到冤屈，其鬼魂上表申訴乃得詔還田宅的《列異傳·鮮於冀》、寫太守怒殺一欲強娶不從女子，被砍下之頭顱竟作聲進行譴責的《搜神記·頭語》、寫鬼魂向縣令控告盜墓賊，使兩個盜墓賊被擒獲的《搜神後記·承儉》、寫鬼魂怒斥婦弟昧利忘義，未能善待所托孤女的《搜神後記·盛道兒》、寫鬼魂揭露巨貪栽贓誣蠛亡故官吏之劣跡的《搜神後記·朱弼》等。

魏晉時期的魂歸故里故事，一般均圍繞家庭生活展開故事情節，涉及諸多日常習見的內容。作品大都描述亡靈對塵世多有眷顧，死後竟還家與妻子、父母、親友團聚，或者給家人以各種關照、叮囑，洋溢著人間最可寶貴的親情、友情，給生活在苦痛中的世人帶來些須溫暖。譬如，《甄異傳·夏侯文規》：

譙郡夏侯文規居京，亡後一年，見形還家，乘犢車，賓從數十人，自雲北海太守。家設饌，見所飲食，當時皆盡，去後器滿如故。家人號泣，文規曰：「勿哭，尋便來。」或一月，或四五十日輒來，或停半日，其所將赤衣騶導，形皆短小，坐息籬間及廁屋中，不知。文規當去時，家人每呼令起，玩習不為異物。文規有數歲孫，念之，抱來，左右鬼神抱取以進，此兒不堪鬼氣，便絕，不復識人；文規索水噀之，乃醒。見庭中桃樹，乃曰：「此桃我昔

所種，子甚美好。」其婦曰：「人言亡者畏桃，君何為不畏？」答曰：「桃東南枝長二尺八寸向日者憎之，或亦不畏。」見地有蒜殼，令拾去之，觀其意似憎蒜而畏桃也。

這則作品，敘事樸實無華，比較忠實地保存了口傳形態的原貌。它通過飲食、抱孫、觀桃等生活細節，具體描摹了亡靈返家時的情狀，展示出此等特殊團聚帶來的溫存。

這個時期的魂歸故里故事，尚有寫郡人借助道人的引領，與亡故數載之愛妻相見的《列異傳·見亡妻》、寫死後還家宴飲諸親故知友，重敘交誼的《搜神記》佚文〈蘇詔〉、寫游學亡魂返家迎接父母去作最後訣別的《搜神後記·魂車木馬》、寫亡靈帶數十人還家為貧妻幼子修繕宅舍的《甄異傳·劉沙門》、寫歿後七年還家教育二子的《甄異傳·華逸》等。

魏晉時期其他內容的鬼魂故事，尚有一些作品比較精彩，值得關注。譬如，《列異傳·蔣濟亡兒》，描述蔣濟之子生時為卿相子孫，死後當了泰山役卒，憔悴困辱，苦不堪言。於是一再給父母托夢求助。其父乃去疏通即將死去作泰山令的熟人，後來果然為兒子求得錄事（掌管文書的官史）之職。這則作品，揭露官場托人情、走後門，為兒孫謀取權勢之風古已有之，它不但在陽世盛行，而且蔓延到了冥界，足見其嚴重到何等地步。

第二節　南北朝的鬼魂故事

南北朝時期，鬼魂故事仍然處於發展階段，呈現出興旺繁茂的態勢。與魏晉時期相比較，這個時期的鬼魂故事有兩個不同之處：其一是作品更加豐富，但內容有所變化。這個時期的鬼魅作祟、驅鬼鬥鬼、還陽復生、魂歸故事、鬼魂復仇等類作品非常多，不乏精彩篇什，人鬼交誼等類作品亦不少，但人鬼戀情故事為頗為罕見，同時又涌現了好些善惡有報、鬼魂求助等方面的作品，使這個時期的鬼魂故事的內容更趨異彩紛呈。其二是佛教影響在這個時期的鬼魂故事中表現得愈加明顯。與佛教有關的人物、情節，乃至佛教的佛陀、菩薩等神靈以及佛家事項、佛教觀念等，常常

在這個時期的鬼魂故事中出現，使不少鬼魂故事帶有相當的佛教色彩；在《冥祥記》、《宣驗記》等書錄寫的鬼魂故事中，佛教色彩尤為顯著。這同南北朝時期佛教在我國民間的進一步滲透，漢譯佛經的大量翻譯和不斷傳播密切關相。

鬼魅作祟故事是南北朝時期鬼魂故事中比較突出的一類。其內容與魏晉時期的同類故事相似，又而增添了一些新題材，諸如鬼魅奸淫民女、撕壞書卷、搗毀器物、攝人魂魄等，揭示的生活面更為廣闊。試看：

> 隆安初，陳郡殷氏為臨湘令。縣中一鬼，長三丈餘，跂上屋，猶垂腳至地。殷入便來，命之。每搖屏風，動窗戶，病轉甚。其弟觀亦見，恒拔刀在側，與言爭。鬼語云：「勿為罵我，當打汝口破！」鬼忽隱形，打口流血。後遂喎偏，成殘廢人。
>
> 《幽明錄‧縣中一鬼》

> 盧陵人郭慶之，有家生婢，名采薇，年少，有美色。宋孝建年中，忽有一人，自稱山靈。如人裸身，形長丈餘，胸臂皆有黃色，膚貌端潔，言音周正，呼為「黃父鬼」，來通此婢。婢云：「意事如人。」鬼遂數來，常隱其身，時或露形。形變無常，乍大乍小。或似煙氣，或為石頭，或為小鬼，或為婦人，或如鳥獸足跡，或如人，長二尺許；或似鵝，跡掌大如盤。開戶閉牖，其入如神。與婢戲笑，如人也。
>
> 《異苑》卷六，〈山靈〉

以上兩則作品，一則記東晉末年之事，一記南朝宋前期之事，都屬於當代民間故事。前一則描述惡鬼為患，不但讓縣令沉疴纏身，而且將為鬼者打成歪嘴，充分暴露惡鬼的狠毒與刁蠻。後一則亦見於《述異記》[20]，描述黃父鬼形變無常，任意出入民宅，調戲、奸淫民女，勾畫出惡鬼好色成性的醜惡嘴臉。

---

[20] 作者為祖沖之。後文提及的《述異記》，凡未注明作者的，均為祖沖之撰。

這個時期的鬼魅作祟故事，尚有寫鬼魅貪夜入室吐舌至膝，恐嚇讀書人的《幽明錄·八尺鬼》、寫商賈暮夜投宿，鬼魅現形驚怖，呵斥其人的《幽明錄·陳仙》、寫主人刀斫討食鬼魅，鬼魅乃將其梓船破為碎片的《幽明錄·張縫遇鬼》、寫赤衣群鬼使農人氣息奄奄，任意捉弄其人的《幽明錄·顧某》、寫一足鳥爪、背有鱗甲之鬼使人恍惚如狂，裂毀書卷、折斷彈弓的《異苑·一足鬼》、寫鬼魅夜作笑語，歌哭無常，毀人靈車，任意胡為的《異苑·許氏鬼祟》、寫一鬼負馬皮囊在民宅中輪轉，使主人得疾而亡的祖沖之撰《述異記·索方興》、寫兩鬼入人耳推出魂魄，令其人耳腫喪命的祖沖之撰《述異記·兩鬼入耳》，寫牆壁上忽現眾多眼睛，床前土中冒出一頭，讓主人因驚怖而重病不起的《續異記·劉興道》等。

南北朝時期的鬥鬼驅鬼故事，作品較魏晉時期多，內容更迭出彩。不少故事幽默風趣，帶有喜劇色彩，為魏晉時期所罕見。與鬼魅進行較量的既有各種世俗人物（多為下層民眾），又有佛教僧侶和佛家弟子。他們所應對的，既有凶狠殘暴、毀物奔命的惡鬼、屬鬼，又有愚鈍頑劣、貪吃無能的傻鬼、饞鬼。它們從不同的生活側面進一步揭示了人類能夠制伏作祟鬼魅和一切邪惡勢力的題旨。試看：

> 晉升平末，故章縣老公有一女，居深山，餘杭廣求為婦，不許。公後病死，女上縣買棺，行半道，逢廣。女具道情事。女因曰：「窮逼，君若能往家守父屍，須吾還者，便為君妻。」廣許之。女曰：「我欄中有豬，可為殺以飴作兒。」廣至女家，但聞屋中有拤掌欣舞之聲。廣披離，見眾鬼在堂，共捧弄公屍。廣把杖大呼入門，群鬼盡走。廣守屍，取豬殺。至夜，見屍邊有老鬼，伸手乞肉，廣因捉其臂，鬼不得去，持之愈堅。但聞戶外有諸鬼共呼云：「老奴貪食至此，甚快！」廣語老鬼：「殺公者必是汝。可速還精神，我當放汝；汝若不還者，終不置也。」老鬼曰：「我兒等殺公。」比即喚鬼子：「可還之。」公漸活，因放老鬼。女載棺至，相見驚悲，因取女為婦。

> 《幽明錄·餘杭廣》

王瑤，宋大明三年在都病亡。瑤亡後，有一鬼細長黑色，袒
著犢鼻褌，恒來其家；或歌嘯，或學人語，常以糞穢投人食中。又
於東鄰庾家犯觸人，不異王家時。庾語鬼：「以土石投我，了非所
畏。若以錢見擲，此真見困。」鬼便以新錢數十，正擲庾額。庾復
言：「新錢不能令痛，唯畏烏錢耳！」鬼以烏錢擲之，前後六七
過，合得百余錢。

祖沖之撰《述異記‧鬼擲烏錢》

前一則作品描述故事主角大膽揮杖趕走在堂上胡鬧的群鬼，進而見
機行事，捉住乞肉的老鬼，命其喚鬼子放還老翁。結果救活岳丈，娶其女
為妻，把喪事變為喜事，笑逐顏開。後一則作品描述作祟鬼魅既無賴又蠢
笨，竟為世人捉弄，讓其一再投錢，令人忍俊不禁。

這個時期的驅鬼鬥鬼故事，尚有寫用笑語嘲諷為鬼，使之羞愧而退的
《幽明錄‧阮德如嘲鬼》、寫以刀斫斷擔上繩索，趕走縊鬼使女子復蘇的
《幽明錄‧救縊女》、寫壯勇儒生在亭中過夜時拔劍砍殺作祟鬼怪的《幽
明錄‧亭宿斫鬼》、寫放牧小兒竊得野鬼用以捕人之網將其捕獲的《幽明
錄‧倫小兒縛鬼》、寫向道士請符驅趕冒充先人之惡鬼的《異苑‧鬼避徐
叔寶》、寫煮葛作糜使竊食鬼嘔吐，將其趕走的《述異記‧鬼竊食》、寫
勇鬥胡作非為之各色鬼魅的祖沖之撰《述異記‧薄紹之》、寫佛家弟子習
經持戒，摒絕鬼魅的祖沖之撰《述異記‧胡庇之》、寫素有膂力之僧人以
杖擊惡鬼，使其絕跡的祖沖之撰《述異記‧法力鞭鬼》等。

南北朝時期的還陽復生故事，內容與魏晉時期的同類作品大致相同，
數量也比較多。其中，有些魏晉時期已出現的作品繼續流布，譬如，《幽
明錄‧馬子開棺救女》與《異苑》卷八〈徐女復生〉由《搜神後記》卷四
〈徐玄方女〉演化而來，《異苑》卷八〈樂安章沉〉由《甄異傳‧章沉》
演化而來。而在這個時期的還陽復生故事中，還增加一些佛教色彩濃郁的
作品，譬如，《幽明錄‧趙泰還陽》與《冥祥記‧趙泰》這兩則大同小異
的作品，敘寫趙泰陽壽未盡而橫為惡鬼所取，停屍十日而復蘇。其中詳
述神游陰曹地府時的所見所聞，對地獄中種種恐怖駭人情狀，一一加以介
紹，藉以勸誡世人，弘明佛法。趙泰還陽後，其家大小一心一意奉佛。時

人互來訪問，莫不懼然，皆即奉佛。又如，《幽明錄‧康阿得》敘寫康某家起佛圖塔寺，供養僧人，有大福得。他被冥吏誤取後，由冥界府君放還陽世。行前府君讓其巡察地獄，凡見十獄，各有楚毒。未事佛者皆著杻械，身體膿血。而諸佛弟子，福多者上生天，福少者住入名為「福舍」的瓦屋，待遇殊異。

南北朝時期的還陽復生故事，亦不乏佳作，最有名的當數《幽明錄‧賣胡粉女子》：

> 有人家甚富，止有一男，寵恣過常。游市，見一女子美麗，賣胡粉，愛之，無由自達，乃托買粉，日往市，得粉便去，初無所言。積漸久，女深疑之。明日複來，問曰：「君買此粉，將欲何施？」答曰：「意相愛樂，不敢自達。然恒欲相見，故假此以觀姿耳！」女悵然有感，遂相許以私，克以明夕。其夜，安寢堂屋，以俟女來。薄暮，果到，男不勝其悅，把臂曰：「宿願始伸於此！」歡踴遂死。女惶懼，不知所以。因遁去，明還粉店。至食時，父母怪男不起，往視，已死矣。當就殯斂。發篋笥中，見百餘裹胡粉，大小一積。其母曰：「殺我兒者，必此粉也。」入市遍買胡粉，次此女，比之，手跡如先，遂執問女曰：「何殺我兒？」女聞嗚咽，具以實陳。父母不信，遂以訴官。女曰：「妾豈複吝死？乞一臨屍盡哀！」縣令許焉。徑往，撫之慟哭，曰：「不幸致此，若死魂而靈，複何恨哉？」男豁然更生，具說情狀，遂為夫婦，子孫繁茂。

這則作品，比較細緻地描述一富家男子與賣胡粉（化妝用鉛粉）女子由相悅而戀愛，因受到古代禮教的桎梏，不得不偷偷幽會。誰知樂極生悲，鬧出人命。在男方家長追查時，賣胡粉女子並不迴避，當即「具實以陳」。告官後她毫無畏懼，撫屍慟哭。奇跡突然出現，富家男子竟得復蘇，於是兩位有情人終成夫妻。這是一則現實性甚強的作品，它著重展示一對門第不相當的痴情男女之間曲折感人的戀愛過程，雖有復生的母題，為無冥界的描寫，幻想色彩並不濃郁。它在這個時期的還陽復生故事中，別具一格，對後世的民間故事創作產生過一定影響。

這個時期的還陽復生故事，多數包括冥界的情節，諸如寫司命見枉取者為痛無法還陽，乃讓其人換上另一死者之腳的《幽明錄・某甲易腳》、寫某人死後哭訴兩個孤兒無人撫育，冥王便准其回到人世的《幽明錄・還陽育兒》、寫一人食死牛肉病亡，冥界貴人不以為罪，命其還陽的《幽明錄・食死牛者更生》、寫某人壽限未盡而亡，先父在天上讓其補雷公缺，某人不能勝任而求先父將他遣還塵世的《幽明錄・病死蘇活》、寫一人旦亡晡蘇，自說冥府見聞的祖沖之撰《述異記・曹宗之》、寫某人被誤捉復生，只得與所悅冥界女子泣別的祖沖之撰《述異記・庾某》等。

南北朝時期的魂歸故里故事，數量較魏晉時期多，大都與家庭成員相關，以謳歌親情為基調，貼近百姓生活，頗能引起廣大聽眾、讀者的共鳴。試看：

> 近世有人得一小給使，頻求還家，未遂。後日久，此吏在南窗下眠。此人見門中有一婦人，年五六十，肥大，行步艱難。吏眠失覆，婦人至床邊取被以覆之，回復出門去。吏轉側衣落，婦人復如初。此人心怪。明問吏以何事求歸。吏云：「母病。」次問狀貌及年，皆如所見，唯云形瘦不同。又問：「母何患？」答云：「病腫。」而即與吏假，使出，便得家信云母喪。追計所見之肥，乃是其腫狀也。
>
> 《幽明錄・母魂覆被》

> 晉時會稽嚴猛婦出采薪，為虎所害。後一年，猛行至菴中，忽見婦云：「君今日行，必遭不善。我當相免也。」既而俱前，忽逢一虎，跳踉向猛。猛婦舉手指撝，狀如遮護。須臾，有一胡人荷戟而過。婦因指之，虎即擊胡。婿乃得免。
>
> 《異苑》卷六，〈亡婦免夫〉

> 王誼，琅邪人也，仕梁為南康王記室。亡後數年，妻子困於衣食。歲暮，誼見形謂婦曰：「卿困乏衣食？」妻因與之酒，別而去。誼曰：「我若得財物，當以相寄。」後月，小女探得金指環一雙。
>
> 《集靈記・王誼》

以上三則作品，都是圍繞亡靈與家人之間的親情來展開的。第一則表現的是母子之情，第二則表現的是夫婦之情，第三則表現的是夫婦、父女之情。它們雖然人物身份、故事情節各不相同，但無不短小平實，新穎別致，讀來都頗為感人。

南北朝時期的魂歸故里故事，尚有寫一婦死而無子，其亡靈後返回家中與丈夫交接，遂為下一男的《幽明錄·李氏》、寫亡故老母忽現形囑子遠行以免災禍的《幽明錄·母言免灾》、寫亡魂返鄉給妻子報喪的《幽明錄·秦嘉》、寫一少年死後埋群冢間，旬日由百餘名擊鼓偶樂鬼魂相伴回家的《幽明錄·甘錄事兒》、寫一人死經一載思睹桑梓，乃現形還家招親好敘舊的《幽明錄·王明兒》、寫一兒溺死後在河伯左右侍奉，獲假暫還省親的《異苑·形見尉母》、寫一婦死後返家指責其夫違背諾言而更娶的《異苑·妒鬼》、寫一婦死後未葬夫家墓地而假瘞他鄉，亡魂怒斥丈夫及其小妾薄情的《異苑·鬼作嗔聲》、寫某女幽魂現形，向其情郎哭訴返家時被強人逼奸致死之不幸遭遇的祖沖之撰《述異記·郭凝》、寫一女暴病而歿，其亡靈夜會情郎，以絹相贈的祖沖之撰《述異記·朱氏女》、寫亡魂入室每夕與其妻寢息，與生前無異的《幽明錄·周義》、寫一人病亡來殯，忽現形慰勉其母，並言殯殮務必從儉的《幽明錄·朱泰》、寫一婦死後現形，不與家人為善的祖沖之撰《述異記·王文明妻》、寫亡兒不忍心取走其弟快騎，讓驄馬死而復蘇的祖沖之撰《述異記·畢眾寶》等。

南北朝時期的人鬼交誼故事，數量亦不少，內容除與魏晉時期的作品相似外，又增加了保媒、排險、娛樂、相助、謝恩等母題，更加多樣化，更富人情味。其中與世人友善的鬼魂，既有久已相識之故舊亡靈，又有偶然相遇之冥界新友。譬如，《幽明錄·王志都娶妻》：

> 馬仲叔、王志都並遼東人也，相知至厚。叔先亡，後年，忽形見，謂曰：「吾不幸早亡，心恒相念。念卿無婦，當為卿得婦。期至十一月二十日送詣卿家，但掃除設床席待之。」至日，都密掃除施設。天忽大風，白日晝昏。向暮，風止。寢室中忽有紅帳自施，發視其中，床上有一婦，花媚莊嚴，臥床上，才能氣息。中表內外驚怖，無敢近者。唯都得往。須臾，便蘇起坐，都問：「卿是

誰?」婦曰:「我河南人,父為清河太守,臨當見嫁,不知何由,忽然在此。」都具語其意,婦曰:「天應令我為君妻。」遂成夫婦,往詣其家,大喜,亦以為天相與也。遂與之生一男,後為南郡太守。

　　這則作品,描述故交雖早已離開塵世,卻一直牽掛著摯友的婚姻大事,乃以特殊方式為其送來佳偶,配成伉儷。透過具有傳奇色彩的故事情節,人們不難感受到好朋友之間至深至厚的情意。

　　這個時期的人鬼交誼故事,尚有寫某人少孤貧,姐夫鬼魂暫住其家,給以各種幫助的《幽明錄・阮瑜》、寫一長鬼主動助人,使欲砍殺某人之醉漢屹然不動,酒醒後方去的《幽明錄・鬼救李經》、寫一人因款待鬼卒而暫放還陽的《幽明錄・吉翣石》、寫鄒某安葬舍西土瓦中死者,亡靈後來向其致謝的《異苑・土瓦中人》、寫避雨鬼魂為夜間紡績之老姥尋找失物的《異苑・戶外應聲》、寫善琵琶者夜間彈奏時一鬼來窗外歌唱,漸入佳境的《異苑・鬼唱佳聲》、寫好交友者設肴酒與鬼席地共飲的祖沖之撰《述異記・梁清宴鬼》,寫將女鬼漬水棺木改葬於高燥處的《雜鬼神志怪・袁天忌》等。

　　南北朝時期的冤魂復仇故事,內容與魏晉時期的作品基本上相同,但更具戰鬥性和叛逆精神。其中以《還冤志》中的有關作品尤為突出。試看:

　　宋下邳張稗者,家世冠族,末葉衰微。有孫女殊好美色,鄰人求聘為妾,稗以舊門之後,恥為而不與。鄰人憤之,乃焚其屋,稗逐燒死。其息[21]邦先行不知,後還,亦知情狀,而畏鄰人之勢,又貪其財,而不言,嫁女與之。

　　後經一年,邦夢見稗曰:「汝為兒子,逆天不孝,棄親,就同凶黨!」捉邦頭以手中桃杖刺之。邦因病,兩宿嘔血。而邦死之日,鄰人見稗排門直入,張目攘袂,曰:「君恃勢縱惡,酷暴之

---

[21] 息:即子息,兒女之意。

甚，枉見殺害。我已上訴，事獲申雪，後數日，令君知之。」鄰人得病，尋亦殂歿。

《還冤志‧張稗》²²

梁武帝欲為文皇帝陵上起寺，未有佳材，宣意有司，使加采訪。

先有曲阿人姓弘，家甚富厚，乃共親族，多齎財貨，往湘州治生。經年營得一筏，可長千步，材木壯麗，世所稀有。還至南津，南津校尉孟少卿希朝廷旨，乃加繩墨。弘氏所賣衣裳繒彩，猶有殘餘，誣以涉道劫掠所得；並造作過制，非商賈所宜，結正處死，沒入其財，充寺用。奏，遂施行。

弘氏臨刑之日敕其妻子，可以黃紙筆墨置棺中，死而有知，必當陳訴。又書少卿姓名數十，吞之。

經月，少卿端坐，便見弘來。初猶避捍，後乃款服。但言乞恩，嘔血而死。凡諸獄官及主書舍人，隨此獄事署奏者，以次殂歿，未及一年，零落皆盡。其寺營構始訖，天火燒之，略無纖芥。所埋柱木，亦入地成灰。

《還冤志》佚文，〈弘氏〉²³

以上兩則作品與《搜神記‧蘇娥》有所不同，其中蒙冤受害亡靈報仇雪恨均親自實施，深化了復仇者的抗爭性。前則作品，敘寫復仇亡靈首先懲罰了懦弱貪財、棄親就怨的不肖子，繼而除掉了仗勢為惡、殘暴凶狠的富豪。後則作品敘寫蒙冤受害亡靈不但處死了興冤獄殺人，藉以沒收其所有資產的主謀及一干幫凶，而且焚毀了用佳木營造的皇陵上寺廟。如果說前則作品的影響僅僅局限於一個較小範圍內的話，後則作品則造成了廣泛的社會影響，意義更為重大。值得特別指出的是，這兩則作品都塑造出一個個至死不屈、執著頑強的蒙冤復仇者的鮮活形象，後者尤為成功。後則作品的故事主角臨刑時叮囑妻子以黃紙筆墨置棺內，還吞服了製造冤案的

---

22 《太平廣記》卷一二〇引作〈張裨〉，文字略有出入。

23 引自《太平廣記》卷一二〇。今本《還冤志》無此則。

數十官吏的名單，此類富有表現力的情節[24]，常為後世同類作品所借鑒。譬如，五代‧徐鉉撰《稽神錄》卷五〈劉璠〉寫故事主角被誣謀叛，臨死時謂監刑者曰：「與我白諸妻兒，多置紙筆於棺中，予將訟之！」

南北朝時期的冤魂復仇故事，尚有寫鬼魂現形，迫使某婦將更換來之男兒退還本家的《幽明錄‧陳素婦還男》、寫鬼魂求人助其懲處通奸殺人者的《幽明錄‧李健家奴》、寫冤魂擊鼓使殺人奪財之貪官驚恐病歿的《異苑‧打鼓稱冤》、寫無辜亡靈向射殺者討還血債的《異苑‧長人入夢》、寫被枉殺之大東伎幽魂跳入主謀者之口，使之未幾而卒的祖沖之撰《述異記‧大東伎鬼復仇》、寫亡婦鬼魂持刀刺殺虐待其子女之小妾的《雜鬼神志怪‧懲承貴》、寫被後母虐待、凍餓病杖而死之少年冤魂報仇雪恨的《還冤志‧徐鐵臼》、寫冤死者向聽信誣告、枉殺無辜者討命的《還冤志‧王濟》、寫被謗而死之冤魂殺死主事者並一干惡人的《還冤志‧孫元弼》等。

南北朝時期的善惡有報故事，大部分作品寫善待亡靈或亡靈之家人者，亡靈感恩，使其人終得好報。亦有少部分作品寫糟踐亡靈者，引起亡靈忿懟，竟得惡報。這些作品可能在某種程度上受到佛教因果報應觀念的影響，但它們以生動的故事情節提示揚善懲惡的題旨，能夠警省世人，在當時無疑具有一定的積極意義，試看：

　　項縣民姚牛，年十餘歲。父為鄉人所殺，牛常賣衣物市刀戟，圖欲報仇。後在縣署前相遇，手刃之於眾中。吏捕得，官長深矜孝節，為推遷其事，會赦得免。又為州郡論救，遂得無他。令後出獵，逐鹿入草中，有古深阱數處，馬將趣之。忽見一公，舉杖擊馬，馬驚避，不得及鹿。令怒，引弓將射之。公曰：「此中有阱，恐君墮耳！」令曰：「汝為何人？」翁跪曰：「民姚牛父也，感君

[24] 這個時期的某些作品，亦有類似描寫。譬如，《還冤志》「樂蓋卿」寫故事主角含恨被斬時，就曾「語人以紙筆隨殮」，但描寫不及《還冤志‧弘氏》生動。

活牛，故來謝恩。」因滅不見。令身感冥事，在官數年，多惠於民。

《幽明錄·姚牛父》

剡縣陳務妻，少與二子寡居，好飲茶茗。宅中先有古冢，每日作茗飲，先輒祀之。二子患之，曰：「古冢何知，徒以勞祀。」欲掘去之。母苦禁而止。及夜，母夢一人曰：「吾止此冢二百餘年，謬蒙惠澤。卿二子恒欲見毀，賴相保護。又饗吾佳茗。雖泉壤朽骨，豈忘翳桑之報？」遂覺。明日晨興，乃於庭內獲錢十萬，似久埋者而貫皆新。提還告其兒，兒並有慚色。從是禱酹愈至。

《異苑》卷七，〈茗飲獲報〉

前一則敘寫一官吏因赦免替父報仇者，其父亡靈前來報答，使其免於墮阱，躲過一劫。該官吏深有感悟，便多為百姓辦好事。這則故事人情味甚濃，與《左傳·宣公十五年·魏顆得報》有些相似，讀來亦頗感人。後一則敘寫一寡婦用自己喜飲的茶茗祭祀古冢，並保護古冢，使之免被不懂事的孩子毀壞。後來竟得到古冢幽魂的厚報。這則故事清新質樸，饒有情致，在同類作品中別具一格。

這個時期的同類故事，尚有寫周某曾以百斛米解人之難，大旱時其人鬼魂助周某車水澆瓜的《幽明錄·鬼澆瓜》、寫某吏常以飯食祭獻古墓朽棺，亡靈感恩，乃助其升遷的《幽明錄·投食得報》、寫某婦為獲重賞竟斷死屍之頭與病家，該婦與病者先後得報而卒的《幽明錄·楊氏惡報》、寫某人在髑髏上便溺，受到亡靈譴責，後被猛虎咬斷陽具遂身亡的《幽明錄·溺髑髏得報》、寫一人將海岸崩壞後露出之漆棺移葬高阜，棺中老嫗幽魂乃托夢致謝的《異苑·漆棺老姥》、寫某人遷葬起新屋時掘出的棺木，並為設祭，亡靈以三枚金鏡相贈的《異苑·金鏡助贈》、寫某人為髑髏拔去目中野草因得厚贈的祖沖之撰《述異記·周氏婢》等。

第三節　魏晉南北朝的精怪故事

經過先秦兩漢時期的長期孕育之後，精怪故事在魏晉南北朝時期也有了很大的發展。這個時期的精怪故事，儘管數量略少於同期的鬼魂故事，但藝術水平較高，名篇佳作頗多，就整體而言並不比同期的鬼魂故事遜色，無疑是這個時期民間故事的另一個亮點。

魏晉南北朝時期精怪故事，其中出現的精怪以動物居多，常見的有蛇精、狐精、狸精、龜精、獺精、鼠精、狗精，此外尚有虎、猴、狼、鹿、麈、狶、山魈、蟒、蛟、黿、鼉、土龍、鱉、鯉魚、蝎、白鷺、白鵠、鳩、鶴、鵂鶹、黃鶔、黃雀、燕、田螺、螻蛄、蚱蜢、蟬、蟻、蚯蚓、蜘蛛、皁莢、牛、羊、鴨以及梓、桐、桃、莧、金銀、錢、針、屐、枕、杵、帚、勺、飯甂、缶、玉、虹等精怪。這些精怪既有邪惡、凶殘者，又有善良、鍾情者，具有多種擬人化的性格特徵。後世幻想故事中的精怪，大多已在這個時期出現。

從內容、題材來審視，魏晉南北朝時期的精怪故事包含有妖孽作祟、降妖除怪、人精戀情與婚嫁、精怪報恩與復仇、精怪吉凶兆、人精交誼等，涉及的社會生活面寬闊，比較豐富多彩。在這個時期的幻想故事中，精怪故事是受佛教影響很少的一個門類。

魏晉南北朝時期的精怪故事，前期以《搜神記》、《搜神後記》所收的作品比較多，後期以《幽明錄》、《異苑》所收的作品比較多。

一、魏晉的精怪故事

魏晉時期的精怪故事，少部份在兩漢時期已見諸文字記載，大部份則是在這個時期新錄寫的作品。魏晉時期的精怪故事，作品較多的有精怪作祟、降妖除怪、精怪報恩等幾類，而人精戀情與婚嫁、精怪徵兆、精怪復仇等幾類則數量較少。

魏晉時期的精怪作祟故事，大多描述精怪變成人形暮夜殺人，或者肆虐擾民、進入人家胡作非為、調戲與奸淫婦女，使世人不勝其苦。試看：

> 彭城有男子娶婦，不悅之，在外宿。月餘日，婦曰：「何故不復入？」男曰：「汝夜輒出，我故不入。」婦曰：「我初不出。」婿驚，婦云：「君自有異志，當為他所惑耳！後有至者，君便抱留之；索火照視之為何物。」後所願還至，故作其婦，前為未入，有一人從後推令前。既上床，婿捉之曰：「夜夜出何為？」婦曰：「君與東舍女往來，而驚欲托鬼魅，以前約相掩耳！」婿放之，與共臥。夜半心悟，乃計曰：「魅迷人，非是我婦也。」乃向前攬捉，大呼求火，稍稍縮小，發而視之，得一鯉魚，長二尺。
>
> 《列異傳・彭城男子》

> 宋襄城李頤，其父為人不信妖邪。有一宅由來凶不可居，居則輒死。父便買居之。多年安吉，子孫昌熾。為二千石，當徙家之官。臨去，請會內外親戚。酒食既行，父乃言曰：「天下竟有吉凶否？此宅由來言凶，自吾居之，多年安吉，乃得遷官，鬼為何在？自今以後，便為吉宅。居者住止，心無所嫌也。」語訖如廁，須臾，見壁中有一物，如卷席大，高五尺許，正白。便還，取刀中之，中斷，化為兩人；複橫斫之，又成四人。便奪取刀，反斫殺李。持至坐上，斫殺其子弟，凡姓李者必死，惟異姓無他。頤尚幼，在抱。家內知變，乳母抱出後門，藏他家，止其一身獲免。頤字景真，位至湘東太守。
>
> 《搜神後記》卷七，〈壁中一物〉

前一則作品，描述鯉精利用他人家庭矛盾，入室求歡。後經妻子提醒，夫婿頓有所悟，乃捉住鯉精，讓其現出原形。它落墨不多，卻勾勒出三個鮮活的藝術形象：賢惠的妻子、狡詐的精怪、明智的夫婿。後則作品，通過李氏一家遭到壁中怪物血腥殺戮的不幸慘劇，提醒世人，應當居

安思危，不能因多年的安泰而麻痺大意，以為萬事大吉。對於邪惡凶殘的勢力，無論何時都不能掉以輕心，否則後果不堪設想。

魏晉時期的精怪作祟故事，尚有寫鼠精衣冠而出，一再言人某時當死而人不應，乃顛蹶死的《列異傳・王周南》、寫老鱉常作太守服到府中為患的《列異傳・汝南鱉妖》、寫一少年在樹上與某婦言笑，其夫射之乃化為鳴蟬的《搜神記・朱誕給使》、寫大蒼獺化為少婦，衣傘皆荷葉，冒雨數媚少年的《搜神記・蒼獺》、寫爭山地二蛇變為老翁入府興訟，被呵擊遂原形畢露的《搜神記・揚州二蛇》、寫鼉化美婦入船避雨，與舟子共調笑，三更乃現原形的《搜神後記・鼉婦》、寫老狸化田父為祟，竟釀成二子誤殺真父悲劇的《搜神後記・吳興老狸》、寫白鷺精化為女子到船中與人調戲，後現形飛去，其人遂痛死的《搜神後記・素衣女子》、寫虎化人偕從者求卜，經卜者指點而去，於是虎患非常的《搜神記・虎卜吉》、寫老狐精奸淫成性，受害女達百數名之多的《搜神後記・古冢老狐》、寫號稱「高天大將軍」之精怪常至農家，將小女吞入腹中又出下部，令小女漸瘦的《靈鬼志・高天大將軍》等。

魏晉時期的降妖除怪故事，數量頗多，既有寫世人以大無畏的氣概與各種嗜血成性、禍及一方的妖孽進行較量，最終將其制伏、鏟除的作品，又有寫世人以其聰明智慧應對各種擾民患眾、糟踐民女的精怪，以保居家和順、生活安寧的作品，充分展示出與邪惡勢力鬥爭的艱巨性、複雜性和多樣性，並且塑造出各種勇敢無畏的故事主角的藝術形象。此類故事在這個時期精怪故事中，是藝術水平較高的一類。試看：

> 魏郡張奮者，家巨富。後暴衰，遂賣宅與黎陽程家。程入居，死病相繼；轉賣與鄴人何文。文日暮，乃持刀上北堂中梁上坐。至二更，忽見一人，長丈余，高冠黃衣，升堂呼問：「細腰，舍中何以有生人氣也？」答曰：「無之。」須臾，有一高冠青衣者，次之，又有高冠白衣者，問答並如前。及將曙，文乃下堂中，如向法呼之。問曰：「黃衣者誰也？」曰：「金也，在堂西壁下。」「青衣者誰也？」曰：「錢也，在堂前井邊五步。」「白衣者誰也？」

曰：「銀也，在墙東北角柱下。」「汝誰也？」曰：「我，杵也，在灶下。」及曉，文按次掘之，得金銀各五百斤，錢千余萬。仍取杵焚之，宅遂清安。

《列異傳·何文》

南陽西郊有一亭，人不可止，止則有禍。邑人宋大賢，以正道自處，嘗宿亭樓，夜坐鼓琴，不設兵仗。至夜半時，忽有鬼來，登梯與大賢語，盯目磋齒，形貌可惡。大賢鼓琴如故，鬼乃去。於市中取死人頭來，還語大賢曰：「寧可少睡耶？」因以死人頭投大賢前。大賢曰：「甚佳，吾暮臥無枕，正欲得此。」鬼複去。良久乃還，曰：「寧可共手搏耶？」大賢曰：「善。」語未竟，鬼在前，大賢便逆捉其腰。鬼但急言：「死！」大賢遂殺之。明日視之，乃老狐也。自是亭舍更無妖怪。

《搜神記》卷十八，〈宋大賢〉

前一則與《搜神記》卷十八〈細腰〉文字稍有出入。它描述故事主角暮夜住進凶宅，持刀坐北堂中梁上，在作好與精怪拼搏的準備之後，見機而作，兵不血刃便將精怪一一除掉，而且多有收穫，充分顯示出其人有勇有謀，膽大心細，為常人之所不及。後一則未見他書，描述故事主角夜宿一亭，坐而鼓琴，不備兵器。當常在此亭作惡的老狐所變的屬鬼前來恐嚇時，其人鎮定自若，毫無懼色，最後竟捉殺之，為民除掉一害，十分生動地刻畫出故事主角的果敢、風趣和機捷，給人留下很深的印象。

這個時期的降妖除怪故事，尚有寫狗精變為白衣吏常詣縣衙作祟，縣尉發覺後將其消滅的《搜神記·白衣吏》、寫羊精假作神靈常受人祭祀，敗露後被殺掉的《搜神記·高山君》、寫鹿精常去亭中殺人，謝某深夜牽脫其臂，次日尋血將其捕獲的《搜神記·謝鯤》、寫田某守孝處廬，白狗精變為田某上婦床竟被打殺的《搜神記·田琰》、寫入亭止宿者持大刀追殺前來尋釁之狒、猩二怪，最後將其擒拿的《搜神記·湯應》、寫黃狗精變為主人晝夜與美婦飲食寢息，敗露後即被打殺的《搜神後記·老黃狗》、寫某人臥病在床，捉住伏於被上怪物後登時痊癒的《甄異傳·捉鵂

鶹》、寫一怪如人倒立，兩眼垂血，齊聲喝斥乃滅而不見的《祖台之志怪·丁祚》、寫桐精變為著黃練單衣白帢者常來與一女共眠，某人將其砍傷的《祖台之志怪·桐郎》、寫化為小兒之黃鶹被捉逃逸後，其人瘧疾便瘥癒的《錄異傳·宏老》等。

魏晉時期精怪報恩故事，作品不少，其中報恩的因由涉及撫育、喂養、治療、解救、搭載、支持等，報答的方式多種多樣，情趣盎然，富於變化。它們曲折地反映出世間自有真情，盛贊人與人之間的美好情意，給遭遇不幸、生活在苦難中的人們帶來些許溫存和希望。其中，有的作品影響頗大。譬如：

> 後漢定襄太守竇奉妻生子武，並生一蛇。奉送蛇於野中。及武長大，有海內俊名。母死將葬，未窆[25]，賓客聚集。有大蛇從林草中出，徑來棺下，委地俯仰，以頭擊棺，血涕並流，狀若哀慟。有頃而去。時人知為竇氏之祥。
>
> 《搜神記》卷十四，〈竇氏蛇〉

> 吳富陽縣董昭之，嘗乘船過錢塘江，中央見有一蟻，著一短蘆，走一頭回，復向一頭，甚惶遽。昭之曰：「此畏死也。」欲取著船。船中人罵：「此是毒螫物，不可長。我當踏殺之！」昭意甚憐此蟻，因以繩系蘆著船。船至岸，蟻得出。其夜，夢一人烏衣，從百許人來謝云：「僕是蟻中之王。不慎墮江，慚君濟活。若有急難，當見告語。」
>
> 歷十餘年，時所在劫盜，昭之被橫錄為劫主，系獄余杭。昭之忽思蟻王夢，緩急當告，「今何處告之？」結念之際，同被禁者問之，昭之具以實告。其人曰：「但取兩三蟻著掌中，語之。」昭之如其言。夜果夢烏衣人云：「可急投余杭山中，天下既亂，赦令不久也。」於是便覺。蟻嚙械已盡，因得出獄，過江投余杭山。旋遇赦，得免。
>
> 《搜神記》卷二十，〈董昭之〉

以上兩則弘揚傳統美德的故事，均首見於《搜神記》。前一則，後來又見諸南朝宋・範曄撰《後漢書・竇武傳》等。這則帶有濃厚幻想色彩的短故事，從一個特殊的角度頌稱母愛與孝道，描述亡母尚未落葬時，她所為之蛇從林草中趕來哀悼，與慈母訣別，血涕並流，格外感人。這則作品對後世的影響非常之大，逐漸演化為一個著名的民間故事類型──龍子祭母型故事。後一則，其後又見諸《齊諧記》。它描述一極富愛心者不顧他人責怪，從江中救起面臨滅頂之災的一個螞蟻。後被誣系獄時，竟為此蟻救出，旋遇赦得免。它通過曲折的故事情節，揭示了知恩圖報和好人有好報的題旨。此則對後世的影響儘管不及前則，但亦發展為一個民間故事類型──動物感恩型故事。

魏晉時期的精怪報恩故事，尚有寫某人治愈被弋人射傷之鶴，隨即放飛，鶴乃銜明珠以報的《搜神記・鶴銜珠》、寫某人收養墜樹黃雀，一夜有黃衣童子奉贈四枚白環以報拯救之恩，並為其祝福的《搜神記・黃衣童子》、寫某人被誣臨刑時，被其在獄中喂養之螻蛄掘壁救出的《搜神記・螻蛄神》、寫某太守釋放所捉之千歲狐，隨後此狐常為他通報賊情，並救其於危難之時的《搜神後記・放伯裘》、寫蛟精變為騎白馬者與隨從進農家寄息，大水暴出時即往護掘家舍，使其免難的《搜神後記・蛟庇舍》、寫戰亂時某人被投江中，其所放生的一隻白龜趕來搭救，因得生還的《搜神後記・放龜》、寫曾為賊軍虜掠者被誣入獄，他所解救之老虎即來相助，並獲贈三丸神藥的《甄異傳・謝允》等。

魏晉時期的人精戀情與婚嫁故事，數量較少，然而不乏在古代民間故事發展史上具有相當影響的作品和藝術性較高的篇什。試看：

> 晉太元中，有士人嫁女於近村者，至時夫家遣人來迎。女家好遣發，又令女乳母送之。既至，重門累閣，擬於王侯。廊柱下有燈火，一婢子嚴妝直守。後房帳帳甚美。至夜，女抱乳母涕泣，而口不得言。乳母密於帳中以手潛摸之，得一蛇如數圍柱，纏其女，從足至頭。乳母驚走出外，柱下守燈婢子悉是小蛇，燈火乃是蛇眼。
>
> 《搜神後記》卷十，〈女嫁蛇〉

會稽吏謝宗赴假吳中，獨在船；忽有女子，姿性妖婉，來入船。問宗：「有佳絲否？欲市之。」宗因與戲，女漸相容，留在船宿歡宴。既曉，因求宗寄載，宗便許之。自爾船人恒夕但聞言笑，兼芬馥氣。至一年，往來同宿；密伺之，不見有人，方知是邪魅，遂共掩之。良久得一物，大如枕；須臾得二物，並小如拳。以火視之，乃是三龜。宗悲思數日方悟，自說：「此女子一歲生二男，大者名道湣，小者名道興。」既為龜，送之於江。

《孔氏志怪‧謝宗》

前一則乃是最早見諸文字記載的「蛇郎娶親型故事」。儘管它尚處於雛形階段，有關女嫁蛇的情節相當簡略，主要敷陳夫婿家庭之豪富和描摩新婦入洞房後之驚駭。這與後世在全國各地漢族和少數民族地區廣為流布的口傳作品顯然有比較大的差異。但有兩個基本情節是一脈相承的：一是女子嫁到蛇郎家中為妻，一是蛇郎家庭富有。這無疑是後世口傳作品的故事情節發展、演變的基礎。後一則描寫一男子與化為嫵媚女子龜精的一段戀情。彼此由相悅而同宿經年，並生下二子。後知其為妖，仍戀戀不捨，悲思數日，最終將其送入江中。此篇刻畫細膩，婉轉動人，寫得相當精巧而有情致，不失為人精戀情故事之佳作。

魏晉時期的人精戀情與婚嫁故事，尚有寫狐精化美婦招某男至空冢中歡好，後被救回的《搜神記‧阿紫》、寫彩虹化為儀容端正之男子與州吏婦幽會數年，寢處而不相接，讓婦飲水後產子，即以金瓶與州吏換得小兒乃去的《搜神後記‧虹化丈夫》、寫楊某在湖中拔蒲時，獺變女子來與其戲笑、寢處，察覺有異後即跳入水中的《甄異傳‧楊醜奴》等。

魏晉時期的精怪徵兆故事，敘寫各種精靈呈現出奇形怪狀，以預示即將來臨的吉凶禍福。其中，以預示危難、凶險的作品甚多。有的精靈預示為禍，不一定與人交惡，甚至出自善意。此類作品，往往與當時的迷信觀念密切相關，自不足取。然而亦能曲折地反映出在社會動蕩之時，世人生活困苦的情狀和惶恐不安的心態。試看：

太安中，江夏功曹張騪所乘牛忽言曰：「天下方亂，吾甚極

焉，乘我何之？」聘及從者數人皆驚怖，因紿之曰：「令汝還，勿複言。」乃中道還。至家，未釋駕，又言曰：「歸何早也？」聘益憂懼，秘而不言。安陸縣有善卜者，聘從之卜。卜者曰：「大凶。非一家之禍，天下將有兵起，一郡之內，皆破亡乎！」聘還家，牛又人立而行。百姓聚觀。

其秋，張昌賊起，先略江夏，誑曜百姓，以漢祚復興，有鳳凰之瑞，聖人當世。從軍者皆絳抹頭，以彰火德之祥。百姓波蕩，從亂如歸，聘兄弟並為將軍都尉，未幾而敗。於是一郡破殘，死傷過半，而聘家族矣。京房《易妖》曰：「牛能言，如其言，占吉凶。」

《搜神記》卷七，〈牛能言〉

京兆長安有張氏，獨處一室。有鳩自外入，止於床。張氏祝曰：「鳩來，為我禍也，飛上承塵；為我福也，即入我懷。」鳩飛入懷。以手探之，則不知鳩之所在，而得一金鉤，遂寶之。自是子孫漸富，資財萬倍。蜀賈至長安，聞之，乃厚賂婢。婢竊鉤與賈。張氏既失鉤，漸漸衰耗。而蜀賈亦數罹窮厄，不為己利。或告之曰：「天命也，不可力求。」於是賫鉤以反張氏，張氏復昌。故關西稱「張氏傳鉤」云。

《搜神記》卷九，〈張氏鉤〉

前一則以西晉中葉為故事背景，描述故事主角所乘之牛作人語和人立而行，出現凶兆不久，其人即因討賊戰敗被滅族，藉以揭示出當時天下兵起時「一郡破殘，死傷過半」的殘酷現實，讓人不寒而慄。後一則通過因飛鳩送來之金鉤得而復失，失而復得，家道幾起幾落，折射出社會動蕩之時，民眾生活變幻無常的狀態。

魏晉時期的精怪徵兆故事，尚有寫一狐當門嗥叫，家人扶病母外奔，得免於房舍崩塌之難的《搜神記‧淳于智》、寫黃鼠銜尾舞於王宮端門中，預示燕王謀反將死的《搜神記‧鼠舞門》、寫一白頭翁自某家釜中出預示將有滅門之禍，其家乃閉門得免，而他處同姓者一家皆死的《搜神

記・釜中白頭翁》、寫長人從竹中出後，某家乃失火而大貧的《搜神記・竹中長人》、寫某人夜行見白狗變人形，目赤吐舌，其人隨即伏地而死的《搜神後記・狗變形》、寫白玉精化白頭公出廳中，拄杖光輝照屋，其家父子不久被殺的《搜神後記・白頭公》、寫吳某出征時殺雞求福，雞頭忽長鳴，後乃破賊立功拜太守的《甄異傳・雞頭忽鳴》等。

魏晉時期的精怪復仇故事，數量並不多。精怪復仇之舉均事出有因，大都是由於存在性命之憂而引起的。復仇者大多是無辜的受害者，往往值得同情。但冤冤相報的思想則不足為訓。在此類作品中，《搜神後記》卷十〈烏衣人〉頗為引人注目。

> 吳末，臨海人入山射獵，為舍住。夜中，有一人，長一丈，著黃衣，白帶，徑來謂射人曰：「我有仇，剋明日當戰。君可見助，當厚相報。」射人曰：「自可助君耳，何用謝為！」答曰：「明日食時，君可出溪邊。敵從北來，我南往應。白帶者我，黃帶者彼。」射人許之。明出，果聞岸北有聲，狀如風雨，草木四靡。視南亦爾。唯見二大蛇，長十餘丈，於溪中相遇，便相盤繞。白蛇勢弱，射人因引弩射之，黃蛇即死。日將暮，復見昨人來，辭謝云：「住此一年獵，明年以去，慎勿復來，來必為禍。」射人曰：「善。」遂停一年獵，所獲甚多，家至巨富。數年後，忽憶先所獲多，乃忘前言，復更往獵。見先白帶人告曰：「我語君勿復更來，不能見用。仇子已大，今必報君。非我所知。」射人聞之，甚怖，便欲走，乃見三烏衣人，皆長八尺，俱張口向之。射人即死。

此則作品，情節較為曲折，描述獵人幫助弱勢的白蛇除掉仇敵後，在該地狩獵一年。因得白蛇護佑，收穫甚豐，家至巨富。但其人忘記白蛇忠告，數年後又去該地打獵。黃蛇之子尋其復仇，以至身亡。其思想內涵遠超過一般的此類作品。故事主角扶弱抗暴，本是義舉，值得稱道。但其人致富後竟貪心不足，因此喪命，發人深省。

魏晉時期的精怪復仇故事，尚有寫士人打獵時射殺一大蛇，三年後夢烏衣黑幘人見責，隨即腹痛而卒的《搜神記・華亭大蛇》、寫一老姥餵養

之蛇吸食縣令駿馬後，老姥被殺，蛇乃使方圓四十里與城俱陷為湖的《搜神記·邛都大蛇》、寫村婦養蠶連年損耗，便偷偷焚燒妯娌一囊蠶繭，於是背上長出瘤子重如負囊的《搜神記·建業婦人》、寫某人擊殺從山中擒獲之猿子，猿母悲喚而死，不久某家皆病故的《搜神記·猿母猿子》、寫三人伐木時煮食石窠中二枚大蛇卵，巨蛇徑來將卵銜走，三人不久皆死的《搜神後記·蛇銜卵》、寫縣民入山迷路後賴大龜引領而出，此民卻讓人捕龜，不久即病歿的《搜神後記》佚文「大龜報復」等。

二、南北朝的精怪故事

　　南北朝時期的精怪故事，少部分魏晉時期已見諸文字記載，大部分則是這個時期新錄寫的。這個時期的精怪故事的內容與魏晉時期大致相同，其中精怪作祟、除妖降怪、人精戀情等幾類較為豐富，而精怪報恩與復仇、吉凶與凶兆等幾類則較少。這個時期還出現一些先前未曾見過的精怪，如動物方面的鶺鴒、蜘蛛、蝙蝠、蚯蚓、皁莢、鳩，植物方面的桃、皁莢、蒬，其他方面的板、枕、屐、碓梢等，使精怪形象更趨多樣化。

　　南北朝時期的精怪作祟故事，涉及驚擾、偷竊、奸淫、奪命、食人等諸多方面，題材更趨多樣化，但藝術水平並未超過魏晉時期的同類作品。譬如，祖沖之撰《述異記·狗怪吊喪》：

> 南康縣營民區敬之，宋元嘉元年與息共乘舫，自縣溯流。深入小溪，幽荒險絕，人跡所未嘗至。夕登岸，停止舍中，敬之中惡猝死。其子燃火守屍，忽聞遠哭聲呼阿舅，孝子驚疑，俯仰間哭者已至。如人長大，被髮至足，髮多被面，不見七竅，因呼孝子姓名，慰唁之。孝子恐懼，因悉薪以然火。此物言：「故來相慰，當何所畏，將須然火？」此物坐亡人頭邊哭。孝子於火光中竊窺之，見此物以面掩亡人面，亡人面須臾裂剝露骨。孝子懼，欲擊之，無兵杖。須臾，其父屍見白骨連續而皮肉都盡。竟不測此物是何鬼神。

　　這則作品，描述精怪冒充中表前往喪家吊唁，乘機吃盡亡人屍體的皮

肉，充分暴露為害社會的妖魅異常狡詐與凶殘，讀來令人毛骨悚然。它從一個特定的視角反映出當時無助的百姓所處的環境何等險惡，所蒙受的災難何等深重。

南北朝時期的精怪作祟故事，尚有寫兄弟二人甚為貧困，可家中穀米常被妖魅竊光的《幽明錄·葛氏兄弟》、寫一自稱「陳都尉」之狸精令人設床帳於齋中，常受跪拜的《幽明錄·陳都尉》、寫為共乘一來歷不明之長板入湖，刀斫之血出而沉，淹死數人的《幽明錄·板怪》、寫奴僕斫皂莢樹枝墮地殆死，精怪怒人伐其家居，常擲瓦石進行報復的《幽明錄·虞晚》、寫某人伐山桃樹見血，後忽聞空中有歌哭聲，以取其子相威脅的《異苑·代桃致怪》、寫赤莧精變赤衣人祟女，將其鏟除後女乃號泣，經宿遂殂的《異苑·赤莧魅》、寫蜘蛛精化為男子使相悅之婢來就，隨即心緒昏錯的《異苑·蜘蛛魅》、寫鮫精五日一化，或為美婦，或為男子，不斷興亂擾民的祖沖之撰《述異記·鮫精》等。

南北朝時期的降妖除怪故事，大都描述世人勇鬥妖魅，將其遂走、降伏乃至消滅，數量比魏晉時期的同類故事多一些。比較有代表性的作品如：

> 晉海西公時，有一人母終，家貧，無以葬。因移樞深山，於其側志孝結墳，晝夜不休。將暮，有一婦人抱兒來寄宿。轉夜，孝子未作竟，婦人每求眠，而於火邊睡，乃是一狸抱一烏雛。孝子因打殺，擲後坑中。明日，有男子來問：「細小昨行，遇夜寄宿，今為何在？」孝子云：「止有一狸，即已殺之。」男子曰：「君枉殺吾婦，何得言狸？狸今何在？」因共至坑視，狸已成婦人，死在坑中。男子因縛孝子付官，應償死。孝子乃謂令曰：「此實妖魅，但出獵犬，則可知魅。」令因問獵事：「能別犬否？」答云：「性畏犬，亦不別也。」因放犬，便化為老狸，則射殺。視之，婦人已還成狸。

《幽明錄·老狸尋婦》

> 宋元嘉初，富陽人姓王，於窮瀆中作蟹斷，旦往視之，見一材長二尺許在斷中，而斷裂開，蟹出都盡。乃修治斷，出材岸上。

明往視之，見材復在斷中，敗如前。王又治斷出村。明晨往視，所見如初。王疑此材妖異，乃取內蟹籠中，繫擔頭歸，云至家當斧破燃之。未至家三里，聞中倅倅動，轉顧見向材頭變成一物，人面猴身，一手一足，語王曰：「我性嗜蟹，比日實入水破君蟹斷，入斷食蟹，相負已爾，望君見恕，開籠出我。我是山神，當相佑助，並令斷大得蟹。」王曰：「汝犯暴人，前後非一，罪自應死。」此物種類專（此三字《太平廣記》引作「轉頓」）請乞放，王回頭不應，物曰：「君何姓何名？我欲知之。」頻問不已，王遂不答。去家轉近，物曰：「既不放我，又不告我姓名，當復何計？但應就死耳。」王至家熾火焚之，後寂然無復異。土俗謂之山魈，云知人姓名，則能中傷人，所以勤勤問王，正欲害人自免。

祖沖之撰，《述異記・山魈》

這兩則作品，都比較成功地塑造了故事主角有膽有識、敢於與妖魅爭鬥的人物形象。前一則以東晉後期為背景，描述在深山為母守墳的孝子除掉狸精夫婦的故事。他首先能識破前來勾搭的狸婦，未等狸婦作祟便將其打殺。接著又與前來挑釁的老狸抗爭，見官時以放犬識妖的舉措，讓現出原形的老狸當場被射殺。後一則以南朝宋為背景，描述一鄉民消滅禍害一方之山魈的故事。鄉民事出有因：那個嗜蟹成性的精怪再三毀壞鄉民所設的蟹斷，其人忍無可忍才進行還擊。這位鄉民富有智謀，善於應對。他首先揚言要斧劈山魈所變的木材，迫使其現身。對著這個猴面人身的怪物，他既不為威脅、利誘所動，又不上怪物的當，講出自己的姓名，進而果斷地將其焚毀，永絕後患。

南北朝時期的降妖除怪故事，尚有寫白鷺精變為著喪服女子來商船求載，盜走十匹絹，縛之現原形後被烹食的《幽明錄・白鷺精》、寫雞怪變成為母守孝者還家登婦床，敗露後被斬殺的《幽明錄・老白雄雞》、寫某女出嫁時失性毆人，請巫師作祟之蛇、龜、鼉三精怪後，女病漸愈的《幽明錄・武昌三魅》、寫老黃狗變亡夫與婦共寢處，酒醉而形露即被打殺的《幽明錄・鄰舍狗怪》、寫奉道者一心至念，使出來怖人之兩目如升、掌似簸箕之怪逃去的《幽明錄・郭氏至念》、寫一寄宿客夜騎驚馬

走，怪物窮追不捨，射之遂變為碓的《幽明錄·碓為精》、寫一群大蝙蝠
精常掠取人髮，太守以木膠塗壁乃將其捉殺的《幽明錄·蝙蝠精》、寫帚
怪從壁角出來登婢床，將其焚燒後，日漸羸黃之婢隨即平復的《異苑·掃
帚怪》、寫妖魅為患官舍，人皆驚怖，府尹使人掘墻得狸而殺之，妖魅遂
絕的《異苑·樂廣治狸怪》、寫黿精冒充華督去護軍府與一寡婦交好，暴
露後即被除掉的《異苑·黿魅》、寫獺精變為遠行夫婿與少婦寢處，使少
婦昏惑失常，請人逐走獺精乃癒的《異苑·王纂針魅》、寫變為白頭老公
之雄鴨精被趕走後，某寺廟乃得平安的祖沖之撰《述異記·周訪擒妖》、
寫將出來怖人之怪面無七孔妖怪執縛數斫，當即化為一枕的《集異記·斫
枕怪》、寫某人砍死一著赤褌褶怪，良久方變為木屐的《集異記·滅屐
怪》等。

　　南北朝時期的人精戀情與婚嫁故事，除少量在魏晉時期已有文字記
載外，大多為新採錄的作品，數量比魏晉時期的同類故事多。作品中的精
怪，大都為雌性，它們化為少女、少婦與所悅男子相愛，甚至結婚生子，
往往出自真情，一般均無惡意。但是，後來幾乎都突生變故，結局帶有悲
劇色彩。此類故事，曲折地反映出當時的人們在婚戀方面遭遇不幸的現實
狀況，能夠引起民眾的共鳴。試看：

> 　　陳留董逸少時，有鄰女梁瑩，年稚色豔，逸愛慕傾魂，貽椒獻
> 實，瑩亦納而未獲果。後逸鄰人鄭充在逸所宿。二更中，門前有叩
> 掌聲，充臥望之，亦識瑩，語逸曰：「梁瑩今來。」逸驚躍出迎，
> 把臂入舍，遂與瑩寢。瑩仍求去，逸攬持不置，申款達旦。逸欲留
> 之，云：「為汝蒸豚作食，食竟去。」逸起閉戶施帳，瑩因變形為
> 狸，從梁上走去。

《述異記·狸變鄰女》

　　這一則作品，描述在鄰舍的年輕男女相愛尚待進一步發展時，狸精變
為鄰女二更中入室與其人寢處，一夜歡好，次晨因不得不現形而離去，不
免令人悵然若失。透過精怪變形為女子的幻想色彩濃厚的故事情節，人們
可以窺見在當時的社會環境和家庭的約束之下，年輕男女的自由戀愛受到

較大的壓力，難以如願以償。正因為如此，這種戀情才更加值得珍惜。哪怕在如夢幻景中得敘年輕男女之間的情愛，也使人感到無比溫馨。

南北朝時期的人精戀情與婚嫁故事，尚有寫一男子與美女交好並結為伉儷，養二子，後有獵狗突入咬婦及兒，皆化為狸的《幽明錄・狸婦》、寫一男子邀與之相戀麗女還家時，其弟突入以杖擊女，女即化為白鵠飛去的《幽明錄・白鵠女》、寫某男亭宿時一化為美婦之妖魅前來與之飲酒、彈唱，共展情好，天曉竟不見其人的《幽明錄・亭中女妖》、寫某男與美女交好，女忽變虎背其入深山，旬日後乃送至家門的《異苑・美女變虎》、寫某男與母猴所變女子相戀，往來數載，身漸瘦瘠，其弟撲殺猴精，某病即癒的《異苑・北猴入竇》、寫烏龜精化為端麗女子數至某家共眠寢，一曉裙開露龜尾及龜腳，朱欲執之，尋失所在的《續異記・朱法公》等。

南北朝時期的精怪報恩、精怪復仇、精怪徵兆等幾類故事，數量都比較少，然而亦不乏引人注目的篇什。在精怪報恩故事的中，任昉撰《述異記》卷上〈玄鶴報恩〉有一定的代表性：

> 噲參養母至孝，曾有玄鶴為戎人所射，窮而歸參。參收養療治，瘡癒放之。後鶴夜到門外，參秉燭視鶴，雌雄雙至，各銜明月珠，以置參家。

這則作品，以極為樸實的表現手法敘述一個平常而又深情的故事，將故事主角——「養母至孝」者真摯的愛心和被搭救者——不會言語的玄鶴之報恩情愫，表現得那樣真切，那樣動人，頗為耐人回味。

這個時期的精怪報恩故事，尚有寫射師射蛇搭救即將被吞噬之雙鳥，雷電襲來時二鳥相救，使射師免難的《幽明錄・射師救鳥》、寫蛇之生母亡故後，此蛇入戶造靈座，祭母時以頭打柩，血淚俱出的《幽明錄・謝祖婦生蛇》、寫水災時奴子以餘飯餵浮水來之大鼠，水退後大鼠捧三寸珠以報的《異苑・囊珠得報》、寫船家載黃衣人渡江後，其人唾金見贈的任昉撰《述異記》「黃衣人唾金」等。

在南北朝時期的精怪復仇故事中，《異苑》卷三〈射蛟暴死〉比較有意蘊：

> 永陽人李增行經大溪，見二蛟浮於水上，發矢射之，一蛟中焉。增歸，因復出，市有女子素服銜淚，持所射箭。增怪而問焉，女答曰：「何用問焉？為暴若是。」便以相還，授矢而滅。增惡而驟走，未達家，暴死於路。

這則作品通過蛟精子女替父報仇，使無故射蛟者暴死的故事，勸導世人應當心存善念，切不可任意濫殺無辜，否則會引火燒身，自食惡果。這在當時以及後世，都具有積極的警示意義。

這個時期的精怪復仇故事，尚有寫老翁釣大魚時船人俱沒，家人見大魚腹下有丹字稱老翁食鯉得報的《幽明錄・釣翁得報》、寫一伐樵人將為其指路大龜之子殺做肉羹，食後喪命的《異苑・叩龜得路》、寫某人燃犀角照深潭中水族，未幾而卒的《異苑・燃犀照諸》、寫某人無端射殺水際精靈，後夢一長人責誚，少時腹痛而亡的《異苑・長人入夢》、寫一農夫數載以食餉蛇，遂為業加厚，其婦密殺此蛇，隨即殞命的《異苑・田餉異報》等。

南北朝時期的精怪徵兆故事，以凶兆較多，吉兆較少。譬如，祖沖之撰《述異記・狗歌》：

> 嘉興縣睪陶屯朱休之有弟朱元。元嘉二十五年十月清旦，兄弟對坐家中，有一犬來，向休蹲，遍視二人而笑，遂搖頭歌曰：「言我不能歌，聽我歌梅花，今年故復可，奈汝明年何？」其家驚懼，斬犬榜首路側。至歲末梅花時，兄弟相鬥，弟奮戟傷兄，官收治，並被囚繫，經歲得免。至夏，舉家時疾，母及兄弟皆卒。

這一則凶兆故事，以南朝宋初為背景，描述狗精人言而歌，預示該家有凶為。後來果然應驗，舉家皆歿。透過其中迷信色彩的薄霧，我們可以看到生活在當時社會的人們多災多難，變化無常，安全得不到保障的狀態。

此類故事，尚有寫太守出行時天忽昏暗，一玄冠白衣長人以鞭擊禦者使其失迷於榛莽中，後五十日即被誅的《幽明錄・奉朥被誅》、寫道人

臥齋中，鼠從坎出言其禍福，後一一應驗的《幽明錄‧鼠言應驗》、寫群蟻變騎馬披鎧小人至某家，其人以沸湯澆蟻穴，後其家以門釁同滅的《異苑‧桓謙滅門兆》、寫數十條張口吞舌之白蚯蚓至某家，三月後其家叔侄被誅的祖沖之撰《述異記‧劉德願》等。

第四節　魏晉南北朝的神異故事

在先秦兩漢時期的幻想故事中，神異故事剛剛萌生，存世的作品極少，不足引人注目。到了魏晉南北朝時期，神異故事有了明顯的發展，作品急遽增多，呈現出初步興旺發達的態勢。當然，這個時期的神異故事，尚不如同期的鬼魂故事和精怪故事那樣多，但其中不乏比較精彩的作品，有的甚至是中國古代民間故事的名篇，廣為人知。

魏晉南北朝時期的神異故事，內容較為豐富，廣泛涉及人神戀情、幸會神仙、奇事異聞、神祐獲寶、善惡有報以及占卜、蠱毒、巫覡等題材。它們從不同的角度描述人與神靈、仙人的關係，探幽索隱，表達各階層民眾追求美好事物的意願和對於幸福生活的憧憬。它們對於後世民間故事的發展和文藝創作和繁榮，有著不可忽視的影響。

這個時期記載神異故事的典籍眾多，其中以魏晉時期的《搜神記》、《搜神後記》，南北朝時期的《幽明錄》、《異苑》、《齊諧記》、祖沖之撰《述異記》較為突出。

一、魏晉的神異故事

魏晉時期的神異故事以人神戀情與婚嫁、幸會神仙、奇事異聞等幾類作品比較有分量，此外尚有一些神奇寶物、善惡有報以及野人、蠱毒等方面的作品。

魏晉時期的人神戀情與婚嫁故事，大都富有人情味。它們多數描述世間青年男子與天女、仙女的戀情，個別作品則描述世間年輕女子與神靈的戀情。而與凡人相戀的天女、仙女，往往都清麗可人，溫婉賢淑，是世人理想中的年輕女子的化身。此類作品，通過人神戀情與婚配，反映出當時

的廣大民眾對於美滿愛情的嚮往和對於幸福生活的渴求。《玄中記・毛衣女》與《搜神後記》卷五〈白水素女〉是此類作品中的名篇，極具代表性。

昔豫章男子，見田中有六七女人，皆衣毛衣，不知是鳥；匍匐往，先得其毛衣，取藏之，即往就諸鳥。諸鳥各去就毛衣，衣之飛去。一鳥獨不得去，男子取以為婦。生三女。其母后使女問父，知衣在積稻下，得之，衣而飛去。後以衣迎三女，三女兒得衣，亦飛去。

《玄中記・毛衣女》

晉安帝時，侯官人謝端，少喪父母，無有親屬，為鄰人所養。至年十七八，恭謹自守，不履非法。始出居，未有妻，鄰人共憫念之，規為娶婦，未得。

端夜臥早起，躬耕力作，不舍晝夜。後於邑下得一大螺，如三升壺。以為異物，取以歸，貯甕中，畜之十數日。端每早至野，還，見其戶中有飯飲湯火，如有人為者；端謂鄰人為之惠也。數日如此，便往謝鄰人。鄰人曰：「吾初不為是，何見謝也？」端又以鄰人不喻其意。然數爾如此，後更實問，鄰人笑曰：「卿已自娶婦，密著室中炊爨，而言吾為之炊耶？」端默然心疑，不知其故。

後以雞鳴出去，平早潛歸，於籬外竊窺其家中，見一少女從甕中出，至灶下燃火。端便入門，徑至甕所視螺，但見殼，乃到灶下問之曰：「新婦從何所來，而相為炊？」女大惶惑，欲還甕中，不能得去，答曰：「我天漢中白水素女也。天帝哀卿少孤，恭慎自守，故使我權為守舍炊烹。十年之中，使卿居富得婦，自當還去。而卿無故竊相窺掩。吾形已見，不宜復留，當相委去。雖然，爾後自當少差，勤於田作，漁採治生。留此殼去，以貯米穀，常可不乏。」端請留，終不肯。時天忽風雨，翕然而去。

端為立神座，時節祭祀。居常饒足，不致大富耳。於是鄉人以女妻之。後仕至令長云。今道中素女祠是也。

《搜神後記》卷五，〈白水素女〉

前一則又見於《搜神記》。《搜神記》卷十四〈毛衣女〉係據此則加工而成，文字更為嚴密。這則故事，情節簡略，以質樸的敘事手法，描述年輕農夫因藏匿仙女的羽衣而得到配偶，這實際上是殘存的古代搶婚風俗的藝術再現，展現了青年男子渴求娶妻生子，過上美滿家庭生活的強烈願望。結尾處寫仙女找到羽衣後便飛去，並且帶走了所生的孩子，大約是通過這一特定的情節揭示出世人面對家庭發生變故無可奈何的現實。後一則在晉·束晳撰《發蒙記》中已粗陳梗概：「侯官謝端，曾於海中得一大螺，中有美女，云我天漢中白水素女，天為卿貧，令我為卿妻。」[26]此則多有演化，成為這個時期湧現的不多幾篇長故事[27]之一。其故事情節頗為曲折，文筆細膩生動，具有很高的藝術性。它敘寫故事主角「少喪父母」，「恭謹自守」，天帝派遣白水素女為其「守舍炊烹」，使其人得以領略家庭生活的溫馨。然而，這種家庭溫馨竟如此短暫，由於故事主角的窺視，讓他倆剛剛相見，就不得不永訣。儘管故事主角後來得以完婚，有了好的歸宿，但是，它跟前則故事一樣，結尾處所帶有的悲劇色彩依然無法抹去。還須指出。這兩則故事對後世的影響很大，不斷有異文出現，都演化為著名的民間故事類型——「羽衣仙女型故事」與「田螺女型故事」。

這個時期的人神戀情故事，尚有寫蔣山廟神蔣侯與一少女相戀，數次見形，遂隆情好，以女所思之物見贈的《搜神記·蔣山祠·吳望子》、寫二獵者入仙鄉與二仙女交好，結為伉儷，後思歸去，二女追而贈以腕囊的《搜神後記·剡縣赤城》、寫採藥人入洞庭山靈洞，為仙女飲以瓊漿玉液，奏以簫管絲桐，贈以丹醴之訣，雖懷慕戀，仍思家還鄉的《拾遺記·洞庭山》等。

魏晉時期的幸會神仙故事，大都寫世人偶然得見神祇、仙家，受到善待，甚至給予各種幫助，使其人多有所獲。《搜神後記》卷一〈仙館玉漿〉頗具代表性：

---

[26] 引自〔唐〕徐堅等輯《初學記》第一冊，中華書局1962年版。

[27] 這個時期湧現的掌故，尚有《列異傳·蔣濟亡兒》、《列異傳·宗定伯》、《搜神記·崔少府墓》、《搜神記·紫玉》、《搜神記·蘇娥》、《搜神記·李寄》等。

嵩高山北有大穴，莫測其深，百姓歲時游觀。晉初，嘗有一
人誤墮穴中。同輩冀其儻不死，投食於穴中。墜者得之，為尋穴而
行。計可十餘日，忽然見明。又有草屋，中有二人對坐圍棋。局下
有一杯白飲。墜者告以飢渴，棋者曰：「可飲此。」遂飲之，氣力
十倍。棋者曰：「汝欲停此否？」墜者不願停。棋者曰：「從此西
行，有天井，其中多蛟龍。但投身入井，自當出。若餓，取井中物
食。」墜者如言，半年許，乃出蜀中。歸洛下，問張華，華曰：
「此仙館大夫，所飲者玉漿也，所食者龍穴石髓也。」

　　這則作品所刻畫的兩位對弈的仙館大夫，乃是和藹可親的仁厚長者。
他們不但給墮穴飢渴者飲用玉漿，使其氣力大增，而且還徵詢其人是否願
意留下。當那人表示不願停留時，便耐心指引出路，讓其順利回到家鄉，
令人倍感溫暖。
　　這個時期的幸會神仙故事，尚有寫病癩歷年被家人送置山穴中者，
為仙人治癒的《抱朴子內篇》「趙瞿」、寫大旱之年鄉民敬神祈雨，樹神
施雨惠民，還贈玉環給一性潔之寡婦，助其倖免於戰亂的《搜神記・樹神
黃祖》、寫一善於飲茶者入山採茶時遇手牽三牛之仙家，助其獲得大茗的
《神異記・虞洪遇仙》、寫一小吏遇廬山夫人，受到盛情款待，還命小女
為其撫琴而歌的《祖台之志怪・廬山夫人》等。
　　魏晉時期的善惡有報故事，涉及為人忠厚者行善積德終得好報和奸詐
狠毒者怙惡不悛終得惡報兩個方面的內容。內中難免帶有某些迷信色彩，
但其懲惡揚善的題旨在當時乃至後世，都具有一定的積極意義。譬如，
《搜神記》卷四〈張璞〉：

　　張璞，字公直，不知何許人也。為吳郡太守，征還，道由廬
山。子女觀於祠室，婢使指像人以戲曰：「以此配汝。」其夜，璞
妻夢廬君致聘曰：「鄙男不肖，感垂采擇，用致微意。」妻覺，怪
之。婢言其情，於是妻懼，催璞速發。
　　中流，舟不為行，闔船震恐。乃皆投物於水，船猶不行。或
曰：「投女則船為進。」皆曰：「神意已可知也，以一女而滅一

門，奈何？」璞曰：「吾不忍見之。」乃上飛廬臥，使妻沉女於水。妻因以璞亡兄孤女代之，置席水中，女坐其上，船乃得去。璞見女之在也，怒曰：「吾何面目於當世也！」乃復投己女。

及得渡，遙見二女在下。有吏立於岸側，曰：「吾，廬君主簿也。廬君謝君，知鬼神非匹，又敬君之義，故悉還二女。」後問女，言：「但見好屋吏卒，不覺在水中也。」

這一則作品，敘寫故事主角在危難的時刻，不忍心將亡兄孤女投水去配廬君，竟義無反顧地把自己的女兒也投入江中。通過故事主角在激烈的內心矛盾後所作的正確抉擇，突現出這位太守為人正直、富有同情心的高尚品格。他的行為感動了神靈，讓二女均得生還。義舉得好報，正是對這種高尚品格的充分肯定和贊許。

這個時期的善惡有報故事，尚有寫估客為廟神購絲履時將書刀忘在箱內，廟神隨即遣鯉魚送還書刀的《搜神記‧宮亭湖‧還書刀》、寫僧人殺羊以啖，毒痛不可忍，遂作羊鳴吐沫，少時而卒的《搜神後記‧羊炙》、寫某太守許願求在任安穩，還願時竟以塗銀鐵杖冒充銀杖，後得報覆舟身亡的《神異記‧陳敏還願》、寫一魚神所變女子在江邊被人奸辱，奸者被懲得病的《祖台之志怪‧江黃》等。

魏晉時期的占卜與事蠱故事，前一類大多描述占卜者為世人消為免難，祛除病痛；後一類大多描述事蠱者以蠱毒坑人致富，有道之人施咒術得免，為蠱之人有時反而自取其害。前一類故事，譬如《搜神記》卷三〈嚴卿〉：

會稽嚴卿，善卜筮。鄉人魏序欲東行，荒年多抄盜，令卿筮之。卿曰：「君慎不可東行，必遭暴害，而非劫也。」序不信。卿曰：「既必不停，宜有以禳之。可索西郭外獨母家白雄狗，繫著船前。」求索，止得駁狗，無白者。卿曰：「駁者亦足。然猶恨其色不純，當餘小毒，止及六畜輩耳，無所復憂。」序行半路，狗忽然作聲甚急，有如人打之者。比視已死，吐黑血斗餘。其夕，序墅上白鵝數頭，無故自死，序家無恙。

這則作品，寫鄉人外出時按占卜者的吩咐行事，終於躲過一劫。它的描述雖然有些荒誕不經，卻將當時荒年多盜的嚴峻現實和世人惶恐不安的心態描繪得十分真切。

魏晉時期的此類故事，尚有寫某女病魅積年，善占卜者為其張皮囊捉怪，女病遂瘥的《搜神記・韓友》、寫某家貧苦多喪病，卜者讓其懸新馬鞭於大桑樹上，三年後浚井得錢數十萬，病者亦瘥的《搜神記・淳于智・鮑瑗》等。

後一類故事，譬如《搜神後記》卷二〈曇游〉：

> 曇游道人，清苦沙門也。剡縣有一家事蠱，人啖其食飲，無不吐血死。游嘗詣之。主人下食，游依常咒願。雙蜈蚣，長尺餘，便於盤中跳走。游便飽食而歸，安然無他。

這則作品，寫僧人作咒願免除蠱毒之害，展現了世人的一種自我防範意識，在魏晉時期具有一定的代表性。

魏晉時期的此類故事，尚有寫犬蠱為患，使一婦人食後吐血幾死，人飲之以桔梗屑乃瘥的《搜神記・犬蠱》、寫有傭客得疾下血，醫者密以陽藿根攻蠱毒即應驗的《搜神記・張小小》、寫一家累世事蠱致富，新婦不知，作湯灌殺缸中大蛇，其家疾疫死亡略盡的《靈鬼志・新婦殺蛇》等。

魏晉時期還有少量的神祐獲寶故事、奇聞異事故事。前一類有寫賈客至廟祈求時，倚玉枕入夢境，娶妻生子，享盡榮華富貴的《搜神記》佚文〈焦湖廟玉枕〉、寫鄉民在山中採藥，遙見紫衣女踞石而歌，女去破石，得一紫玉的《錄異傳・紫玉》、寫鄉民入山見一赤鳥鳴聲如吹笙，鳥入石穴後，其人鑿石得一鳥形赤玉的《錄異傳・赤玉》等。後一類有寫漢末大亂，文氏逃入山中饑困欲死，仙人教其食山精而精力健旺的《抱朴子內篇・南陽文氏》、寫一老嫗聞童謠「城門有血，城當陷沒為湖」而朝朝往窺，門將知情後以犬血塗門，城果陷為湖的《搜神記・長水縣》、寫一沙門死後為廟神，僧至廟中便聞其致語問候的《搜神後記・清溪廟神》、寫一甲士折食一莖蕨而心腹疼痛，半年後吐出一赤蛇，將蛇挂檐前乃化為莖蕨，其病遂瘥的《搜神後記・蕨草化蛇》等。

二、南北朝的神異故事

南北朝時期的神異故事，數量勝於魏晉時期。其中有少部分作品在魏晉時期已有文字記載，而大部分作品則是新錄寫的。這個時期的神異故事，與魏晉時期的此類作品大致相同而又略有變化，以幸會神仙、人神戀情、神祐獲寶、奇聞異事、善惡有報等幾類居多，此外尚有少量的野人、巫覡故事。如果說宗教影響在魏晉時期的神異故事中還不太顯著的話，在這個時期的神異故事中則有了明顯的體現。這顯然同佛教與道教的進一步深入民間密切相關。

南北朝時期的幸會神仙故事，內容大體上與魏晉時期同類題材的作品相似，然而作品數量較多，更加富有變化。譬如，《幽明錄·九館大夫》：

> 漢時，洛下有一洞穴，其深不測。有一婦人欲殺夫，謂夫曰：「未嘗見此穴。」夫自逆視之，至穴，婦遂推下，經多時至底。婦於後擲飯物，如欲祭之。此人當時顛墜恍忽，良久乃蘇，得飯食之，氣力小強。周皇覓路，仍得一穴，便匍匐從就。崎嶇反側，行數十里，穴寬，亦有微明，遂得寬平廣遠之地。
>
> 步行百餘里，覺所踐如塵，而聞糠米香，啖之，芬美過於充饑。即裹以為糧，緣穴行而食此物。既盡，復過如泥者，味似向塵，復齎以去。所歷幽遠，里數難詳，□就明廣。食所齎盡，便入一都。郭郭修整，宮館壯麗，台榭房宇，悉以金魄為飾，雖無日月，而明逾三光。人皆長三丈，被羽衣，奏奇樂，非世間所聞。便告求哀，長人語令前去，從命前進。凡過如此者九處。最後所至，苦饑餒，長人指中庭一大柏樹，近百圍，下有一羊，令跪捋羊鬚。初得一珠，長人取之，次捋亦取，後捋令啖，即得療饑。請問九處之名，求停不去。答曰：「君命不得停，還問張華，當悉此間。」
>
> 人便隨穴而行，遂得出交郡。往還六七年間，即歸洛。問華，以所得二物視之。華云：「如塵者是黃河下龍涎，泥是昆山下泥。

九處地，仙名九館大夫。羊為痼龍。其初一珠，食之與天地等壽，次者延年。後者充饑而已。」

這一則以漢代為背景的故事，描述洛下一丈夫被妻子推下深穴欲置諸死地，其人竟得倖免，由穴行而入仙苑，遇仙家，食仙物，雖無緣成仙，卻受到善待，最後平安返回故里。它通過故事主角的一段極不尋常的經歷，展示出世人期盼「遇難成祥」的美好願望。

此外，尚有寫某生與同鄉諸生赴長安途中遇雨乏糧，神靈一再賜以美食，使眾人順利抵達的《幽明錄‧神賜美食》、寫某人為河伯之至親送信，受到河伯盛情款待的《異苑‧江神祠》、寫某人登嶺見二仙坐於山崖對飲，索飲一小杯遂醉，後常不食亦不饑的《異苑‧徐公遇仙》、寫一人乘馬山行，觀看二仙翁相對摴蒱，俄頃即鞭爛鞍朽，還家後親屬已不在人世的《異苑‧摴蒱仙》、寫某人憩黃鶴樓上見仙者駕鶴而至，與其對飲，已而仙者又跨鶴騰空的祖沖之撰《述異記‧荀瑰遇仙》、寫王某伐木時見數童子棋而歌，其人得食一如棗核之物即不覺饑，俄頃斧柯爛盡的任昉撰《述異記‧王質》、寫一女來助園客養蠶，後與其人俱升仙的任昉撰《述異記‧仙助園客》等。

南北朝時期的人神戀情與婚嫁故事，內容與魏晉時期的同類故事大致相似，但其中的某一些作品帶有悲劇色彩，在魏晉時期的同類故事中並不多見的。《幽明錄》中的兩則長故事，在此類作品中頗為突出：

漢明帝永平五年，剡縣劉晨、阮肇共入天臺山取谷皮，迷不得返，經十三日，糧食乏盡，饑餒殆死。遙望山上有一桃樹，大有子實，而絕岩邃澗，永無登路。攀援藤葛，乃得至上。各啖數枚，而饑止體充。復下山，持杯取水，欲盥漱，見蕪菁葉從山腹流出，甚鮮新。復一杯流出，有胡麻飯糝。相謂曰：「此知去人徑不遠。」便共沒水，逆流二三里，得度山出一大溪。溪邊有二女子，姿質妙絕，見二人持杯出，便笑曰：「劉、阮二郎，捉向所失流杯來。」晨、肇既不識之，緣二女便呼其姓，如似有舊，乃相見忻喜。問：「來何晚邪？」因邀還家。

其家筒瓦屋，南壁及東壁下各有一大床，皆施絳羅帳，帳角懸鈴，金銀交錯。床頭各有十侍婢，敕云：「劉、阮二郎，經涉山岨，向雖得瓊實，猶尚虛弊，可速作食。」食胡麻飯、山羊脯、牛肉甚甘美。食畢行酒，有一群女來，各持五三桃子，笑而言：「賀汝婿來。」酒酣作樂，劉、阮忻怖交並。至暮，令各就一帳宿，女往就之，言聲清婉，令人忘憂。

　　十日後，欲求還去，女云：「君已來是，宿福所牽，何復欲還邪？」遂停半年。氣候草木是春時，百鳥啼鳴，更懷悲思，求歸甚苦。女曰：「罪牽君，當可如何？」遂呼前來女子有三四十人，集會奏樂，共送劉、阮，指示還路。既出，親舊零落，邑屋改異，無復相識。問訊得七世孫，傳聞上世入山，迷不得歸。至晉太元八年，忽復去，不知何所。

《幽明錄‧入天臺》

　　漢時太山黃原，平旦開門，忽有一青犬在門外伏守，備如家養。原紲犬，隨鄰里獵。日垂夕，見一鹿，便放犬，犬行甚遲，原絕力逐終不及。行數里，至一穴，入百餘步，忽有平衢，槐柳列植，行牆回匝。原隨犬入門，列房櫳戶可有數十間，皆女子，姿容妍媚，衣裳鮮麗。或撫琴瑟，或執博棋。至北閣，有三間屋，二人侍直，若有所伺。見原，相視而笑：「此青犬所致妙音婿也！」一人留，一人入閣。

　　須臾，有四婢出，稱太真夫人，白黃郎：「有一女年已弱笄，冥數應為君婦。」既暮，引原入內。內有南向堂，堂前有池，池中有台，台四角有徑尺穴，穴中有光映帷席。妙音容色婉妙，侍婢亦美。交禮既畢，宴寢如舊。

　　經數日，原欲暫還報家，妙音曰：「人神異道，本非久勢。」至明日，解珮分袂，臨階涕泗，後會無期，深加愛敬：「若能相思，至三月旦，可修齋潔。」四婢送出門，半日至家。情念恍忽，每至其期，常見空中有軒車彷彿若飛。

《幽明錄‧妙音》

以上兩則故事都以漢代為背景，在主要方面具有共同之處：其一，它們都描述了不期而遇的一段美好而短暫特殊婚戀，既表現了世人對真摯戀情與幸福家庭的嚮往，又透露出人們的理想、追求與現實生活的矛盾。兩則的故事主角均為平民，更凸中顯出作品的題旨。其二，它們的故事情節均較為曲折，描寫亦頗為細膩，具有較高的藝術水平。然而，這兩則故事也存在許多不同之處：首先，前一則為人仙婚戀，仙女的性格與生活具有山野村姑的特徵；後一則為人神婚戀，神女的性格與生活具有豪門閨秀的特徵。其次，前一則男女燕好為期半年左右，相對而言稍長，分別後可能又得團聚，給人留下一些希望；後一則男女燕好為期數日，極其短促，分別後相聚無期，使人備感惆悵。

這個時期的人神戀情與婚嫁故事，尚有寫徐某家極貧寠，在江邊拾流柴時天女乘船遣使欲與之婚配，徐不敢酬接，天女乃退的《幽明錄·徐郎與天女》、寫某縣令年老且有妻兒，竟為社公之女所鍾愛，因不願與此女成親，其妻遂病歿的《幽明錄·甄沖》、寫小吏置床頭之浮石，化一女子與其結為夫妻的祖沖之撰《述異記·吳龕》、寫東海公聘一村姑為婦，遣使迎女順流而下，沒於水鄉的任昉撰《述異記·聖姑祠》等。

南北朝時期的神祐獲寶故事，大都描述神靈、仙家佑助善良的人們獲得美玉、寶石、金器、神藥、奇花、異草等具有奇異功能的各種寶物，從而消除傷病，帶來好運，藉以反映出當時倍受貧困、疾病威脅的廣大民眾渴求遠離病患，延年益壽，過上康泰、富足生活的美好願望。試看：

> 餘杭人沈縱，家素貧，與父同入山。還，未至家，見一人左右導從四百許，前車轠重，馬鞭夾道，鹵簿如二千石。遙見縱父子，便喚住，就縱手中然火。縱因問：「是何貴人？」答曰：「是鬥山王，在餘杭南。」縱知是神，叩頭云：「願見佑助！」後入山得一玉枕。從此所向如意，田蠶並收，家遂富。
>
> 　　　　　　　　　　　　　　　《幽明錄·得玉枕》

> 永康王曠井上有洗石，時見赤氣。後有二胡人寄宿，忽求買之。曠怪所以，未及度錢。子婦孫氏睹二黃鳥鬥於石上，疾往掩

取，變成黃金。胡人不知，索市愈急，既得，撞破內空段有二鳥處。

《異苑》卷二，〈洗石孕金〉

前一則以簡潔的手法描繪務農桑的窮人得到神賜寶物而致富的故事，在同類作品中具有一定的代表性。後一則是較早的一篇胡人識寶故事，開識寶故事之先河。這樣的作品在魏晉南北朝時期並不多見，然而自隋唐五代時期開始，日漸增多，隨著時間的推移，乃蔚為大觀。

這個時期的神祐獲寶故事，尚有寫鳩飛入張氏懷中變為金帶鉤，其家自此後子孫昌盛的《幽明錄·金帶鉤》、寫某人有疾，夜夢一道人賜以丸藥，及寤手中有藥，服之遂瘥的《幽明錄·夢中得藥》、寫某甲聞土中有聲，掘得一玉鉤，屋棟間即自漏秫米，三年不息，米止又有青蛇住樑上，落糞成碎銀，其家遂富的《異苑·玉豚》、寫劉某射得一獐，剖腹以草塞之，蹶然起走，以此草治傷無不見奇效的《異苑·劉幡射獐》、寫某母誦經長齋，家常飯僧，忽空降盛有香飯天鉢，為僧尼分食七日不饑的《異苑·天鉢》、寫某人登廬山採松時，神示其人摘服異花，乃長壽三百歲的祖沖之撰《述異記·服異華》等。

南北朝時期的善惡有報故事，既有描述為善者得善報的作品，又有描述為惡者得惡報的作品，而以後者居多。作品大多短小質樸，比較生動地展現出身處亂世的廣大民眾揚善懲惡的意願。試看：

漢何比干夢有貴客，車騎滿門，覺，以語妻子。未已，門首有老姥，年可八十餘，求避雨，雨甚盛而衣不沾濡。比干延入，禮待之，乃曰：「君先出自後稷，佐堯，至晉有陰功，今天賜君策。」如簡，長九寸，凡九百九十枚以授之，曰：「子孫能佩者富貴。」言訖出門，不復見。

《幽明錄·老姥賜策》

太元元年，江夏郡安陸縣薛道詢年二十二。少來了了，忽得時行病，差後發狂，百治救不瘥。乃服散狂走，猶多劇，忽失蹤跡，遂變作虎，食人不可復數。後有一女子，樹下採桑，虎往取食之。

食竟，乃藏其釵釧著山石間；後還作人，皆知取之。經一年還家，復為人。遂出都仕官，為殿中令史。夜共人語，忽道天地變怪之事。道詢自云：「吾昔曾得病發狂，化作虎，噉人一年。」中兼道其處所姓名。其同坐人，或有食其父子兄弟者，於是號哭，捉以付官。遂餓死建康獄中。

《齊諧記・薛道詢》

這兩則作品，都以前朝作為背景，分別以揚善與懲惡來勸世，有一定的代表性。此外，尚有寫老翁出釣時大魚掣綸而使人船俱沒，家人發現魚腹有丹字譴責老翁食鯉得報的《幽明錄・魚腹丹書》、寫船人以豚為禱，以豚肩為祭，船遂不能行，更施厚饌，始獲流通的《幽明錄・趙伯倫》、寫寺主惡奴以刀刮佛堂金剛眼目，數夜後其人眼爛失明的《異苑・惡戲報》、寫因宿罪見譴，一老婦忽變為烏斑虎奔入山野，後還家伏床上而死的《齊諧記・吳道宗母》、寫某太守以塗銀鐵冒充銀杖還願，神責其「不可容」，乃傾覆其舟的祖沖之撰《述異記・許願欺神》、寫一鄉民食大蟹後夢中受譴，次日出行即被虎噬的祖沖之撰《述異記・食蟹得報》、寫園客精心飼養五色神蛾，至香時神女夜至助養，後與園客俱仙去的任昉撰《述異記・園客》等。

南北朝時期的奇事異聞故事，往往通過各種稀奇古怪的事件來描摹社會生活的世態人情，從而展示當時民眾的善惡觀，揭示他們的願望與追求。其中不少作品帶有不同程度的佛教影響。以下兩則作品比較突出，值得關注。

巨鹿有龐阿者，美容儀。同郡石氏有女，曾內睹阿，心悅之。未幾，阿見此女來詣阿，阿妻極妒，聞之，使婢縛之，送還石家，中路遂化為煙氣而滅。婢乃直詣石家，說此事。石氏之父大驚，曰：「我女都不出門，豈可毀謗如此？」阿婦自是常加意伺察之。居一夜，方值女在齋中，乃自拘執以詣石氏。石氏父見之，愕眙曰：「我適從內來，見女與母共作，何得在此？」即令婢僕於內喚女出，向所縛者，奄然滅焉。父疑有異，故遣其母詰之。女曰：

「昔年龐阿來廳中，曾竊視之。自爾彷彿即夢詣阿，及入戶，即為妻所縛。」石曰：「天下遂有如此奇事！」夫精神所感，靈神為之冥著，滅者，蓋其魂神也。既而女誓心不嫁。經年，阿妻忽得邪病，醫藥無征，阿乃授幣石氏女為妻。

《幽明錄‧龐阿》

有范光祿者，得病，腹腳並腫，不能飲食。忽有一人，清朝不自通達，進入光祿齋中，就光祿邊坐。光祿謂曰：「先不知君，君那得來而不自通？」此人答曰：「佛使我來治君病也。」發衣見之。因以甘刀針腫上，倏忽之間，頓針兩腳及膀胱百餘下，然不覺痛。復欲針腹，其兄黃門不聽，語竟便去。後針孔中黃膿汁嘗二三升許。至明曉，腳都差，針亦無孔[28]，范甚喜。

《齊諧記‧范光祿》

前一則敘寫石女因傾慕意中人而離魂詣其家，兩度被拘執，方證實其為石女之魂神，令人稱奇。「精誠所至，金石為開」，石女最終與心儀已久的龐阿結為夫妻。這則作品，使《搜神後記》卷三〈形魂離異〉中的離魂母題得到進一步的發展，成為一樁感人的婚戀故事。它對後世的民間故事與文藝創作都有影響。在〔唐〕陳玄祐撰《離魂記》、〔元〕鄭光祖撰《倩女離魂》、〔明〕湯顯祖撰《牡丹亭》、〔清〕蒲松齡撰《聊齋志異》卷二〈阿寶〉等中，都不難窺見這種影響。後一則帶有一定的的宗教色彩。故事當中不請自來治病者，乃是受佛所遣，足見大慈大悲的佛祖是何等富有愛心。倘若透過這層宗教色彩，我們不難窺見我國醫家的針灸術早在一千幾百年前已經相當精深，具有奇效。這正是我們從中所獲得的又一個重要信息。

這個時期的奇事異聞故事，尚有寫某府參軍夜夢一長鬚醜陋者再三要求與其易頭，其人不得已而應允，晨起即面目全非的《幽明錄‧夢中易

---

[28] 此句《太平廣記》卷二一八引作「至明日無針傷而患漸癒」。

頭》、寫酤酒老姥朝夕以酒醉家中隆起之土，嘗出一物頭似驢，姥死後鄰聞土下有哭聲的《異苑·土龍》、寫錢某被虎帶至一官府留住十五日，一形貌偉壯者授以術數，歸而大知占卜的《異苑·錢祐受術數》、寫王某將被處斬，夢有人告之誦觀世音千遍則免，明日將刑時誦經不輟，忽傳唱停刑的《異苑·誦經停刑》、寫獵人入山忽化白鹿而去，其子終身不獵，其孫後射一白鹿，於兩角間發現祖父姓名，乃永斷射獵的《異苑·獵人化鹿》、寫周女啖膾不知足，後啖魚竟大吐，有蟾蜍自吐中出，遂不復啖膾的《齊諧記·周女啖膾》、寫三人入山懷柑出而迷路，聞空有言警告，放柑乃得返還的祖沖之撰《述異記·懷甘者》、寫一外國道人山居時，山神屢遣狼怖之而不懼，山神便他遷，並贈其人三奩香的祖沖之撰《述異記·白道猷》等。

　　南北朝時期的神異故事，尚有涉及巫覡、占卜、野人等題材的作品，但數量均不多。譬如，寫一巫能卜相，以水符治病，亦禮佛讀經，曾為人預吉凶、瘟疫，無不應驗的《幽明錄·李巫》、寫任某從軍十年後還家，卜師告知，「非屋莫宿，非食莫休」，聽其言乃免遭不測的《異苑·任詡從軍》、寫有人伐木宿山中，一長髮裸身野人來就其火炙蝦蟹以食兒，人共擊之乃逃逸的《幽明錄·野人》、寫張某與村人共獵時，見一毛而無衣野人負數頭死猿來，與語不應乃去，十餘日復送至空蓬庵中的《異苑·獵見異人》等。

第二章　魏晉南北朝的其他民間故事

第一節　魏晉南北朝時期的寫實故事

　　魏晉南北朝時期的寫實故事，同先秦兩漢時期的寫實故事相比，有了一定程度變化和發展，湧現了不少思想性、藝術性較高的名篇佳製，使我國古代寫實故事逐漸走向成熟。但是，從整體上考察，這個時期的寫實故事數量並不多，不如同期的幻想故事那樣豐富多彩，那樣引人注目。

　　魏晉南北朝時期的寫實故事，門類比較齊全，包括家庭故事、友情故事、諷刺故事，人獸互助故事、破除迷信故事、呆子的故事、盜賊故事、案獄故事等幾類。其中，有兩個方面的故事值得注意：其一為人獸互助故事，它雖屬寫實故事，卻包含著某些幻想故事的因素，具有一定的志怪、傳奇故事特徵；其二為諷刺故事與呆子故事，它們或多或少地包含著某些笑話因素，並且往往與笑話共生（在一起流傳，或者一起被錄寫、被收入同一笑話集），彼此之間存在一個模糊帶。

　　魏晉南北朝時期的人獸互助故事，既有描述人為動物接生、治療的內容，也有描述動物救助世人，或為世人辦事的內容，充分表現人類與動物之間互相關愛、互相幫助的真摯情意。故事中的動物，無論是野獸（如虎、熊、象）還是家畜（如犬），儘管不是以擬人化形象出現的，卻都頗有靈性，善解人意，往往都有其可愛之處。試看：

　　　　蘇易者，廬陵婦人，善看產，夜忽為虎所取。行六七里，至大壙，厝易置地，蹲而守。見有牝虎當產，不得解，匍匐欲死，輒仰視。易怪之，乃為探出之，有三子。生畢，牝虎負易還，再三送野肉於門內。

　　　　　　　　　　　　　　　　　　　　《搜神記》卷二十，〈蘇易〉

太興中，吳民華隆養一快犬，號「的尾」，常將自隨。隆後至江邊伐荻，為大蛇盤繞，犬奮咋蛇，蛇死。隆僵仆無知，犬彷徨涕泣，走還舟，復反草中。徒伴怪之，隨往，見隆悶絕，將歸家。犬為不食。比隆復蘇，始食。隆愈愛惜，同於親戚。

《搜神記》卷二十，〈華隆家犬〉

晉太和中，廣陵人楊生，養一狗，甚愛憐之，行止與俱。後生飲酒醉，行大澤草中，眠，不能動。時方冬月燎原，風勢極盛。狗乃周章號喚，生醉不覺。前有一坑水，狗便走往水中還，以身灑生左右草上。如此數次，周旋跬步，草皆沾濕，火至免焚。生醒，方見之。爾後生因暗行，墮於空井中，狗呻吟徹曉。有人經過，怪此狗向井號，往視，見生。生曰：「君可出我，當有厚報。」人曰：「以此狗見與，便當相出。」生曰：「此狗曾活我已死，不得相與。餘即無惜。」人曰：「若爾，便不相出。」狗因下頭目井。生知其意，乃語路人云，「以狗相與」。人即出之，繫之而去。卻後五日，狗夜走歸。

《搜神後記》卷九，〈楊生狗〉

前一則以白描的敘事手法，講述一個收生婆為難產的母虎接生的故事，情節簡約卻相當生動，由此而開啟了描寫世人為野獸排憂解難並得厚報故事的先河，對後世影響很大，逐漸形成一個故事類型，並且派生出若干個次類型。後兩則講述的都是義犬救主的故事，塑造出一個又一個十分可愛的義犬形象。第一則又見於《幽明錄》、《異苑》，寫義犬救主於危難，不但奮力咬死大蛇，還召喚徒伴把僵仆的主人抬回家，一直等主人復蘇牠才進食，對主人忠心耿耿，百般護衛和體貼非常人能比，感人肺腑。第二則初見於《搜神記》，其後又見於敦煌遺書句道興撰《搜神記》等，寫義犬不但能夠勇敢地救主於大火之中，而且能夠機敏地應對於乘人之危者，使主人得以從枯井中出來，無不表現出它的赤誠。

這個時期的人獸互助故事，尚有寫有人墮深澗飢餓欲死，學龜蛇朝暮引頸向東方遂不飢，後得登崖岸還家的《博物志》「墮深澗」、寫獵

人墮深穴賴母熊覓果以延其命，後竟抱熊足躍出深穴的《搜神後記‧熊穴》、寫鄉民為大象拔腳上巨刺，大象贈以長牙，並使彼地莊稼不再受侵擾的《異苑‧大客》、寫家奴與主婦私通，欲謀害主人，義犬奮起除奸，使主人倖免的《齊諧記》「張然」、寫主人羈旅京師，久無家問，其快犬歷盡艱辛為主人送家書，並將覆信帶回的祖沖之撰《述異記》「黃耳」等。

魏晉南北朝時期的諷刺故事，大部分見於《笑林》。作品通過嘲諷、譏刺世人的各種不良秉性和惡習，諸如貪婪、吝嗇、虛誇、迂腐、愚昧、無知、好色等等，從而達到匡正時風，提高道德水準，改善人與人之間的關係的目的。試看：

> 楚人居貧，讀《淮南》，方得「螳螂伺蟬自障葉可以隱形。」遂於樹下仰取葉。螳螂執葉伺蟬，以摘之，葉落樹下；樹下先有落葉，不能復分別，掃取數斗歸。一一以葉自障，問其妻曰：「汝見我不？」妻始時恆答言：「見」，經日乃厭倦不堪，紿云：「不見。」嘿然大喜。齎葉入市，對面取人物，吏遂縛詣縣。縣官受辭，自說本末。官大笑，放而不治。
>
> 《笑林》，「以葉自障」

> 俗說：有貧人止能辦隻甕之資，夜宿甕中，心計曰：「此甕賣之若干，其息已倍矣。我得倍息，遂可販二甕，自二甕而為四。所得倍息，其利無窮。」遂喜而舞，不覺甕破。
>
> 《殷芸小說》卷五，「甕算」

這兩則作品，均通過具有喜劇色彩的故事來揭露故事主角的醜態，一則寫其人的荒唐與卑污，一則寫其人的虛妄與貪冒，對世人無疑都具有警省作用。

這個時期的諷刺故事，尚有寫一自詡善醫駝背者，欲上後背踏重金求治之人，哪管他人死活的《笑林》「治傴者」、寫吳人不知酪酥為何物而強食之，歸家大吐的《笑林》「強食酪酥」、寫老者無子，一生待人鄙

吝，死後田產竟被充公的《笑林》「儉嗇老人」、寫某人欲送友二丈布，因無粗布而作罷，令人取鹽水則嫌多而令其減少的《笑林》「送粗布與減鹽水」、寫縣令故意考問自稱好《公羊傳》者「誰殺陳佗」？其人誤以為縣令在追查兇手，竟落荒而逃的《笑林》「誰殺陳佗」、寫某人在王府如廁，竟吃光用從塞鼻之乾棗，群婢莫不竊笑的《世說新語‧紕漏》「誤食乾棗」、寫眾客言志，或願為揚州刺史，或願多資財，或願騎鶴上升，一甚貪者欲「腰纏十萬貫，騎鶴上揚州」的《殷芸小說》「欲兼三者」、寫一博士買驢，寫三張書券竟未出現一個「驢」字的《顏氏家訓》「博士買驢」等。

　　魏晉南北朝時期的呆子故事，大都見於《笑林》，被錄寫下來的作品雖不及先秦兩漢時期的同類作品豐富，但也頗為詼諧逗趣，引人發笑。這些作品揶揄在各種場合出現的呆傻行為，往往令讀者、聽眾有所感悟，有所反省。試看，《笑林》「癡婿弔喪」：

> 有癡婿，婦翁死，婦教以行弔禮。於路值水，乃脫襪而渡，惟遺一襪。又睹林中鳩鳴云：「鵓鴣鵓鴣。」而私誦之，都忘弔禮。及至，乃以有襪一足立，而縮其跣者，但云：「鵓鴣鵓鴣！」孝子皆笑。又曰：「莫笑莫笑，如拾得襪，即還我。」

　　這是現存最早的一則呆女婿故事。它以具有口語化特徵的語言勾勒出一個既傻氣十足又活潑可愛的呆女婿形象。其基本的故事格局與故事主角的形象，都與當今流傳的呆女婿故事頗為相似，足見其對後世影響之大。

　　這個時期的呆子故事，尚有寫有人以杓嘗魚羹覺其味淡，再三加鹽後仍嘗杓中魚羹不鹹，便大驚小怪的《笑林》「鹽不足」、寫眾愚人弔喪時伏於席上照他人行事，當他人因足踏責為「癡物」時，即相互足踏，連罵「癡物」的《笑林》「眾癡物」、寫某甲作奏記文時照抄他人之作，竟不去原稿姓名，令公府吃驚的《笑林》「如此作文」、寫愚人學瑟，將調弦之柱膠上拿回家，因而三年不成一曲的《笑林》「膠柱鼓瑟」等。

　　魏晉南北朝時期的家庭故事，數量較多，一般都圍繞父子、父女、母子、婆媳、夫妻、兄弟、祖孫等關係來展開故事，表現了孝敬父母、奉養

姑翁，關愛兄弟等傳統美德，並且對家庭中無視夫妻感情的丈夫、妒意大作的妻子、虐待兒媳的婆母等不良現象有所貶抑，其思想內容較先秦兩漢時期的同類作品豐富。試看：

> 河南樂羊子之妻者，不知何氏之女也。躬勤養姑。嘗有他舍
> 雞謬入園中，姑盜殺而食之。妻對雞不食而泣。姑怪問其故，妻
> 曰：「自傷居貧，使食有他肉。」姑竟棄之。後盜有欲犯之者，乃
> 先劫其姑，妻聞，操刀而出。盜曰：「釋汝刀，從我者可全；不從
> 我者，則殺汝姑。」妻仰天而歎，刎頸而死。盜亦不殺姑。太守聞
> 之，捕殺盜賊，賜妻縑帛，以禮葬之。

《搜神記》卷十一，〈樂羊子妻〉

> 京邑有士人婦，大妒忌；於夫小則罵詈，大必捶打，常以長
> 繩繫夫腳，且喚便牽繩。士人密與巫嫗為計：因婦眠，士人入廁，
> 以繩繫羊，士人緣牆走避。婦覺，牽繩而羊至，大驚怪，召問巫。
> 巫曰：「娘積惡，先人怪責，故郎君變成羊。若能改悔，乃可祈
> 請。」婦因悲號，抱羊慟哭，自咎悔誓。師嫗乃令七日齋，舉家大
> 小悉避於室中，祭鬼神，師祝羊還復本形。婿徐徐還，婦見婿啼問
> 曰：「多日作羊，不乃辛苦耶？」婿曰：「猶憶啖草不美，腹中痛
> 爾。」婦愈悲哀。後復妒忌，婿因伏地作羊鳴；婦驚起，徒跣呼先
> 人為誓，不復敢爾。於此不復妒忌。

《妒記》，「妒婦改過」

這兩則作品藝術風格迥異，一則以莊重嚴肅見長，一則以詼諧風趣見長，各具特色。前一則描述樂羊子妻勤謹奉養婆母，一身正氣。當婆母盜殺他人雞隻時，她不食而泣，感化了婆母；當盜賊來犯時，她面無懼色，以死抗爭，從而保全了婆母的性命。作品成功地塑造了一個孝順婆母卻不盲從，大義凜然的忠鯁兒媳形象，與那些愚孝者有天壤之別，這在當時確實難能可貴。後一則帶有喜劇色彩，描述士人與巫嫗配合有致，喚醒妒婦的愛心，使之改弦易行，從而重新營造出和諧的家庭氛圍。它啟迪世人，

無論在社會上或者家庭中，凡事須當講究策略，注意方式方法，才能事半功倍，取得理想的效果。

這個時期的家庭故事，尚有寫某婿見岳母年邁體衰，回家後竟將其婦遣歸，謂恐新婦老後亦復如此的《笑林》「恐新婦年老」、寫某公夏日醉臥時，小孫將李子塞於公臍內，數日後疼痛出汁竟大驚失色的《笑林》「孫兒戲肚」、寫某人躬親侍養瞎母，母食蠐螬炙後竟豁然復明的《搜神記·蠐螬炙》、寫某乘船墮水死而不見屍，其女投水尋覓，後父女之屍一起浮出的《搜神記·犍為孝女》、寫大疫時某為亡故二兄撫柩哀悼，並悉心侍候重病次兄，使其痊癒的《搜神記·庾袞》、寫事姑甚謹之婦倍受虐待，後被遣歸改嫁的《搜神記·鄧元義》、寫陳某至孝，背著老母喜食之焦飯征戰，遇難時竟以焦飯得活的《世說新語·德行》「陳遺」、寫郭妻凶妒，奶娘因疼愛其子而被鞭殺，其子拒食致死，遂絕後的《異苑·妒妻絕嗣》、寫老父被猛虎所噬，其女手無寸鐵，直扼虎頸使父脫險的《異苑·楊香扼虎》等。

魏晉南北朝時期的破除迷信故事，數量雖然較少，幾乎篇篇精彩，引人入勝。試看：

> 天門郡有幽山峻谷，而其上人有從下經過者，忽然踴出林表，狀如飛仙，遂絕跡。年中如此甚數，遂名此處為仙谷。有樂道好事者，入此谷中洗沐，以求飛仙，往往得去。有長生意思人，疑必以妖怪。乃以大石自墜，牽一犬入谷中，犬復飛去。其人還告鄉里，募數十人執杖揭山草伐木，至山頂觀之，遙見一物長數十丈，其高隱人，耳如簸箕。格射刺殺之。所吞人骨積此左右，已成封。蟒開口廣丈餘，前後失人，皆此蟒氣所以噏上。於是此地遂安穩無患。
>
> 《博物志》卷十，「蟒氣」

> 東越閩中有庸嶺，高數十里。其西北隰中有大蛇，長七八丈，大十餘圍，土俗常懼。東治都尉及屬城長吏多有死者。祭以牛羊，故不得禍。或與人夢，或下諭巫祝，欲得啖童女年十二三者。都尉

令長，並共患之。然氣屬不息。共請求人家生婢子，兼有罪家女養之。至八月朝祭，送蛇穴口，蛇出吞齧之。累年如此，已用九女。

爾時預復募索，未得其女。將樂縣李誕家，有六女，無男。其小女名寄，應募欲行，父母不聽。寄曰：「父母無相，惟生六女，無有一男，雖有如無。女無緹縈濟父母之功，既不能供養，徒費衣食，生無所益，不如早死。賣寄之身，可得少錢，以供父母，豈不善耶？」父母慈憐，終不聽去。寄自潛行，不可禁止。

寄乃告請好劍及咋蛇犬。至八月朝，便詣廟中坐。懷劍將犬。先將數石米餈，用蜜麨灌之，以置穴口。蛇便出，頭大如囷，目如二尺鏡。聞餈香氣，先啗食之。寄便放犬，犬就齧咋，寄從後斫得數創。瘡痛急，蛇因踊出，至庭而死。寄入視穴，得其九女髑髏，悉舉出，咤言曰：「汝曹怯弱，為蛇所食，甚可哀愍。」於是寄女緩步而歸。

越王聞之，聘寄女為後，拜其父為將樂令，母及姊皆有賞賜。自是東冶無復妖邪之物。其歌謠至今存焉。

《搜神記》卷十九，〈李寄〉

這兩則作品均以消滅為患一方的蟒蛇，破除迷信為題材，具有較強的故事性，皆是這個時期民間故事的名篇。然而，兩者亦有明顯的差異。前一則描述鄉人對轟動一時的飛仙奇事產生疑竇，探明究竟後率眾射殺吸人大蟒，為民除卻禍害，塑造了一個善於發現問題，有膽有識的鄉民形象。後一則描述故事主角是在明知險象環生的情況下，毅然應募去制伏妖物的。她雖獨自前往，但由於事先作好充分的謀劃和準備，故而能夠如願以償，永絕後患，從而塑造了一個有勇有謀的少年巾幗英雄形象。

這個時期的破除迷信故事，尚有寫生疱路人用古墓中石灰水洗澡多有治癒，近墓人乃立廟舍賣水致富，官方填塞古墓遂斷絕香火的《抱朴子內篇》「洛西古墓」、寫一太守讓親故扮神人道士為人治病，謊稱有奇效，騙得四方錢財絲帛不可勝數的《抱朴子內篇》「興古太守」、寫一估客置一鱓於朽樹中，村民以為是神靈乃依樹起廟，宰牲祭祀，後估客返始真相大白的《異苑・鱓父廟》等。

但有一些作品比較精彩。試看：

漢時，東海孝婦養姑甚謹。姑曰：「婦養我勤苦。我已老，何惜餘年，久累年少。」遂自縊死。其女告官云：「婦殺我母。」官收繫之，拷掠毒治。孝婦不堪苦楚，自誣服之。時于公為獄吏，曰：「此婦養姑十餘年，以孝聞徹，必不殺也。」太守不聽。於公爭不得理，抱其獄詞，哭於府而去。

自後郡中枯旱，三年不雨。後太守至，于公曰：「孝婦不當死，前太守枉殺之，咎當在此。」太守即時身祭孝婦塚，因表其墓。天立雨，歲大熟。

長老傳云：「孝婦名周青。青將死，車載十丈竹竿，以懸五幡，立誓於眾曰：『青若有罪，願殺，血當順下；青若枉死，血當逆流。』既行刑已，其血青黃，緣幡竹而上極標，又緣幡而下云。」

《搜神記》卷十一，〈東海孝婦〉

元嘉元年，建安郡山賊百餘人，掩破郡治，抄掠百姓資產子女；遂入佛圖，搜掠財寶。先是，諸供養具，別封貯一室。賊破戶，忽有蜜蜂數萬頭，從衣籠出，同時嚙螫群賊；身首腫痛，眼皆盲合。先諸所掠，皆棄而走。蜂飛邀逐，嚙擊彌路，賊遂惶懼從便道而去。是時臘日，所縛子女，各還其家。

《宣驗記》，「蜂螫群賊」

荀巨伯遠看友人疾，值胡賊攻郡，友人語巨伯曰：「吾今死矣，子可去！」巨伯曰：「遠來相視，子令吾去，敗義以求生，豈荀巨伯所行邪？」賊既至，謂巨伯曰：「大軍至，一郡盡空，汝何男子，而敢獨止？」巨伯曰：「友人有疾，不忍委之，寧以我身代友人命。」賊相謂曰：「我輩無義之人，而入有義之國。」遂班軍而還，一郡並獲全。

《世說新語‧德行》，「荀巨伯」

以上三則作品系往昔流傳下來的故事，均以漢代為故事背景。第一則通過東海孝婦的命案，揭露當時官府的某些黑幕，貶斥前太守剛愎自用，草菅人命，天怒人怨。同時稱頌東海孝婦雖然屈打成招，卻不甘心蒙冤受辱，臨刑時敢於立誓於眾以表其無辜，充分展示出她的倔強性格和抗爭精神。其人的鮮活形象，正是這篇故事最能打動聽眾之所在。第二則初見於《搜神後記》，但此則情節更為完整。它描述一群山賊攻破城池，恣意劫掠。當他們闖入佛寺胡為時被一大群蜜蜂噬螫，竟棄物逃竄，他們所擄掠的子女因得還家，顯示出佛陀的威力。然而群蜂螫賊，實乃一種自然現象，帶一定的偶然性。這則作品，生動地展示了人心向背。其中的數萬頭蜜蜂，既可以視為無邊佛法的象徵，又可以視為抗暴民眾的象徵。第三則敘寫胡賊攻城時，故事主角冒著生命危險毅然留下來照看病友，其義舉使群賊無比感佩，當即退去，從而讓一郡得以倖免。它通過動人的故事情節，尤其是故事主角發自肺腑的話語，塑造出一個重友情，輕生死，大義凜然的人物形象，感人至深。

魏晉南北朝時期，除了這幾類故事外，尚有寫某刺史聞道旁女子哭聲不哀，引起警覺，進而破獲一樁淫婦謀夫妻的《搜神記‧嚴遵》、寫某人有勇氣，撫床一呼，聲若雷震，使入室行竊之盜隕命的《搜神後記‧隕盜》、寫鴝鵒善能效人語，多次揭發盜竊行為因而被殺的《幽明錄》「鴝鵒被害」、寫某人哭吊友喪，因亡友好驢鳴，哭畢乃作驢鳴，使眾賓朋變哭為笑的《裴子語林》「靈座驢鳴」、寫孔某訪友楊氏未遇，楊子設楊梅款待，孔某忙問「此貴君家果」？楊子答以「未聞孔雀是夫子家禽」的《郭子》「楊梅與孔雀」等。

第二節　魏晉南北朝的民間笑話與民間寓言

一、魏晉南北朝的民間笑話

魏晉南北朝時期的民間笑話，大都見諸〔三國魏〕邯鄲淳撰《笑林》。《笑林》是我國最早的一部笑話集。它的問世標誌著我國古代民間

笑話正式成為一個獨立的民間故事門類，對後世的民間笑話創作影響深遠。它在我國笑話發展史上地位是不言而喻的。這部笑話集的作品，民間色彩濃郁，除個別篇什是先秦兩漢時期的作品外，絕大部分直接採自民間，或由民間笑話脫胎而來，而非文人創作的笑話。其中的故事主角大多出自虛構，猶如先秦兩漢時期的好些民間故事以宋人、鄭人、齊人、楚人、荊人、衛人、門人、鄰人、田父、客等常用名一樣，往往以通用的有人、甲、乙、某甲、某人、齊人、魯人、吳人、漢人、楚人、趙人、南方人、平原人、太原人、傖人、老父、民妻等相稱。它們將民眾熟悉的世俗生活中的各種人和事作為笑料加以提煉和創造，編織出各種笑話。它們由於構思巧妙，語言活潑，善於誇張人物性格，寓莊於諧，充滿笑的樂趣，頗受世人喜愛。試看：

> 魯有執長竿入城門者，初豎執之，不可入；橫執之，亦不可入，計無所出。俄有老父至曰：「吾非聖人，但見事多矣。何不以鋸中截而入？」遂依而截之。
>
> 《笑林》，「執竿入城」

> 有民妻不識鏡。夫市之而歸，妻取照之，驚告其母曰：「某郎又索一婦歸也。」其母也照曰：「又領親家母來也。」
>
> 《笑林》，「不識鏡」

> 甲與乙鬥爭，甲齧下乙鼻，官吏欲斷之，甲稱乙自齧落。吏曰：「夫人鼻高耳，口低豈能就齧之乎？」甲曰：「他踏床子就齧之。」
>
> 《笑林》，「自齧鼻」

以上作品均落墨不多，卻相當詼諧，最後以經過提煉的話語收尾，抖出了一個個響亮的包袱。這三則同為勸誡笑話，通過三種不同的生活場景，刻畫出三類自以為是者的笑話人物形象，讓世人引以為戒。

魏晉南北朝時期的民間笑話，尚有寫某夜失火時，一太原人取銅槍時

誤執熨斗，便驚呼「火未至，槍已被燒失腳」的《笑林》「誤出熨斗」、寫某甲夜暴疾命門人鑽火，門人道「何不以火照我，我當得覓鑽火具」的《笑林》「把火覓鑽火具」、寫南方人至京師時人囑其得物唯食，慎勿問名，其人竟先後食馬屎與敗履，苦不堪言的《笑林》「馬屎與敗履」、寫集會吹奏樂曲時，某甲誤將藥方當曲目，乃命藝人「作附子當歸送客」，令合座絕倒的《笑林》「奏樂方」、寫漢人去吳食筍後歸家煮其床簀不熟，乃罵吳人「欺我如此」的《笑林》「煮床簀」、寫某人謁見時不懂禮儀，乃隨司儀高呼，一再丟醜的《笑林》「隨典儀口倡」等。

二、魏晉南北朝的民間寓言

魏晉南北朝時期，已經沒有如像先秦諸子著述那樣包含大量寓言的專書。這個時期的民間寓言並不太發達。但在當時的史籍、筆記小說和其他著作裡面，仍然可以見到一些民間寓言，或者帶有寓言性質的故事以及帶有民間敘事文學因素的寓言。這些寓言，大都為人事寓言，絕少擬人寓言；而在人事寓言當中，既有取材於日常生活的作品，又有取材於不同時期歷史故事的作品，其總的格局與先秦兩漢時期的民間寓言顯然有所變化。譬如，《世說新語・容止》「效岳遊遨」：

> 潘岳妙有姿容，好神情。少時挾彈出洛陽道，婦人遇者，莫不連手共縈之。左太沖絕醜，亦複效岳遊遨，於是群嫗齊共亂唾之，委頓而返。

這則跟《莊子・天運》「醜女效顰」一樣，提醒世人切不可盲目模仿，否則便會陷入尷尬境地。不過它的描寫比《莊子・天運》「醜女效顰」更為生動，寫的是西晉兩位知名度甚高的文學家，一個「姿容甚美，風儀閑暢」（《潘岳別傳》），一個「貌醜悴，不持儀飾」（《續文章志》），形成鮮明對比。後者仿效前者出遊，卻收到截然不同的效果。此外，《裴子語林》「擲果與投石」，寫的是潘岳（字安仁）與西晉另外一位文學家張載（字孟陽）的一軼事：「潘安仁至美，每行，老嫗以果擲

之，滿車。張孟陽至醜，每行，小兒以瓦石投之，亦滿車。」其旨趣與《世說新語・容止》「效岳遊遨」頗為相似。

又如，〔北魏〕魏收撰《魏書・吐谷渾傳》「折箭訓子」：

> 阿豺有子二十人。……謂曰：「汝等各奉吾一隻箭，折之地下。」俄而命母弟慕利延曰：「汝取一隻箭折之。」慕利延折之。又曰：「汝取十九隻箭折之。」延不能折。阿豺曰：「汝曹知否？單者易折，眾則難摧。戮力一心，然後社稷可固。」言終而死。

這一則敘寫吐谷渾首領阿豺臨終前，運用我國北方遊牧民族常見的一種行為方式教育後代，揭示出「團結一致，力量無窮」的深刻寓意。折箭這一個巧譬十分形象，說服力極強，千百年來廣為流布，深入人心。這則寓言因此逐漸演化為一個民間故事類型。

魏晉南北朝時期的民間寓言，尚有寫吳中二人品評王之美醜，因眼光不同，結論迥異的《萬機論》（〔三國魏〕蔣濟撰）「二人評王」、寫月夜鄭人像白晝乘涼似的在樹下鋪席而臥，渾身沾滿露水的《苻子》（〔十六國前秦〕苻朗撰）「鄭人逃暑」、寫周人與狐商量剝狐皮做皮衣，與羊商量割羊肉做祭品，嚇跑狐和羊，一事無成的《苻子》「與狐謀皮」、寫有個人打算將家裡的一隻白豬崽當做奇珍異寶獻給皇帝，當他見到一群白豬後便敗興而歸的《後漢書・朱浮傳》「遼東白頭豬」、寫山雞欣賞自己的羽毛，照著鏡子使飛舞不止，竟活活累死的《異苑・山雞舞鏡》、寫一帝王憑主觀想像以為驢「似豬」的《殷芸小說》「未嘗見驢」、寫一富翁讓窮人奉送僅有的一頭羊，使其湊足一百頭的《金樓子》（梁元帝蕭繹撰）「富者乞羊」、寫蜀侯性貪，為迎接秦惠王送的一頭糞金石牛，便派人塹山填谷，秦軍乘機滅了蜀國，殺了蜀侯的《劉子》（〔北齊〕劉晝撰）「糞金石牛」、寫一位舉國聞名的下棋高手，下棋時因分心而敗下陣來的《劉子》「弈秋弈敗」等。

在魏晉南北朝時期迻譯的佛經故事中，民間寓言和帶有寓言色彩的民間故事數量較多，頗為引人注目。其中，有不少名篇在我國已廣為人知。譬如，《六度集經》卷八〈鏡面王經〉（又稱〈鏡面王本生〉）「眾盲摸

象」：

佛告比丘言：「是曹異學，非一世癡冥。比丘，過去久遠，是
閻浮提地有王，名曰鏡面，諷佛要經，智如恒沙。臣民多不誦，帶
鎖小書，信螢灼之明，疑日月之遠見。目瞽人以為喻，欲使彼舍行
潦遊巨海矣。敕使者，令行國界，取生盲者，皆將詣宮門。臣受命
行，悉將國界無眼人到宮所，白言：『已得諸無眼者，今在殿下。』
王曰：『將去以象示之。』臣奉王命，引彼瞽人，將之象所，牽手示
之。中有持象足者、持尾者、持尾本者、持腹者、持脅者、持背者、
持耳者、持頭者、持牙者、持鼻者。瞽人於象所爭之紛紛，各謂己真
彼非。使者牽還，將詣王所。王問之曰：『汝曹見象乎？』對言：
『我曹俱見。』王曰：『象何類乎？』持足者對言：『明王，象如漆
筒。』持尾者言如掃帚，持尾本者言如杖，持腹者言如鼓，持脅者
言如壁，持背者言，言如高機（亦作「幾」），持耳者言如簸箕，
持頭者言如魁（意為小丘），持牙者言如角。持鼻者對言：『明
王，象如大索。』復於王前共訟言：『大王，象真如我言。』鏡面
王大笑之曰：『瞽乎，瞽乎！爾猶不見佛經者矣。』便說偈言：
『今為無眼曹。空諍自謂諦。睹一云餘非，坐一象相怨。』」

這則寓言，又見《佛說義足經》、《大樓炭經》、《涅槃經》等。在
原書中，其本意在於嘲笑講堂裡的那些不看佛經、沒有智慧的梵志（即婆
羅門）盲目爭論經義，就如同眾盲摸象各執一詞，毫無益處。後世傳講這
一寓言，大都已經脫離佛典的題旨，往往藉以說明看問題應有全局觀念，
不可陷入片面。

又如，〔三國吳〕康僧會譯《舊雜譬喻經》「鱉魚」：

昔有鱉，遭遇枯旱，湖澤乾竭，不能自致有食之地。時有大
鵠，集住其邊，鱉從求哀，乞相濟度。鵠遂銜之，飛過都邑上，鱉
不默聲，問：「此何等？」如是不止，鵠便應之。應之口開，鱉乃
墮地，人得屠裂食之。

這則寓言，源出古印度的兩本故事集，即《佛本生故事·烏龜本生》與《五卷書》第一卷第十六個故事。其後尚有〔唐〕釋道世撰《法苑珠林》卷八十二「雙雁銜龜」、十三世紀藏族仁欽拜輯錄《薩迦格言注解》「烏龜自誇落地」、十五世紀藏族央金噶衛洛卓約編撰《甘丹格言注釋》「烏龜自誇落地」、十八世紀蒙古族察哈爾格西撰《學習寶貝珠》「青蛙和鴻雁」等。以上印、中兩國的各種異文情節大致相同，但具體描寫略有出入，顯示出民間故事在流傳過程中出現的一些變化：故事主角一為飛禽中的天鵝或大雁，一為水邊的爬行動物龜、鱉，或兩棲動物青蛙；將被救者運往他處時，或為飛禽直接嘴含，或讓被救者銜木棍、樹枝以運載；落地慘劇的出現，或被救者張口所致，或為被救者誘使飛禽張口所致。這則寓言及其諸多異文，通過血的教訓闡明了一個深刻的道理：為人處事必須謹言慎行，不可得意忘形，否則會吃其大虧，甚至付出生命的代價。

再如，《百喻經》卷下〈夫婦食餅共為要喻〉：

> 昔有夫婦，有三番餅。夫婦共分，各食一餅，餘一番在，共作要言：若有語者，要不與餅。既作要已，為一餅故，各不敢語。須臾有賊入家偷盜，取其財物，一切所有，盡畢賊手。夫婦二人以先要故，眼看不語。賊見不語，即其夫前，侵略其婦，其夫眼見，亦復不語。婦便喚賊，語其夫言：「云何癡人，為一餅故，見賊不喚。」其夫拍手笑言：「咄，婢，我定得餅，不復與爾！」

這則寓言，佛經的原意在於說明凡夫俗子為小名利假裝沉默，喪失了本來的清淨善法，墮入火、血、刀三惡道卻不害怕，遭受大苦難而不以為患。長期以來，它在中國藏、新、青、內蒙、黑、冀、鄂、浙等地的流布過程中，逐漸演化為漢族和藏、維吾爾、鄂倫春、烏茲別克、撒拉等少數民族的故事，用以譏諷某些人為貪圖微利而置親情於不顧，因小失大，捨本逐末。它因其寓意深刻，生活味濃郁，詼諧風趣而深愛民眾喜愛。

在這個時期漢譯的佛經故事中，尚有許多民間寓言後來在我國漢族和少數民族地區廣為流傳，逐漸中國化，甚至發展為民間故事類型。諸如寫鱉背負獼猴去家中歡聚時，突然提出鱉妻欲食猴肝，獼猴謊稱己肝掛在樹上而騙鱉將其送上岸的《六度集經・兄（獼猴）本生》、寫新婦取酒時見身影映甕中，誤以為甕中另藏婦人，新為見甕中身影誤以為妻有外遇，夫妻爭吵時梵志、比丘尼、僧人在甕中各有所見，最後擊甕乃了無所見的《雜譬喻經》「甕中影」、寫蛇之頭尾爭大，互不相讓，導致飢餓難熬，竟墮入火坑而死的《雜譬喻經》「頭與尾」、寫先食下六枚半煎餅者，以為是吃最後半枚餅飽的，後悔何不先吃這半枚餅的《百喻經・欲食半餅喻》、寫主人因遠行時囑家奴守好門、看好驢索，家奴讓驢馱著繩索所繫門板去看戲，使家中財物被洗劫一空的《百喻經・奴守門喻》、寫駝背求治時醫者將其塗上酥油以木板痛壓，令雙目並出的《百喻經・醫治脊僂喻》、寫長者派人買芒果時叮嚀務要甜美好吃，其人竟將買購果子逐一品嘗的《百喻經・嘗菴婆羅果喻》、寫一大臣不忍心遺棄老父而將其藏於密屋，老人助子回答了天神各種問題，終使該國廢止棄老習俗的《雜寶藏經・棄老國緣》等等。

在這個時期漢譯佛經所彙集的印度民間寓言中，也有一些作品在較短時間內便已中國化。譬如，南朝宋・劉義慶撰《宣驗記》和南朝宋・劉敬叔撰《異苑》中的「鸚鵡滅火」，均由兩百多年前〔三國吳〕康僧會譯《舊雜譬喻經》「鸚鵡滅火」演化而來。

　　　昔有鸚鵡，飛集他山中。山中百鳥畜獸，轉相重愛，不相殘害。鸚鵡自念：「雖爾，不可久也，當歸耳。」便去。卻後數月，大山失火，四面皆然。鸚鵡遙見，便入水以羽翅取水，飛上空中，以衣毛間水灑之，欲滅大火。如是往來往來。天神言：「咄，鸚鵡！汝何以癡？千里之火，寧為汝兩翅水滅乎？」鸚鵡曰：「我由知而不滅也。我曾客是山中，山中百鳥畜獸皆仁善，悉為兄弟，我不忍見之耳。」天神感其至意，則雨滅火也。

　　　　　　　　　　　　　　《舊雜譬喻經》，「鸚鵡救火」

有鸚鵡飛集他山，山中禽獸輒相愛重。鸚鵡自念雖樂，不可久也，便去。後數月，山中大火。鸚鵡遙見，便入水沾羽，飛而灑之。天神言：「汝雖有志意，何足云也！」對曰：「雖知不能救，然嘗僑居是山，禽獸行善，皆為兄弟，不忍見耳。」天神嘉感，即為滅火。

《宣驗記》，「鸚鵡滅火」

有鸚鵡飛集他山，山中禽獸輒相貴重。鸚鵡自念雖樂，不可久也，便去。後數月，山中大火。鸚鵡遙見，便入水濡羽，飛而灑之。天神言：汝雖有志意，何足云也！」對曰：「雖知不能救，然嘗僑居是山，禽獸行善，皆為兄弟，不忍見耳。」天神嘉感，即為滅火。

《異苑》卷三，「鸚鵡滅火」

與《舊雜譬喻經》「鸚鵡滅火」相比，《宣驗記》「鸚鵡滅火」是經過改寫的，情節較簡略。而《異苑》卷三「鸚鵡滅火」與《宣驗記》「鸚鵡滅火」非常接近，僅有個別字不同。〔北魏〕吉迦夜、曇曜譯撰《雜寶藏經・佛以智水滅三炎緣》是《舊雜譬喻經》「鸚鵡滅火」的一則異文，情節多有變化，可資比較。

佛言：過去之世，雪山一面，有大竹林，多諸鳥獸，依彼林住。有一鸚鵡，名歡喜首。彼時林中，風吹兩竹，共相揩磨，其間火出，燒彼竹林，鳥獸恐怖，無歸依處。爾時鸚鵡，深生悲心，憐彼鳥獸。捉翅到水，以灑火上。悲心精勤故，感帝釋宮，令大震動。釋提桓因[29]，以天眼觀：「有何因緣，我宮殿動？」乃見世間，有一鸚鵡，心懷大悲，欲救濟火，盡其身力，不能滅火。釋提桓因，即向鸚鵡所而語之言：「此林廣大，數千萬里，汝之翅羽所取之水，不過數滴，何以能滅如此大火？」鸚鵡答言：「我心弘

曠，精勤不懈，必當滅火。若盡此身不能滅者，更受來身，誓必滅之！」釋提桓因，感其志意，為降大雨，火即得滅。

又如，〔南朝梁〕沈約撰《宋書‧袁粲傳》「狂泉」，是由三百年前〔三國吳〕康僧會譯《舊雜譬喻經》「惡雨」演化而來。

外國時有惡雨，若墮江湖河井城池水中，人食此水，令人狂醉，七日乃解。時有國王，多智善相。惡雨雲起，王以知之，便蓋一井，令雨不入。時百官群臣，食惡雨水，舉朝皆狂。脫衣赤裸，泥土塗頭而坐王廳上。唯王一人獨不狂也，服常所著衣，天冠瓔珞，坐於本床。一切群臣，不自知狂，反謂王為大狂，何故所著獨爾。眾人皆相請言：「此非小事，思共宜之。」王恐諸臣欲反，便自怖懼，語諸臣言：「我有良藥，能愈此病。諸人小停，待我服藥，須臾當出。」王便入宮，脫所著服，以泥塗面，須臾還出。一切群臣，見皆大喜，謂法應爾，不自知狂。

七日之後，群臣醒悟，大自慚愧。各著衣冠而來朝會。王故如前，赤裸而坐。諸臣皆驚怪而問言：「王常多智，何故若是？」王答臣言：「我心常定，無變異也。以汝狂故，反謂我狂。以故若是，非實心也。」

《舊雜譬喻經》，「惡雨」

昔有一國，國中一水，號曰「狂泉」。國人飲此水，無不狂。唯國君穿井而汲，獨得無恙。國人既並狂，反謂國主之不狂為狂。於是聚謀，共執國主，療其狂疾。火艾、針藥、莫不畢具。國主不任其苦，於是到泉所酌水飲之。飲畢便狂。君臣大小，其狂若一，眾乃歡然。

《宋書‧袁粲傳》，「狂泉」

將以上兩則作品相互進行比照不難發現，它們不但繁簡有別，而用細節也多有殊異：惡雨變為狂泉，群臣變為國人，國君由假狂變為真狂，療

疾方式由服藥變為火艾、針藥，無不顯示出故事情節在中國化過程中發生的變異。不僅如此，寓言的題旨亦產生了顯著變化，後者由原故事宣揚佛教教義，希望信佛者應有常定之心，不為魔事所動，演變為展現不同凡響的仁人志士內心深感苦悶與悲愴。故事末尾發出的感歎：「我既不狂，難以獨立，比亦欲試飲此水。」正好是這種心境的寫照。

第三章　魏晉南北朝的民間故事類型

　　魏晉南北朝是中國古代民間故事的第一個大發展的時期，也是中國古代民間故事類型的第一個興旺發達的時期。這個時期，除在先秦兩漢時期出現的鬼魂報冤型、戲后誤國型、不死藥型、射石飲羽型、鬼欺老翁型、河伯娶婦型、城陷為湖型、山神娶親型、桑中生李型等一批故事類型繼續得以流傳，並且有所發展外，又湧現出近七十個新的故事類型。新湧現的故事類型，門類相當齊全，計有幻想故事、寫實故事、民間笑話、民間寓言以及各類民間傳說等方面的類型，充分顯示出這一時期民間故事類型的多樣性特點和豐富程度，令人耳目一新。

　　這個時期有不少典籍在錄寫民間故事類型方面比較突出。首先要提到的是《搜神記》一書。儘管該書多有亡佚，如今僅存二十卷，但這個時期新出現的故事類型大約百分之三十初見於此書，包括龍子祭母型、黃粱夢型、仙窟豔遇型、雲中落繡鞋型、狐精為祟型、蟒蟲炙型、獸異避禍型、動物感恩型、烈火救主型、臨危護主型、魚腹失物型、斬除蛇精型、人獸婚配型、董永行孝型、連理枝型、臥冰求魚型、郭巨埋兒型、丁蘭刻木型、畫女釘心型、虎報恩型等故事類型。重要性略遜於《搜神記》的典籍，有《笑林》（不識鏡型、隱身草型、治駝背型、長竿入城型、煮竹席型等故事類型初見於此書），《列異傳》（凶宅得金型、巧賣鬼型、相思樹型等故事類型初見於此書），《博物志》（千日酒型、「升仙」奧秘型、牛郎織女型等故事類型初見於此書），《搜神後記》（蛇郎娶親型、義獸救人型、義犬除奸型、兩蛇相鬥型等故事類型初見於此書），《幽明錄》（驅走縊鬼型、望夫石型等故事類型初見於此書），《異苑》（人參精型、象報恩型、蛇銜草型等故事類型初見於此書），《續齊諧記》（病鬼延醫型、紫荊樹型、祭屈原型等故事類型初見於此書）。

　　與這個時期新出現的民間故事類型有關的典籍，尚有《玄中記》、（羽衣仙女型故事類型初見於此書），《發蒙記》（田螺女型故事類型

此書），《三齊要略》（晉‧伏琛撰，趕山鞭型故事類型初見於此書），《廣州記》（晉‧顧微撰，五仙五羊型故事類型初見於此書），《郡國志》（觀仙對弈型故事類型初見於此書），《靈鬼志》（鵝籠書生型故事類型初見於此書），《世說新語》（曬腹書型故事類型初見於此書），《妒記》（妒婦改過型故事類型初見於此書），《述異記》（南朝齊‧祖沖之撰，金人現身型故事初見於此書），《殷芸小說》（貧人甕算型初見於此書），《荊楚歲時記》（南朝梁‧宗懍撰，端午競渡型故事初見此書），《魏書》（折箭訓子型故事初見於此書）等。

　　魏晉南北朝新出現的民間故事類型，有一些還首先見於這個時期的漢譯佛經，計有《六度集經》（猴子取心型、瞎子摸象型等故事類型初見於此書），《舊雜譬喻經》（空中落龜故事初見此書），《百喻經》（看門戲主型、半餅充饑型、誰先開口型、全都試過型等故事類型初見於此書），《雜寶藏經》（棄老復歸型、換代物型、呆子學舌、雙頭鳥型等故事類型初見於此書），《賢愚經》（問活佛型、巧媳婦型等故事類型初見於此書）等。

第一節　魏晉南北朝的幻想故事類型

　　這個時期新出現的民間故事類型，數量最多、影響最大的是幻想故事方面的故事類型，共有二十多個，占總數近三分之一。其中，像田螺女型、羽衣仙女型、蛇郎娶親型、龍子祭母型、問活佛型、雲中落繡鞋型、觀仙對弈型、猴子取心型、人參精型、驅走縊鬼型等一批故事類型，都頗為著名。它們往往不但在古代就已傳播開來，甚至在這個時期屢見記載，而且在現當代仍然廣為流布，相當活躍。譬如，龍子祭母型故事最早的一則為《搜神記》卷十四〈寶氏蛇〉[30]，其後又見於《搜神後記》、《幽明錄》：

　　　　長沙有人，忘其姓名，家住江邊。有女子，渚次浣衣，覺身中有異，後不以為患，遂妊身。生三物，皆如鯰魚。女以己所生，甚

---
30 此則見本編第一章第三節魏晉南北朝的精怪故事。

憐異之。乃著澡盤水中養之。經三月，此物遂大，乃是蛟子。各有字：大者為「當洪」，次者為「破阻」，小者為「撲岸」。天暴雨水，三蛟一時俱去，遂失所在。後天欲雨，此物輒來。女亦知其當來，便出望之。蛟子亦舉頭望母，良久方去。經年後，女亡，三蛟子一時俱至墓所哭之，經日乃去。聞其哭聲，狀如狗嗥。

《搜神後記》卷十，〈蛟子〉

會稽謝祖之婦，初育一男，又生一蛇，長二尺許，便徑出門去。後數十年，婦以老終。祖忽聞西北有風雨之聲，頃之，見一蛇，長十數丈，腹可十餘圍，入戶造靈座。因至柩所，繞數匝，以頭打柩，目血淚俱出，良久而去。

《幽明錄》，「謝婦生蛇」

這一故事類型，在唐、五代、宋、金、明、清及近代各個時期亦不斷所有所發展、變化，到了現當代仍在魯、黑、吉、遼、冀、津、蘇、滬、浙、閩、粵、湘、鄂、陝等地廣為流布。

又如，觀仙對弈型故事，最初見諸《郡國志》，情節極為簡略：

道士王質，負斧入山，采桐為琴，遇赤松子與安期先生棋而斧柯爛。

《郡國志》，「王質」

此後故事情節逐漸得以發展，日漸豐富。《搜神後記》卷一〈仙館玉漿〉[31]是這個故事類型較為曲折的一則異文，但未出現王質其人。《幽明錄》「仙館棋者」與《殷芸小說》卷七「仙館棋者」，由《搜神後記》卷一《仙館玉漿》改寫而成，文字有所壓縮。《異苑》卷五〈樵蒲仙〉的情節多有變化，與《郡國志》「王質」較為接近：

---

[31] 此則見本編第一章第四節魏晉南北朝的神異故事。

昔有人乘馬山行，遙望岫裡二老翁相對樗蒲，遂下馬造焉，以策注地而觀之。自謂俄頃，視其馬鞭，摧然已爛，顧瞻其馬，鞍骸枯朽。既還至家，無復親屬，一慟而絕。

任昉撰《述異記》卷上「王質」由《郡國志》「王質」拓展而成，故事情節有所豐富，惟不復提及赤松子、安期先生，更具民間故事色彩。

信安郡石室山，晉時王質伐木至，見童子數人棋而歌，質因聽之。童子以一物與質，如棗核，質含之不覺飢。俄頃，童子謂曰：「何不去？」質起視斧柯爛盡。既歸，無復時人。

此後在唐、宋、明、清及近代各個時期，此故事類型亦多有發展，至現當代仍在冀、豫、晉、遼、滬、粵、桂等地流布。

再如，田螺女型故事，最初見於《發蒙記》，這個時期當見於《搜神後記》、《幽明錄》、《異苑》、祖沖之撰《述異記》、任昉撰《述異記》等，此後在唐、五代、宋、元、明、清及近代各個時期亦不斷有所變化，至現當代仍在滬、蘇、浙、閩、台、海、粵、桂、貴、雲、川、湘、鄂、贛、豫、皖、陝、黑、遼等地的漢族和許多少數民族聚居區廣為流布。

第二節　魏晉南北朝的其他故事類型

這個時期新出現的寫實故事方面的民間故事類型，數量與幻想故事方面的民間故事類型不相上下。儘管它們的影響不及幻想故事方面的民間故事類型，但也有一些較為知名的類型。譬如，「升仙」奧秘型故事最初為《博物志》卷十「蟒氣」[32]，此後在唐、五代、宋、元、明、清各個時期均有記載，至現當代仍在滬、浙、鄂、冀等地流布。

又如，治駝背型故事最初見於《笑林》：

---

[32] 此則見本編第二章第一節魏晉南北朝的寫實故事。

平原人有善治傴者，自云：「不善，人百一人耳。」有人曲度八尺，直度六尺，乃厚貨求治。曰：「君且□。」欲上背踏之。傴者曰：「將殺我。」曰：「趣令君直，焉知死事。」

《笑林》，「治傴者」

此故事類型，這個時期的異文尚見於《殷芸小說》及《百喻經》。此後在明、清、近代各個時期亦有記載，至現當代在川、藏、陝、冀、粵等地的漢族和個別少數民族聚居區流布。

再如，虎報恩型故事最最早出現的是《搜神記》卷二十〈蘇易〉[33]，此後在唐、宋、明、清各個時期均有不少異文出現。到了現當代，此故事類型仍在冀、晉、吉、魯、閩、湘、鄂、桂、貴、川、陝、寧、青等地的漢族和一些數民族聚居區廣為流布。

這個時期新出現的笑話和寓言方面的民間故事類型，數量都比較少，但也有某些知名度頗高的類型。譬如，不識鏡型故事最早出現的是《笑林》「不識鏡」[34]，這個時期尚有《雜譬喻經》「甕中影」，此後在隋、唐、明、清及近代各個時期均有不少異文出現。到了現當代仍在皖、魯、蘇、浙、閩、桂、貴、川、陝、新、寧、內蒙、晉、冀、京、豫、鄂等地的漢族和一些數民族聚居區廣為流布。

又如，折箭訓子型故事最初為《魏書‧吐谷渾傳》「折箭訓子」[35]，其後在唐、元、明、清各個時代的漢文、蒙古文典籍亦有記載，多有變化。到了現當代仍在內蒙、滬等地的漢族和聚居區某些少數民族聚居區流布。

這個時期新出現的民間傳說方面的故事類型，共有十多個，涉及人物、山川、城地、風俗等諸多類別，而以人物傳說的類型居多。除中國四大傳說之一的牛郎織女型故事外，像董永行孝型、相思樹型、趕山鞭型、五仙五羊型、千日酒型、臥冰求魚型、郭巨埋兒型、丁蘭刻木型、望夫石型、祭屈原型、龍舟競渡型等傳說方面的故事類型不少具有較高的知名度。它們大多在古籍中不斷有所記載，至現當代依然在各地流布。譬如，董永行孝型故事，〔三國魏〕曹植撰〈靈芝篇〉已略述故事梗概：

---

[33] 此則見本編第二章第一節魏晉南北朝的寫實故事。

[34] 這則見本編第二章第二節魏晉南北朝的民間笑話與民間寓言。

[35] 這則見本編第二章第二節魏晉南北朝的民間笑話與民間寓言。

董永遭家貧，父老財無遺。舉假以供養，傭作致甘肥。貴家填門至，不知何用歸。天靈感至德，神女為秉機。

《搜神記》卷一〈董永〉是最早的一則故事文本：

漢董永，千乘人。少偏孤，與父居。肆力田畝，鹿車載自隨。父亡，無以葬，乃自賣為奴，以供喪事。主人知其賢，與錢一萬，遣之。永行三年喪畢，欲還主人，供其奴職。道逢一婦人，曰：「願為子妻。」遂與之俱。主人謂永曰：「以錢與君矣。」永曰：「蒙君之惠，父喪收藏。永雖小人，必欲服勤致力，以報厚德。」主曰：「婦人何能？」永曰：「能織。」主曰：「必爾者，但令君婦為我織縑百匹。」於是永妻為主人家織，十日而畢。女出門，謂永曰：「我，天之織女也。緣君至孝，天帝令我助君償債耳。」語畢，凌空而去，不知所在。

這一故事類型，此後在唐、五代、明各個時期亦有記載，至現當代仍在鄂、台、桂、蘇、冀、陝等地的漢族和一些數民族聚居區流布。

又如，趕山鞭型故事最早的一則為〔晉〕伏琛撰《三齊要咯》「驅石下海」：

秦始皇作石橋，欲過海，觀日所出處。傳云：時有神能驅石下海。陽城十一山，今盡起立，巍巍東傾，如相隨行狀。又云：石去不速，神人輒鞭之，皆流血，石莫不悉赤，至今猶爾。

此故事類型，這個時期尚有《殷芸芸小說》卷一「神人鞭石」、任昉撰《述異記》「神人驅石」等異文，此後在五代、宋、明、清各個時期亦有記載，至現當代仍在川、陝、豫、冀、魯、京、浙、贛、貴等地流布。

再如，祭屈原型故事最早的一則為《續齊諧記》「祭屈原」：

屈原五月五日投汨羅水，楚人哀之。至此日，以竹筒子貯米投水以祭之。漢建武中，長沙區曲忽見一士人，自云「三閭大夫」，謂曲曰：「聞君當見祭，甚善。常年為蛟龍所竊，今若有惠，當以楝葉塞其上，以彩絲纏之。此二物，蛟龍所憚。」曲依其言。今五月五日作粽，並帶楝葉、五花絲，遺風也。

這一故事類型，在唐、宋、明、清各個時期亦有記載，至現當代仍在湘、川、鄂、寧等地流布。

值得特別提及的是，漢譯佛教經典對中國民間故事類型的形成和發展，產生過相當深遠的影響，而這種影響主要集中體現在這個時期。這個時期首見於漢譯佛經的民間故事類型達十四、五個之多，涉及的漢譯佛經除本書已提到的幾部外，尚有〔三國吳〕月支優婆支謙譯《佛說義足經》、〔西晉〕竺法護譯《佛說生經》、〔西晉〕法炬、法立譯《大樓炭經》、〔東晉〕法顯譯《涅槃經》等。

這個時期首見於漢譯佛經的民間故事類型，以寓言方面的類型較多，幻想故事和笑話方面的類型亦不少。它們在長期流傳過程中逐漸本土化，變為中國民間故事類型的有機組成部分。其中，像猴子取心型、空中落龜型、棄老復歸型等故事類型不但古代多有記載，而且現當代仍廣為流布；像問活佛型、巧媳婦型、呆子學舌型、看門戲主型、換代物型、誰先開口型、全都試過型等故事類型，古代雖然記載不多，但在現當代卻流布甚廣。譬如，猴子取心型故事初見於《六度集經》：

昔者菩薩，無數劫時，兄弟資貨求利養親。之於異國，令弟以珠現其國王。王睹弟顏華，欣然可之，以女許焉，求珠千萬。弟還告兄，兄追之王所。王又睹兄容貌堂堂，言輒聖典，雅相難齊。王重嘉焉，轉女許之。女情泆豫。兄心存曰：「婿伯[36]即父，叔[37]妻即子，斯有父子之親，豈有嫁娶之道乎？斯王處人君之尊，而為禽獸

之行。」即引弟退。女登臺望曰：「吾為魅蠱，食兄肝可乎！」

展轉生死，兄為獼猴，女與弟俱為鱉。鱉妻有疾，思食獼猴肝。雄行求焉，睹獼猴下飲。鱉曰：「爾嘗睹樂乎？」答曰：「未也。」曰：「吾舍有妙樂，爾欲觀乎？」曰：「然。」鱉曰：「爾升吾背，將爾觀矣。」升背隨焉。半溪，鱉曰：「吾妻思食爾肝，水中何樂之有乎？」

獼猴心愕然曰：「夫戒，守善之常也，權，濟難之大矣。」曰：「爾不早云，吾以肝懸彼樹上。」鱉信而還。獼猴上岸，曰：「死鱉蟲！豈有腹中肝而當懸樹者乎？」

《六度集經》卷四，〈兄（獼猴）本生〉

此則故事源出《佛本生故事》與《五卷書》，這個時期又見於《佛說生經》。其後，隋、唐、明、清各個時期均有記載。到了現當代，這一故事類型仍在魯、滬、閩、豫、晉、內蒙、遼、吉、黑、陝、甘、甯、藏等地的漢族和許多少數民族聚居區廣為流布。

又如，換代物型故事初見於《雜寶藏經》：

往昔波羅奈國，有不善法，流行於世：父年六十，與著數屢，使守門戶。爾時，有兄弟二人，兄語弟言：「汝與父數屢。使令守門。」屋中唯一數屢。小弟便截半與父，而白父言：「大兄與父，非我所與，大兄教父使守門。」兄語弟言：「何不盡與數屢？截半與之？」弟答言：「適有一數屢，不截半與，後更何處得？」兄問言：「欲更與誰？」弟言：「豈可得不留與兄耶？」兄言：「何以與我？」弟言：「兄當年老，汝子亦當安汝置於門中。」兄聞此語。驚愕曰：「我亦當如是耶？」弟言：「誰當代兄？」便語兄言：「如此惡法，宜共除舍。」兄弟相將，共至輔相所，以此言論向輔相說。輔相答言：「實爾，我等亦共有老。」輔相啟王，王可此語，宣令界國：「孝養父母，斷先非法，不聽更爾。」

《雜寶藏經・波羅奈國弟微諫兄遂徹承相勸王教化天下緣》

這則故事在中國經過三四百年的傳播，便已逐漸本土化。敦煌石室遺書裡面的句道興撰《搜神記》錄寫的一則異文，記述的已經是一個地道的中國故事，與後世的口傳作品頗為接近。

> 《史記》曰：孫元覺者，陳留人也。年始十五，心愛孝順。
>
> 其父不孝。元覺祖父年老，病瘦漸弱，其父憎嫌，遂縛筐輿棄於深山。元覺悲泣諫父。父曰：「阿翁年老，雖有人狀，悖毫如此，老而不死，化成狐魅。」遂即舁父棄之深山。元覺悲啼大哭，隨祖父歸去於深山，苦諫其父，父不從。元覺於是仰天大哭，又將輿歸來。
>
> 父謂覺曰：「此凶物，更將何用？」覺曰：「此是成熟之物，後若送父，更不別造。」父得此語，甚大驚愕：「汝是吾子，何得棄我？」元覺曰：「父之化子，如水之下流。既承父訓，豈敢違之？」父便得感悟，遂即卻將祖父歸來，精勤孝養，倍於常日。
>
> 句道興本《搜神記》，「孫元覺勸父」

這一故事類型，現當代仍在蘇、滬、浙、閩、台、海、粵、湘、豫、陝、青、甯、冀、京、晉、皖、黑等地的漢族和一些少數民族聚居區廣為流布。

第四章　魏晉南北朝民間故事的採錄

第一節　民間故事採錄發展的里程碑

　　魏晉南北朝時期，伴隨著民間故事的空前興盛，民間故事的採錄也大大向前推進一步，進入了一個新的發展階段。這不但體現在魏晉南北朝時期在採錄民間故事收穫相當豐厚上，而且體現在採錄民間故事的自覺性上。這個時期採錄者的採錄活動是出於對民間故事的喜好和關注，有意識地將其蒐集起來，匯成專書，因而使民間故事從經籍、史籍和各種理論著作中獨立出來，而不像先秦兩漢時期那樣，採錄者的採錄活動僅僅是為撰寫自己的寫作服務。儘管當時尚沒有「民間故事」的概念，被視為「古今怪異非常之事」（干寶撰〈進《搜神記》表〉）。但這並不很重要。

　　這個時期湧現的收採廣義民間故事（即神話、民間傳說和狹義民間故事）的專書，包括《笑林》、《列異傳》、《搜神記》、《搜神後記》、《裴子語林》、《拾遺記》、《郭子》、《靈鬼志》、《錄異傳》、《幽明錄》、《異苑》、《齊諧記》、祖沖之撰《述異記》、《續齊諧記》、《殷芸小說》、《冤魂志》等，大多以狹義民間故事所占的比重最大。當時從事民間故事採錄的，大都是具有很高文化素養和文學水準的有識之士，譬如，邯鄲淳、曹丕為等三國魏文學家，干寶為東晉史學家、小說家，陶潛為東晉文學家，裴啟為東晉小說家，王嘉為十六國前秦小說家，劉義慶、劉敬叔為南朝宋小說家，祖沖之為南朝齊科學家、文學家，吳均為南朝梁文學家，殷芸為南朝梁小說家，顏推之為北齊小說家。從他們所採錄的民間故事可以看出，他們參與民間故事的採錄，並不將其視為文學創作活動，而是出於如干寶撰《搜神記·序》所謂「發明神道之不誣」一類理念，「博訪知之者」，力求「無失實者」，不任加發揮，因而往往能夠保障作品的忠實性、可靠性，具有較高的科學價值。

　　從民間故事採錄發展史的視角來考察，魏晉南北朝時期有兩部專集十分重要，值得特別關注，這就是《笑林》和《搜神記》。

　　《笑林》成書於三國魏初年，既是現存最早的一部笑話集，又是現存最早的一部民間故事專集。原書三卷，宋代尚存世，其卷帙由三卷附益擴充為十卷。宋以後亡佚，今有清人馬國翰《玉函山房輯佚書》本一卷，共二十四則。魯迅《古小說鉤沉》輯其佚文近三十則。從現存佚文可以窺見，其中所收為民間笑話和帶有笑話色彩的諷刺故事、呆子故事等。書中作品只有個別抄自先秦典籍，即「獻山雉」抄自《尹文子・大道上》，文字幾乎相同，其餘作品皆為邯鄲淳本人採錄，民間故事特徵相當鮮明，對後世民間笑話的發展頗有影響。《笑林》作為我國最早的一部笑話集，在我國笑話史上具有突出的地位。不僅如此，它作為我國最早的一部民間故事專集，在我國民間故事採錄史上的地位也值得珍視。

　　魏晉南北朝時期，在民間故事採錄史上具有更為重要地位的無疑是《搜神記》。它成書的時間最遲不晚於公元四世紀四〇年代，即東晉永和初年。原書三十卷，今傳本二十卷，為明人胡應麟輯錄，共收四百六十四則（內中某些作品係誤收），最初刊入明萬曆間胡震亨編刻《秘冊匯函》，明末清初毛晉將其收入《津逮秘書》，清嘉慶間張海鵬又將其輯入《學津討原》，逐漸廣為流布。今人汪紹楹校注本又輯有佚文三十四則。

　　《搜神記》在民間故事採錄方面的傑出貢獻，不僅體現在它彙集了大量的神話、民間傳說、民間故事，其中不少名篇佳製，在我國民間故事史上熠熠閃光。更主要是體現在採錄者在借鑒前人經驗的基礎上，通過自己的大量實際運作，總結出一套蒐集、錄寫民間故事的理論，從而增加了民間故事採錄的自覺性，使採錄民間故事的實踐形成一個較為完善的體系。

　　《搜神記》蒐集民間故事，即干寶〈進《搜神記》表〉所說的「撰記古今怪異非常之事」，或者《晉書・干寶傳》所說的「撰集古今神祇靈異人物變化」，主要有兩個渠道：其一，為採用前人的成果，即「考先志於載籍」，「承於前載」。包括（一）直錄舊籍，不作改動，或者基本上不作改動；（二）進行必要的加工、潤飾，或作必要的增補。其二，自己採錄，「博訪知之者」，記「親聞睹」。包括（一）採錄前朝流傳下來的民

間故事，即「收遺逸於當時」，「訪行事於故老」；（二）採錄當時流傳的民間故事，即「採訪近世之事」[38]。

《搜神記》採用前人的成果，引書相當廣泛，涉及春秋至西晉時期的許多典籍，計有《左傳》、《墨子》、《晏子春秋》、《莊子》、《呂氏春秋》、《汲塚紀年》、《國語》、《戰國策》、《山海經》、《韓詩外傳》、《淮南子》、《說苑》、《列仙傳》、《史記》、《漢書》、《東觀漢記》、《風俗通義》、《列異傳》、《西京雜記》、《博物志》等。直錄舊籍，不作改動或基本上作作改動的作品，譬如，卷一《赤松子》，幾同於劉向撰《列仙傳》卷上〈赤松子〉，卷一〈漢陽生〉幾同於《列仙傳》卷下〈陰生〉，卷十六〈汝陰鬼魅〉幾同於《風俗通義・怪神》「汝陽習武亭」，卷十〈蔣濟亡兒〉幾同於《列異傳》「蔣濟亡兒」，卷十八〈王周南〉幾同於《列異傳》「鼠精嚇人」。抄錄舊籍而有所加工潤飾，或作必要增補用的，譬如，卷十八〈怒特祠〉，本事見《史記》、《列異傳》。《史記・秦本紀》的記載極為簡略：

（文公）二十七年伐南山大梓豐大特。

《列異傳》「怒特祠」記載較為詳細：

武都故道縣有怒特祠，雲神本南山大梓也。昔秦文公二十七年伐之，樹瘡，隨合。秦文公乃遣四十人持斧斫之，猶不斷。疲士一人，傷足不能去，臥樹下，聞鬼相與言曰：「勞攻戰乎？」其一曰：「是為勞矣。」又曰：「秦公必持不休。」答曰：「其如我何？」又曰：「赤灰跋於子何如？」乃默無言。臥者以告，令士皆赤衣，隨所斫，以灰跋；樹斷，化為牛，入水。故秦為立祠。

《搜神記》卷十八的這則與《列異傳》接近，但有所加工、增飾。除文字更為嚴密、生動外，情節亦有所變化，增加了披髮、繞絲砍樹與青牛出入水中等描寫：

---

[38] 以上引文，分別見於干寶撰《搜神記・序》和〈進《搜神記》表〉。

秦時，武都故道有怒特祠，祠上生梓樹。秦文公二十七年，使人伐之，輒有大風雨。樹創隨合，經日不斷。文公乃益發卒，持斧者至四十人，猶不斷。士疲還息。其一人傷足，不能行，臥樹下，聞鬼語樹神曰：「勞乎攻戰？」其一人曰：「何足為勞。」又曰：「秦公將必不休，如之何？」答曰：「秦公其如予何。」又曰：「秦若使三百人被髮，以朱絲繞樹，赭衣灰坌伐汝，汝得不困耶？」神寂無言。

明日，病人語所聞。公於是令人皆衣赭，隨斫創，坌以灰。樹斷，中有一青牛出，走入豐水中。其後青牛出豐水中，使騎擊之，不勝。有騎墮地復上，髻解被髮，牛畏之，乃入水，不敢出。故秦自是置旄頭騎。

又如，卷十一〈東海孝婦〉[39]，本事見《說苑·貴德》、《漢書·于定國傳》。其故事情節大致相同，文字略有出入。惟末尾處增添了「長老傳云」一段文字，寫孝婦死，行刑前立誓於眾，使故事情節更為完整，突顯出為情之深重。而所增補的這一段描寫，恰好是干寶採自民間。

再如，卷十八〈張叔高〉，取自《風俗道義·怪神》，卷十二〈狢國馬化〉，取自《博物志》，卷十四〈毛衣女〉，取自《玄中記》，其情節無變化，但文字略有出入，經過干寶潤飾，描寫均更為嚴密、合理。

《搜神記》中由干寶採訪錄寫的民間故事數量不少，大多相當精彩。屬於前朝流傳下來的作品，如卷十一〈兒化水〉、〈范巨卿張元伯〉，卷十二〈鬼彈〉，卷十四〈怪老翁〉，卷十五〈河間郡男女〉、〈賈文合〉、〈顏畿〉，卷十六〈文穎〉、〈鼓琵琶〉、〈鬼酣醉〉，卷十七〈朱誕給使〉、〈頓丘鬼魅〉、〈竹中長人〉，卷十八〈樹神黃祖〉、〈陳敬叔〉、〈阿紫〉、〈高山君〉、〈湯應〉，卷十九〈五酉〉，卷二十〈黃衣童子〉、〈董昭之〉、〈螻蛄神〉。干寶採錄的當時流傳的作品，如卷十二〈大青小青〉、〈張小小〉、〈蛇蠱〉，卷十六〈秦巨伯〉，卷十七〈虞定國〉、〈釜中白頭翁〉，卷十八〈宋大賢〉、〈狸

---

[39] 這則見本編第二章第一節魏晉南北朝的寫實故事。

婢〉、〈劉伯祖狸神〉，卷十九〈鼉婦〉、〈丹陽道士〉、〈鼠婦〉，卷二十〈蘇易〉、〈華亭大蛇〉、〈虞蕩〉、〈華隆家犬〉。

在《搜神記》之後，這個時期的《搜神後記》、《靈鬼志》、《錄異傳》、《幽明錄》、《異苑》、《述異記》等書裡面的民間故事，都基本上按照《搜神記》的模式彙集的，既有「承於前載」者，亦有「收遺逸於當時」者和「採訪近世之事」者，茲舉例說明如下。

《搜神後記》中的民間故事，「承於前載」者如卷三〈華歆當公〉，幾同於《列異傳》「華歆為公」。卷九〈林慮山亭犬〉，出自《抱朴子內篇·登涉》，情節相同，文字略有變化。卷五〈白水素女〉[40]，本事見〔晉〕束皙撰《發蒙記》，文字極簡約：

> 侯官謝端，曾於海中得一大螺，中有美女，云：「我天漢中白水素女，天矜卿貧，令我為卿妻。」
>
> 《發蒙記》，「白水素女」

《搜神後記》中的〈白水素女〉，已經產生很大的發展、變化，不僅情節相當曲折生動，而且人物形象鮮活動人，民間故事的韻味十足，顯然是民間口頭創作，而絕非個人杜撰。它為後世的進一步發展多有啟示，留下了較大的想像空間，〔唐〕皇甫氏撰《原化記》「螺婦」、敦煌古藏文寫卷中的《金波聶基兄弟倆和增格巴辛姐妹倆》與《白噶白喜和金波聶基》、〔清〕程趾祥撰《此中人語》卷二〈田螺女〉、近人貢少芹等編《近五十年見聞錄》卷六〈螺妻〉等諸多異文以及現當代一大批口傳故事，正是在此基礎上形成的。

《搜神後記》中採錄自民間的故事甚多，屬於前朝流傳下來者有卷三〈蜜蜂螫賊〉、〈馬溺消瘕〉，卷四〈徐玄方女〉、〈李仲文女〉、〈虎符〉，卷五〈清溪神廟〉，卷七〈兩頭人〉，卷八〈髑髏百頭〉，卷九〈放伯裘〉，卷十〈烏衣人〉、〈蛇銜卵〉等；屬於當時採錄者有卷

---

[40] 這則見本編第一章第四節魏晉南北朝的神異故事。

一〈剡縣赤城〉，卷三〈禾滿〉、〈蕨莖化蛇〉、〈魂車木馬〉，卷五〈臨賀太守〉、〈何參軍女〉，卷六〈韓豕人〉、〈四人捉馬〉、〈腹中鬼〉、〈白布袴鬼〉，卷七〈山魈〉、〈毛人〉、〈壁中一物〉、〈狗變形〉，卷八〈死人頭〉，卷九〈素衣女子〉、〈虎卜吉〉、〈熊穴〉、〈烏龍〉、〈楊生狗〉、〈古塚老狐〉，卷十〈蛟子〉、〈斫雷公〉、〈女嫁蛇〉、〈放龜〉等。

《幽明錄》中的民間故事，「承於前載」者如「穎川小女」，由《異聞錄》「張廣定女」縮寫而成，情節稍有變動。「望夫石」出《列異傳》，文字小有出入。「螻蛄救人」出《搜神記》，文字略有壓縮。「九館大夫」由《搜神後記・仙館玉漿》演化而來，情節有所發展。《幽明錄》中採錄自民間的故事為數頗多，屬為前朝流傳下來者有「入天臺」、「妙音」、「陳仙」、「八尺鬼」、「觀仙對弈」、「某甲易腳」、「陳素婦還男」、「射師救鳥」、「狸婦」等；屬為當時流傳者有「亡婦產子」、「大狸精」、「救縊女」、「傖小兒縛鬼」、「賣胡粉女子」、「鬼救李經」、「龐阿」、「張縫遇鬼」、「三小兒彈壺」、「夢中得藥」、「母魂覆被」、「鬼友」等。

總而言之，《搜神記》在借鑒前人經驗的基礎上，對民間故事的蒐集、錄寫採取了一套行之有效的舉措，構築起採錄民間故事的體系，從而提高了採錄活動的自覺性，使我國民間故事的採錄事業逐步走向成熟。《搜神記》無疑是我國民間故事採錄發展的一座里程碑。在民間故事採錄史上，《搜神記》不僅影響了東晉和南北朝時期出現的另外一批採錄者的實踐，使他們在蒐集、錄寫民間故事方面取得許多成績，而且有力推動了自隋唐五代以來民間故事採錄事業的健康發展，諸如唐代的《酉陽雜俎》，五代的《稽神錄》，宋代的《夷堅志》，元代的《湖海新聞夷堅續志》，明代的《耳談》，清代的《子不語》等大量古籍，在蒐集、錄寫民間故事的過程中，都繼承了《搜神記》的傳統，並且有所發展、創新。

第二節　魏晉南北朝的民間故事異文

對於異文的關注，歷來是民間故事採錄的一個不可忽視的內容。許多

採錄者在錄寫民間故事的各種異文都傾注了不少心血，表現出獨特的觀察力和異乎尋常的熱情。對於異文的關注，也成為錄寫民間故事與進行小說創作的一大區別。小說創作力避重複與雷同。而採錄民間故事異文，則要在相似的故事情節裡面捕捉流傳過程中產生的變化、發展，發現其中所包含的各種意義和價值。在蒐集民間故事時，那些卓有見識的採錄者無不對同一故事在長期流布中出現的各種變異產生莫大的興趣，盡可能錄寫下他們所發現的各式各樣的異文。先秦兩漢時期如此，魏晉南北朝時依舊如此。

魏晉南北朝時期的民間故事採錄者對異文的關注，在許多相關的典籍中都有所體現。在同一種典籍中，不但錄寫了在同一則作品中出現的不同異文，而且錄寫了由不同作品構成的異文。這個時期同一種典籍錄寫的同一則作品的不同異文，大多有相同的主角，故事情節同中有異，產生了不同程度的變化，或者主要的故事情節大體一致，其人物、細節有不同程度的變化。錄寫此類作品時，往往用「一說」、「或云」引出異文，亦有並列出異文而不標出「一說」、「或云」的，諸如《博物志》卷二「西國獻香」、《搜神記》卷二〈壽光侯〉、《搜神記》卷四〈宮亭湖〉、《裴子語林》「剝人面皮」、《幽明錄》「皂莢樹」、《異苑》卷六〈山陽王輔嗣〉等，均有異文二則。試看：

> 宮亭湖孤石廟，嘗有估客至都，經其廟下，見二女子，云：「可為買兩量絲履，自相厚報。」估客至都，市好絲履，並箱盛之。自市書刀亦內箱中。既還，以箱及香置廟中而去，忘取書刀。至河中流，忽有鯉魚跳入船內。破魚腹，得書刀焉。

> 南州人有遣吏獻犀簪於孫權者，舟過宮亭廟而乞靈焉。神忽下教曰：「須汝犀簪。」吏惶遽，不敢應。俄而犀簪已前列矣。神復下教曰：「俟汝至石頭城，返汝簪。」吏不得已，遂行。自分失簪且得死罪。比達石頭，忽有大鯉魚，長三尺，躍入舟，剖之得簪。
>
> 《搜神記》卷四，〈宮亭湖〉

晉清河陸機初入洛，次河南之偃師。時久結陰，望道左若有民居，因往投宿。見一年少，神姿端遠，置《易》投壺。與機言論，妙得玄微。機心服其能，無以酬抗；乃提緯古今，總驗名實，此年少不甚欣解。既曉便去，稅驂逆旅，問逆旅嫗。嫗曰：「此東數十里無村落，止有山陽王家塚爾。」機乃怪悵。還睇昨路，空野霾雲，拱木蔽日。方知昨所遇者，信王弼[41]也。一說陸雲獨行，逗宿故人家，夜暗迷路，莫知所從。忽望草中有火光，雲時饑乏，因而詣前。至一家，牆院甚整，便寄宿。見一年少，可二十餘，丰姿甚嘉，論敘平生，不異於人，尋共說《老子》，極有辭致。雲出，臨別語云：「我是山陽王輔嗣。」雲出門，回望向處，止是一塚。雲始謂，俄頃已經三日，乃大怪悵。

《異苑》卷六，〈山陽王輔嗣〉

前一組異文，其故事核一致：故事發生地點在宮亭廟，神靈遣鯉魚歸還之物均由物主破主腹獲得。不同者為次要之處：一為估客替神女購絲履時將書刀誤置箱內；一為神靈主動向吏人索要犀簪，約定至石頭城返還。後一組異文，其故事核一致：故事主角投宿時與一少年夜談甚歡適，次日離去後方知其處乃王弼塚。不同者為次要之處：故事主角或為陸機，或為其弟陸雲；清談內容略有出入，一涉及《周易》，一涉及《老子》；發現王家塚的過程各異。

這個時期同一種典籍錄寫的由不同作品構成的異文，一般有二至三則，如《搜神記》卷十一〈王祥〉、〈王延〉、〈楚僚〉互為異文，《搜神記》卷十四〈人化黿〉、〈人化鱉〉、〈宣騫母〉互為異文，《搜神記》卷十六〈秦巨伯〉與卷十八〈吳興老狸〉互為異文，《搜神記》卷二十〈董昭之〉、〈螻蛄神〉互為異文，《搜神後記》佚文「蔡公下龜」、「宗淵放龜」互為異文，《宣驗記》「鸚鵡滅火」、「雉滅火」互為異文，《宣驗記》「周氏三兄弟」、「王導三兄弟」互為異文，《幽明錄》「王周南」、「清河太守」互為異文，《齊諧記》「病後大食」、

---

41 王弼，字輔嗣，山陽人。三國魏玄學家。少年時即享高名。與何晏等競事清談，開玄學清談風。著有《周易注》、《老子指略》等。

「周女啖膾」互為異文，《冥祥記》「孫道德」、「卞悅之」互為異文。
試看《搜神記》卷十四的三則異文：

> 漢靈帝時，江夏黃氏之母浴盤水中，久而不起，變為黿矣。婢
> 驚走告。比家人來，黿轉入深淵。其後時時出見。初浴簪一銀釵，
> 猶在其首。於是黃氏累世不敢食黿肉。
>
> 《人化黿》

> 魏黃初中，清河宋士宗母，夏天於浴室裡浴，遣家中大小悉
> 出，獨在室中良久。家人不解其意，於壁穿中窺之，不見人體，見
> 盆水中有一大鱉。遂開戶，大小悉入，了不與人相承。嘗先著銀
> 釵，猶在頭上。相與守之啼泣，無可奈何。意欲求去，永不可留。
> 視之積日，轉懈，自捉出戶外。其去甚駚，逐之不及，遂便入水。
> 後數日，忽還。巡行宅舍如平生，了無所言而去。時人謂士宗應行
> 喪治服。士宗以母形雖變，而生理尚存，竟不治喪。此與江夏黃母
> 相似。
>
> 《人化鱉》

> 吳孫皓寶鼎元年六月晦，丹陽宣騫母，年八十矣，亦因洗浴
> 化為黿。其狀如黃氏。騫兄弟四人閉戶衛之，掘堂上作大坎，瀉水
> 其中。黿入坎遊戲，一二日間，恒延頸外望。伺戶小開，便輪轉自
> 躍，入於深淵，遂不復還。
>
> 《宣騫母》

這一組異文的故事核一致：某母洗浴時突然化為黿或鱉，後轉入深
淵。其不同之處在於細節描寫：老母化黿或鱉入水後有的尚時時出現，甚
至返家巡行宅舍，有的則不復返還；老母化黿或鱉後有的銀釵猶在頭上，
有的則無此細節；老母化黿或鱉後逕入深淵，有的由家人守望，或在堂上
掘坎蓄水任其遊戲，一二日方入深淵；故事發生時間有的在東漢靈帝時
（公元二世紀後期），有的在三國魏黃初中（公元三世紀二〇年代），有

的在三國吳寶鼎元年（公元266年），如此等等，多有出入。

再看《齊諧記》的兩則異文：

> 江夏郡安陸縣，隆安之初，有一人姓郭名坦，兄弟三人。其大兒忽得時行病，病後遂大能食，一日食斛餘米。其家供給五年，乃至罄貧，語曰：「汝當自覓食。」後至一家，門前已得笪飯，又從後門乞，其人答曰：「實不知君有兩門。」腹大飢不可忍，後門有三畦韭，一畦大蒜，因啖兩畦，便大悶極，臥地。須臾至大吐，吐一物，似龍，出地漸漸大。須臾，主人持飯出，腹不能食，遂撮飯內著向所吐出物上，即消成水。此人於此病遂得差。

> 《齊諧記》，「病後大食」

> 周客子有女，噢膾不知足，家為之貧。自至長橋南，見眾者挫魚作鮓，以錢一千，求作一飽，乃擣啖魚，食五斛，便大吐之。有蟾蜍從吐中出，婢以魚置口中，即成水。女遂不復啖膾。

> 《齊諧記》，「周女啖膾」

這一組異文的故事核一致：故事主角患病大食不知足，家為之貧。有一日猛啖其食乃大吐，一物自口中出，以飯置吐物上或復以所食置口中，即成水，其病遂癒。兩者不同之處在於細節描寫，主角一為男性，一為女性；大食之物一為米飯，一為魚膾；從吐物中出者一為龍蛇，一為蟾蜍；致吐因由一為吃兩畦韭蒜，一為吃五斛魚；化水者一為所吐之龍蛇，一為所食之魚。

不同典籍所載民間故事異文，在這個時期更為常見。許多民間故事源遠流長，在漫長的流傳過程中，往往會發生各種變異。其中既有民眾自發的加工、改動；也有採錄者的自覺潤飾、修改，而後被世人認可，又返還民間，不斷流傳。另外，這個時期的不少典籍尚存在相互轉錄的現象，與《搜神記》「承於前載」的作法大致相仿。此類民間故事，流傳的時間愈長，發生的變化愈大，出現的異文愈多。追尋此類民間故事流傳、變異的軌跡，無疑會加深對民間故事演變的認知，有助於對民間故事發展、演化

規律的探討。

這個時期載於不同典籍的民間故事異文，為數甚多，較突出的如：〈怒特祠〉見於《史記》、《列異傳》、《玄中記》、《決疑要注》（〔晉〕摯虞撰）、《搜神記》、《錄異傳》等；〈園客〉見於《列仙傳》（舊題〔西漢〕劉向撰）、《神仙傳》（〔晉〕葛洪撰）、《郡國志》、《搜神記》、《述異記》（〔南朝齊〕祖沖之撰）、《述異記》（〔南朝梁〕任昉撰）、《女仙傳》等；〈郅伯夷〉見於《風俗通義》、《列異傳》、《抱朴子》、《搜神記》、《搜神後記》等；〈蘇娥〉見於《列異傳》、《搜神記》、《水經注》、《還冤志》等；〈王周南〉見於《列異傳》、《搜神記》、《幽明錄》、《宋書》（〔南朝梁〕沈約撰）等；〈白水素女〉見於《發蒙記》、《搜神後記》、《述異記》（任昉撰）等；〈崔少府墓〉見於《搜神記》、《搜神後記》、《孔氏志怪》等；〈阮瞻〉見於《搜神記》、《幽明錄》、《殷芸小說》等；〈比邱尼〉見於《搜神後記》、《幽明錄》、《冥祥記》等；〈吳龕〉見於《幽明錄》、《異苑》、《述異記》（祖沖之撰）、《述異記》（任昉撰）等。試舉例具體剖析如下：

有關郅伯夷滅怪的五則異文，實際上是由《風俗通義‧怪神》「到（郅）伯夷」衍生出來的兩組異文。前一組包含出自《風俗通義》、《列異傳》、《搜神記》的三則異文；後一組包含出自《抱朴子》、《搜神後記》的兩則異文。

北部督郵西平到（郅）伯夷，年三十所，大有才決，長沙太守到（郅）若章孫也。日晡時到亭為前導人，錄事掾白：「今尚早，可至前亭。」曰：「欲作文書，便留。」吏卒惶怖，言當解去，傳云：「督郵欲於樓上觀望，亟掃除。」須臾便上，未冥樓鐙，階下復有火，為：「我思道，不可見火，滅去。」吏知必有變，當用赴照，但藏置壺中耳。

日既冥，整服誦《六甲》、《孝經》、《易》本訖，臥有頃，更轉東首，以幘巾結兩足幘冠之，密拔劍解帶。夜時，有正黑者

四五尺，稍高，走至柱屋，因覆伯夷。（伯夷）持被掩足，跣脫幾失，再三，徐以劍帶擊魅腳，呼下火上，照視老狸正赤，略無衣毛，持下燒殺。明旦發樓屋，得所髡人結百餘。因從此絕。伯夷舉孝廉，益陽長。

《風俗通義‧怪神》，「到（郅）伯夷」

汝南北部督郵西平劉伯夷有大才略，案行到懼武亭夜宿。或曰：「此亭不可宿。」伯夷乃獨住宿，去火，誦詩書五經訖，臥。有頃，轉東首，以絮巾結兩足，以幘冠之，撥劍解帶。夜時有異物稍稍轉近，忽來覆伯夷，伯夷屈起，以袂掩之，以帶繫魅，呼火照之，視得一老狸，色赤無毛，持火燒殺之。明日發視樓屋間，得魅所殺人髮數百枚。於是亭遂清靜。舊說「狸髡千人，得為神」也。

《列異傳》，「劉伯夷」

北部督郵西平郅伯夷，年三十許，大有才決，長沙太守郅若章孫也。日晡時到亭，敕前導人且止。錄事掾白：「今尚早，可至前亭。」曰：「欲作文書。」便留。吏卒惶怖，言當解去。傳云：「督郵欲於樓上觀望，亟掃除。」須臾便上。未暝，樓鐙階下復有火。敕云：「我思道，不可見火，滅去。」吏知必有變，當用赴照，但藏置壺中。

日既暝，整服坐，誦《六甲》、《孝經》、《易》本訖，臥。有頃，更轉東首，以帘巾結兩足，幘冠之，密拔劍解帶。夜時，有正黑者四五尺，稍高，走至柱屋，因覆伯夷。伯夷持被掩之，足跣脫，幾失再三。以劍帶擊魅腳，呼下火上。照視之，老狐正赤，略無衣毛，持下燒殺。明旦，發樓屋，得所髡人髻百餘。因此遂絕。

《搜神記》卷十八，〈郅伯夷〉

林慮山下有一亭，其中有鬼，每有宿者，或死或病。常夜有數十人，衣色或黃，或白，或黑，或男，或女。後郅伯夷者遇（疑是「過」）之，宿。明燈燭而坐誦經，夜半，有十餘人來，與伯夷

對坐，自共摴蒱博戲。伯夷密以鏡照之，乃是群犬也。伯夷乃執燭起，佯誤以燭爐蒸其衣，乃作焦毛氣。伯夷懷小刀，因捉一人而刺之，初作人叫，死而成犬。餘犬悉走，於是遂絕。

《抱朴子內篇・登涉》，「郅伯夷」

　　林慮山下有一亭，人每過此宿者輒病死。云嘗有十餘人，男女雜遝，衣或白或黃，輒摴蒱相戲。時有郅伯夷者，宿於此亭，明燭而坐誦經。至中夜，忽有十餘人來，與伯夷並坐摴蒱。伯夷密以鏡照之，乃是群犬。因執燭起，陽誤以燭燒其衣，作燃毛氣。伯夷懷刀，捉一人刺之。初作人喚，遂死成犬。餘悉走去。

《搜神後記》卷九，〈林慮山亭犬〉

　　前三則異文，其中的《列異傳》「劉伯夷」由《風俗通義・怪神》「到伯夷」縮寫而成，故事主角的姓氏作「劉」。《搜神記・到伯夷》抄自《風俗通義》，文字幾同。後兩則異文，其中的《抱朴子內篇・登涉》「郅伯夷」，由《風俗通義・怪神》「到伯夷」演化而成，情節發生較大的變異：一個狸精變為一群犬精，細節亦多有變化；但最基本的故事情節卻是一致的：同一故事主角亭宿獨坐誦經時精怪現形作祟，故事主角乃一舉滅怪，遂絕後患。而《搜神後記》卷九〈林慮山亭犬〉，則由《抱朴子內篇》「郅伯夷」改寫而成，文字略有出入。

　　有關崔少府墓的三則異文，最早一則乃是《搜神記》卷十六〈崔少府墓〉：

　　盧充者，范陽人。家西三十里，有崔少府墓。充年二十，先冬至一日，出宅西獵戲。見一獐，舉弓而射，中之。獐倒復起，充因逐之，不覺遠。忽見道北一里許，高門，瓦屋四周，有如府舍，不復見獐。門中一鈴下唱：「客前。」充問：「此何府也？」答曰：「少府府也。」充曰：「我衣惡，那得見少府？」即有一人，提一襆新衣，曰：「府君以此遺郎。」

充便著訖，進見少府，展姓名。酒炙數行，謂充曰：「尊府君不以僕門鄙陋，近得書，為君索小女婚，故相迎耳。」便以書示充。充父亡時雖小，然已識父手跡，即欷歔，無復辭免。便敕內：「盧郎已來，可令女郎妝嚴。」且語充云：「君可就東廊。」及至黃昏，內白：「女郎妝嚴已畢。」充既至東廊，女已下車，立席頭，卻共拜。時為三日，給食。

三日畢，崔謂充曰：「君可歸矣。女有娠相，若生男，當以相還，無相疑；生女，當留自養。」敕外嚴車送客。充便辭出。崔送至中門，執手涕零。出門，見一犢車，駕青衣，又見本所著衣及弓箭，故在門外。尋傳教將一人，提褌衣與充，相問曰：「姻緣始爾，別甚悵恨。今復致衣一襲，被褥自副。」充上車，去如電逝。須史至家，家人相見悲喜。推問，知崔是亡人而入其墓，追以懊惋。

別後四年，三月三日，充臨水戲。忽見水旁有二犢車，乍沉乍浮。既而近岸，同坐皆見。而充往開車後戶，見崔氏女與三歲男共載。充見之忻然，欲捉其手。女舉手指後車曰：「府君見人。」即見少府。充往問訊。女抱兒還充，又與金鋺，並贈詩曰：「煌煌靈芝質，光麗何猗猗。華豔當時顯，嘉異表神奇。含英未及秀，中夏罹霜萎。榮耀長幽滅，世路永無施。不悟陰陽運，哲人忽來儀。會淺離別速，皆由靈與祇。何以贈餘親？金鋺可頤兒。恩愛從此別，斷腸傷肝脾。」充取兒、鋺及詩，忽然不見二車處。

充將兒還，四坐謂是鬼魅，僉遙唾之，形如故。問兒：「誰是汝父？」兒徑就充懷。眾初怪惡，傳省其詩，慨然歎死生之玄通也。

充後乘車入市賣鋺，高舉其價，不欲速售，冀有識。欸有一老婢識此，還白大家曰：「市中見一人乘車，賣崔氏女郎棺中鋺。」大家即崔氏親姨母也。遣兒視之，果如其婢言。上車，敘姓名，語充曰：「昔我姨嫁少府，生女，未出而亡。家親痛之，贈一金鋺，著棺中。可說得鋺本末。」充以事對。此兒亦為之悲咽。齎還白母。母即令詣充家，迎兒視之。諸親悉集。兒有崔氏之狀，又復似充貌。兒、鋺俱驗。姨母曰：「我外甥三月末間產。父曰：『春暖溫也，願休強也。』即字溫休。溫休者，蓋幽婚也。其兆先彰矣。」

兒遂成令器。歷郡守二千石。子孫冠蓋，相承至今。其後植，字子幹，有名天下。

《搜神後記》卷六〈崔少府〉，由《搜神記·崔少府墓》縮寫而成，略陳梗概，亦頗精當：

> 盧充獵，見獐便射，中之。隨逐，不覺遠。忽見一裡門，如府舍。問鈴下，鈴下對曰：「崔少府府也。」進見少府，少府語充曰：「尊府君為索小女婚，故相迎耳。」三日婚畢，以車送充至家。母問之，具以狀對。既與崔別後四年之三月三日，充臨水戲。遙見水邊有犢車，乃往開車戶。見崔女與三歲兒共載，情意如初。抱兒還充，又與金鋺而別。

《孔氏志怪》「盧充」與《搜神記·崔少府墓》頗為接近，其中既有多處壓縮之處，又略有添補：

> 盧充者，范陽人也，家西三十里，有崔少府墓。充先冬至一日出家西獵，見一獐，舉弓而射，即中之；獐倒而復起，充逐之，不覺遠。忽見一裡門如府舍，中一鈴下，有唱家前，充問曰：「此何府也？」答曰：「少府府也。」充曰：「我衣惡，那得見貴人？」即有人提襆新衣迎之。充著，盡可體；便進見少府，展姓名。酒炙數行，崔曰：「近得尊府君書，為君索小女婚，故相延耳。」即舉書示充。充父亡時雖小，然已見父手跡，便歔欷無辭。崔即敕內，令女郎莊嚴，使充就東廊。充至，女已下車立，席頭共拜焉。
>
> 三日畢，還見崔。崔曰：「君可歸矣！女有娠相，生男，當以相還；生女，當自留養。」敕外嚴車送客。崔送至門，執手涕零；離別之感，無異生人。復致衣一襲，被褥一副。充便上車，去如電逝。須臾至家，家人相見悲喜。推問，知崔是亡人，而入其墓。追以懊喪。
>
> 居四年，三月三日，臨水戲，水中忽見二犢車，乍浮乍沒，既上岸，充往開車後戶，見崔氏女與三歲男兒共載。充見之欣然，欲

握其手，女舉手指後車曰：「府君見人！」即見少府，充往問訊。女抱兒還充，又與金碗別，為贈詩曰：「煌煌靈芝質，光麗何猗猗！華豔當時顯，嘉異表神奇。含英未及秀，中夏罹霜萎；榮耀長幽滅，世路永無施。不悟陰陽運，哲人忽來儀；會淺別離速，皆由靈與祇。何以贈余親，金鋺可頤兒。愛恩從此別，斷腸傷肝脾！」充取兒、碗及詩，忽不見二車處。將兒還，四座謂是鬼魅，僉遙唾之，形如故。問兒：「誰是汝父？」兒徑就充懷。眾初怪惡，傳省其詩，慨然歎死生之玄通也。

充詣市賣碗，高舉其價，不欲速售，冀有識者。欻有一老婢問充得碗之由，還報其大家。大家，即女姨也，遣視之，果是。謂充曰：「我姨姊崔少府女，未嫁而亡。家親痛之，贈一金碗，著棺中。今視卿碗甚似，得碗本末，可得聞不？」充以事對。即詣充家迎兒，兒有崔氏狀，又似充貌。姨曰：「我甥三月末間產，父曰春暖溫也，願休強矣。」即字溫休。溫休，蓋幽婚也，其兆先彰矣。兒遂成為令器，歷數郡二千石，皆著績。其後生植，為漢尚書。植子毓，為魏司空。冠蓋相承至今也。

第三節　魏晉南北朝民間故事的結構模式

魏晉南北朝時期的民眾在編講民間故事時，為了便於記憶和傳播，往往採用自先秦兩漢以來長期形成的一些較為固定的結構模式，如二段體、三段體、四段體、多段體。而此類結構模式的運用，往往增強了民間故事在藝術表現形成上獨有的韻味和特色，成為它們的一個亮點。

在這個時期採錄的民間故事中，二段體的結構模式最為常見。試看：

丹陽道士謝非，往石城買冶釜。還，日暮，不及至家。山中廟舍於溪水上，入中宿。大聲語曰：「吾是天帝使者，停此宿。」猶畏人劫奪其釜，意苦搔搔不安。

二更中，有來至廟門者呼曰：「何銅！」銅應喏。曰：「廟中有人氣，是誰？」銅云：「有人，言是天帝使者。」少頃便還。須

吏，又有來者呼銅，問之如前，銅答如故，復歎息而去。非驚擾不得眠，遂起，呼銅問之：「先來者誰？」答言：「是水邊穴中白鼉。」「汝是何等物？」答言：「是廟北岩嵌中龜也。」非皆陰識之。

天明，便告居人，言：「此廟中無神。但是龜、鼉之輩，徒費酒食祀之。急具鍤來，共往伐之。」諸人亦頗疑之。於是並會伐掘，皆殺之。遂壞廟絕祀，自後安靜。

《搜神記》卷十九，〈丹陽道士〉

北海任謫字彥期，從軍十年乃歸。臨還，握粟出卜。師云：「非屋莫宿，非食時莫沐。」謫結伴數十共行，暮遇雷雨，不可蒙冒，相與庇於岩下。竊意「非屋莫宿」戒，遂負擔櫛休。岩崩壓停者，悉死。至家，妻先與外人通情，謀共殺之，請以濕髮為識。婦宵則勸謫令沐，復憶「非食時莫沐」之忌，收髮而止。婦慚愧負怍，乃自沐焉；散髮同寢。通者夜來，不知婦人也，斬首而去。

《異苑》卷九，〈任謫從軍〉

前一則敘寫消滅廟內龜、鼉二怪的故事，其中包含兩個二段體：一為兩個來者先後兩次與銅的問答；一為丹陽道士先後兩次與銅的問答。後一則敘寫任謫從軍十年後返家避禍的故事，其中包含一個二段體：他遵從「非屋莫宿」的告誡，雷雨中遇岩崩而倖免；他遵從「非食時莫沐」的告誡，乃免遭姦夫殺害。

這個時期採用二段體的民間故事，尚有《笑林》「不識鏡」（妻照鏡驚呼又索一婦歸也；母照鏡驚呼又領親家母來也）、《笑林》「好《公羊傳》」（邑宰試問誰殺陳他？甲忙表白實不曾殺；邑宰復戲問是誰所殺？甲大怖而逃）、《列異傳》「彭氏捕射「（父變白鹿走，兒不復提弓；孫見其祖所變白鹿，乃燒弓矢）、《搜神記》卷十六〈文穎〉（鬼魂先後兩次托夢向故事主角求助）、《搜神記》卷十六〈秦巨伯〉（故事主角先後兩次佯醉歸家時見兩孫來迎，第一次鬼魅所變兩孫被提後逃逸，第二次竟殺死兩個孫子）、《搜神記》卷十七〈頓丘鬼魅〉（鬼魅現形令騎者驚懼墮馬昏厥；鬼魅再次現形令其人墮地怖死）、《搜神後記》卷九〈楊生

狗〉（主人遇烈火義犬竭力相救；主人墮井後義犬竭力相救）、《搜神後
記》佚文「宗淵放龜」（故事主角夜夢十丈夫求哀；故事主角夜夢八丈夫
求哀）、《世說新語・容止》「效岳遊遨」（潘岳出遊遇婦人莫不連手縈
繞之，左思出遊遇婦人莫不齊共亂唾之）、《異苑》卷五〈鱧父廟〉（估
客置鱧於朽樹中，引來村民祭祀；估客返而取鱧作臛，祭祀遂絕）、《冥
祥記》「釋法智」（其人未出家時在大澤中遇猛火，心誦觀音得生還，乃
奉佛法；其人在軍中被圍困，復念觀音而倖免，於是出家）、《續齊諧
記》「紫荊樹」（兄弟三人議分家，紫荊樹即枯死；兄弟三人決定不分
家，紫荊樹應聲榮茂）等。

在這個時期採錄的民間故事中，三段體的結構模式亦頗多見。試看：

> 安陽城南有一亭，夜不可宿，宿輒殺人。書生明術數，乃過宿
> 之。亭民曰：「此不可宿。前後宿此，未有活者。」書生曰：「無
> 苦也，吾自能諧。」遂住廂舍。乃端坐誦書。良久乃休。
>
> 夜半後，有一人著皂單衣，來往戶外，呼亭主。亭主應諾。
> 「見亭中有人耶？」答曰：「向者有一書生在此讀書。適休，似未
> 寢。」乃喑嗟而去。須臾，復有一人冠赤幘者，呼亭主，問答如
> 前，復喑嗟而去。既去寂然。
>
> 書生知無來者，即起詣向者呼處，效呼亭主。亭主亦應諾。復
> 云：「亭中有人耶？」亭主答如前。乃問曰：「向黑衣來者誰？」
> 曰：「北舍母豬也。」又曰：「冠赤幘來者誰？」曰：「西舍老雄
> 雞父也。」曰：「汝復誰耶？」曰：「我是老蠍也。」於是書生密
> 便誦書至明，不敢寐。
>
> 天明，亭民來視，驚曰：「君何得獨活？」書生曰：「促索劍
> 來，吾與卿取魅。」乃握劍至昨夜應處，果得老蠍，大如琵琶，毒
> 長數尺。西舍得老雄雞父，北舍得老母豬。凡殺三物，亭毒遂靜，
> 永無災橫

《搜神記》卷十八，〈安陽亭書生〉

> 有新死鬼，形疲瘦頓，忽見生時友人，死及二十年，肥健，

相問訊曰：「卿那爾？」曰：「吾飢餓殆不自任，卿知諸方便，故當以法見教。」友鬼云：「此甚易耳！但為人作怪，人必大怖，當與卿食。」新鬼往入大墟東頭，有一家奉佛精進，屋西廂有磨，鬼就捉此磨，如人推法。此家主語子弟曰：「佛憐我家貧，令鬼推磨。」乃輦麥與之。至夕磨數斛，疲頓乃去。遂罵友鬼：「卿那誑我？」又曰：「但復去，自當得也。」

復從墟西頭入一家，家奉道，門旁有碓，此鬼便上碓，如人舂狀。此人言：「昨日鬼助某甲，今復來助吾，可輦穀與之。」又給婢簸篩。至夕力疲甚，不與鬼食。鬼暮歸，大怒曰：「吾自與卿為婚姻，非他比，如何見欺？二日助人，不得一甌飲食。」友鬼曰：「卿自不偶耳！此二家奉佛事道，情自難動。今去，可覓百姓家作怪，則無不得。」

鬼復去，得一家，門首有竹竿。從門入，見有一群女子，窗前共食。至庭中，有一白狗，便抱令空中行。其家見之大驚，言自來未有此怪，占云：「有客索食，可殺狗並甘果酒飯於庭中祀之，可得無他。」其家如師言，鬼果大得食。此後恒作怪，友鬼之教也。

《幽明錄》，「友鬼」

前一則敘寫劍斬母豬精、雄雞精、老蠍精使亭內永無災禍的故事，其中包含一個二段體和一個三段體，二段體為夜半時先後有黑單衣者、冠赤幘者來向亭主問亭宿者是何人；三段體為書生效呼亭主，先後問黑單衣者、冠赤幘者和亭主是誰。後一則敘寫新鬼向友鬼討教覓食之法的故事，其中包含一個三段體：第一次新鬼去墟東頭奉佛人家推磨，疲頓而返；第二次新鬼去墟西頭奉道人家舂穀，力竭而返；第三次新鬼去百姓家作怪，乃得飽餐。

這個時期採用三段體的民間故事，尚有《笑林》「隨典儀口倡」（贊者曰：「可釋。」某亦曰：「可釋。」贊者曰：「就位。」某亦曰：「就位。」贊者曰：「履著腳。」某亦曰：「履著腳。」）、《笑林》「食馬糞敗履」（南方人至京師謹記食物勿問其名的告誡，入門時見馬屎便食，臭不可言；進而見敗履復嚼，難以下嚥；主人送上蒸餅，竟不敢食

用)、《笑林》「傖人弔喪」（傖人弔喪——頭頂於背，為首者以足觸罵：「癡物！」諸人亦各以足相踏曰：「癡物！」末者亦踏孝子曰：「癡物！」）、《搜神記》卷十八〈宋大賢〉（夜半一鬼眝目磋齒來恐嚇，宋鼓琴如故，鬼乃去；鬼取死人頭擲宋前，宋稱正欲得此為枕，鬼復去；鬼又來與宋手搏，竟為宋捉殺）、《搜神記》卷十八〈湯應〉（湯亭宿至三更有叩閣者云：「部群相聞。」致詞而去；頃間復有叩閣者云：「府君相聞。」湯復使進；旋又有叩閣者云：「部郡、府君相詣。」湯知是鬼魅，乃持刀迎之）等。

在這時期採錄的民間故事中，四段體、連環式等結構模式，數量不如二段體和三段體多。

採用四段體的民間故事，如《列異傳》「王周南」（鼠衣冠從穴中出，語曰：「周南，爾其月某日當死。」王不應鼠乃還穴；至期鼠更冠幘絳衣出語：「周南，汝日中當死。」王不應鼠乃緩入穴；須臾鼠出語：「向日適欲中。」鼠乃復入數次；日適中鼠語：「周南，汝不應我復何道？」言絕顛蹶而死）、《列異傳》「何文」（其中包含一個三段體和一個四段體。三段體為：一高冠黃衣者、一高冠青衣者、一高冠白衣者先後升堂呼問舍中何以有生人氣？細腰均予從否認。四段體為：故事主角將曙時入堂呼：「黃衣者誰也？」曰：「金也，在堂西壁下。」又問：「青衣者誰也？」曰：「錢也，在堂前井邊五步。」又問：「白衣者誰也？」曰：「銀也，在牆東北角柱下。」又曰：「汝誰也？」曰：「我杵也，在灶下。」）。

採用連環式民間故事，如《續齊諧記》「陽羨書生」：

> 陽羨許彥，相綏安山行。遇一書生，年十七八，臥路側，云腳痛，求寄鵝籠中。彥以為戲言。書生便入籠，籠亦不更廣，書生亦不更小，宛然與雙鵝並坐，鵝亦不驚。彥負籠而去，都不覺重。前行息樹下，書生乃出籠，謂彥曰：「欲為君薄設。」彥曰：「善。」乃口中吐一銅奩子，奩子中具諸肴饌，珍羞方丈。其器皿皆銅物。氣味香旨，世所罕見。酒數行，謂彥曰：「向將一婦人自隨，今欲暫邀之。」彥曰：「善。」又於口中吐一女子，年可

十五六，衣服綺麗，容貌殊絕，共坐宴。俄而書生醉臥。此女謂彥曰：「雖與書生結髮，而實懷怨。向亦竊得一男子同行，書生既眠，暫喚之，君幸勿言。」彥曰：「善。」女子於口中吐出一男子，年可二十三四，亦穎悟可愛，乃與彥敘寒溫。書生臥欲覺，女子口吐一錦行障，遮書生，書生乃留女子共臥。男子謂彥曰：「此女子雖有心，情亦不甚，向復竊得一女人同行，今欲暫見之，願君勿泄。」彥曰：「善。」男子又於口中吐一婦人，年可二十許，共酌，戲談甚久。聞書生動聲，男子曰：「二人眠已覺。」因取所吐女子，還內口中。須臾，書生處女乃出，謂彥曰：「書生欲起。」乃吞向男子，獨對彥坐。然後書生起，謂彥曰：「暫眠遂久，君獨坐，當悒悒耶？日又晚，當與君別。」遂吞其女子，諸器皿悉內口中。留大銅盤，可二尺廣，與彥別曰：「無以藉君，與君相憶也。」彥太元中為蘭臺令史，以盤餉侍中張散。散看其銘題，云是永平三年作。

這一則故事由一個五段體與一個三段體組成：前一個五段體──書生口吐裝著肴饌的銅奩子設宴；書生口吐一女子共坐宴；女子口吐一男子共敘寒溫；女子口吐一錦行幛與書生共臥；男子口吐一婦人共酌，每段情節相互勾聯，形成一連環式。後一個三段體──男子知書生與女子將覺，因取婦人納口中；女子見書生欲起，乃吞下男子；日晚書生吞下女子及盛食器皿離去，每段情節同樣相互勾聯，形成一連環式。而五段體與三段體的情節彼此關係緊密，形成一個大的連環式。

另外，《靈鬼志》「外國道人」與此則近似[42]，亦採用連環式的結構模式，亦相當有趣：

> 太元十二年，有道人外國來，能吞刀吐火，吐珠玉金銀。自說其所受術，即白衣，非沙門也。嘗行，見一人擔擔，上有小籠子，可受升餘。語擔人曰：「吾步行疲極，欲寄君擔。」擔人甚怪

[42] 《靈鬼志》「外國道人」與其後出現的《續齊諧記》「陽羨書生」，均由《舊雜譬喻經》「壺中人」演化而來。

之，慮是狂人，便語之云：「自可爾耳，君欲何許自厝耶？」其人答云：「君若見許，正欲入君此籠子中。」擔人愈怪其奇「君能入籠，便是神人也。」乃下擔，即入籠中，籠不更大，其人亦不更小，擔之亦不覺重於先。

既行數十里，樹下住食，擔人呼共食，云：「我自有食。」不肯出。止住籠中，飲食器物羅列，肴膳豐腴亦辦。反呼擔人食，未半，語擔人：「我欲與婦共食。」即復口吐出一女子，年二十許，衣裳容貌甚美，二人便共食。食欲竟，其夫便臥。婦語擔人：「我有外夫，欲來共食；夫覺，君勿道之。」婦便口中出一年少丈夫，共食。籠中便有三人，寬急之事，亦復不異。有頃，其夫動，如欲覺，婦便以外夫內口中。夫起，語擔人曰：「可去。」即以婦內口中，次及食器物。

此人既至國中，有一家大富貴，財巨萬，而性慳吝，不行仁義，語擔人云：「吾試為君破奴慳囊。」即至其家。有一好馬，甚珍之，繫在柱下。忽失去，尋索不知處。明日，見馬在五斗罌中，終不可破取，不知何方得取之。便往語言：「君作百人廚，以周一方窮乏，馬當得出耳。」主人即狼狽作之，畢，馬還在柱下。明旦，其父母老在堂上，忽復不見，舉家惶怖，不知所在。開妝器，忽然見父母在漆壺中，不知何由得出。復往請之，其人云：「君當更作千人飲食，以飴百姓窮者，乃當得出。」既作，其父母自在床上也。

第三編　隋唐五代時期的民間故事

隋唐五代時期（581—960）跨度共379年。其中，唐代（618—907）最長，達289年，是這個時期的一個最為重要的階段。隋代的建立，結束了南北朝的對峙，統一全國，為日後的發展奠定了基礎。唐代前期，逐漸走向繁榮，步入中國古代社會的一個鼎盛時期，政治、經濟、軍事、外交、文化得到全面發展，使中國成為屹立於東方的一個偉大的帝國。到了唐代後期，國家由盛轉衰，內憂外患接踵而至，最終導致唐代的滅亡，繼而出現了五代十國的分治局面。這個時期的社會變遷，國運興衰，無不同廣大人民群眾息息相關，現實生活不斷激發了民眾編講民間故事的熱情，賦予民間故事以新的生命活力，有力地促進了這個時期的民間故事的發展，在魏晉南北朝的基礎上達到了一個新的高度。這個時期，尤其是唐代，文化藝術的空前興盛和文學創作的空前繁榮，對於發展民間故事創作和活躍民間故事採錄，也起到了一定的推動作用。還應看到，這個時期，尤其是唐代，道教和佛教相繼進入隆盛時期。由於古代帝王採取道佛並行的政策，使道教和佛教的社會地位日漸提高，其社會影響更加深入。與此同時，隨著對外交往日益頻繁，外國民間故事在中國進一步得以傳播，其影響力也多有擴大。這些都使得這個時期的民間故事產生了一些新的變化。首先是在這個時期的民間故事裏面，宗教——無論是道教還是佛教的影響都更為普遍，更為深入，甚至出現了一批稱頌宗教神靈和宣揚宗教威力的具有鮮明宗教色彩的民間故事。其次，是在這個時期的民間故事裏面，外國民間故事的傳播渠道越發增多，除了來自印度方面的影響繼續發揮作用，並且呈現出更加中國化的趨勢外，還增加了西域地區和東亞鄰國民間故事的影響，隨著中外民間故事交流的進一步拓展，中國民間故事顯得更加富有變化，更眾多彩多姿。

隋唐五代的民間故事，以幻想故事最為突出，無論在作品的豐富程度上還是在藝術造詣達到的水準上，都遠遠超過同期的其他類別的民間故事，較為集中地體現了這個時期的民間故事的藝術成就，成為魏晉南北朝之後我國幻想故事的又一座豐碑。此外，這個時期的寫實故事也得到了一定程度的發展，門類相當齊備，首次比較全面地展示出中國古代寫實故事的風貌。相比之下，這個時期的民間笑話和民間寓言卻不太多，發展不甚明顯。

這個時期的民間故事，主要見諸傳〔隋〕侯白撰《啟顏錄》，〔唐〕唐臨撰《冥報記》，〔唐〕郎餘令撰《冥報拾遺》，〔唐〕釋道世撰《法苑珠林》，〔唐〕房玄齡撰《晉書》，〔唐〕張鷟撰《朝野僉載》，〔唐〕李延壽撰《南史》、《北史》，〔唐〕竇維鋈撰《廣古今五行記》，〔唐〕朱揆撰《諧噱錄》，〔唐〕劉餗撰《隋唐嘉話》，〔唐〕牛肅撰《紀聞》，〔唐〕戴孚撰《廣異記》，〔唐〕佚名撰《琱玉集》，〔唐〕陸長源撰《辨疑志》，〔唐〕封演撰《封氏聞見記》，〔唐〕張薦撰《靈怪集》，〔唐〕牛僧孺撰《玄怪錄》，〔唐〕李德裕撰《次柳氏舊聞》，〔唐〕盧求撰《金剛經報應記》，〔唐〕劉肅撰《大唐新語》，〔唐〕李肇撰《唐國史補》，〔唐〕李復言撰《續玄怪錄》，〔唐〕谷神子（鄭還古）撰《博異志》，〔唐〕薛用弱撰《集異記》，〔唐〕鄭處誨撰《明皇雜錄》，〔唐〕呂道生撰《定命錄》，〔唐〕房千里撰《投荒雜錄》，〔唐〕陳劭撰《通幽記》，〔唐〕韋絢撰《劉賓客嘉話錄》、《戎幕閑談》，〔唐〕段成式撰《酉陽雜俎》，〔唐〕孟棨撰《本事詩》，〔唐〕鍾輅撰《前定錄》，〔唐〕趙璘撰《因話錄》，〔唐〕皇甫松撰《醉鄉日月》，〔唐〕李亢[43]撰《獨異志》，〔唐〕佚名撰《會昌解頤錄》，〔唐〕盧肇撰《逸史》，〔唐〕柳詳[44]撰《瀟湘錄》，〔唐〕溫庭筠撰《乾𦠆子》，〔唐〕沈汾撰《續神仙傳》，〔唐〕佚名撰《笑言》，〔唐〕薛漁思撰《河東記》，〔唐〕焦璐撰《窮神秘覽》，〔唐〕張讀撰《宣室志》，〔唐〕溫畬撰《續定命錄》，〔唐〕李隱撰《大唐奇事記》，〔唐〕陸勛撰《集異志》、《志怪錄》，〔唐〕裴鉶撰《傳奇》，〔唐〕佚名撰《大唐傳載》，〔唐〕張固撰《幽閑鼓吹》，〔唐〕佚名撰《玉泉子》，〔唐〕皇甫枚撰《三水小牘》，〔唐〕劉恂撰《嶺表錄異記》，〔唐〕佚名[45]撰《松窗雜錄》，〔唐〕康駢撰《劇談錄》，〔唐〕高彥休撰《闕史》，〔唐〕范攄撰《雲溪友議》，〔唐〕陳翰撰《異聞集》，〔唐〕王轂撰《報應錄》，〔唐〕李綽撰《尚書故實》，〔唐〕蘇鶚撰《杜陽雜編》，〔唐〕馮贄撰《雲仙雜記》（又名《雲仙散錄》），

---

[43] 又作「李冗」或「李亢」。

[44] 一作「李隱」。

[45] 又作「韋睿」或「李浚」。

〔唐〕丁用晦撰《芝田錄》，〔唐〕皇甫氏撰《原化記》，〔唐〕王簡撰《疑仙傳》，〔唐〕佚名撰《聞奇錄》、《女仙傳》、《報應記》，〔唐〕尉遲樞撰《南楚新聞》，敦煌寫本《孝子傳》，句道興本《搜神記》，〔五代〕杜光庭撰《錄異記》、《墉城集仙錄》、《仙傳拾遺》、《神仙感遇傳》，〔五代〕王定保撰《唐摭言》，〔五代〕王仁裕撰《玉堂閑話》、《開元天寶遺事》、《王氏見聞錄》，〔五代〕何光遠撰《鑒戒錄》，〔五代〕周斑撰《儆誡錄》，〔五代〕尉遲偓撰《中朝故事》，〔五代〕劉崇遠撰《金華子雜編》，〔五代〕景渙撰《野人閑話》，〔五代〕馮翊子撰《桂苑叢談》，〔五代〕徐鉉撰《稽神錄》，〔五代〕和凝撰《疑獄集》，〔五代〕佚名撰《燈下閑談》，〔五代〕孫光憲撰《北夢瑣言》，〔五代〕張泊撰《賈氏談錄》等。其中，在錄寫民間故事方面最為突出的當數《廣異記》、《酉陽雜俎》、《宣室志》、《稽神錄》，其次為《啟顏錄》、《朝野僉載》、《紀聞》、《博異志》、《集異記》、《會昌解頤錄》、《逸史》、《瀟湘錄》、《河東記》、《原化記》、《玉堂閑話》等。

對於採錄民間故事而言，隋唐五代是一個重要的發展階段。在這個時期，民間故事採錄者的陣容有了進一步的擴充和壯大，收穫頗豐，成績卓著，從而使得這個時期的民間故事採錄在繼承魏晉南北朝的優良傳統的基礎上又有了新的發展和突破，並且對後世的民間故事採錄產生了深遠的影響。

第一章　隋唐五代的幻想故事

第一節　隋唐五代的神異故事（一）

隋唐五代的幻想故事，以神異故事最為引人注目。無論從數量、質量、影響等哪一個方面考察，這個時期的神異故事都超過了以往的任何時期，呈現出空前繁榮的景象，而且還湧現了一批在中外故事史上頗為知名的優秀作品，熠熠生輝，光彩奪目。

在這個時期的神異故事乃至整個民間故事當中，最有名氣的作品當推《酉陽雜俎》續集卷一〈支諾皋上〉的〈葉限〉和〈旁𩊲〉。

〈葉限〉早在一千二三百年前已在我國南方壯、漢等族的先民中流布。

> 南人相傳，秦漢前有洞主吳氏，土人呼為吳洞。娶兩妻，一妻卒，有女名葉限。少惠善淘金，父愛之。末歲父卒，為後母所苦，常令樵險汲深。時嘗得一鱗二寸餘，䫻鬐金目，遂潛養於盆水，日日長，易數器，大不能受，乃投於後池中。女所得餘食，輒沉以食之。女至池，魚必露首枕岸，他人至不復出。其母知之，每伺之，魚未嘗見也，因詐女曰：「爾無勞手，吾為爾新其襦。」乃易其弊衣。後令汲於他泉，計里數百也。母徐衣其女衣，袖利刃行向池呼魚，魚即出首，因斫殺之。魚已長丈餘，膳其肉，味倍常魚，藏其骨於鬱栖之下。逾日，女至向池，不復見魚矣，乃哭於野。忽有人被髮粗衣，自天而降。慰女曰：「爾無哭，爾母殺爾魚矣！骨在糞下，爾歸，可取魚骨藏於室，所須第祈之，當隨爾也。」女用其言，金璣衣食隨欲而具。及洞節母往，令女守庭果。女伺母行遠，亦往，衣翠紡上衣，躡金履，母所生女認之，謂母曰：「此甚似姊也。」母亦疑之，女覺遽反，遂遺一隻履為洞人所得。母歸，但見

女抱庭樹眠，亦不之慮。其洞鄰海島，島中有國名陀汗，兵強，王數十島，水界數千里。洞人遂貨其履於陀汗國，國主得之，命其左右履之，足小者履減一寸。乃令一國婦人履之，竟無一稱者。其輕如毛，履石無聲。陀汗王意其洞人以非道得之，遂禁錮而拷掠之，竟不知所從來。乃以履棄之於道旁，即遍歷人家捕之，若有女履者，捕之以告。陀汗王怪之，乃搜其室，得葉限，令履之而信。葉限因衣翠紡衣，躡履而進，色若天人也。始具事於王，載魚骨與葉限俱還國。其母及女即為飛石擊死，洞人哀之，埋於石坑，命曰懊女塚。洞人以為媒祀，求女必應。陀汗王至國，以葉限為上婦。一年，王貪求，祈於魚骨，寶玉無限。逾年，不復應。王乃葬魚骨於海岸，用珠百斛藏之，以金為際，至徵卒叛時，將發以贍軍。一夕，為海潮所淪。成式舊家人李士元所說。士元本邕州洞中人，多記得南中怪事。

　　這是一則在世界各地廣為流傳的灰姑娘型故事最早的文本。《酉陽雜俎》成書於九世紀中期，《支諾皋》中的「葉限」比外國最早的灰姑娘型故事文本——法國作家沙‧佩羅著《鵝媽媽的故事或寓有道德教訓的往日故事》（簡稱《鵝媽媽的故事》，1697年）中的《灰姑娘》早八九百年。這篇作品故事情節完整，描寫生動細膩，文字優美，具有很高的藝術成就和文獻價值，堪稱中國民間故事史上的瑰寶。

　　「旁㐌」最初產生於朝鮮半島的古國新羅。該國於七世紀中葉相繼滅了百濟與高句麗，從而統一朝鮮半島大部，進入鼎盛時期。在此期間，與唐朝聯繫密切，多有交往。這則故事正是在晚唐以前由朝鮮半島傳入我國的。它是現存的全球廣泛流傳的兩兄弟型故事的最早文本。

　　新羅國有第一貴族金哥，其遠祖名旁㐌，有弟一人，甚有家財。其兄旁㐌因分居，乞衣食。國人有與其隙地一畝，乃求蠶谷種於弟，弟蒸而與之，㐌不知也。至蠶時，有一蠶生焉，日長寸餘，居旬大如牛，食數樹葉不足。其弟知之，伺間殺其蠶。經日，四方百里內蠶，飛集其家，國人謂之巨蠶，意其蠶之王也，四鄰共

繰之，不供。穀唯一莖植焉。其穗長尺餘，旁㐌常守之，忽為鳥所折，衛去。旁㐌逐之。上山五六裏，鳥入一石罅，日沒徑黑，旁㐌因止石側。至夜半月明，見群小兒赤衣共戲。一小兒云：「爾要何物？」一曰：「要酒。」小兒露一金錐子擊石，酒及樽悉具。一曰：「要食。」又擊之，餅餌羹炙羅於石上。良久，飲食而散，以金錐插於石罅。旁㐌大喜，取其錐而還，所欲隨擊而辦，因是富侔國力。常以珠璣贍其弟，弟方始悔其前所欺蠶穀事，仍謂旁㐌試以蠶、穀欺我，我或如兄得金錐也。旁㐌知其愚，諭之不及，乃如其言。弟蠶之，止得一蠶如常蠶；穀種之，復一莖植焉。將熟，亦為鳥所衛，其弟大悅，隨之入山，至鳥入處，遇群鬼，怒曰：「是竊予金錐者。」乃執之，謂曰：「爾欲為我築糠三版手？欲爾鼻長一丈手？」其弟請築糠三版。三日饑困，不成，求哀於鬼，乃拔其鼻，鼻如象而歸，國人怪而聚觀之，慚恚而卒。其後子孫戲擊錐求狼糞，因雷震，錐失所在。

　　隋唐五代時期，尤其是唐代，隨著對外交往的日益擴大，異域的民間故事通過各種渠道不斷傳入我國，並逐漸在各地傳播開來，因而引起了採錄者的關注。這個時期的好些採錄者都很重視搜集來自鄰國友邦的民間故事。「旁㐌」有幸被段成式錄寫下來，保存在《酉陽雜俎》之中，就是一個比較典型的例證。

　　隋唐五代的神異故事，題材較魏晉南北朝時期多有拓展，主要包含奇遇故事、異人故事、遇仙故事、寶物故事、報應故事、崇佛故事等幾類。其中宗教影響最為明顯的是遇仙故事和崇佛故事。

一、隋唐五代的奇遇故事與奇緣故事

　　隋唐五代的奇遇故事與奇緣故事，大多描寫士農工商不同階層的社會成員的各種充滿神秘感的經歷和遭遇以及奇特的姻緣，生動地展現了民眾探索未知世界強烈好奇心和追求康寧、幸福生活的美好願望。有關奇異經歷的故事，譬如《紀聞・楊溥》：

豫章諸縣，盡出良材。求利者采之，將至廣陵，利則數倍。天寶五載，有楊溥者，與數人入林求木。冬夕雪飛，山深寄宿無處。有大木橫臥，其中空焉，可容數人乃入中同宿。而導者未眠時，向山林再拜咒曰：「士田公，今夜寄眠；願見護助。」如是三請而後寢。夜深雪甚，近南樹下，忽有人呼曰：「張禮。」樹頭有人應曰：「諾。」「今夜北村嫁女，大有酒食，相與去來。」樹頭人曰：「有客在此，須守至明。若去，黑狗子無知，恐傷不宥。」樹下又曰：「雪寒若是，且求飲食，理須同去。」樹上又曰：「雪寒雖甚，已受其請，理不可行。須防黑狗子。」呼者乃去。及明裝畢，撤所臥甆，有黑虵在下，其大若瓶，長三尺而蟄不動。方驚駭焉。

此則故事敘寫寒夜中山神婉拒他人赴宴之邀，盡心護佑求拜的伐木者，使眾人免遭毒蟲的禍害。它將作為山林保護神的士田公描繪成一位和藹可欽的長者，既忠厚誠信，又富有同情心，令人敬佩。

又如，《酉陽雜俎》前集卷十四〈諾皋記上·屏婦踏歌〉：

元和初，有一士人失姓字，因醉臥廳中。及醒，見古屏上婦人等悉於床前踏歌，歌曰：「長安女兒踏春陽，無處春陽不斷腸。舞袖弓腰渾忘卻，蛾眉空帶九秋霜。」其中雙鬟者問曰：「如何是弓腰？」歌者笑曰：「汝不見我作弓腰乎？」乃反首，髻及地，腰勢如規焉。士人驚懼，因叱之，忽然上屏，亦無其他。

這則故事敘寫畫工所繪的一群婦人從屏上飄忽而下，且歌且舞，怡然自得。當她們將醉臥廳中的主人驚醒後，又隨叱責聲飄然回到畫屏上。它從一個虛幻的角度揭示出唐代歌舞盛行的社會風氣，非常富於浪漫情調，不失為一則構思新穎，想像奇特的民間故事佳作。

再如，《嶺表錄異·海上六國》：

陸州刺史周遇不茹葷血，嘗語愃云：頃年自青社之海歸閩，遭惡風。飄五日夜，不知行幾千里也。凡歷六國：第一狗國。同船有

新羅客云：「是狗國。」逡巡見如人裸形，抱狗而出，見船驚走。經毛人國，形小皆披髮，而身有毛，蔽如狖。又到夜叉國，船抵暗石而損，遂搬人物上岸，伺潮落，擱船而修之。初不知在此國。有數人同入深林，採野蔬。忽為夜叉所逐，一人被擒，餘人驚走。回顧見數輩夜叉，同食所得之人。同舟者驚怖無計。頃刻有百餘夜叉，皆赤髮裸形，呀口怒目而至。有執木槍者，有雌而挾子者。篙工賈客五十餘人，遂齊將弓弩槍劍以敵之。果射倒二夜叉，即舁拽朋嘯而遁。既去，遂伐木下寨，以防再來。夜叉畏弩，亦不復至。駐兩日，修船方畢，隨風而逝。又經大人國。其人悉長大而野，見船上鼓噪，即驚走不出。又經流虬國。其國人么麼，一概皆服麻布，而有禮。竟將食物求易釘鐵。新羅客亦半譯其語，遣客速過。言此國遇華人飄泛至，慮有災禍。既而又行經小人國。其人悉裸形，小如五六歲兒。船人食盡，遂相率尋其巢穴。俄而見果，采得三四十枚以歸，分而充食。後行兩日，遇一島而取水。忽有群日山羊，見人但瞬視，都不驚避，既肥且偉。初疑島上有人牧養，而絕無人蹤，捕之，僅獲百口，食之。廣管羅州多棧香樹，身似柳，其花白而繁，其葉似桔皮，堪作紙，名為香皮紙。灰白色，有紋如魚子棧。其紙慢而弱，沾水即爛，遠不及楮皮者，又無香氣。或云黃熟棧香同是一楮，而根幹枝節，各有分別者也。

　　這則作品，敘寫故事主角與新羅客等揚帆遠航時經歷六國——狗國、毛人國、夜叉國、大人國、流虬國、小人國的奇異見聞，詳略不同，頗產生動有趣。它是現存的一則較早描繪國人眼中的海外世界的民間故事，從特定的視角反映出這個時期大興航海事業，通過海路積極拓展對外交往的狀況，從而激發了民眾探索海外世界奧秘的濃厚興致。

　　這個時期的奇遇故事，尚有寫渡海遠航，見巨蛇相鬥和受白毛長人驚擾的《廣異記‧張騎士》、寫樵夫入山穴取黃金五鋌，後復往取金而被天帝制止的《紀聞‧裴諶》、寫村民率子孫伐薪，於樹根處掘得二大甕錢遂成巨富的《酉陽雜俎‧王清本》、寫某生夢身為魚在潭，有相忘之樂，後入網中歷盡苦痛的《酉陽雜俎‧夢身為魚》、寫豪家子在廢寺中捫佛乳挺

身入穴，至高門崇墉為富翁接待，與諸妓相樂，後思歸乃乞食返家的《酉陽雜俎·捫佛奇遇》、寫百姓李某得病如狂，後化為大羊，家人將其飼養以終天年的《瀟湘錄·李審言》、寫漁者未聽僧人勸告，滯於罟網，竟化為大黿入淮的《瀟相錄·僧法志》、寫王某為河南尹經歷之事與二十年前所夢悉同的《續定命錄·王璠》、寫含元殿重賞求柱，有工人窮幽捫險選一巨材獻之，一狂士言此材中有巨蟒，十年後必載此殿之他園，遂將其推入渭水的《芝田錄·會昌狂士》、寫一進士夜宿金天王廟時聞知自己將被虎食，懇求金天搭救於是得免的《聞奇錄·張偓》、寫貧民胡氏子得金致富，後胡商誘取其頭上肉球中寶珠，乃成疾身亡的《錄異集·胡氏子》、寫一施幻術者於坊曲間為戲，竟使一僧頭墮地上，身首異處的《中朝故事·咸通幻術者》、寫某嫗被雷擊一臂盡傷，空中忽呼「誤矣」，敷空中所落藥膏即癒的《稽神錄·江西村嫗》、寫泛海遇風時同行數舟皆沒，某人溺水後竟被送至岸上，舟中財物亦皆還之的《稽神錄·朱元吉》等。

有關奇特姻緣的故事，譬如《續玄怪錄》卷四〈定婚店〉：

> 杜陵韋固，少孤，思早娶婦，多歧求婚，必無成而罷。元和二年，將游清河，旅次宋城南店，客有以前清河司馬潘昉女見議者。來日先明，期於店西龍興寺門。固以求之意切，旦往焉。斜月尚明，有老人倚布囊坐於階上，向月檢書。固步覘之，不識其字；既非蟲篆八分科斗之勢，又非梵書，因問曰：「老父所尋者何書？固少小苦學，世間之字，自謂無不識者。西國梵字，亦能讀之。唯此書目所未覯，如何？」老人笑曰：「此非世間書，君因何得見？」固曰：「非世間書，則何也？」曰：「幽冥之書。」固曰，「幽冥之人，何以到此？」曰：「君行自早，非某不當來也。凡幽吏皆掌人生之事，掌人可不行冥中乎？今道途之行，人鬼各半，自不辨爾。」固曰：「然則君又何掌？」曰：「天下之婚牘耳。」固喜曰：「固少孤，常願早娶以廣胤嗣。爾來十年，多方求之，竟不遂意。今者，人有期此，與議潘司馬女，可以成乎？」曰：「未也。命苟未合，雖降衣纓而求屠博，尚不可得，況郡佐乎？君之婦適三歲矣，年十七當入君門。」因問：「囊中何物？」曰：「赤繩子

耳，以系夫妻之足。及其生則潛用相繫，雖仇敵之家，貴賤懸隔，天涯從宦，吳楚異鄉，此繩一繫，終不可逭。君之腳已繫於彼矣。他求何益。」曰：「固妻安在？其家何為？」曰：「此店北賣菜陳婆女耳。」固曰：「可見乎？」曰：「陳嘗抱來鬻菜於市。能隨我行，當即示君。」及明，所期不至。老人卷書揭囊而行。固逐之入菜市，有眇嫗抱三歲女來，弊陋亦甚。老人指曰：「此君之妻也。」固怒曰：「殺之可乎？」老人曰：「此人命當食天祿，因子而食邑，庸可殺乎！」老人遂隱。固罵曰：「老鬼妖妄如此！吾士大夫之家，娶婦必敵。苟不能娶，即聲妓之美者，或援立之，奈何婚眇嫗之陋女。」磨一小刀子，付其奴曰：「汝素幹事，能為我殺彼女，賜予萬錢。」奴曰：「諾。」明日，袖刀入菜行中，於眾中刺之而走。一市紛擾，固與奴奔走獲免。問奴曰：「所刺中否？」曰，「初刺其心，不幸才中眉間爾。」後固屢求婚，終無所遂。又十四年，以父蔭參相州軍。刺史王泰俾攝司戶掾，專鞫詞獄，以為能，因妻以其女，可年十六七，容色華麗，固稱愜之極。然其眉間常帖一花子，雖沐浴間處，未嘗暫去。歲餘，固訝之，忽憶昔日奴刀中眉間之說，因遍問之。妻潸然曰：「妾郡守之猶子也，非其女也。疇昔父曾宰宋城，終其官時，妾在繦褓，母兄次沒，唯一莊在宋城南，與乳母陳氏居，去店近，鬻蔬以給朝夕。陳氏憐小，不忍暫棄。三歲時，抱行市中，為狂賊所刺，刀痕尚在，故以花子覆之。七八年前，叔從事盧龍，遂得在左右，仁念以為女嫁君耳。」固曰：「陳氏眇乎？」曰：「然。何以知之？」固曰：「所刺者固也。」乃曰：「奇也！命也！」因盡言之，相敬愈極。後生男鯤，為雁門太守，封太原郡太夫人。乃知陰騭之定，不可變也。宋城宰聞之，題其店曰「定婚店」。

這是一則廣為人知的故事，敘寫故事主角儘管堅決反對月下老人給他指定的未婚妻，即十數年後所娶的夫人——那位令他非常愜意的刺史千金，卻是當年一怒之下命人刺傷的賣菜陳婆的幼女，因而感嘆上蒼所定姻緣「奇也！命也！」

又如，《聞奇錄·畫工》：

唐進士趙顏，於畫工處得一軟障，圖一婦人甚麗。顏謂畫工曰：「世無其人也。如何令生，某願納為妻。」畫工曰：「余神畫也。此亦有名，曰真真。呼其名百日，晝夜不歇，即必應之。應則以百家彩灰酒灌之，必活。」顏如其言，遂呼之百日，晝夜不止。乃應曰：「諾。」急以百家彩灰酒灌，遂活，下步言笑飲食如常。曰：「謝君召妾，妾願事箕帚。」終歲生一兒，兒年兩歲，友人曰：「此妖也，必與君為患。餘有神劍，可斬之。」其夕，乃遺顏劍。劍才及顏室，真真乃泣曰：「妾，南岳地仙也。無何為人畫妾之形，君又呼妾名。既不奪君願，君今疑妾，妾不可住。」言訖，攜其子，攜卻上軟障。嘔出先所飲百家彩灰酒。睹其障，唯添一孩子，皆是畫焉。

　　這則作品敘寫故事主角渴慕軟障上所繪的美婦，在畫工的指點下呼叫百日，並以百家彩灰酒灌之，於是竟活，乃結為伉儷，生下一子。後因疑其為妖，竟使美婦與子回到軟障之中。以上兩則故事，由於故事主角的態度不同，因而彼此的奇妙姻緣結局迥異。上一則的故事主角由疑慮轉為執著，對新婚的妻子以誠相見，不迴避自己的過失，相敬愈極，美滿幸福。這一則的故事主角由執著轉為疑慮，在友人的慫恿下採取極端行動，恩斷義絕，致使美滿的家庭毀於一旦，不能不令人慨嘆。

　　這個時期的奇緣故事，尚有寫鄭生所娶之新婦柳氏，竟與柳家女合為一體，方知其為所娶乃外祖母亡靈所嫁外孫女之魂的《靈怪集·鄭生》、寫某生登科第為官後所娶之廉使女，即當年老圃所稱與其有宿緣之灌園女的《玉堂閑話·灌園嬰女》、寫某女在雨中忽失，後歸省母言為雷師所娶的《稽神錄·番禺村女》、寫一錄事參軍下屬黃某久不歸家，後於山中尋得，方知其已被石神納為女婿的《稽神錄·黃魯》等。

二、隋唐五代的異人故事

　　隋唐五代的異人故事，描寫的對象既有俗家人，也有出家人，涉及不同性別，不同年齡階段，大都出身卑微，言行怪異奇特，甚至帶有神秘色彩，與常人殊為不同。他們的所作所為往往出於善意，在多數情況下能夠

給世人帶來某種啟示和教益。有關世俗異人的故事，譬如《玄怪錄》卷三〈侯遹〉：

> 隋開皇初，廣都孝廉侯遹入城，至劍門外，忽見四黃石，皆大如斗。遹愛之，收藏於籠，負之以驢，因歇鞍取看，皆化為金。遹至城貨之，得錢百萬，市美妾十餘人，大開第宅，近甸良田別墅，貨買甚多，後乘春景出游，盡載妓妾隨從，下車陳設酒淆。忽有一老翁，負大笈至，廁下坐。遹怒詬之，命蒼頭扶之，皆不嗔志，但引滿杯啖炙而笑云：「吾此來求君償債耳。君將我金去，不憶記乎？」盡取遹妓妾十餘人，投之於笈，亦不覺笈中之窄，負之而趨，走若飛鳥。遹令蒼頭馳馬逐之，斯須已失所在。自後遹家日貧，卻復昔日生計。十餘年，卻歸蜀，到劍門，又見前者老翁，攜所將妓妾游行，儐從極多，見遹皆大笑。問之不言，逼之又失所在。訪劍門前後，並無此人，竟不能測也。

這則故事通過突然出現的一位異人——負笈老翁收走獲金暴富的讀書人的意外之財，使其人不再有得意忘形的資本，藉以對世間得志小人進行有力的揭露和辛辣的嘲諷。這則故事構思頗為奇妙，而其中「盡取遹妓妾十餘人，投之於笈」情節，顯然受到《靈鬼志・外國道人》與《續齊諧記・陽羨書生》的影響。

又如，《野人閑話・李客》：

> 李客者，不言其名。嘗披蓑戴笠，繫一布囊，在城中賣殺鼠藥，以一木鼠記。或有人買藥，即曰：「此不惟殺鼠，兼能療人眾病，但將伴餐之，即癒。」人惡其鼠藥，少有服餌者。有百姓張贊，賣書為業，父年七十餘，久患風疾。一日因鼠嚙其文字數卷，贊甚怒，買藥將以飼鼠。贊未寢，燈下見大鼠數頭出，爭食之，贊言必中其毒。倏忽俄見皆有羽翼，望門飛出。贊深異之，因就李客語之。客曰：「應不是鼠，汝勿誕言。」贊更求藥，言已盡矣，從此遁去。其父取鼠殘食之，頓覺四體能屈伸，下淚履步如舊日。

這則故事同樣帶有較為明顯的神秘色彩。它通過李客的鼠藥「不惟殺鼠，兼能療人眾病」的獨特功效，來展現異人的神奇風采，令人嘆服。這則故事有較深的寓意，說明世間對包括異人在內的超乎常理的人的認知，往往有一個過程，人們倘若不獨具慧眼，或者不及時把握時機，便很可能失諸交臂，帶來莫大的遺憾。就此而言，故事中的書商張贊及其老父是頗為幸運的。他雖說算不上具有慧眼，卻並不「惡其鼠藥」，敢於嘗試，因而收到了意想不到的奇效。

這個時期的世俗異人故事，尚有寫境內苦旱，一胡人設祭求雨必應，民眾乃為其立廟的《廣異記‧石巨》、寫賣瓦釜石生為異人，富叟欲訪其家，乃化為白虎咆哮而去的《集異記‧王瑤》、寫一腳力遞牒入京，途中遇異人而使其舉足輕捷，日行數百里的《酉陽雜俎‧腳力張儼》、寫一術士預言頗為靈驗，乃得主人厚謝的《逸史‧李公》、寫老母登門尋覓所失良馬，富人不與，其家盡焚於火的《瀟湘錄‧于遠》、寫王居士用神丹救活金店主之女，店主捐醫資修終南山靈應台觀音殿的《闕史‧王居士神丹》、寫異人助鄉民治牛瘴，授符使漁人捕鱘魚獲厚賞的《金華子雜編‧曹拮休》、寫行乞異人臨終時以重金托人將其火化，該人未遵從其言而以杖觸其心臟，異人忽出烈焰中杳杳而上的《野人閑話‧擊竹子》、寫一釣翁不知其居處、妻子，亦不見其飲食，深知水族、山川，漁人常諮訪而多得其益的《稽神錄‧柳翁》、寫一白衣老翁見人後，即將在水濱嬉戲之青背赤腹二牛鞭入水，其身漸長，一舉足徑上山頂的《稽神錄‧鞭牛》等。

有關出家異人的故事，涉及佛、道二教，大都以神異僧人、道士為故事主角。譬如，《金華子雜編》卷下〈沂密間異僧〉：

> 沂密間有一僧，常行井廛間，舉止無定，如狂如風。邸店之家或有愛惜寶貨，若來就覓，即與之，雖是貴物亦不敢拒。旦若捨之，暮必獲十倍之利，由是人多愛敬，無不迎之。往往直入人家云：「貧道愛吃脂為雜面餺飥，速即煮來。」人家見之，莫不延接。及方就食將半，忽捨起四顧，忽見糞土或乾驢糞，即手捧投於碗內，自摑其口言曰：「更敢貪嗜美食否？」則食盡而去。然所歷之處，必尋有異事。

其後河水暴溢州城，沉者數版。州人恐懼，皆登陴危坐，立於城上。水益漲，頃刻去女墻頭數寸，城人號哭，數十萬眾，命在須臾。此僧忽大呼而來曰：「可惜了一城人命，須與救取。」於是自城上投身洪波中，軀質以沉，巨浪隨陷五尺。及日晚，城壁皆露。明旦，大水並涸。州人感僧之力，共追痛，相率出城，沿流涕泣而尋其屍。忽於城西河水中小洲之上，見其端然而坐，方袍儼然。大眾歡呼云：「和尚在！」就問，則已溺死矣。乃以輦輿舁起赴近岸，數百之眾莫可舉動。又其洲上淤泥，不可起塔廟，相顧計議未為。經宿，其塗泥湧高數尺，地變黃土，堅若山阜，就建巨塔，至今在焉。

這一則故事中的那位僧人，從其日常生活的好些言談舉止來看，確實頗為怪異，與一般的佛門弟子迥然不同。但從其根本信念和大節來看，又完全符合佛法，毫不怪異。他對百姓一向慈悲為懷，不斷反躬自省，到了危急關頭，為了搭救全城數十萬眾，毅然投身洪波，在巨浪中涅槃，從而達到了佛教全部修習所需達到的最高理想境界。

又如，《稽神錄》佚文〈廣陵木工〉：

廣陵有木工，因病手足皆拳縮，不能復執斤斧，扶踴行乞。至後土廟前，遇一道士，長而黑色，神采甚異，呼問其疾，因與藥數丸，曰：「餌此當愈。旦日平明，復會於此。」木工辭曰：「某不能行，家去此遠，明日雖晚，尚未能至也。」道士曰：「爾無憂，但早至此。」遂別去。木工既歸，餌其藥，頃之，手足痛甚，中夜乃止。因即得寐，五更而寤，覺手足甚輕，因下床趨走如故，即馳詣後土廟前。久之，乃見道士倚杖而立，再拜陳謝。道士曰：「吾授爾方，可救人疾苦，無為木匠耳。」遂再拜受之。因問其名居，曰：「吾在紫極宮，有事可訪吾也。」遂去。木匠得方，用以治疾，無不愈者。至紫極宮訪之，竟不復見。後有婦人久疾，亦遇一道士，與藥而差，言其容貌，亦木工所見也。廣陵尋亂，木工竟不知所之。

這一則故事，敘寫一道士不但主動為患者治好病痛，而且授以藥方讓其專門為醫，替百姓解除疾苦，從而塑造出一個行善消災，造福於民的神異道人形象。他與上一則故事中的神異僧侶一樣令人敬佩。如果說上一則故事著重展示宗教徒在危難時刻的獻身精神的話，這一則故事則著重表現宗教徒平時不斷為民作奉獻的品德，兩者扶危濟困的高風勁節是完全相通的。

這個時期有關出家異人的故事，尚有寫一僧能通鳥獸之言，聞而知休咎，世人多往迎問的《闕史·渤海僧通鳥獸言》、寫一道士賣葫蘆子種云將有大用，次年發大水時眾見其人坐一大瓢於水上的《野人閑話·掩耳道士》、寫一龐眉大鼻道士登門訪賢，為人種植仙家異花，並常以花種為贈的《野人閑話·王回處》、寫一道士狀若狂人，躍入江邊所泊某貪官嫁女之彩船，發大火將船中厚資化為灰燼的《稽神錄·呂師造》、寫一尼姑在市中踞地而坐，不食不語數日，將坐下掘出之大龜送入江中後，其尼乃去的《稽神錄·李宗》等。

三、隋唐五代的遇仙故事

隋唐五代的遇仙故事，是一類道教色彩濃郁的神異故事。其題材頗為廣泛，從各個不同的方面稱頌仙家的善舉，諸如救人脫難，替人消災，贈人以物，授人道術，為人增壽，引人升仙等等。與神仙交往者，既有俗家男女老少，也有出家的道士、僧人，而神仙多數以道人的面貌出現，其言行大多超俗絕世，神秘莫測，帶有很強的傳奇性。譬如，《廣異記·麻陽村人》：

> 辰州麻陽縣村人，有豬食禾。人怒，持弓矢伺之。後一日復出，人射中豬。豬走數里，入大門，門中見室宇壯麗，有一老人，雪髯持杖，青衣童子隨後。問人何得至此。人云豬食禾，因射中之，隨逐而來。老人云：「牽牛蹊人之田而奪之牛，不亦甚乎？」命一童子令與人酒飲。前行數十步，至大廳，見群仙羽衣烏幘，或樗蒲，或弈棋，或飲酒。童子至飲所，傳教云：「公令與此人一杯

酒。」飲畢不飢。又至一所。有數十床，床上各坐一人，持書，狀如聽講。久之卻至公所，公責守門童子曰：「何以開門，令豬得出入而不能知？」乃謂人曰：「此非真豬，君宜出去。」因命向童子送出，人問老翁為誰，童子云：「此所謂河上公，上帝使為諸仙講《易》耳。」又問君復是誰，童子云：「我王輔嗣也。受《易》已來，向五百歲，而未能通精義。故被罰守門。」人去後，童子蹴一大石遮門，遂不復見。

這一則故事，敘寫一村民因射豬而無意中進入神仙居所，有幸親睹群仙生活狀態和品嘗仙苑佳釀，在受到款待之後，又被客客氣氣地送出門外，頗為真切地展現了仙家待人誠懇，處事大度的風範。據故事交代，仙苑中的雪髯老人乃是道教神仙河上公。他係西漢初人，以精通《老子》著稱，司馬遷在《史記》中稱為「河上丈人」；而守門童子則是三國時的道家學者王弼（字輔嗣）。這兩個人物雖是託名，卻在某種程度上增加了作品的可信性，別有一番情趣。

又如，《原化記・裴氏子》：

> 唐開元中，長安裴氏子，於延平門外莊居。兄弟三人未仕，以孝義聞。雖貧，好施惠。常有一老父過之求漿，衣服顏色稍異，裴子待之甚謹。問其所事，云：「以賣藥為業。」問其族，曰：「不必言也。」因是往來憩宿於裴舍，積數年而無倦色。一日謂裴曰：「觀君兄弟至窶，而常能恭己不倦於客。君實長者，積德如是，必有大福。吾亦厚君之惠，今為君致少財物，以備數年之儲。」裴敬謝之。老父遂命求炭數斤，坎地為爐，熾火。少頃，命取小磚瓦如手指大者數枚，燒之，少頃皆赤。懷中取少藥投之，乃生紫煙，食頃變為金矣。約重百兩，以授裴子。謂裴曰：「此價倍於常者，度君家事三年之蓄矣。吾自此去，候君家罄盡，當復來耳。」裴氏兄弟益敬老父。拜之，因問其居，曰：「後當相示焉。」訣別而去。裴氏乃貨其金而積糧，明年遇水旱，獨免其災。
>
> 後三年，老父復至，又燒金以遺之。裴氏兄弟一人願從學，

老父遂將西去，數里至太白山西巖下，一大磐石，左有石壁，老父以杖叩之，須臾開。乃一洞天，有黃冠及小童迎接。老父引裴生入洞，初覺暗黑，漸即明朗。乃見城郭人物，內有宮闕堂殿，如世之寺觀焉。道士玉童仙女無數，相迎入。盛歌樂，諸道士或琴棋諷誦言論。老父引裴氏禮謁，謂諸人曰：「此城中主人也。」遂留一宿，食以胡麻飯、麟脯、仙酒。裴告歸，相與訣別，老父復送出洞。遺以金寶遣之。謂裴曰：「君今未合久住，且歸。後二十年，天下當亂，此是太白左掩洞。君至此時，可還來此，吾當迎接。」裴子拜別。

比至安史亂，裴氏全家而去，隱於洞中數年。居處仙境，咸受道術。亂定復出，兄弟數人，皆至大官，一家良賤，亦蒙壽考焉。

這一則作品，故事情節曲折而富於變化，比較引人入勝。它不但讚揚了好施惠、以孝義聞的裴氏一家克己助人、善待長者的寬厚淳樸品格，而且歌頌仙長知恩圖報、扶持忠良的高尚操行，透過遇仙故事的神奇描寫，生動地表現出盛唐時期世人渴慕與人為善、互助互愛的社會環境和追求安居樂業、健康長壽的美好生活的願望。

再如，《續神仙傳·賣藥翁》：

賣藥翁，莫知其姓名。人或詰之，稱只此是真姓名。有童稚見之，迨於暮齒復見，其為狀不改。常提一大葫蘆賣藥。人告疾求藥，得錢不得錢皆與之無阻，藥皆稱有效。或無疾戲而求藥者，得藥，尋必失之。由是人不敢妄求。敬如神明。常醉於城市間，得錢亦與貧人。或戲問之：「有大還丹賣否？」曰：「有，一粒一千貫錢。」人皆笑之以為狂。多於城市笑罵人曰：「有錢不買藥吃，盡作土饅頭去。」人莫曉其意，益笑之。後於長安賣藥，方買藥者多，斗擻葫蘆已空，內只有一丸出，極大光明。安於掌中，謂人曰：「百餘年人間賣藥，過卻億兆之人，無一人肯把錢買藥吃，深可哀哉。今之自吃卻。」藥才入口，足下五色雲生，風起飄飄，飛騰而去。

這一則作品，敘寫以賣藥翁的面目出現的仙家售藥為百姓療疾，所得藥錢用以助貧，因其言行超乎尋常，人皆笑之以為狂。他竟吞下最後一個極大的藥丸，飄然飛去。其中，著重表現世間的各種高尚的行為不為凡夫俗子所理解，甚至被嘲笑時，不能不深感悲哀，連神仙也不能例外。

在這個時期的遇仙故事裏面，有一類得道升仙故事比較引人注目。它們描述神仙來到世間以各種辦法教化濟度眾生，引導有志為道者修仙成功，使行善積德者脫凡升天，終於成為仙家。譬如，《疑仙傳》卷下〈沈敬〉：

> 沈敬，浙右人也。自幼學道，後遊鍾山遇一老姥，謂之曰：「爾骨秀神清，心復正。後十年當得道，但修煉之。」乃與一塊白石，教之曰：「但以山泉煮此石，不停火，待軟如藥劑，即食之。若未軟，不得停火。」言訖而不見老姥。敬奇之，因於山中結茅而居，汲泉以煮此石，不停火。十載此石不軟，敬乃不煮。忽一夜此老姥復來，謂敬曰：「始教爾以山泉煮此石，今何不煮之？」敬曰：「我自奉教，十載煮此石而不可食。」老姥曰：「此石非常石，不可得也。君既得之，何不虔誠息慮以煮，即不待十載而可食。若信之與疑交生於心，雖煮之十載，亦不可食也。」敬曰：「此石何石也？如非人間之石，自然有異，可食。既有異，又何必煮之，然後可食也。」老姥曰：「此石是瓊樹之實也，不知誰得遺於此山，被人間深毒之風吹之，故堅硬。若以山泉虔誠煮之，即復軟，軟而食即得道矣。」敬乃拜謝之，遽又不見其老姥。敬遂齋戒，汲山泉以煮之。至明日，其石忽軟，乃香馥滿山。敬沐浴而盡食之，頓變童顏，髭髮如漆，仍心清體輕。山中人皆怪焉。後數日，不見所之。

這則作品，敘述一個煮石成仙的有趣故事，為世人描繪出一位和善可親的女仙的形象。她對學道者一再循循善誘，使其領悟修道務必心神專注，持之以恒，切不可心生疑竇，以致功敗垂成。其人遂虔誠齋戒，終於煮石至軟，食盡後心清體輕，超登仙界。

又如，《續神仙傳·宜君王老》：

> 王老，坊州宜君縣人也。居於村墅，頗好道愛客，務行陰德為意。其妻亦同心不倦。一旦，有藍縷道士造其門，王老與其妻俱延禮之。居月餘，間日與王老言談杯酌，甚相歡狎。俄患遍身惡瘡，王老乃求醫藥看療，益加勤切。而瘡日甚，逮將逾年。道士謂王老曰：「此瘡不煩以凡藥相療，但得數斛酒浸之自癒。」於是王老為之精潔釀酒。及熟，道士言：「以大甕盛酒，吾自加藥浸之。」遂入甕，三日方出，鬚髮俱黑，面顏復少年，肌若凝脂。王老闔家視之驚異。道士謂王老曰：「此酒可飲，能令人飛上天。」王老信之。初、甕酒五斛餘，及窺，二三鬥存耳，清冷香美異常。時方打麥，王老與妻子並打麥人共飲，皆大醉。道士亦飲，云：「可上天去否？」王老願隨師所適。於是祥風忽起，彩雲如蒸，屋舍草樹，全家人物為犬，一時飛去，空中猶聞打麥聲。數村人共觀望驚嘆，惟貓棄而不去。風定，其傭打麥二人乃遺在別村樹下，後亦不食，皆得長年。宜君縣西三十里，有升仙村存焉。

這則作品，敘述某村民夫婦好道敬客，廣積陰功，使神仙深受感動。後為神仙濟度飛升，乃登上仙家之境。它不僅想像較為奇特，而且生活味濃郁，頗為貼近民眾，情趣盎然，在同類故事中是一篇不可多得的佳作。

這個時期的遇仙故事，尚有寫巴人剖兩大桔，見每桔各有二老叟相與為賭，後四叟共乘草根所化之龍而去的《玄怪錄·巴邛人》、寫二書生游嵩山迷路，遇仙得食玉屑飯而一生無疾，後按仙家指道歸去的《酉陽雜俎·嵩山問路》、寫某生救一病鶴，有幸飲神仙所贈杏漿，壽近百歲的《酉陽雜俎·救鶴遇仙》、寫一僧夜入山林忽感飢困，遇仙家令掘地下米為食，數日不復飢渴的《酉陽雜俎·頭陀悟空》、寫一販薪者入山斫柴見二仙於山石上對弈，後拾棋子歸告學道之師，遂向其人盡傳法籙的《逸史·黃尊師》、寫一弟子於茅山從師修道時入一洞觀仙對弈，忽乘五色雲升仙，與師拜別後飛去的《逸史·瞿道士》、寫地祇為盧某行孝感動，化為一白衣婦替盧母治疾，並與盧結為夫妻，後盧疑其為妖竟離去的《河東

記·盧佩》、寫一負大壺賣藥者為某家之子治眉頭上肉瘤，從其中取出一小蛇，待蛇長及丈餘，乃乘蛇飛去的《大唐奇事記·王守一》、寫韋某赴任途中受到地仙接待，並得到所贈之綃十匹的《尚書故實·書生》、寫酒肆王某與一道士交好數載，道士乃引其上山為天師守灶，因煮藥有過失被遣歸遂為道士的《原化記·王卿》、寫李某常遊華山採藥食，後去天臺以藥丸贈老父乃上白鹿而去，老父食藥皆壽一百五十歲的《疑仙傳·李元》、寫葛某游岐隴時，與道士王某共乘其犬飛至仙山與三仙女相聚共酌，然後返回的《疑仙傳·葛用》、寫維楊十友皆慕玄知道，被受善待之老叟邀至郊外茅屋中，蒸形似孩童之千年人參酬謝，諸友皆不敢食用，錯失升仙良機的《神仙感遇傳·維楊十友》、寫王某入君山崖穴飲仙酒，遂無疾並厭五穀，乃入名山學道的《神仙感遇傳·王廓》、寫廣陵茶姥年七十竟輕健有力，每日售茶自旦至暮而器中茶常如新熟，被吏繫獄後乃持茶器自窗中飛去的《墉城集仙錄·茶姥》、寫梅道士離別時以水銀煉成白銀贈與交往數月之崔某，崔至壽春回訪時，村人皆不識此道人，惟知淮南岳廟有梅真君的《稽神錄·梅真君》、寫沈某少年好道，及致仕恒以焚修服餌為事，死後葬於吉地，漁人嘗於深潭一石門中看見其人的《稽神錄·沈彬》等。

第二節　隋唐五代的神異故事（二）

四、隋唐五代的寶物故事

隋唐五代時期的寶物故事，通常由得寶、識寶、展示寶物奇特功能幾個母題組成。作品中出現的寶物，以寶珠居多，如夜光珠、清水珠、青泥珠，其次為寶鏡和寶劍，此外尚有寶石、寶瓶、寶馬以及其他各種奇珍異物。寶物的奇特功能，包括醫治痼疾、防範災害、開山覓寶、改造生存環境、改善生活品質、帶來財富與好運等等。識寶者大部分為西域胡人，有的甚至講明為波斯胡人。此類故事，不但表現出世人對於幸福生活的嚮往，而且從一個特定的方面，反映出這個時期對外交往的興盛和西域民間

故事對中國民間故事產生的較大影響。

有關胡人識寶的故事，譬如，《廣異記‧破山劍》：

> 近世有士人耕地得劍，磨洗詣市，有胡人求買，初還一千，累上至百貫，士人不可。胡隨至其家，愛玩不舍，遂至百萬。已克明日持直取劍。會夜佳月，士人與其妻持劍共視，笑云：「此亦何堪，至是貴價？」庭中有搗帛石，以劍指之，石即中斷。及明，胡載錢至，取劍視之，嘆曰：「劍光已盡。何得如此？」不復買。士人詰之。胡曰：「此是破山劍。唯可一用，吾欲持之以破寶山。今光芒頓盡，疑有所觸。」士人夫妻悔恨，向胡說其事。胡以十千買之而去。

這一則作品，敘寫獨具慧眼的胡人，以百萬重金求購破山劍。然而由於劍主夫婦的無知，竟在不經意中毀壞了這件稀世珍寶，悔恨莫及。儘管他們個人蒙受了巨大的經濟損失，卻斷了異域客商在中國覓寶的後路，這或許不是一件壞事。應當指出的是，此類描述持寶人由於種種原因而毀寶的事件，在寶物故事中並不罕見，後來逐漸演化為覓寶故事的一個特定的敘事模式。

又如，《宣室志》卷六〈清水珠〉：

> 馮翊嚴生者，家於漢南。嘗遊峴山，得一物，其狀若彈丸，色黑而大，有光，視之潔徹，若輕冰焉。生持以示於人，或曰：「珠也。」生因以「彈珠」名之。常置於箱中。其後生遊長安，晚於春明門逢一胡人，叩馬而言：「衣橐中有奇寶，願得一見。」生即以「彈珠」示之。胡人捧之而言躍曰：「此天下之奇貨也，願以三十萬為價。」生曰：「此寶安所用乎？而君厚其價如是哉？」胡人曰：「我，西國人。此乃吾國之至寶，國人謂之「清水珠」，若置於濁水，泠然洞澈矣。自亡此寶且三載，吾國之井泉盡濁，國人俱病。於是我等越海逾山，來中夏求之。今果得於子矣。」胡人即命注濁水於缶，以珠投之，俄而其水淡然清瑩，纖毫可辨。生於是以珠與胡，獲其厚價而歸。

這一則作品，敘寫馮生在漢水之南的峴山（在今湖北襄陽南）拾得一顆彈珠，後為一胡人發現，坦言其為該國之至寶，有著非同尋常的用途，隨即當場進行測試，願以豐厚的價格收購。馮生亦報之以理解和同情，並不抬高售價，隨即給與其人，在一定程度上展示出當時在對外交往中彼此尊重，以誠相待的社會風尚。

再如，《金華子雜編‧龜寶》與《稽神錄‧岑氏》：

　　徐太尉彥若之赴東南，將渡小海，親隨軍將息，忽於淺瀨中得一小琉璃瓶子，大如嬰兒之拳，其內有一小龜子，可長一寸許，旋轉其間，略無暫已。瓶口極小，不知所入之由也，因取而藏之。其夕忽覺船一舷壓重。及曉視之，即有眾龜層疊乘船而上。大懼，以其將涉海，慮蹈不虞，因取所藏之瓶子，祝而投於海中，龜遂散。既而話於海舶之胡人。胡人曰：「此所謂龜寶也，希世之靈物，惜其遇而不能得，蓋薄福之人不勝也。苟或得而藏於家，何慮寶藏之不豐哉。」胡客嘆惋不已。

《金華子雜編》卷下，〈龜寶〉

　　臨州人岑氏嘗遊山溪，水中見二白石，大如蓮實，自相馳逐，捕而獲之。歸置巾箱中。其夕，夢二白衣美女，自言姊妹，來侍左右。既寤，益知二石之異也。恒結於衣帶中，後至豫章，有波斯國人邀而問之：「君有寶耶？」曰：「然。」即出二石示之。胡人欲以三萬為價得之。岑雖寶藏而實無用得錢，甚喜，因以與之。胡謝而去。岑氏因此而贍，但恨不能問其名與所用云。

《稽神錄》卷五，〈岑氏〉

這兩則五代錄寫的胡人識寶故事，內容不同，意蘊各異。前一則敘寫胡人識寶於失去寶物之後，因無買賣關係，乃坦言藏是寶足以發家致富；後一則敘寫胡人識寶於購買之前，出於利害考慮，始終避而不談是寶之名及其功用。前一則故事主角斷然將龜寶投海，儘管個人有所損失，卻換來全船將士渡海平安，值得讚許；後一則故事主角雖然得到巨款，卻使寶物

落入異國客商手中，令人嘆惋。從此類胡人識寶故事不難窺見，這個時期來華胡人的活動範圍相當大，不但遍及隋唐京城長安一帶，而且在當時的對外貿易海港之一的揚州、東南沿海以及贛、皖、鄂等地也有他們的蹤跡。

沒有胡人出現的寶物故事，數量少於前一類故事，亦各有特點。譬如，《原化記・漁人》：

> 蘇州太湖入松江口，唐貞元中，有漁人載小網，數船共十餘人，下網取魚。一無所獲，網中得物，乃是鏡而不甚大。漁者忿其無魚，為鏡於水。移船下網，又得此鏡。漁人異之，遂取其鏡視之。才七八寸，照形悉見其筋骨臟腑，潰然可惡。其人悶絕而倒。眾人大驚，其取鏡鑒形者，即時皆倒，嘔吐狼藉。其餘一人，不敢取照，即以鏡投之水中。良久，扶持倒吐者既醒，遂相與歸家。以為妖怪。明日方理網罟，則所得魚多於常時數倍。其人先有疾者，自此皆癒。詢於故老，此鏡在江湖，每數百年一出。人亦常見，但不知何精靈之所恃也。

這一則作品，敘寫漁人網到一枚寶鏡時，雖然紛紛受到驚嚇，甚至暈厥、嘔吐，但將其投水後，竟帶來好運，得魚多出平時數倍。這個時期有關古鏡的寶物故事數量不少，與此則相似的既有先前錄寫的《松窗雜錄・古銅鏡》，又有其後錄寫的《金華子雜編》卷下〈古鏡〉，內中都有用以照人臟腑洞然和漁人將其投諸水中的母題，而以此則的故事情節最為完整，描寫更為生動形象，藝術水平較高。

又如，《稽神錄》卷二〈紫石〉：

> 晉安有東山樵人陳某，常見山中有紫光燭天。伺之久乃見一大鹿光自口中，設置捕而獲之。剖其腹，得一紫石，圓瑩如珠，因寶藏之，家自是富。至其孫，奢縱好酒，醉而翫其珠，以為石何能神，因擊碎之，家自是貧矣。

這一則作品，首先敘述寶物的出現頗為奇特，初步展示出它的非凡

之處，接著敘述樵人藏之其家乃富，子孫失之其家乃貧，進一步揭示出寶物的珍貴之處，前後呼應，簡潔明快。但是從整體來看，它缺乏故事情節的曲折性和細節描寫的生動性，正好透露出隋唐五代後期寶物故事比較簡約、平實的傾向，在這個階段的同類故事中具有一定的代表性。

隋唐五代的寶物故事，尚有寫有人在野外捕獲之二白兔忽入地不見，乃於土中掘得銅劍一雙的《朝野僉載・雙銅劍》、寫某吏大量啖膾後吐出一物狀如麻鞋底，胡人購其一半去治本國太子腹中痼疾的《廣異記・句容佐史》、寫胡人以重價購去寺中化泥為水之寶珠，隨後即被追回的《廣異記・青泥珠》、寫波斯胡人藏一寶珠於臂腋中，泛海時船忽欲沒，舟人迫使胡人取珠投海乃保平安的《廣異記・徑寸珠》、寫波斯胡人以萬貫巨資購得裝有紫𧐐羯寶瓶，藏之入火不燒，涉水不溺的《廣異記・紫𧐐羯》、寫大食國（阿拉伯帝國）胡人以四千萬貫購回其國所貢水珠，用以導引泉水的《紀聞・水珠》、寫鄭某少時得一異劍，一自稱上界人之朱衣紫髯者從空而降，欲借劍一觀，鄭伺機斫之不中，忽墮黑氣著地的《酉陽雜俎・異劍》、寫某刺史愛妾臂上佩戴之玉馬，夜間忽化為白駒徑入馬廄使群馬驚嘶的《宣室志・玉馬》、寫守船者夜間驚走一數丈長怪物而得一顆徑寸珠，賣與揚州胡店得數千緡的《原化記・守船者》、寫胡人臨終前託鄰里將其殯葬，並贈以左臂中的藏珠，鄰里售珠竟得錢五十萬的《原化記・鬻餅胡》、寫在賽寶會上，一胡人以千萬買下魏生所拾之石片，直言此乃其國丟失之「寶母」，設壇致祭則珠寶自聚的《原化記・魏生》等。

五、隋唐五代的報應故事

隋唐五代神異故事中的報應故事，包括善報與惡報兩個部分。作品敘寫世人或者竭誠行善，或者刻意作惡，其後或者交上好運，遂得善果，或者得到懲處，因得惡果，善惡有報，賞罰分明，朗朗乾坤彷彿無處不有神在。此類故事，有不少作品帶有鮮明的宗教色彩，多數是佛教色彩。

此類故事中的善報故事，大多涉及樂善好施、虔誠敬神、厚待生靈等題材，通過娓娓動聽的描述，生動展示並熱情稱許廣大民眾推崇的世間各種優良的品格和情操。茲舉例如下：

汾水邊有一老姥獲一頳鯉，顏色異常，不與眾魚同，既攜歸，老姥憐惜，且奇之，鑿一小池，汲水養之。經月餘後，忽見雲霧興起，其頳鯉騰躍。逡巡之間，乃漸升霄漢。其水池即竭。至夜，又復來如故。人見之者甚驚訝，以為妖怪。老姥恐為禍，頗追悔焉。遂親至小池邊禱祝曰：「我本惜爾命，容爾生，反欲禍我耶？」言才絕，其頳鯉躍起，雲從風至，即入汾水。唯空中遺下一珠，如彈丸，光晶射人，其老姥得之，眾人不敢取。後五年，老姥長子患風，病漸篤，醫莫能療。老姥甚傷，忽意取是珠，以召良醫。其珠忽化為一丸丹。老姥曰：「此頳鯉遺我，以救我子。答我之惠也。」遂與子服之，其病尋癒。

《瀟湘錄‧汾水老姥》

唐廬陵闤闠中，有一劉行者，以釘鉸為業。性至孝，母親患眼二十餘年，行者懇苦救療。一日，忽有衲僧攜淨水銅瓶子覓行者磨洗，出百金為酬。行者不受，告云：「家有母親，患眼多年。和尚莫能有藥療否？」僧云：「待磨洗瓶子了與醫。」磨洗畢，便出門，而行者隨問之。僧云：「但歸去，已與醫了。」言訖失僧所在。行者奔還家，見母親忽自床墜地，雙目豁開。闔家驚喜，方知向者僧是羅漢。遂畫其形影供養，至今存焉。

《報應錄‧劉行者》

以上兩則善報故事，題材無不與為親人療疾有關，結局圓滿，頗為感人。但其具體描寫與意蘊卻有較大差異。前一則故事主角的善舉，體現了世人憐惜生靈的美德，而非為了獲報。後一則故事主角的善舉也不是為了獲報，完全是出於救治雙目失明的老母，體現了世人的至孝品格。前者不帶宗教色彩，沒有說教的意味。後者雖然帶有宗教色彩，卻不是生硬說教，與下面將要提及的信佛免難故事顯然不同。

這一類善報故事，尚有寫某人善待乞食僧，其從軍被俘久無音問之子乃得還家的《冥報記‧北齊冀州人》、寫獵者敷藥矢射殺大蛇而使向其求救之蛇倖免於難，後銜大真珠以報的《廣異記‧海州獵人》、寫土地神讓

蔡某喬裝使其免於被捉去為冥王修葺後殿，以報數十載每食必相召之恩的《續玄怪錄‧木工蔡榮》、寫一菜販結草廬居江邊，風雨夜搖船所渡者竟化為金人的《河東記‧龔播》、寫魚販劉某忽聞舫中之魚呼阿彌陀佛，遂悉投魚入江，後得五十千緡，上題「償汝魚值」的《宣室志‧當塗民》、寫牙將李某患病將死，因曾救七人性命而被冥府主吏延壽十四年的《報應錄‧李質》、寫一魚販嘗聞船內諸魚唸佛聲遂改業鬻薪，歷盡窮苦，後於江邊掘得黃金數斤的《報應錄‧熊慎》、寫某將冒矢石攻取一城，獲三處女安置於別室，旬間其父母持金請贖，某即還金歸女，後得高壽的《儆誡錄‧程彥賓》、寫王氏厚待入店暫憩之紫衣人，後得免於大火的《稽神錄‧酤酒王氏》、寫某商善待恒來買藥而未付錢者和治舍時向其賣土者，先後得到厚贈的《稽神錄‧杜魯賓》等。

　　此類故事中的惡報故事，數量遠超過善報故事，題材相當廣泛，涉及殺人越貨、仇隙凶殺、忌妒施暴、虐待翁姑、奪人妻女、訛詐錢財、殘害生靈等等。故事裏面的受害者，大都為無辜者，他們多數屬於弱勢群體；另外還有各種生靈，它們多數是有益於人類的動物。這一類故事通過一樁樁事件的生動描寫，有力地揭發並譴責社會上的各種殘暴行徑和醜惡現象，表現了世人懲惡除暴的強烈願望；也在一定程度上展示出善良的人們，首先是弱勢群體的一種無奈，因為在多數情況下他們無力進行反抗，只能通過幻想世界中的神奇力量來懲處壞人、歹徒，使之得到報應。

　　有關殺人者惡報的故事，試看：

　　　唐衛州司馬杜某嘗為洛陽尉，知捕寇。時洛陽城南午橋，有人家失火，七人皆焚死。杜某坐廳事，忽有一人為門者所執，狼狽至前。問其故，門者曰：「此人適來，若大驚恐狀。再馳入縣門，復馳出。故執之。」其人曰：「某即殺午橋人家之賊也，故來歸命。嘗為伴五人，同劫其家，得財物數百千。恐事泄，則殺其人，焚其室，如自焚死者。故得人不疑。將財至城，舍於道德里。與其伴欲出外，輒坎軻不能去。今日出道德坊南行，忽見空中有火六七團。大者如瓠，小者如杯，遮其前，不得南出，因北走。有小火直入心中，蒸其心腑，痛熱發狂。因為諸火遮繞，驅之令入縣門。及入則

不見火，心中火亦盡。於是出門，火又盡在空中，遮不令出。自知不免，故備言之。」由是命盡取其黨及財物，於府殺之。

《紀聞・午橋民》

　　唐貞觀十三年，岐州城內有寺主，共都維那為隙，遂殺都維那。解為十二段，置於廁中。寺僧不見都維那久，遂告別駕楊安共來驗檢，都無蹤跡。別駕欲出，諸僧送別駕，見寺主左臂上袈裟忽有些鮮血。別駕勘問，云：「當殺之夜，不著袈裟。有其鮮血，是諸佛菩薩所為。」竟伏誅。

《廣古今五行記・岐州寺主》

　　這兩則作品，故事情節雖然各不相同，但在揭露性與構思奇妙方面卻有相似之處。前一則寫的是劫殺，殺人之匪徒恐事泄竟將被劫者滅門焚屍，後一則寫的是仇殺，殺人者為泄憤將仇家分屍扔於廁中。他們殺人的手段極其殘忍，達到喪心病狂的地步。而殺人者很快便被正法，其敗露都非常奇特，前者為發狂而自來投案，係受冤魂驅使，後一則為自我暴露，乃是菩薩顯靈所致。

　　有關訛詐者惡報的故事，試看：

　　唐永徽五年，京城外東南有陂名「獨嘉雋」。有靈泉鄉里長姓程名華。秋季輸炭時，程華已取一炭丁錢足。此人家貧，複不識文字，不取他抄。程華後時復從丁索炭，炭丁不伏。程華言：「我若得你錢，將汝抄來。」炭丁云：「吾不識文字，汝語吾云：『我既得汝錢足，何須用抄。』吾聞此語遂信不取，何因今日復從吾索錢？」程華不信因果。遂為他炭丁立誓云：「我若得汝錢，願我死後為汝作牛。」炭丁懊惱，別舉錢與之。程華未經三五月身亡，即託炭丁牸牛處胎。後生犢子，遍體皆黑，惟額上有一雙白「程華」字分明，人見皆識。程華兒女倍加將錢收贖，不與。其牛尚在。左近村人同見說之。

《法苑珠林》卷五十七，〈程華〉

唐史無畏，曹州人也。與張從真為友。無畏止耕壟畝，衣食窘困。從真家富，乃謂曰：「弟勤苦田園，日夕區區。奉假千縑貨易，他日但歸吾本。」無畏忻然貸縑，父子江淮射利，不數歲，已富。從真繼遭焚爇，及罹劫盜，生計一空。遂詣無畏曰：「今日之困，不思弟千縑之報，可相濟三二百乎？」聞從真言，輒為拒扞，報曰：「若言有負，但執券來。」從真恨怨填臆。乃歸。庭中焚香，泣淚詛之。言詞慷慨，聞者戰慄。午後，東西有片黑雲驟起。須臾，霪雨雷電兼至。霹靂一震，無畏遽變為牛。朱書腹下云：「負心人史無畏」。經旬而卒，刺史圖其事而奉奏焉。

《會昌解頤錄・史無畏》

這兩則訛人錢財的故事，儘管具體情節各不相同；但都描述富人以沒有憑據為藉口，對毫無防範的弱者——一個是不識字的窮苦炭丁，一個是曾熱忱相助並已生計一空的好友，其行為卑劣至極，令人髮指。他們最終無不變牛示眾，受人唾罵，被永遠被釘在恥辱柱上。這兩則作品，均以幻想的手法展現強烈的社會傾向性，顯示出故事編講者的鮮明愛憎，在當時無疑具有一定的警示作用。

有關虐待者惡報的故事，試看：

廣陵孔目吏歐陽某者，居決定寺之前。其家妻少遇亂，失其父母。至是有老父詣門，使白其妻：「我汝父也。」妻見其貧陋，不悅，拒絕之。父又言其名字及中外親族，甚悉，妻竟不聽。又曰：「吾自遠來，今無所歸矣。若爾，權寄門下，信宿可乎？」妻又不從。其夫勸又不可。父乃曰：「去，吾將訟爾矣！」左右以為何訟耳，亦不介意。明日午，暴風雨從南方來，有震霆入歐陽氏之居，牽其妻至中庭擊殺之。大水平地數尺，鄰里皆漂蕩不自持。後數日，歐陽之人至土廟，神座前得一書，即老父訟女文也。

《稽神錄》卷一，〈歐陽氏〉

蜀青石鎮陳洪裕妻丁氏，因妒忌，打殺婢金巵，潛於本家埋

瘞。仍榜通衢云：婢金厄逃走。經年，遷居夾江。因夏潦，飄壞舊居渠岸，見死婢容質不變。鎮將具狀報州，追勘款伏。其婢屍一夕壞爛，遂置丁氏於法。

《儆誡錄·金厄》

　　這兩則故事中惡婦的表現都十分卑劣，但其揭露的側重點各不相同。前一則著重寫惡婦的絕情。她非但不認離散的老父，甚至連寄宿兩夜的要求也遭到拒絕，她對於有養育之恩的生父，竟絕情忘義到如此地步。後一則著重寫惡婦的凶殘。她出於妒忌竟動了殺機，將無辜的婢女置於死地。令人稍稍感到寬慰的是，她們最終都得到惡報，大快心人。還應當看到，這兩則作品的藝術性是有差異的。相比之下，前一則作品的描寫比較細膩，對於人物刻畫更為具體生動，其藝術性與感染力遠高於失之簡略的後一則作品。

　　有關殺生者惡報的故事，試看：

　　唐李詹，大中七年崔瑤下擢進士第。平生廣求滋味，每食鱉，輒緘其足，暴於烈日。鱉既渴，即飲以酒而烹之，鱉方醉，已熟矣。復取驢繫於庭中，圍之以火。驢渴，即飲灰水，蕩其腸胃；然後取酒，調以諸辛味，復飲之。驢未絕而為火所逼爍，外已熟矣。詹一日方巾首，失力仆地而卒。頃之，詹膳夫亦卒。一夕，膳夫復蘇，曰：「某見詹，為地下責其過害物命，詹對以某所為。某即以詹命不可違答之。詹又曰：『某素不知，皆狄慎思所傳，故得以回。』」無何，慎思復卒。慎思亦登進士第，時為小諫。

《玉泉子·李詹》

　　章邵者，恒為商賈，巨有財帛，而終不舍路歧，貪猥誅求。因逢鹿，避人而去，鹿子為邵之所獲。邵便打殺，棄之林中。其鹿母遙見悲號，其聲不已。其日，邵欲夜行，意有所謀也。邵只有子一人，年方弱冠，先父一程行。及困，於大樹下憩歇，以伺其父。

未聞，且寢於樹陰中。邵乃不曉是子，但見衣袂在旁，一人熟寐而
已，遂就腰抽刀，刺其喉，取衣袂而前行。及天漸曉，是其衣袂，
乃知殺者是己子也。嗟乎！章邵凶率如此，報應亦宜然！

《野人閒話·章邵》

　　這兩則故事主角殺生的出發點雖然各不相同，但都異常殘忍。前者
窮奢極侈，為了滿足口腹之慾，挖空心思廣求滋味，竟逆天暴物，無所不
用其極。後者基於貪婪恨毒的本性一再大動殺機：他殘害幼小生靈於先，
使母鹿悲號不已，圖財害命；濫殺無辜於後，使年青人死於夢寐之中，可
謂嗜血成性。這兩位最終均一無例外地受到懲罰：前者不但令貪圖享受者
殞命，而且讓始作俑者也難逃厄運；後者雖未喪命，卻受到了致命的打擊
──飲下喪子之痛的苦酒，更為可悲的是，殺子者竟是他本人。這兩則故
事在藝術上也各有特點：前一則以白描見長，通過對殘害鱉和驢的詳細描
述來暴露故事主角殘醜的本性；後一則運用對比手法，使故事主角殺幼鹿
與殺親子的兩椿殘殺前後呼應，形成為烈的對比，以增加作品的震撼力。

　　這個時期的惡報故事，尚有寫養姑不孝的兒媳遭雷擊後，其頭變為
白豬頭的《冥報記·隨河南婦人》、寫剋扣工錢、鞭打作人的富翁死後變
為牛犢的《冥報記·隨卜士瑜》、寫賴帳拒付者死後變為赤犢的《冥報拾
遺錄·路伯達》、寫任意殘害生靈者以湯澆死群蜂，後被蜂螫，數日而死
的《法苑珠林·陸孝政》、寫賀氏燒釘烙瞎小妾雙目使其自縊身亡，該婦
娠後產一蛇兩目無睛的《朝野僉載·賀氏得拔》、寫柳氏先後截一婢女雙
指和一婢女舌頭，後竟被刺落指，生瘡爛舌的《朝野僉載·金荊》、寫山
神勸阻伐太白廟前古樹者未果，乃召虎食之的《廣異記·巴人》、寫一兒
媳讓瞎婆母吃下拌有犬糞之食，後遭雷擊變為狗頭人的《獨異志·狗頭新
婦》、寫郡守極貪刻，嘗私吞寺院造佛像金銀，未幾死而投胎變為牛犢的
《宣室志·郡守崔某》、寫大饑之年一村民埋蠶數箔而以數十株樹的桑葉
賣錢，後遭報被杖殺的《三水小牘·王公直》、寫殺蛇烹食者皆為雷擊震
死，獨一不殺蛇者倖免的《原化記·嵩山客》、寫某內侍殺生甚眾，吃法
殘忍，後得疾每睡均見群獸鳥雀啄食其肉，將死時只留下一束黑骨的《報
應記·徐可範》、寫放高利貸者業累千金，還誘鄉上當以奪其家產，死後

投胎為鄰家牛犢的《玉堂閑話‧劉鑰匙》、寫群寇夜入寺院劫掠，賊曹分取寺中釋迦藕絲袈裟後，竟夫妻墮指，鬚鬢俱墜，事敗戮於市的《儆誡錄‧開照寺盜》、寫軍使王驕恣淫奢，欲納之美女所換舊衣忽化血凝於地，其人旬月被誅的《稽神錄‧王建封》等。

六、隋唐五代的崇佛故事

隋唐五代的崇佛故事，一般都敘寫俗家或僧侶虔誠崇奉佛法，持念佛經，每當親歷各種天災人禍之時，往往能夠得到菩薩保佑，逢凶化吉，遇難成祥，平安度過危險。故事中僧俗人等書寫和念誦的佛經，大多為當時廣為流傳的《金剛經》（全稱《金剛般若波羅密經》），其次為《法華經》與《觀世音經》，此外尚有《維摩經》、《金光明經》、《首楞嚴經》、《多心經》、《藥師經》、《高王經》、《續命經》、《隨願往生經》等。此類故事大多帶有濃厚的宗教色彩和說教意味，某些作品的描寫尚比較生動，有一定的感染力。譬如，《酉陽雜俎》續集卷七〈金剛經鳩異‧王孝廉〉：

> 大曆中，太原偷馬賊誣一王孝廉同情，拷掠旬日，苦極強首，推吏疑其冤，未即具獄。其人惟念《金剛經》，其聲哀切，晝夜不息。忽一日，有竹兩節墜獄中，轉至於前。他囚爭取之，獄卒意藏刃，破視，內有字兩行云：「法尚應舍，何況非法？」書跡甚工。賊首悲悔，具承以匿嫌誣之。

這則記述為被誣舉人平反的故事時，帶有一些宗教色彩，但與那些說教的故事並不相同。它在敘寫賊首深感悲悔，因而主動承認誣告無辜者之前，已有推吏「疑其冤」和舉人「其聲哀切」等描寫，作好了較充分的鋪墊。賊首既受到辦案者認真執法的震懾，又受到蒙冤者淒苦悲情的觸動，在見到空中落下的字跡時，才最終導致其心理防線的崩潰，吐露真情。此則作品故事情節環環相扣，自然流暢，在同類故事中有較大的藝術感染力。

又如，《紀聞・襄陽老姥》：

> 唐神龍年中，襄陽將鑄佛像。有一老姥至貧，營求助施，卒不
> 能得。姥有一錢，則為女時母所賜也，寶之六十餘年。及鑄像時，
> 姥持所有，因發重願，投之爐中。及破爐出像，姥所施錢，著佛胸
> 臆，因磨錯去之。一夕，錢又如故，僧徒驚異。錢至今存焉。乃知至
> 誠發心，必有誠應。姥心至誠，故諸佛感之，令後人生希有此事也。

　　這則故事在人物刻畫方面著墨不多，卻匠心獨運。其成功之處在於
擅長渲染具有表現力的細節：其一，赤貧老嫗發重願後獻出的是僅有的一
枚銅錢，但來歷非同尋常，乃是小時母親所賜、珍藏六十餘年的念物，對
她來講其分量之重，意義之大，是不言而喻的。其二，老嫗誠心捐資鑄佛
卻受怠慢，當她把這枚銅錢投入爐中後，竟出現奇跡——銅錢著於佛像胸
臆，磨錯不滅，令僧徒驚異。這則故事與其他故事不同，只寫崇佛，未寫
得報。然而讓老嫗所施的那枚銅錢永遠保存在佛像胸前，無疑是對其虔心
敬佛最大的獎賞和回報。

　　此類崇佛故事，尚有寫某吏患重病仍專心念經，觀音前來相救的《冥
報記・唐盧文明》、寫一僧為穴中癩人送食誦經，使之瘡癒眉生，容色如
故的《冥報拾遺・徹師》、寫船行江心遇風暴將淪覆，船上一僧正心誦
經，使全船得濟的《法苑珠林・竺惠慶》、寫胡賊所掠漢人次第被殺，一
心誦《觀音經》者獨免的《法苑珠林・徐善才》、寫陳某持《金剛經》，
遇草賊劍刺時，忽有五色圓光蔽身因得倖免的《廣異記・陳哲》、寫一人
化虎後求寺中禪師時，乃得以恢復人形，遂入寺篤志誦經的《廣異記・荊
州人》，寫一沙彌夜歸遇虎知不免，但閉目打坐念經，虎遂伏草守之，及
曙乃去的《酉陽雜俎・念經伏虎》、寫一女常念《金剛經》，暴疾卒後冥
吏以持經功德將其放還的《酉陽雜俎・王從貴妹》、寫漁人食龜遍身潰
爛，依僧言而一心念大悲真言乃癒，遂削髮為僧的《報應錄・長沙人》、
寫某地火發，萬家皆盡，惟有一事佛念經老人之家獨不及火的《報應記・
銀山老人》、寫某商專誦《金剛經》，山行時傭人為奪財而將其殺害，竟

得生還的《報應記・何老》、寫某商販海時被劫匪盛入籠中沉海，於海底念誦《金剛經》而獲救，後遂出家為僧的《報應記・販海客》等。

第三節　隋唐五代的精怪故事

　　精怪故事是幻想故事的一個重要組成部分，在中外幻想故事中均占有顯著的地位。在民間故事史上，精怪故事能夠反映出每一個歷史時期幻想故事的基本面貌，從中不難窺見每一個時期幻想故事的發展態勢和藝術成就。隋唐五代的精怪故事，在魏晉南北朝的基礎上有了較大的發展、變化，主要體現在兩方面：其一是作品的數量明顯增多，並且湧現出一批佳作，成為這個時期幻想故事的亮點；其二是作品中的精怪數量有所擴大，而且新增加了一些比較突出的精怪形象，使這個時期精怪故事更為充實，更為豐富。這個時期精怪故事的興盛，為後世精怪故事進一步的發展和幻想故事逐漸步入巔峰奠定了良好的基礎。

　　隋唐五代時期的精怪故事出現的精怪眾多，動物精怪有狐、虎、蛇、狼、猿、猴、猱、狸、鹿、犬、馬、豬、牛、羊、驢、蛟、鼉、黿、龜、鱉、魚、鱔、螺、蝦、蛙、獺、鵝、鼠、蟻、鴿、鶴、鳥、蝙蝠、守宮（壁虎）、蠐螬、山魈等，植物精怪有桃、李、楊、槐、桐、杉、椴、蓮花、安石榴、葡萄、蓬蔓、百合、人參等，無生物精怪有金、銀、錢、水銀、磬石、玉馬、瓷人、銅鵝、明器、方相、鼎、鼓、枕、屐、筆、勺、帚、根、枯木等。其中，不但前一時期的精怪大多繼續出現，而且新增添了一些精怪。在這個時期的諸多精怪中，以狐、虎、蛇三種精怪最為常見。狐精形象前一個時期已經頗為突出，虎精與蛇精則是在這個時期才上升為重要角色，而虎精形象尤為引人注目。此類故事裏的不少篇什在刻畫精怪形象上頗能顯示功力，諸如《廣異記・代州民》中冒充菩薩乘雲而至與民女私通的老狐精、《紀聞・沈東美》中假冒亡靈還家求食竟大醉現形的狐精、《集異記・崔韜》中化作美女與人婚配數年後食夫及子而去的虎精、《會昌解頤錄・峽口道士》中變為道士以變通之法使尋虎者保全性命的虎精、《集異記・朱覲》中化作白衣少年入閨房與少女調笑的蛇精、《瀟湘錄・王真妻》中變為少年拐走與其私通婦女的蛇精、《廣異記・天

寶為騎》中常年至床前魘人的綠衫持笏千年鼠精、《廣古今五行記・元佶》中化為美婦與人同居時醉臥現形而兩頰猶有脂澤的牝豬精、《酉陽雜俎・守宮》中化作半寸小人入室騷擾令士人苦不堪言的守宮精、《通幽記・老蛟》中變作美女引誘少年溺死以吮其血的蛟精、《瀟湘錄・嵩山老僧》中化為小兒拜修行老僧為師的鹿精和變作白衣婦人在林中獨舞的白金精等。這些精怪或邪或正，各具面目，大都描繪得栩栩如生，給人留下鮮明的印象。

隋唐五代錄有精怪故事的典籍甚多，達三十種左右，其中以《廣異記》、《集異記》、《酉陽雜俎》、《宣室志》、《稽神錄》等書錄寫的精怪故事數量較多，藝術水平較高，頗為耀眼。

宗教影響，包括佛教和道教的影響，在這個時期的各類幻想故事裏面隨處可見。除了前面論析的神異故事有較多的反映外，在精怪故事和鬼魂故事裏面也比較顯著。這方面的影響既體現在宣揚宗教觀念上，也體現在稱頌宗教神祇的威力和贊美教徒的道行上。

隋唐五代的精怪故事，題材主要集中在四個方面：精怪作祟，降妖滅怪，人精婚戀與交誼，精怪報恩與復仇，其中前兩類故事數量更多，在藝術上亦更有特色。

這個時期的精怪作祟故事，大都描述各式各樣的精怪騷擾民宅，誆騙財物，淫虐婦女，施行瘟疫，奪人性命，引起社會不安和恐懼，給世人帶來羞辱和禍害。而此類故事中的精怪，往往是各種邪惡勢力的化身。它們大多為動物，在故事裏出現時，其自然屬性無疑也有所顯示，但在人世間的象徵意義卻遠遠超過其自然屬性。試看，分別出自《廣異記》與《酉陽雜俎》的兩則作品：

> 唐天寶末，祿山作亂，潼關失守。京師之人於是鳥散。梨園弟子有笛師者，亦竄於終南山谷。中有蘭若，因而寓居。清宵朗月，哀亂多思，乃援笛而吹。嘹唳之聲，散漫山谷。俄而有物虎頭人形，著白夾單衣，自外而入。笛師驚懼，下階愕眙。虎頭人曰：「美哉笛乎！可復吹之。」如是累奏五六曲，曲終久之，忽寐。乃哈嘻大鼾。師懼覺，乃抽身走出，得上高樹。枝葉陰密，能

蔽人形。其物覺後，不見笛師，因大懊嘆云：「不早食之，被其逸也。」乃立而長嘯。須臾，有虎十餘頭悉至，狀如朝謁。虎頭云：「適有吹笛小兒，乘我之寐，因而奔竄，可分路四遠取之。」言訖，各散去。五更後復來，皆人語云：「各行四五里，求之不獲。」會月落斜照，忽見人影在高樹上。虎顧視笑曰：「謂汝雲行電滅，而乃在茲。」遂率諸虎，使皆取攫。既不可及，虎頭復自跳，身亦不至。遂各散去，少間天曙，行人稍集，笛師乃得隨還。

《廣異記·笛師》

貞元中，望苑驛西有百姓王申，手植榆於路旁成林，構茅屋數椽，夏月常饋漿水於行人，官者即延憩具茗。有兒年十三，每令伺客。忽一日白其父，路有女子求水，因令呼入。女少年，衣碧襦，白幅巾，自言家在此南十餘里，夫死無兒，今服禫矣，將適馬嵬訪親情，丐衣食。言語明悟，舉止可愛，王申乃留飯之。謂曰：「今日暮夜可宿此，達明去也。」女亦欣然從之，其妻遂納之後堂，呼之為妹。倩其成衣數事，自午至戌悉辦，針綴細密，殆非人工。王申大驚異，妻尤愛之，乃戲曰：「妹既無極親，能為我家作新婦子乎？」女笑曰：「身既無托，願執粗井灶。」王申即日賃衣貰禮為新婦。其夕暑熱，戒其夫，近多盜，不可闢門，即舉巨椽捍而寢。及夜半，王申妻夢其子披髮訴曰：「被食將盡矣。」驚欲省其子，王申怒之：「老人得好新婦，喜極囈言耶？」妻還睡，復夢如初。申與妻秉燭呼其子及新婦，悉不復應。啟其戶，戶牢如鍵，乃壞門，闔才開，有物圓目鑿齒，體如藍色，衝人而去，其子唯餘腦骨及髮而已。

《酉陽雜俎》續集卷二，〈支諾皋中·王申子〉

這兩則以唐代為背景的故事，寫的對象均為食人獸精，儘管結局迥然不同，但都描繪得相當細膩、生動，使人有身臨其境之感。前一則擅長烘托氣氛，讓在天然美景中演奏樂曲的悠揚情調與笛師受到猛獸威脅時內心無比惶恐形成為烈的反差，更增加作品的藝術感染力。所幸的是由於精怪

的猙獰面目早有暴露，加之笛師能夠機敏順變，故而能夠逃過一劫。後一則在精怪形象的刻畫上亦頗見功力。描繪一個噬血成性的妖精，那樣善於偽裝，把自己變成心靈手巧的新寡少婦，處處討人同情和憐愛，致使王家老小一再放鬆警惕，當災禍降臨時全然不知，最後付出血的代價。

再看，分別出自《紀聞》與《宣室志》的兩則作品：

> 河東裴鏡微，曾友一武人，其居相近。武人夜還莊，操弓矢，方馳騎，後聞有物近焉。顧而見之，狀大，有類方相。口但稱渴。將及武人。武人引弓射，中之，怪乃止。頃又來近，又射之，怪復往，斯須又至。武人遽至家，門已閉，武人逾垣而入。入後，自戶窺之，怪猶在。武人不敢取馬。明早啟門，馬鞍棄在門，馬則無矣。求之數里墓林中，見馬被啖已盡，唯骨在焉。
>
> 《紀聞·裴鏡微》

> 大曆中，有呂生者，自會稽上虞尉調集於京師，既而僑居永崇裏。嘗一夕，與其友數輩會食於其室。食畢，將就寢，俄有一嫗，容服潔白，長二尺許，出於堂之北隅，緩步而來，其狀極異。眾視之，相向大笑。其嫗漸迫圓其榻，且語曰：「君有會，不能一命耶？何待吾之薄歟！」呂生叱之，遂退去，至北隅乃亡所見。且驚且異，莫知其鬼也。明日，生獨寢於室又見其嫗在北隅下，將前且退，惶惶然若有所懼。生又叱之，遂沒。明日，生默念曰：「是必怪也，今夕將至，若不除之，必為吾患不朝夕矣。」即命以一劍置於榻下。是夕，果自北隅徐步而來，顏色不懼，至榻前。生以劍揮之。其嫗忽上榻，以臂摙生胸，餘又躍於左右，舉袂而舞；久之，又有一嫗忽上榻，復以臂摙生。生遽覺一身盡凜然，若霜被於體。生又以劍亂揮，俄有數嫗亦隨而舞焉。揮劍不已，又為十餘嫗，各長寸餘，愈多而貌如一焉，皆不可辨，環走四垣。生懼甚，計不能出。中有一嫗謂呂生曰：「吾將與合矣，君且觀我。」言已，遂相望而來，俱至榻前，翕然而合，又為一嫗，與前見者不異。生懼益甚，乃謂曰：「爾為何怪，而敢如是撓生人耶？當疾去。不然，

吾求方士，將以神術制汝。汝又安能為祟耶？」嫗笑曰：「君言過矣，果有術士，吾願見之。吾之來，戲君耳，非敢害也。幸君無懼。吾亦還其所矣。」言畢，遂退於北隅而沒。明日，生以事語於人。有田氏子者，善以符術祛除怪魅，名聞長安中，見說，喜躍曰：「是吾事也，去之若以爪壓蟻耳。今夕願往君舍伺焉。」至夜，生與田氏子俱坐於室。未幾而嫗果又至榻前。田氏子叱曰：「魅疾去。」嫗揚然其色，不顧左右，徐步而來去者久之，謂田生曰：「非君之所知也。」其嫗忽揮其手，手墮於地，又為一嫗，甚小，忽躍而升榻，突入田生口中，田驚曰：「吾死乎。」嫗謂生曰：「吾比言不為君害，君不聽。今田生之疾果如何哉？雖然，嫗等亦將成君一富耳。」言畢又去。明日，有謂呂生者：「宜於北隅發之，可見矣。」生喜而歸，命家僮於其所沒處發之，下至丈餘，得一瓶。可受斛許，貯水銀甚多。生方信其嫗乃水銀精也。田生竟以寒慄而卒。

《宣室志》卷六，〈呂生〉

這兩則作品所描述的精怪均為非生物，一個為方相[46]精，一個為水銀精。它們的出現，給世人（無論是武人還是文士）帶來驚擾和惶懼，儘管其初衷未必有害人之意，但最終仍然造成惡果──輕者使坐騎被啖，重者讓前來袪怪之人喪命。兩則作品繁簡有別，一則僅作大略陳述，一則則作詳盡描摹，娓娓道來，然而兩則都頗為傳神。值得稱道的是後一則作品展現的精怪形象頗為罕見，乃是一個跳躍自如，不畏劍擊，忽而分為十多個老嫗，忽而合十多個老嫗為一體的水銀精。它個性鮮明，想像奇妙，非常有新意。

這個時期的精怪作祟故事，尚有寫野狐先後變形捉弄張某，致使其人誤殺親妹的《朝野僉載·張簡》、寫某地裏正化虎後頻繁盜食、傷人，村人不勝其苦的《廣異記·范端》、寫老狐變為彌勒佛欺騙僧俗人等，讓傾邑向其禮謁的《廣異記·僧服禮》、寫蒼鶴精迷惑一美婦，使其每夜得以往山頂林間飲宴、調情的《廣異記·戶部令史妻》、寫狐精再三報復，使

---

46 方相：舊時用以驅鬼或出喪開道的面目可怖的神像。

王某家道敗落，又變為其弟騙走所藏狐魅遺書的《靈怪集・王生》、寫一道觀尊師識破張家婢女乃是明器[47]精，將其焚毀，然張某及其老母均受害而死的《博異志・張不疑》、寫李生與白蛇精交歡三日，還家後化為水，僅有頭存的《博異志・李黃》、寫眾多妖狐夜間縱橫恣肆，使其人舉家驚恐而苦無良策，只得遷居的《集異記・薛夑》、寫野狐精魅某家之女，令其發狂，服僧人丹丸後該女始癒的《會昌解頤錄・張立本》、寫虎精變為經商外出者被引入家中，其人恰好歸來，虎精乃現形奔去的《瀟湘錄・趙倜》、寫獺怪祟女，令其女產下獺子三頭的《通幽記・薛二娘》、寫老黑犬精化作亡母至家受到孝子侍奉，敗露後乃現形逃離的《大唐奇事記・李義》、寫一狐化為婦人來求某生寫狀，見獵騎立即逃遁，其敬奉之酒乃髑髏所盛牛溺的《宣室志・韋氏子》等。

　　隋唐五代的降妖滅怪故事，主要敘寫世人（大多為受害人）善於識破作祟為患的形形色色精怪，敢於以各種方式和手段與其進行較量，最終制服妖孽，使其得到懲治，甚至將其消滅。他們的這些降妖滅怪的作為，不但自救，讓自己和家小免受其害，而且救人，幫助了所有的受害者，保一方的安吉。這類故事，真切地表現了民眾蔑視凶暴，勇鬥邪惡的大無畏精神和渴求過上太平日子的強烈願望。與前一個時期的同類故事相比較，這個時期的降妖滅怪故事在內容方面呈現出兩種變化：其一是宗教（道教與佛教）的影響力明顯增加。在好些作品裏面，道士、僧侶以至佛道的神靈出現在緊要關頭，對制伏妖孽發揮了重要的甚至是決定性的作用，一再顯示出宗教的威力。其二是充分瞭解對手，化敵為友，為我所用。不少作品的故事主角在降妖滅怪過程中，善於爭取次要精怪，使其不但不進行對抗，而且真心相助，為度過危難、克敵制勝作出貢獻。他們有時甚至能夠審時度勢，化阻力為助力，敢於使用所降服的主要精怪為其效力。試看，分別出自《紀聞》與《廣異記》中的兩則作品。

　　　　唐定州刺史鄭宏之解褐為尉。尉之廨宅，久無人居，屋宇頹毀，草蔓荒涼。宏之至官，剃草修屋，就居之。吏人固爭，請宏之

---

[47] 明器：即冥器，亦作盟器。古代隨葬的器物，一般以陶、木、石製成。

無入。宏之曰：「行正直，何懼妖鬼？吾性瀀瀀，終不可移。」

居二日，夜中，宏之獨臥前堂。堂下明火，有貴人從百餘騎，來至庭下。怒曰：「何人唐突，敢居於此？」命牽下。宏之不答，牽者至堂，不敢近，宏之乃起。貴人命一長人，令取宏之。長人升階，循牆而走，吹滅諸燈。燈皆盡，唯宏之前一燈存焉。長人前欲滅之，宏之杖劍擊，長人流血灑地，長人乃走。貴人漸來逼，宏之具衣冠，請與同坐。言談通宵，情甚款洽。宏之知其無備，拔劍擊之，貴人傷，左右扶之。遽言：「王今見損，如何？」乃引去。既而宏之命役徒百人，尋其血。至此垣下，有小穴方寸，血入其中。宏之命掘之，入地一丈，得狐大小數十頭，宏之盡執之。穴下又掘丈餘，得大窟，有老狐裸而無毛，據土床坐。諸狐侍之者十餘頭，宏之盡拘之。老狐言曰：「無害予，予佑汝。」宏之命積薪堂下，火作，投諸狐盡焚之。次及老狐，狐乃搏頰請曰：「吾已千歲，能與天通。殺予不祥，舍我何害？」宏之乃不殺，鎖之庭槐。

初夜中，有諸神鬼，自稱山林川澤叢祠之神，來謁之。再拜言曰：「不知大王罹禍乃爾，雖欲脫王，而苦無計。」老狐領之，明夜，又諸社鬼朝之，亦如山神之言。後夜，有神自稱黃搋，多將翼從，至狐所言曰：「大兄何忽如此？」因以手攬鎖，鎖為之絕。狐亦化為人，相與去。宏之走追之，不及矣。宏之以為黃搋之名，乃狗號也。此中誰有狗名黃搋者乎？既曙，乃召胥吏問之。吏曰：「縣倉有狗老矣，不知所至。以其無尾，故號為黃搋。豈此犬為妖乎？」宏之命取之，既至，鎖繫將就烹。犬人言曰：「吾實黃搋神也。君勿害我，我常隨君，君有善惡，皆預告君，豈不美歟？」宏之屏人與語，乃釋之。犬化為人，與宏之言，夜久方去。

宏之掌寇盜，忽有劫賊數十人入界，止逆旅。黃搋神來告宏之曰：「某處有劫，將行盜，擒之可遷官。」宏之掩之果得，遂遷秩焉。後宏之累任將遷，神必預告。至如狹咎，常令迴避，固有不中，宏之大獲其報。宏之自寧州刺史改定州，神與宏之訣去，以是人謂宏之祿盡矣。宏之至州兩歲，風疾去官。

《紀聞‧鄭宏之》

鄱陽余干縣令，到官數日輒死。後無就職者，宅遂荒，先天中，有士人家貧，來為之。既至，吏人請令居別廨中。令因使治故宅，剪剃榛草，完葺墻宇。令獨處其堂，夜列燭伺之。

二更後，有一物如三斗白囊，跳轉而來床前，直躍升幾上。令無懼色，徐以手悵觸之，真是韋囊而盛水也。乃謂曰：「為吾徙燈直西南隅。」言訖而燈已在西南隅。又謂曰：「汝可為吾按摩。」囊轉側身上，而甚便暢。又戲之曰：「能使我床居空中否？」須臾，已在空中。所言無不如意。將曙，乃躍去。令尋之，至舍池旁遂滅。明日，於滅處視之，見一穴，才如蟻孔，掘之，長丈許而孔轉大。圍三尺餘，深不可測。令乃敕令多具鼎樵薪，悉汲池水為湯，灌之。可百餘斛，穴中雷鳴，地為震動。又灌百斛，乃怙然無聲。因並力掘之，數丈，得一大蛇，長百餘尺。旁小者巨萬計，皆並命穴中，令取大者脯之，頒賜縣中，後遂平吉。

《廣異記・余干縣令》

這兩則作品的基本故事情節頗為相似，都寫一官吏大膽住入久無人居之凶宅，終於制服了為祟精怪。然而兩者卻有明顯的差別，不但繁簡不同，而且應對策略各異。後一則為智鬥，非常詼諧風趣地與妖孽周旋，伺機覓得蛇精巢穴，將其燙死。前一則既鬥勇又鬥智，先後降伏老狐與老狗二怪，均不殺，最終化腐朽為神奇，讓精怪為故事主角傳遞消息，捕盜避咎，因而累得升遷。

再看，分別出自《瀟湘錄》與《傳奇》中的兩則作品：

唐萬歲元年，長安道中有群寇晝伏夜動，行客往往遭殺害。至明旦，略無為由。人甚畏懼，不敢晨發。及暮，至旅次。後有一道士宿於逆旅，聞此事，及謂眾曰：「此必不是人，當是怪耳。」深夜後，遂自於道旁持一古鏡，潛伺之。俄有一隊少年至，兵甲完具，齊呵責道士曰：「道旁何人，何不顧生命也？」道士鏡照之，其少年棄兵甲奔走，道士逐之，仍誦咒語，約五七里，其少年盡入

一大穴中。道士守之至曙。卻復逆旅，召眾以發掘，有大鼠百餘走出。乃盡殺之，其患乃絕。

《瀟湘錄‧逆旅道士》

唐長慶中，有處士馬拯，性沖淡，好尋山水，不擇險峭，盡能躋攀。一日，居湘中，因之衡山祝融峰，詣伏虎師。佛室內道場嚴潔，果食馨香，兼列白金皿。於佛榻上，見一老僧，眉毫雪色，樸野魁梧。甚喜拯來，使樸挈囊。僧曰：「假君樸使近縣市少鹽酪。」拯許之。樸乃挈金下山去，僧亦不知去向。俄有一馬沼山人，亦獨登此來，見拯，甚相慰悅，乃告拯曰：「適來道中遇一虎，食一人，不知誰氏之子。」說其服飾，乃拯樸夫也。拯大駭。沼又云：「遙見虎食人盡，乃脫皮，改服禪衣，為一老僧也。」拯甚怖懼。及沼見僧，曰：「只此是也。」拯白僧曰：「馬山人來，云某樸使至半山路，已被虎傷，奈何！」僧怒曰：「貧道此境，山無虎狼，草無毒螫，路絕蛇虺，林絕鷗鶩，無信妄語耳。」拯細窺僧吻，猶帶殷血。向夜，二人宿其食堂，牢扃其戶，明燭伺之。夜已深，聞庭中有虎怒，首觸其扉者三四，賴戶壯而不隳。二子懼而焚香，虔誠叩首於堂內土偶賓頭盧者。良久，聞土偶吟詩曰：「寅人但溺欄中水，午子須分艮畔金，若教特進重張弩，過去將軍必損心。」二子聆之，而解其意曰：「寅人，虎也。欄也，即井。午子，即我耳。艮畔金，即銀皿耳。其下兩句未能解。」及明，僧叩門曰：「為君起來食粥。」二子方敢啟關。食粥畢，二子計之曰：「此僧且在，我等何由下山？」遂許僧云：「井中有異。」使窺之。僧窺次，二子推僧墮井，其僧即時化為虎，二子以巨石鎮之而斃矣。二子遂取銀皿下山。近昏黑而遇一獵人，於道旁張窩弓，樹上為棚而居，語二子曰：「無觸我機。」兼謂二子曰：「去山下不遠，諸虎方暴，何不且上棚來？」二子悸怖，遂攀緣而上。將欲人定，忽三五十人過，或僧、或道、或丈夫、或婦女，歌吟者、戲舞者，前至窩弓所，眾怒曰：「朝來被二賊殺我禪和，今方追捕之，又敢有人張我將軍。」遂發其機而去。二子並聞其說，遂詰獵者。

曰：「此是倀鬼，被虎所食之人也，為虎前呵道耳。」二子因微獵者之姓氏，曰：「名進，姓牛。」二子大喜曰：「土偶詩下句有驗矣：特進，乃牛進也；將軍，即此虎也。」遂勸獵者重張其箭，獵者然之。張畢登棚，果有一虎，哮吼而至，前足觸機，箭乃中其三斑，貫心而踣。逡巡，諸倀奔走卻回，伏其虎，哭甚哀，曰：「誰人又殺我將軍？」二子怒而叱之曰：「汝輩無知下鬼，遭虎嚙死，吾今為汝報仇，不能報謝，猶敢慟哭，豈有為鬼不靈如是？」遂悄然。忽有一鬼答曰：「都不知將軍乃虎也，聆郎君之說，方大醒悟。」就其虎而罵之，感謝而去。及明，二子分銀與獵者而歸耳。

《傳奇·馬拯》

這兩則作品均以帶有宗教色彩為特色，無不顯示出宗教徒或神靈在降妖滅怪中的作用。前一則敘寫道士急公好義，持古鏡使化為群寇為患一方的鼠精落荒而逃，隨即將其殺絕，盛贊出家人為民除害的功德。後一則描述虎精化為老僧食人的暴行敗露後，故事主角得到神靈指點和獵者支持，終於將其一一殺絕，替眾多倀鬼報仇並使其得到解脫，稱頌神明護佑百姓的恩澤。兩則作品在藝術上各具特色：前則簡練而不失生動，對道士的刻畫筆墨不多，卻頗具表現力；後則曲折而饒有情趣，對各種角色的描繪都相當成功，其中對化僧虎精的刻畫尤為突出，堪稱此類故事的一篇佳作。

這個時期的降妖滅怪故事，尚有寫一孝子在深山為母守孝時撲殺一化為婦人之狸精，老狸前來報仇，又被獵人射殺的《法苑珠林·山中孝子》、寫某人以湯澆灌化為巨蛇之古銅精巢穴，得銅錢二十萬貫的《朝野僉載·樹提家》、寫某兵曹頭上生瘡，痛不可忍，搗碎窗下瓷妓女精乃得痊癒的《朝野僉載·柳崇》、寫某女為精怪所媚，忽然失性，殺蛇、龜、鼉精後漸瘥的《廣古今五行記·武昌氏》、寫小狐助某家鬥大狐，使欲媚民女之大狐終不得逞的《廣異記·李氏》、寫狐精化女子與某子求歡，被某擒殺，老狐變老叟入室稱冤無果而終的《廣異記·上官翼》、寫修道者請求老君作法腰斬學得道術之妖狐的《廣異記·焦練師》、寫老狐冒充菩薩與女私通懷孕，其兄傾財求道士作法將其砍殺的《廣異記·代州民》、寫張某有道術，夜半擊殺變為鬼魅入室作祟之獼猴精，使一里無患的《紀

聞・張寓言》、寫狐精假冒亡母還家求食，醉後現原形乃被處死的《紀聞・沈東美》、寫韋生素有膽量，入凶宅捉得鼎怪並將其杵碎，以絕後患的《玄怪錄・韋協律兄》、寫一遊子投宿古寺朽室，深夜揮刀砍死服人精氣之蝙蝠妖的《博異志・木師古》、寫一游俠者栖逆旅時，射殺化作白衣少年迷惑主家女之蛇精，後與此女結為伉儷的《集異記・朱觀》、寫老狐化為少年與獵戶妻偷情，獵戶察覺後徑入山中將其擊斃的《集異記・徐安》、寫守宮精變作小兒入室騷擾，為所欲為，士人尋為掘巢將其焚燒的《酉陽雜俎・守宮》、寫鱔精與鱉精媚某家二女，使其精神日漸恍惚，其家焚殺二怪後二女乃瘳的《酉陽雜俎・烏郎與黃郎》、寫一小鬼夜入書齋戲燈弄硯，紛擾不止，擒之現形乃是一弊木杓的《酉陽雜俎・周乙》、寫蓬蔓精立道旁使馬驚人墮，其人焚之遂絕的《宣室志・劉皂》、寫枯木精化作通體墨黑巨人令見者驚悸病死，一善符術者墮將其焚毀，宅遂無怪的《宣室志・許元長》、寫一道長以白絹朱書大符誅殺巨䴏（揚子鱷）精，使被其迷惑之少女獲救的《野人閑話・趙尊師》、寫鼠精化作長不盈尺之男女飲酒於堂西階下，家中白老（貓）將其捉殺的《稽神錄・盧樞》、寫士人獨寢時有一青衣女子常來升床共寢，術士書符無懼，捉其手足投江，其怪遂絕的《稽神錄・廣陵士人》等。

　　隋唐五代的人精婚戀故事裏面的精怪，大都為有生命的動植物，以動物精怪為主，計有狐、虎、狼、豬、螺、蝦等，其中狐精較為常見。而與世人發生感情糾葛的精怪，大部分為雌性。在作品中出現時，這些化為女子、婦人的精怪大都資質聰穎，容貌秀麗，楚楚動人，集中國古代女性的內美與外美於一身，是世人理想的佳偶。故事中的此類精怪與世人產生戀情時，幾乎都是兩情相悅，自主結合，但通常都不曾公開，有著明顯的隱秘性。這種戀情往往不被家人認可，差不多都很短暫，帶有一定的悲劇色彩。而此類故事的悲劇性結局，在很大程度上折射出當時的青年男女自主婚戀的結局一般都很不幸，在社會上能夠引起廣泛的共鳴。正因為如此，這一類故事才能夠不脛而走，廣為傳播。譬如，《廣異記・王璇》：

　　　唐宋州刺史王璇，少時儀貌甚美，為牝狐所媚。家人或有見者，丰姿端麗，雖僮幼遇之者，必斂容致敬，自稱新婦。祗對皆有

理，由是人樂見之。每至端午及佳節，悉有贈儀相送。云：「新婦上某郎某娘續命。」眾人笑之，然所得甚眾。後璿職高，狐乃不至，蓋某祿重，不能為怪。

這則作品以略陳梗概的方式敘寫某少年書生與牝狐一往情深的婚戀故事，雖以別離告終，卻讓人久久不能忘懷。其中自稱新婦的狐精，貌美而落落大方，深受家人憐惜和僮僕敬重，具有很強的親和力，形象鮮明可愛，顯示出作品在人物刻畫上頗為成功。

又如，《集異記·光化寺客》：

兗州徂徠山寺曰光化，客有習儒業者，堅志栖焉。夏日涼天，因閱壁畫於廊序，忽逢白衣美女，年十五六，姿貌絕異。客詢其來，笑而應曰：「家在山前。」客心知山前無是子，亦未疑妖。但心以殊尤，貪其觀視，且挑且悅，因誘致於室，交歡結義，情款甚密。白衣曰：「幸不以村野見鄙，誓當永奉恩顧。然今晚須去，復來則可以不別矣。」客因留連，百端遍盡，而終不可。素實白玉指環，因以遺之，曰：「幸視此，可以速還。」因送行，白衣曰：「恐家人接迎，願且回去。」客即上寺門樓隱身目送，白衣行計百步許，奄然不見。客乃識其滅處，徑尋究。寺前舒平數里，纖木細草，毫髮無隱，履歷詳熟，曾無蹤跡。暮將回，草中見百合苗一枝，白花絕偉，客因斸之。根大如拱，瑰異不類常者。及歸，乃啟其重付，百疊既盡，白玉指環宛在其內。乃驚嘆悔恨，恍惚成病，一旬而斃。

這一則作品，敘寫寄居佛寺的儒生與姿貌絕異的百合精之間的一段短暫而繾綣的戀情。它擅長在動態中塑造人物形象，對邂逅時的傾慕，幽會時的款洽，分別時的悵惘，尋覓時的淒婉，其描述無不蘊含著深情和詩意，感人肺腑。故事結局帶有濃厚的悲劇氛圍，儒生在草叢中無意間摘下百合花，竟鑄成大錯，斷送了他們之間的美好姻緣，因而悔恨成病，抑鬱而歿。通過帶有偶然性的故事情節，十分形象地揭示出在舊制度桎梏下男

女自由戀愛的一種必然的不幸結局。這也正是此則故事最具有震撼力的所在。

再如，《原化記‧天寶選人》：

> 天寶年中，有選人入京。路行日暮，投一村僧房求宿。僧不在，時已昏黑，他去不得。遂就榻假宿，鞍馬置於別室。遲明將發，偶巡行院內，至院後破屋中，忽見一女子，年十七八，容色甚麗，蓋虎皮，熟寢之次。此人乃徐行，掣虎皮藏之。女子覺，甚驚懼，因而為妻。問其所以，乃言逃難，至此藏伏。去家已遠，載之別乘，赴選。選既就，又與同之官。
>
> 數年秩滿，生子數人。一日俱行，復至前宿處。僧有在者，延納而宿。明日，未發間，因笑語妻曰：「君豈不記余與君初相見處耶？」妻怒曰：「某本非人類，偶爾為君所收，有子數人。能不見嫌，敢且同處。今如見恥，豈徒為語耳。還我故衣，從我所適。」此人方謝以過言，然妻怒不已，索故衣轉急。此人度不可制，乃曰：「君衣在北屋間，自往取。」女人大怒，目如電光，猖狂入北屋間尋覓虎皮，披之於體，跳躍數步，已成巨虎。哮吼回顧，望林而往。此人驚懼，收子而行。

這一則作品敘寫候選官員與牝虎的一段奇特的姻緣，他們的相遇與決裂都發生在同一個地方，無不突如其來，帶有幾分神秘色彩。其中的虎精，外貌秀麗而性情暴戾，野性十足，別具一格。與前兩則作品不同的是故事主角與精怪的結合，沒有兩情相悅時的心靈碰撞，缺乏感情基礎，儘管做了多年夫妻並生有數子，最終仍不免怒目而視，分道揚鑣。這樣的結局讓人悵惋還是慶幸？任由讀者、聽眾自己去體味。

這個時期的人精婚戀故事，尚有寫自稱長史遺孀的美婦與某刺史子姻好，後食夫沖走，現出大白狼原形的《廣異記‧冀州刺史子》、寫為術士逼迫，狐精不得不與相戀之某生分別，某生及第後開視狐精贈衣乃是紙衣的《廣異記‧馮玠》、寫牝豬精變為美婦與一富家主人同居，酒醉後原形畢露的《廣古今五行記‧元佶》、寫一士人遊吳時，與化作年輕女子之

螺精有一夜歡情的《集異記‧鄧元佐》、寫某秀才與化為極色女子之豬精交歡，惜別時因為藏其青履而使之流血出戶的《集異記‧李汾》、寫一士人泛海入長須國為蝦王駙馬，生一兒二女，後長須國有難其人乃往求龍王的《酉陽雜俎‧長須國》、寫一村姑與化為少年之根怪私通有娠，所產乃是三節形根狀物的《酉陽雜俎‧登娘》、寫一吏風雪夜投宿茅舍與其家女結為夫婦，數年後還家，其妻因思親竟變虎突門而去的《河東記‧申屠澄》等。

隋唐五代的人精友誼故事，其中的精怪亦以動物精怪為主，涉及虎、鹿、猿、馬、鴿、鼠、魚等，以虎精居多。此類故事描述精怪與人交往，甚為友善，非但無害人之心，而且常以各種方式助人，或救人性命，或使人身心愉悅，或讓人交上好運，偶爾也引出事故，但絕非其本意。此類故事借助人精友誼，曲折地揭示出民眾嚮往和睦友善的人際關係，呼喚互助互愛的人間真情。

譬如，《廣異記‧稽胡》：

> 慈州稽胡者以弋獵為業。唐開元末，逐鹿深山，鹿急走投一室。室中有道士，朱衣憑案而坐。見胡驚愕，問其來由。胡具言姓名，云：「適逐一鹿，不覺深入，辭謝衝突。」道士謂胡曰：「我是虎王，天帝令我主施諸虎之食，一切獸各有對，無枉也。適聞汝稱姓名，合為吾食。」案頭有朱筆及杯兼簿籍，因開簿以示胡。胡戰懼良久，固請釋放。道士云：「吾不惜放汝，天命如此，為之奈何？若放汝，便失我一食。汝既相遇，必為取也。」久之乃云：「明日可作草人，以己衣服之，及豬血三斗，絹一匹，持與俱來，或當得免。」胡遲回未去，見群虎來朝。道士處分所食，遂各散去。胡尋再拜而還。翌日，乃持物以詣。道士笑曰：「爾能有信，故為佳士。」因令胡立草人庭中，置豬血於其側。然後令胡上樹，以下望之高十餘丈。云：「止此得矣，可以絹縛身著樹。不爾，恐有損落。」尋還房中，變作一虎。出庭仰視明，大噑吼數四，向樹跳躍。知胡不可得，乃攫草人，擲高數丈，往食豬血盡，入房復為道士。謂胡曰：「可速下來。」胡下再拜，便以朱筆勾胡名，於是免難。

這一則作品，敘寫一獵人深山逐鹿時遇虎王而倖免於難的歷險故事，情節奇異，氣氛緊張，頗具想像力。獵人與虎王以誠相見，言而有信，深得對方的諒解和贊許，終於免遭吞噬，毫髮無損。其中對虎精的刻畫尤為成功，展現了一個既威嚴、耿直又富有憐憫心和人情味的獸王形象。它不但想出以草人和豬血作為替代物的變通辦法來搭救獵人，而且在獵人上樹時還叮嚀緊縛著樹，恐其被驚嚇而隕落，體貼入微，真可謂獸面人心，令人感佩，與世間那些人面獸心者有天壤之別，恰好形成鮮明對比。

又如，《酉陽雜俎》續集卷三〈支諾皋下·花精與風神〉：

天寶中，處士崔玄微洛東有宅，耽道，餌術及茯苓三十載，因藥盡，領童僕輩入嵩山采芝，一年方回，宅中無人，蒿萊滿院。時春季夜間，風清月朗，不睡，獨處一院，家人無故輒不到。三更後，有一青衣云：「君在院中也。今欲與一兩女伴過至上東門表姨處，暫借此歇可乎？」玄微許之。須臾，乃有十餘人，青衣引入。有綠裳者前曰：「某姓楊氏。」指一人，曰：「李氏。」又一人，曰：「陶氏。」又指一緋衣小女，曰：「姓石，名阿措。」各有侍女輩。玄微相見畢，乃坐於月下，問行出之由。對曰：「欲到封十八姨。數日云欲來相看不得，今夕眾往看之。」坐未定，門外報封家姨來也。坐皆驚喜出迎。楊氏云：「主人甚賢，只此從容不惡，諸處亦未勝於此也。」玄微又出見封氏，言詞冷冷有林下風氣。遂揖入坐，色皆殊絕，滿座芬芳，馥馥襲人，命酒各歌以送之，玄微志其一二焉。有紅裳人與白衣送酒，歌曰：「皎潔玉顏勝白雪，況乃青年對芳月。沈吟不敢怨春風，自嘆容華暗消歇。」又白衣人送酒，歌曰：「絳衣披拂露盈盈，淡染胭脂一朵輕。自恨紅顏留不住，莫怨春風道薄情。」至十八姨持盞，性頗輕佻，翻酒污阿措衣，阿措作色曰：「諸人即奉求，余不奉畏也。」拂衣而起。十八姨曰：「小女弄酒。」皆起至門外別。十八姨南去，諸人西入苑中而別，玄微亦不至異。明夜又來，欲往十八姨處，阿措怒曰：「何用更去封嫗舍，有事只求處士，不知可乎？」諸女皆曰：「可。」阿措來言曰：「諸女伴皆住苑中，每歲多被惡風所撓，居

止不安，常求十八姨相庇。昨阿措不能依回，應難取力。處士倘不阻見庇，亦有微報耳。」玄微曰：「某有何力得及諸女。」阿措曰：「但求處士每歲歲日與作一朱幡，上圖日月五星之文，於苑東立之，則免難矣，今歲已過，但請至此月二十一日平旦，微有東風，即立之，庶可免也。」玄微許之，乃齊聲謝曰：「不敢忘德。」各拜而去。玄微於月中隨而送之。逾苑墻乃入苑中，各失所在。乃依其言，至此日立幡。是日東風振地，自洛南折樹飛沙，而苑中繁花不動。玄微乃悟諸女曰姓楊、姓李，及顏色衣服之異，皆眾花之精也。緋衣名阿措，即安石榴也。封十八姨，乃風神也。後數夜，楊氏輩復至愧謝，各裹桃李花數斗，勸崔生服之，可延年卻老，願長如此住護衛某等，亦可至長生。至元和初，玄微猶在，可稱年三十許人。

　　這一則作品以富於詩情畫意見長，在精怪故事中別具一格。它敘寫眾花精與處士崔生友善，春夜至院中共同飲酒吟唱，感每歲多被惡風所擾，居止不安，乃請崔生立朱幡禦風護衛，後復來致謝，贈花數斗讓其服以延年卻老。其中將綠裳楊氏、紅裳陶（桃）氏、白衣李氏、緋衣阿措（安石榴）等花精，無不描繪得那樣楚楚動人。她們不僅色皆殊絕，馥馥襲人，而且舉止優雅，談吐脫俗，知恩報德，令人見憐。最為可人的當數阿措，她敢於對傲慢輕佻的封十八姨（風神）表示不滿，宣稱「余不奉畏」，並且為諸女伴出主意，求崔生立幡護花，致使東風振地而苑中繁花不動，在眾花精中獨樹一幟。

　　再如，《宣室志》卷一〈聖畫〉：

　　雲花寺有聖畫殿，長安中謂之七聖畫。初殿宇既制，寺僧求畫工。將命施彩飾，會責其直，不合寺僧祈酬，亦竟去。後數日，有二少年詣寺來謁曰：「某，善畫者也。今聞此寺將命畫工，某不敢利其直，願輸工，可乎？」寺僧欲先閱其蹟，少年曰：「某兄弟凡七人，未嘗畫於長安諸寺，寧有跡乎？」僧以為妄，稍難之。少年曰：「某既不納師之直，苟不可師意，即命圬其壁，未為晚也。」

寺僧利其無直，遂許之。後一日，七人果至。各挈彩繪，將入殿宇，且為僧曰：「從此去七日，慎勿為吾之戶，亦不勞賜食，蓋以畏風日侵鑠也。可以泥錮吾門，無使有纖隙，不然，則不能施其妙矣。」僧從其語。如是凡六日，闃無有聞。僧相語曰：「此必怪也。當不可果其約。」遂相與發其封。戶既啟，有七使鴿翩翩望空飛去。其殿中彩繪，儼若四隅，惟西北墉未盡其飾焉。後畫工來見之，大驚曰：「真神妙之筆也。」於是無敢繼其色者。

這一則作品極富傳奇色彩，敘寫七使鴿兄弟主動為一寺廟殿宇作畫，不計報酬，廢寢忘食，因寺僧違約而提前為戶，致使彩畫未能最後完成而無人敢繼其色。故事層次分明，情節環環相扣，頗能顯現其編講民間故事的造詣。尤其值得稱道的是，故事運用正面描摹（寫七兄弟態度真誠，行為奇特，畫作神妙）與側面烘托（寫寺僧事前多有懷疑，畫工事後大加讚賞）的手法來精心刻畫使鴿七兄弟的形象，非常成功，給人留下難忘的印象，真可謂餘味無窮。

這個時期的人精交誼故事，尚有寫大魚精與從者至某家寄息後，大水暴至，大魚精乃使其家族免於漂蕩之患的《廣古今五行記・尹兒》、寫某人與凶宅中精怪友善，精怪遂助其得到大量紫金，後乃為官的《博異志・蘇遏》、寫某客舟行時於江濱林間，受到猿猴精所變之尼姑盛情接待，後聚僮僕尋覓則蹤跡渺然的《集異記・雀商》、寫變作道士之虎精與尋虎者友善，以變通辦法放過其人，自此虎患遂絕的《會昌解頤錄・峽口道士》、寫某公所養駿馬忽化為一美婦，被留於家，十餘載後竟變馬奔去的《瀟湘錄・張金》、寫某人偶遇玉、金、枯木三精，共往會鬼，遂得玉帶、金杯的《瀟湘錄・張班》、寫一結茅臨江之漁者向他人求得一小猿後不久，乃化為老猿攜小猿而去的《瀟湘錄・楚江漁者》、寫某人與變為道士之虎精多有交情，披虎皮化虎夜馳五百里還家探視，不得入門，其子外出竟被誤食的《傳奇・王居貞》等。

隋唐五代的精怪報恩故事中的精怪，大多為動物，計有虎、猱、龜、黿、魚、鵝、馬、豬、鼠等。其中的精怪頗通人性，以各種方式報答世人款待、留宿、搭救、放生、養育、收葬之恩，讀來令人倍感親切。此類故

事倡導互助互愛的社會風尚，在淨化世人心靈，改善生存環境方面頗有為益，因而深受民眾喜愛。

譬如，《玄怪錄》卷三〈刁俊朝〉（《太平廣記》卷二二○引作《續玄怪錄》）：

安康伶人刁俊朝妻巴嫗，項癭者初大如雞卵，漸大如三四斗瓶盎，積四五年，大如數斛之囊，重不能行。其中有琴瑟笙磬塤簏之響。細而聽之，若合音律，泠泠可樂。積數年，癭外生穴如蜂芒者不幾紀億。每天雨則穴中起白雲，靄靄如絲縷，漸高布散，結為屯雲，雨則立降。其家少長懼之，咸請遠送岩穴。俊朝戀戀不能已，因謂妻曰：「吾以迫眾議，將不能庇伉儷，送汝於無人之境，如何？」妻曰：「此疾誠可憎惡，送之亦死，析之亦死，君當為我決析之，看有何物。」俊朝即磨淬白刃，揮挑將及妻前，癭中忽然有聲，四分析裂，有一猱跳走騰踏而去。即以帛絮裹之，雖癭疾頓愈，而冥然大漸矣。明日，有黃冠扣門曰：「吾昨日癭中猱也。本是老獼猴精。解致風雨，無何與漢江鬼潭老蛟還往，常與覘船舫，船舫將至，俾他覆之，以求舟中餱糧，且養孫任。昨者天誅蛟，搜索黨與，故借夫人蟠蟒之領，亡匿性命，雖分不相干，然恩亦至矣。今於鳳凰山神處求得少許靈膏，請君塗之，幸希立癒。」俊朝如言塗之，隨手瘡合。俊朝因留黃冠，烹雞設食，食訖，賷酒欲飲。黃冠因囀喉高歌，又為絲匏瓊玉之音，罔不鏗鏘可愛。既而辭去，莫知所詣。時大定中也。

這一則作品，敘寫一伶人因為妻子項癭極為怪異，迫於眾議欲將其送入無人之境。其妻決意剖析，項癭突然四裂，跳出一老獼猴精。它為報借項癭亡匿性命之恩，乃至鳳凰山神處求來靈膏，讓伶人妻治好瘡傷，伶人遂烹雞設食為謝。這則作品通過變幻奇秘的故事情節和靈異誠摯的藝術形象來展示人精之間的情誼，謳歌互助互敬的良好人際關係和知恩圖報的高尚道德情操，使人從中得到啟迪和教益。

又如，《宣室志》卷四〈周氏子〉：

汝南周氏子，吳郡人也，忘其名，家於昆山縣。元和中，以明經上第。調選，得尉昆山。既之官，未抵邑數十里，舍於逆旅中。夜夢一丈夫，衣白衣，儀狀甚秀，而血濡其襟，若傷其臆者，既拜，而泣謂周生曰：「吾，家於林泉者也。以不尚塵俗，故得安其所有年矣。今以偶行田野間，不幸值君之家童，有繫吾者。吾本逸人也，既為所繫，心甚不樂。又縱狂犬噬吾臆，不勝其憤。願君子憫而宥之。不然，則死在朝夕矣。」周生曰：「謹受教，不敢忘。」言訖而寤，心竊異之。明日，至其家。是夕，又夢白衣人來曰：「吾前以事訴君，幸君憐而諾之，然今尚為所繫。願君勿易仁人之心，疾為我解其縛，使不為君家囚，幸矣。」周即問曰：「然則汝之名氏可得聞乎？」其人曰：「我，鳥也。」言已遂亡去。又明日，周生乃以夢語家僮，且以事訊之。其家人因適野，遂獲一鵝，乃籠歸，前夕，有犬傷其臆。周生即命放之。是夕，又夢白衣人辭謝而去。

這一則作品，提出了一個保護野生動物的嚴肅問題。它敘寫一隻野鵝被捉為犬所傷，託夢向某吏求救，終得放生。其故事情節異常簡單，但卻十分別致，有較深的意涵。化為儀狀俊秀一白衣人的野鵝向人求救和前來辭謝，都是通過三次託夢來完成的，使虛幻的夢境與實際狀況交替出現，相互印證，讀來頗有情趣。而野鵝謝恩，並無物資方面的報答，主要體現在精神方面。助人為快樂之本。世人的善舉，具有高尚的思想境界，原本不需要任何回報。這一則故事用此種方式表達感恩之情，應該說是再恰當不過的了。

這個時期的精怪報恩故事，尚有寫諸多有生理缺陷之豬隻，常年混跡於污穢之中，求死不得，一官吏讓其死而托生，他日咸來謝恩的《廣異記‧崔日用》、寫大龜為報不殺之恩，水患時前來引路使放生者一家三十餘口得免於難的《廣異記‧劉彥回》、寫馬醫為韓幹所畫之馬治為疾，所獲報酬歷久乃成泥錢的《酉陽雜俎‧畫馬求治》、寫龔某劃小艇涉風送一深夜求渡者其過江，其人至岸仆地化為四尺餘長金人，讓龔某致富發家的《河東記‧龔播》、寫某人因搭救為州兵追殺之猛虎，後其虎化作一少年

贈金枕酬謝的《瀟湘錄‧周義》、寫李家世代不殺生靈，一日群鼠人立門外，吸引在其家會食親友空堂觀看，堂屋忽摧圮而無一傷的《宣室志‧李甲》、寫章某善待賓客，一晚他所熱情款待之求宿母女，升榻後竟變為銀人的《玉堂閑話‧宜春郡民》、寫某官吏以千錢贖一大黿放生，年後某被迎至水府致謝，並使其子免於水難的《稽神錄‧宋氏》、寫某女所生之魚，在其亡故後每逢寒食均游至墓前祭奠的《稽神錄‧安氏女》等。

隋唐五代的精怪復仇故事中的精怪，多數亦為動物，計有魚、黿、狐、犬、梟、水怪、山魈等。此類作品，大多通過引人入勝的故事情節，描述被害者自身或親屬受到各種虐待、傷痛以至斃命，遂起而報復，讓各種的為惡者得到應有的懲處。此類故事在一定程度上曲折地揭示了當時受奴役、被迫害的人們特有的抗爭性和叛逆精神，使蒙冤受屈的民眾受到鼓舞。譬如，《廣異記‧謝二》：

> 唐開元時，東京士人以遷曆不給，南遊江淮。求丏知己，困而無獲，徘徊揚州久之。同亭有謝二者，矜其失意，恒欲恤之。謂士人曰：「無爾悲為，若欲北歸，當有三百千相奉。」及別，以書付之曰：「我宅在魏王池東，至池，叩大柳樹。家人若出，宜付其書，便取錢也。」士人如言，徑叩大樹。久之，小婢出，問其故。云：「謝二令送書。」忽見朱門白壁，婢往卻出，引入，見姥充壯，當堂坐，謂士人曰：「兒子書勞君送，令付錢三百千。今不違其意。」及人出，已見三百千在岸，悉是官家排鬥錢，而色小壞。士人疑其精怪，不知何處得之，疑用恐非物理，因以告官，具言始末。河南尹奏其事，皆云：「魏王池中有一黿窟，恐是耳。」有敕，使擊射之。得昆侖數十人，悉持刀槍，沉入其窟，得黿大小數十頭。末得一黿，大如連床，官皆殺之，得錢帛數千事。其後五年，士人選得江南一尉。之任，至揚州市中東店前，忽見謝二。怒曰：「於君不薄，何乃相負，以至於斯？老母家人，皆遭非命，君之故也。」言訖辭去。士人大懼，十餘日不之官。徒侶所促，乃發。行百餘里，遇風，一家盡沒。時人云，以為謝二所損也。

這一則作品，敘寫黿精謝二同情失意無著的東京士人，決意贈錢相助。不料取錢時其人竟報官府，使謝二老母及家人皆遭非命，並因此得到大量賞銀。此人後被謝二申斥，並且讓其一家盡沒。此則故事擅長通過對比來刻畫人物，將謝二一家樂善好施，誠信待人與東京士人忘恩負義，以怨報德相互比照和映襯，使善惡涇渭分明，從而展示癉惡彰善的題旨，產生強烈的藝術感染力。

又如，《逸史·嚴安之》：

> 天寶初，嚴安之為萬年縣捕賊官。亭午，有中使黃衣乘馬，自門馳入，宣敕曰：「城南十里某公主墓，見被賊劫，宜使往捕之，不得漏失。」安之即領所由並器板，往掩捕。見六七人，方穴地道，才及埏路。一時擒獲，安之令求中使不得。因思之曰：「賊方開冢，天子何以知之。」至縣，乃盡召賊，訊其事。賊曰：「才開墓，即覺有異，自知必敗。至第一門，有盟器敕使數人，黃衣騎馬，內一人持鞭，狀如走勢，襆頭腳亦如風吹直豎。眉目已來，悉皆飛動。某即知必敗也。」安之即思前敕使狀貌，兩盟器敕使耳。

這是一則內容較為獨特的故事。它敘寫盟器中的敕使以宣讀天子詔書的方式，令縣中捕賊官前往捉拿盜墓賊的趣聞。作品短小活潑，既有直陳，又有倒敘，情節雖然簡單，卻描繪得有聲有色。它善於通過捕賊官與盜墓賊的心理活動來刻畫人物和推進故事，使人有身臨其境的感覺，具有較高的藝術水準。盜墓之風，古已有之，在唐代已較為盛行。故事中提及的萬年縣（古縣名，治在今西安市北）就有漢高祖太上皇陵等許多有名墓葬，向來為盜墓賊所垂涎。這是一篇較早描述打擊盜墓賊的民間故事，體現了早在一千多年前民眾已經具有很好的保護文物的意識，值得珍視。

這個時期的精怪復仇故事，尚有寫某民斷溪取魚，有魚精化作白袷黃練單衣人來訪，某民不聽勸告而捕殺一大魚，後得報令其人家死亡殆盡的《廣古今五行記·晉安民》、寫主人不忍懲處殺食水怪之家奴，但其人旋即被竹尖刺腹而亡，主家亦病死八人的《廣古今五行記·葉朗之》、寫

一漁人捕食往朝東海化為大青魚之龍子，遂手足潰爛，不治身亡的《廣異記・荊州漁人》、寫某吏無故縱火燒死山魈一家，山魈乃變虎吞噬其家大小百餘人，令某吏孑然一身的《會昌解頤錄・元自虛》、寫某人擊死一梟，捕賊吏於埋梟處掘得被賊殺害者的屍首，使其吃盡苦頭的《異聞錄・雍州人》、寫山中猛虎從同行十餘人中捉走商賈王某以報冤仇，卻不傷其伴侶的《玉堂閑話・王行言》、寫張某好符法，學得禁狐魅之術卻相繼為三個狐魅所欺的《稽神錄・張謹》等。

隋唐五代的精怪故事，除了上述各類外，還有其他內容的一些作品亦值得注意。試看，《大唐奇事記・岑規》：

> 唐長安岑規因喪母，又遭火，焚其家產，遂貧乏委地。兒女六人盡孩幼，規無計撫養。其妻謂規曰：「今日貧窮如此，相聚受饑寒，存活終無路也。我欲自賣身與人，求財以濟君及我兒女，如何？」規曰：「我偶喪財產，今日窮厄失計，教爾如此，我實不忍。」妻再言曰：「若不如此，必盡饑凍死。」規方允之。數日，有一老父及門。規延入，言兒女饑凍，妻欲自賣之意。老父傷念良久，乃謂規曰：「我累世家實，住藍田下。適聞人說君家妻意，今又見君言。我今欲買君妻，奉錢十萬。」規與妻皆許之。老父翌日送錢十萬，便挈規妻去，仍謂規曰：「或兒女思母時，但攜至山下訪我，當令相見。」經三載後，兒女皆死，又貧乏，規乃乞食於長安。忽一日，思老父言，因往藍田下訪之。俄見一寺，門宇華麗，狀若貴人宅。守門者詰之。老父命規入，設食，兼出其妻與規相見。其妻聞兒女皆死，大號泣，遂氣絕。其老父驚走入，且大怒，擬謀害規。規亦怯懼走出，回顧已失宅所在。見其妻死於古冢前，其家旁有穴。規乃自山下共發冢。見一老狐走出，乃知其妻為老狐所買耳。

這一則作品，敘寫長安城內一家貧民的悲慘境遇：該家大小數口連遭不幸，生活無計，貧婦不得不賣身以解燃眉之急。然而此舉亦無濟於事，三年後六個子女一一死去，丈夫遂淪為乞丐。其人前往探視時，妻子聞兒

女皆死，竟氣絕身亡。此時，該人才發現買其妻者乃是一老狐，不能不讓人感到無比的悲哀。這則故事雖帶有一定的幻想色彩，卻難以掩蓋其作血淚控訴的特質。在盛極一時的唐代京城中，居然還有如此的慘劇發生，豈不發人深省！

第四節　隋唐五代的鬼魂故事

中國古代的鬼魂故事至為豐富，在幻想故事中十分搶眼，成為中國古代幻想故事的一個亮點，向來備受關注。經過自先秦至魏晉南北朝時期一個漫長的發展過程之後，到了隋唐五代，中國的鬼魂故事已走向成熟。其特點有三：一、收錄有鬼魂故事的典籍大為增多，不下三四十種，其中以《廣異記》、《稽神錄》所載的鬼魂故事最為突出，其次當數《酉陽雜俎》、《宣室志》、《紀聞》、句道興本《搜神記》等。二、鬼魂故事的數量明顯增加，藝術質量亦有提高，並且湧現出不少名篇佳作，使鬼魂故事的影響得到進一步擴大。三、塑造了一批光彩奪目的人物形象，包括鬼魂形象和不怕鬼形象，諸如《廣異記・蔣惟岳》中不懼神鬼，先後消滅七個車輻怪與三個婦人鬼的世人、《廣異記・李光遠》中亡故後不顧上司的阻撓來與百姓一道抗旱的縣令、《紀聞・僧韜光》中死後仍一往情深，其亡魂前來接待故交的僧侶、《酉陽雜俎・淮西軍將》中敢於奪下鬼之蓄氣袋而將其擊退的軍將、《瀟湘錄・鄭紹》中矢志追求幸福，大膽自求佳偶的年輕女鬼、《宣室志・黃氏》中死後七日變為一鳥飛入堂中探視婆母的孝婦鬼魂、《聞奇錄・鄭總》中病歿後深夜還家看望丈夫與兒女的婦人亡靈、《稽神錄・周潔》中死於饑饉仍善待投宿客人的兩位少女幽魂、《稽神錄・吳景》中稱「我從吳景索命，不知其他」的被殺婦人冤魂、《北夢瑣言・李矩》中被屈打成招，臨刑時讓家人多燒紙筆以訟於地下的冤鬼等，無不鮮活動人，在古代鬼魂故事中都具有一定的代表性。

與以往的鬼魂故事相比，隋唐五代的鬼魂故事中的宗教影響有了明顯增加。而其中的宗教影響，主要表現為佛教影響。它們不但從正面褒揚崇佛、鑄佛行為，稱頌念佛、誦經、寫經、修善、布施等功德，宣揚地獄、生死輪迴、因果報應觀念，而且從反面揭示不事佛信教，死後受諸罪備極苦痛，以達到勸人信佛修善，諷誦佛經的目的。

隋唐五代的鬼魂故事，作品眾多，題材相當廣泛，計有復生還陽、人鬼戀情、人鬼交誼、鬼魂報恩、鬼魂復仇、鬼返人間、鬼魅作祟、鬥鬼降鬼、冥中奇事等，從各個生活側面展示這個時期鬼魂故事的豐富的思想內容和較高的藝術價值。

　　隋唐五代的復生還陽故事，作品數量居鬼魂故事的首位。其中的復生還陽者，大都為善良正直的人，既有官吏、將士、書生，也有下層民眾，甚至是婢女、僕人。復生還陽的因由甚多，屬於陽壽未盡者，有的因誤捉枉捕而放還，有的因召去為冥王、廟神辦事而放還；屬於陽壽已盡者，有的因積功德而放還，有的因需侍奉老母或撫育幼兒而放還，有的因至孝感天而放母生還。至於復生還陽的方式，亦多有不同，有的為死而復蘇，有的為開棺乃出，有的為借屍還魂，不一而足。此類故事，通過以離奇變幻的情節，表現了世人求生的欲望和過太平日子的期盼，並且揭示出揚善懲惡、尊老慈幼等題旨。

　　試看，分別出自《廣異記》與《酉陽雜俎》的兩則故事：

　　　　滎陽鄭會，家在渭南，少以力聞。唐天寶末，祿山作逆，所在賊盜蜂起。人多群聚州縣，會恃其力，尚在莊居。親族依之者甚眾。會恒乘一馬，四遠覘賊。如是累月，後忽五日不還，家人憂愁，然以賊劫之故，無敢尋者。其家樹上，忽有靈語，呼阿奶，即會妻乳母也。家人惶懼藏避，又語云：「阿奶不識會耶？前者我往探賊，便與賊遇。眾寡不敵，遂為所殺。我以命未合死，頻訴於冥官。今蒙見允，已判重生。我屍在此莊北五裏道旁溝中。可持火來，及衣服往取。」家人如言，於溝中得其屍，失頭所在。又聞語云；「頭北行百餘步，桑樹根下者也。到舍，可以楮樹皮作線，攣之。我不復來矣。努力勿令參差。」言訖，作鬼嘯而去。家人至舍，依其攣湊畢，體漸溫。數日，乃能視，恒以米飲灌之，百日如常。

　　　　　　　　　　　　　　　　　　　　《廣異記・鄭會》

開元末，蔡州上蔡縣南李村百姓李簡痾疾卒。瘞後十餘日，有汝陽縣百姓張弘義，素不與李簡相識，所居相去十餘舍，亦因病死，經宿卻活，不復認父母妻子，且言我是李簡，家住上蔡縣南李村，父名亮。驚問其故，言方病時，夢有二人著黃，齎帖見追。行數裏，至一大城，署曰王城。引入一處，如人間六司院，留居數日，所勘責事悉不能對。忽有一人自外來，稱錯追李簡，可即放還，一吏曰：「李簡身壞，須令別托生。」時憶念父母親族，不欲別處受生，因請卻復本身。少頃，見領一人至，通曰：「追到雜職汝陽張弘義。」吏又曰：「弘義身幸未壞，速令李簡托其身，以盡餘年。」遂被兩吏扶持卻出城，但行甚速，漸無所知。忽若夢覺，見人環泣，及屋宇，都不復認。亮訪其親族名氏及平生細事，無不知也。先解竹作，因自入房索刀具，破篾成器，語音舉止，信李簡也，竟不返汝陽。

《酉陽雜俎》續集卷三〈支諾皋下・李簡〉

　　這兩則作品都敘寫故事主角命不該絕，終得復生，而復生的過程均比較離奇。所不同的是，前一則的故事主角係探賊遇害，身首異處。在復生過程中，其人的亡靈一直以積極主動的姿態出現，先是親往冥官處爭得重生的權利，繼而回家求助親人，並且詳細告知操作辦法，終於如願以償。後一則的故事主角係錯追病歿。其人因身壞而借屍還魂，則出自冥吏的安排。通過這兩則作品，我們對此類故事可以有一個比較具體的瞭解和認知。相比之下，前一則作品的故事情節更為生動有趣，人物形象亦更富有光彩。這個人物，不但敢於憑藉自己的努力來改變不幸的命運，而且行事細心周到，對親人循循善誘，把難度極大的事情辦得妥妥帖帖，十分圓滿。在此類故事中，這個人物無疑是一個比較突出的藝術形象。

　　再看，分別出自《宣室志》與句道興本《搜神記》的兩則故事：

　　尚書李寰鎮平陽時，有衙將劉憲者，河朔人，性剛直，有膽勇。一夕，見一白衣來至其家，謂憲曰：「府僚命汝甚急，可疾赴召也。」憲怒曰：「吾軍中神將，未嘗有過，府僚安得見命乎？」

白衣曰：「君第去，勿辭。不然禍及。」憲震聲叱之，白衣馳去，行未數步，已亡所在。憲方悟鬼也。夜深又至，呼憲。憲私自計曰：「吾聞死生有命，焉可以逃之。」即與偕往。出城數里，至一公署，見冥官在廳，有吏數十輩，列其左右。冥官聞憲至，整巾幘，降階盡禮。已而延坐，謂憲曰：「吾以子勇烈聞，故遣奉命。」憲曰：「未委明公見召之旨。」冥官曰：「地府有巡察使，以巡省岳瀆道路，有不如法者，得以察之，亦重事，非剛烈者不可以委焉。願足下俯而任之。」憲謝曰：「某無他才，願更擇剛勇者委之。」冥官又曰：「子何拒之深耶？」於是命案掾立召洪洞縣吏王信訖，即遣一吏送憲歸。憲驚寤。後數日，寰命憲使北都，行次洪洞縣，因以事話於縣寀，縣寀曰：「縣有吏王信者，卒數日矣。」

《宣室志》佚文，「劉憲」

　　昔有李信者，陳留信義人也。為人慈孝，善事父母。年三十八，夜中夢見伺命鬼來取，將信向閻羅王前過，即判付司依法處分。信即經王訴云：「信與老母偏苦，小失父蔭，今既命盡，豈敢有違。但信母年老孤獨，信今來後，更無人看待，伏願大王慈恩，乞命於後。」問：「信母年命，合得幾許？」鬼使曰：「檢信母籍年壽命，合得九十，更餘二十七年未盡。」王曰：「少在二十七年，亦矜放之。」鬼使更奏曰：「如信之徒，天下何限。今若放之，恐獲例者眾。」王聞此語，還判從死。鬼眾嗔信越訴，遂截頭手，拋著鑊中煮之。

　　於時大王使人喚來，卻欲放信還家侍養老母。鬼使曰：「你頭手已入鑊中煮損，無由可得。且借你別頭手，著過王了，卻來至此，與你好頭手將歸，慎勿私去。今緣事遍，且與你胡頭，王且放歸家侍養老母。」

　　信聞放歸，心生歡喜，便即來還，忘卻放鬼使邊取好頭手。〔忽〕然夢覺，其頭手並是胡人，信即煩惱，語其妻曰：「卿識我語聲否？」妻曰：「語聲一眾，有何異也？」信曰：「我昨夜夢見

異事，卿若曉起時，將被覆我頭面。若欲送食，至床前，閉門而去，自取食之。」其妻即依夫語，捉被覆之而去。及送食來，語其夫曰：「有何異事？」忽即發被看之，乃有一胡人床上而臥。其婦驚懼，走告姑曰：「阿家兒昨夜有何變怪，今有一婆羅門胡，在新婦床上而臥。」姑聞此語，即將棒杖亂打信頭面，不聽分疏。鄰里聞聲者走來，問其事由。信方始得說委曲，始知是兒，遂抱悲哭。

漢帝聞之，怪而問曰：「自古至今，未聞此事。雖則假託胡頭，孝道之至，通於神明。」即拜信為孝義大夫。神夢之感，乃至如此，異哉！

句道興本《搜神記·李信》

這兩則作品，寫的均為故事主角被捉入冥府後又得還陽的故事，層次分明，各有情致。前一則描述故事主角抗拒鬼卒召赴於先，抵制冥官委任於後，冥府最終只好將其遣還，於是死而復生。它較為成功地塑造出一個性剛直、有膽勇、敢於改變自己命運的武將形象。後一則描述故事主角入冥後以奉養老母為由，取得冥王同情予以放還；只因其人性急，竟帶著胡人頭手復生，鬧出一場誤會，讓故事結尾帶上濃厚的喜劇色彩。這無疑成為此則作品的一個格外吸引讀者、聽眾之處，使其在同類故事中別具一格。

隋唐五代的復生還陽故事，尚有寫一婦人死去七日復蘇，因有兩樁惡為之罪，蘇後舌頭爛腫的《冥報記·唐梁氏》、寫裴某死後向冥王言說兄弟幼小無人扶持雙親，乃放其還陽的《冥報拾遺·裴則子》、寫某人採樵時被輾死，因受戒布施福助得以延壽放還的《冥報拾遺·劉摩兒》、寫某人由於與死者同姓字被枉捕，因平時好燒雞子，還陽前受到燒灼雙足、踐履荊棘之苦的《法苑珠林·齊士望》、寫方某游獵殺生無數，在冥府受罪後死而復蘇，遂事佛誦經的《法苑珠林·方山開》、寫一餘杭人命不該絕，夏天死十數日後屍體腐爛遂借新死者之身還陽，竟作吳語的《朝野僉載·陸彥》、寫某女枉捕放還，冥卒乃使其季父與劫賊去開棺，因而得出的《廣異記·東萊人女》、寫某縣令素崇佛誦經，乃使其伯母在冥府免受置磨中粉碎之罪，並得再生的《廣異記·盧弁》、寫劉某病卒復蘇，言在地獄見已亡故之父親、岳丈、鄰人坐罪受苦之狀的《紀聞·劉子貢》、寫

一市井粗猛之人因殺食大毒蛇而腹痛喪命，入冥後為一常念《金剛經》者搭救再生，從此絕不殺生，念經不輟的《金剛經報應記・魚萬盈》、寫一醫師無疾而亡，至冥府為王者針治左髀腫大之病，然後令其回到人間的《酉陽雜俎・醫人王超》、寫竹某卒十餘年後冥官許其再生，乃借鄰人屍身還陽，與妻子團聚的《宣室志・竹季貞》、寫一卒為亂兵所刃而身首異處，因陽壽未盡，冥司乃以桑木補其頭身斷處讓其復生的《定命錄・李太尉軍士》、寫一婦人因誤召病卒，冥府乃使其鄰人發冢，遂得剖棺而返家中的《窮神秘苑・李俄》、寫崔某前夫人卒十二年當還陽，遂托夢於老家人請後夫人掘墳將其舁歸，二位夫人以姊妹相處，情同骨肉的《芝田錄・崔生妻》、寫某母病殁，其兒子兒媳三載間背土壘墳，哭聲不絕，上天感其至孝乃霹靂開棺，放母還陽的句道興本《搜神記・張嵩》、寫某鄉胥被召入冥府任北曹判官，後發現其人世壽未盡乃遣還，並許其壽盡當復居此職的《稽神錄・貝禧》、寫一村婦死半月而復蘇，言已被亡故翁姑召入冥間執爨，因嫌其不潔遂逐之使回的《稽神錄・延陵村人妻》等。

　　隋唐五代的人鬼戀情故事，在魏晉南北朝的基礎上又有了新的發展。在這個時期的此類故事當中，與世人相戀的幾乎都是女性鬼魂，而且大多表現得相當主動。她們大膽地與古代禮教進行抗爭，矢志不移地追求幸福，讓人不勝感佩。當然，此類故事的結局往往是悲涼淒惋的。但是，她們能夠覓得心上人，並且有一段時間的情好，哪怕為時異常短暫，這本身便是一次突破，一個勝利；更何況還存在獲得成功，過上甜美生活的特例。此類故事通過人鬼之間的戀情，曲折地反映出青年男女對自主婚戀的渴望，以及他們在爭取自主婚戀過程中的叛逆性和無畏精神，並且成功地塑造出不少有追求、有個性的女鬼形象。應當看到，此類故事的結局無不具有特定的內涵：悲劇性的結局往往折射出當時殘酷現實，讓世人警醒；圓滿的結局往往展示出美好的理想和追求，給世人帶來鼓舞與激勵。

　　譬如，《法苑珠林》卷七十五〈王志女〉：

　　　　唐顯慶三年，岐州岐山縣王志任益州縣令，考滿還鄉。有在室女，面貌端正，未有婚聘，在道身亡。停在綿州殯殮，居棺寺停累月。寺中先有學生停一房內。夜初，見此亡女來入房內，裝飾華

麗，具申禮意，欲慕相就。學生容納，相知經月，女與學生一面銅鏡，巾櫛各一。志欲上道，女共學生具展哀情，密共辭別。家人求覓此物不得，令遣巡房求之，於學生房覓得。令遣左右縛打此人，將為私盜。學生具說逗留，口云：「非唯得娘子此物，兼留下二衣，共某辭別，留為信物。」令遣人開棺檢求，果無此衣。兼見女身似人幸處。既見此征，遣人解放。借問此人：「君居何處？」答曰：「本是歧州人，因從父南任，父母俱亡，權游諸州學問，不久當還。」令給衣馬莊束，同歸，將為女夫，憐愛甚重。

這一則敘寫縣令小姐的鬼魂與遊學書生間的戀情故事，有三點值得關注：其一，塑造出一個主動追求愛情的少女形象，她不但深諳禮數，而且情真意篤，是當時人們理想中的佳偶，給讀者、聽眾留下難忘的印象；其二，人鬼殊途，情好雙方勢必不得不別離，但女方家長最終認可了這樁在當時並無合法地位的自主婚戀，無疑值得稱道；其三，《法苑珠林》由釋道世編纂，其中所收的作品大多旨在宏揚佛法、宣傳因果報應理念，他能夠收錄這樣贊美男女情愛的佳作，十分難能可貴，更加值得珍視。

又如，《廣異記·張果女》：

開元中，易州司馬張果女，年十五，病死。不忍遠棄，權瘞於東院閤下。後轉鄭州長史，以路遠須復送喪，遂留。俄有劉乙代之。其子常止閤中，日暮仍行門外，見一女子，容色豐麗，自外而來。劉疑有相奔者，即前詣之，欣然款洽，同留共宿。情態纏綿，舉止閑婉。劉愛惜甚至。後暮輒來，達曙方去。經數月，忽謂劉曰：「我前張司馬女，不幸天沒，近殯此閤。命當重活，與君好合。後三日，君可見發，徐候氣息，慎無橫見驚傷也。」指其所瘞處而去。劉至期甚喜，獨與左右一奴夜發。深四五尺，得一漆棺，徐開視之。女顏色鮮髮，肢體溫軟，衣服妝梳，無污壞者。舉置床上，細細有鼻氣。少頃，口中有氣，灌以薄糜，少少能咽。至明復活，漸能言語坐起。數日，始恐父母之知也。因辭以習書，不便出閤。常使齋飲食詣閤中。乙疑子有異，因其在外送客，竊視其房。

見女存焉。問其所由，悉具白，棺木尚在床下。乙與妻戲欷曰：「此既冥期至感，何不早相聞？」遂匿於堂中。兒不見女，甚驚。父乃謂曰：「此既申契殊會，千載所無，白我何傷乎？而過為隱蔽。」因遣使詣鄭州，具以報果，因請結婚。父母哀感驚喜，則克日赴婚，遂成嘉偶。後產數子。

　　這一則作品，敘寫前任官吏亡女鬼魂與繼任官吏公子之間的婚戀故事，以亡女再生，喜結連理告終，在人鬼戀情故事中獨樹一幟。值得稱道的是，通篇故事不但構思奇特，想像力豐富，而且以感情充沛見長，諸如張女的深情坦誠，劉子的專情體貼，劉父的熱情豁達，都頗為感人。其中的細節描寫亦較為生動，像女鬼與劉子幽會，劉子發棺救女，劉父探女促婚等，都款款道來，擅長捕捉細緻入微之處，無不顯示出它具有較高的敘事功力和藝術水平。

　　再如，《集異記‧金友章》：

　　　金友章者，河內人，隱於蒲州中條山，凡五載。山有女子，日常挈瓶而汲溪水，容貌殊麗。友章於齋中遙見，心甚悅之。一日，女子復汲，友章躡履企戶而調之曰：「誰家麗人，頻此汲耶？」女子笑曰：「澗下流泉，本無常主。須則取之，豈有定限。先不相知，一何造次。然兒止居近里，少小孤遺，今且托身於姨舍。艱危受盡，無以自適。」友章曰：「娘子既未適人，方謀婚媾，既偶鳳心，無宜暇棄。未委如何耳？」女曰：「君子既不以貌陋見鄙，妾焉敢拒違。然候夜而赴佳命。」言訖，女子汲水而去。是夕果至，友章迎之入室。夫婦之道，久而益敬。友章每夜讀書，常至宵分。妻常坐伴之，如此半年矣。一夕，友章如常執卷，而妻不坐，但佇立侍坐。友章詰之，以他事告。友章乃令妻就寢。妻曰：「君今夜歸房，慎勿執燭，妾之幸矣。」既而友章秉燭就榻，即於被下見其妻，乃一枯骨耳。友章愴嘆良久，復以被覆之。須臾乃復本形，因大悸怖，而謂友章曰：「妾非人也，乃山南枯骨之精。居此山北，有恒明王者，鬼之首也，常每月一朝。妾自事金郎，半年都不至

彼。向為鬼使所錄，榜妾鐵杖百。妾受此楚毒，不勝其苦。向以化身未得，豈意金郎視之也。事以彰矣，君宜速出，更不留戀。蓋此山中，凡物總有精魅附之，恐損金郎。」言訖，涕泣嗚咽，因爾不見。友章亦凄恨而去。

這一則作品，敘寫隱於山中的書生與孤女鬼魂的一段戀情——書生不慎使女鬼現形，緣盡飲恨而別。跟上兩則不同的是，此則作品帶有濃郁的悲劇色彩。而作品的悲劇性，主要是通過女主角體現出來的，不僅因為她長期受制於鬼王，備嘗捶楚，不勝其苦，而且因身份彰顯不得不與心愛之人永訣，使最後的希望徹底被滅，更為凄苦。這則作品在藝術上有兩點值得肯定：其一，塑造了一個勇於追求幸福的貧家女子的鬼魂形象，為我國古代鬼魂故事的畫卷增添了光彩。她既有殊麗的容貌，處事落落大方，又能體貼夫君，溫情眷顧，更為可貴的是，她寧肯自己忍受折磨，而不願意心上人受到傷害，突顯出她的真摯與深情；其二，敘事擅長運用對比手法，讓前半部分的美滿溫馨與後半部分的殘酷悲哀有極大的反差，形成鮮明對照，從而深化了故事的悲劇氛圍和藝術感染力。

這個時期的人鬼戀情故事，尚有寫李某上都候選時病篤，深愛他之女鬼送藥將其治癒，選為臨津尉後竟訣別的《廣異記・李陶》、寫某縣丞秩滿歸家時，與一佳麗相戀，同居一載方知其為殯於此地之一縣令亡女，其家迎喪時互贈信物而別的《廣異記・王玄之》、寫某令與縣尉亡妻鬼魂相戀，縣尉知情後遂積薪焚毀婦棺的《廣異記・新繁縣令》、寫名士楊某與鬼婦情好二三載，知彼為鬼後斷絕往來，鬼婦怒而奪其性命的《廣異記・楊准》、寫一主簿外甥女亡魂與某胥吏相戀，常幽會於殯室，胥吏暴卒後主簿乃設冥婚禮讓其二人合葬的《紀聞・季攸》、寫一道士以符和咒水給鄗郎，讓其對付與之結好數月女鬼，女鬼乃悲恨而去的《集異記・鄗濤》、寫鄭商與一女鬼幽居二月後離去，他日再訪竟杳無蹤跡的《瀟湘錄・鄭紹》、寫一少女夜雨後逾垣而入與崔某寢處，將旦乃斃，後方知其為宵遁之屍的《通幽記・崔咸》、寫王某月夜在舟中與太守女亡魂幽會，撫琴對飲，四更後乃執手分別的句道興本《搜神記・王景伯》、寫劉妹卒後三載忽現身，先後嫁與軍士任某、羅某，知其常出入墓中，因懼而疏遠

的《稽神錄‧劉騭》等。

　　隋唐五代的人鬼友誼故事，作品的數量也比較多。它們均以亡靈與世人之間的交往與友情為題材，是人鬼戀情故事的一種拓展、延伸。其中的亡靈與世人有的在生時已經結好，有的則為新交，彼此之間以友情為重，相互關心，相互幫助，相互愛護，感情甚為真摯。此類故事裏面的亡靈，大都以正面形象出現，有男有女，有僧有俗，有貧有富，涉及各個社會階層。此類故事無不以鬼寫人，借助虛幻的故事情節反映現實生活，通過人鬼交往中的各種感人事跡來表現並謳歌人際關係方面的各種美德和情操，對於淨化人們的心靈，促進社會進步頗有為益。

　　譬如，《紀聞‧僧韜光》：

　　　　青龍寺僧和眾、韜光，相與友善。韜光富平人，將歸，謂和眾曰：「吾三數月不離家，師若行，必訪我。」和眾許之。逾兩月餘，和眾往中都，道出富平，因尋韜光。和眾日暮至，離居尚遠，而韜光來迎之曰：「勞師相尋，故來迎候。」與行里餘，將到家，謂和眾曰：「北去即是吾家，師但入須我，我有少務，要至村東，少選當還。」言已東去。和眾怪之，竊言曰：「彼來迎候，何預知也？欲到家舍吾，何無情也？」至其家扣門，韜光父哭而出曰：「韜光師不幸，亡來十日，殯在村東北。常言師欲來，恨不奉見。」和眾吊唁畢，父引入，於韜光常所居房舍之。和眾謂韜光父曰：「吾適至村，而韜光師自迎吾來，相與談話里餘。欲到，指示吾家而東去，云要至村東，少間當返。吾都不知是鬼，適見父，方知之。」韜光父母驚謂和眾曰：「彼既許來，來當執之，吾欲見也。」於是夜久，韜光復來，入房謂和眾曰：「貧居客來，無以供給。」和眾請同坐，因執之叫呼，其父與家人並至。秉燭照之，形言皆韜光也。納之瓮中，以盆覆之。瓮中忽哀訴曰：「吾非韜光師，乃守墓人也。知師與韜光師善，故假為之。如不相煩，可恕造次，放吾還也。」其家不聞之，瓮中密祈請轉苦。日出後卻覆，如驚揚飛去。而和眾亦還，後不復見焉。

這一則作品，敘寫一僧人由長安往蒲州（今山西永濟市西）時，中途在富平訪友的故事。情節離奇而富有人情味，成功地塑造出一個珍視友誼的僧侶形象。故事結構巧妙，層層推進，引人入勝。在僧人和眾得知噩耗前後，韜光的亡靈兩度現身，一是遠出迎迓，一是復至敘舊，都顯示出這位出身貧寒的出家人十分珍惜友情。中間插敘老父轉述韜光常言僧友來時恨不能見的情節，更突顯其對僧友的掛懷和對友誼的重視。結尾的一段描述，則表現出陰陽阻隔、人鬼殊途的悲涼和亡靈為友情作奉獻的難能可貴。

又如，《玄怪錄》補遺〈鄭望〉：

> 乾元中有鄭望者，自都入京，夜投野狐泉店宿，未到五六里而昏黑，忽於道側見人家，試問門者，云是王將軍，與其亡父有舊。望甚喜，乃通名參承。將軍出，與望相見，敘悲泣，人事備之。因而留宿，為設饌飲。中夜酒酣，令呼蓬蒢[48]三娘唱歌送酒。少間三娘至，容色甚麗，尤工唱《阿鵲鹽》。及曉別去，將軍夫人傳語，令買錦褲及頭髻花紅朱粉等。後數月，東歸過，送所求物，將軍相見歡洽，留宿如初。望問何以不見蓬蒢三娘，將軍云：「已隨其夫還京。」以明日辭去，出門不復見宅，但餘丘隴，望憮然卻回。至野狐泉，問居人，曰：「是王將軍家。冢邊，伶人至店，其妻暴疾亡，以葦席裹屍，葬將軍墳側，故呼曰蓬蒢三娘云。旬日前伶官亦移其屍歸葬長安訖。」

這一則作品，敘寫唐肅宗時故事主角由洛陽去長安途中投宿時，與其父有舊的王將軍和一伶人之妻的一段交誼。故事感情深摯，充滿悲涼氣圍。其中，伶人之妻的命運尤為淒苦。她暴卒於逆旅，由於困窘，伶人只得以葦席裹屍將其葬於將軍墳側，故而稱為「蓬蒢三娘」。它從一個側面真切地反映出歷時七年多的安史之亂嚴重破壞生產，給百姓生活帶來莫大的苦痛。

---

[48] 蓬蒢：亦作「篷蒢」，用葦或竹編的粗席。

再如，《稽神錄》卷三〈周潔〉：

> 霍丘令周潔甲辰歲罷任，客遊淮上。時民大饑，逆旅殆絕，投宿無所。升高而望，遠見村落煙火。趨而詣之，得一村舍。扣門久之，一女子出應門。告以求宿，女子曰：「家中飢餓，老幼皆病，愧無以延客，止中堂一榻可矣。」遂入之。女子侍立於前。少頃，其妹復出，映嫂而立，不見其面。潔自具食，取餅二枚以與二女，持之入室。閉門而聽，悄然無聲。潔方悚然而懼。向曉將去，使呼二女告別，了無聲應者。因壞戶而入。乃見積屍滿屋，皆將枯朽，惟女子死未旬日，其妹面目已枯矣，二餅猶置胸上。潔後皆為瘞之云。

這一則作品，敘寫唐僖宗中和四年（884）一縣令遊淮上求宿時的一段充滿悲情的經歷，令人觸目驚心。眾所周知，唐僖宗乾符元年（874）關東（潼關以東）因旱災引起大饑饉，屍橫遍野，極為慘烈。這則故事，正是在唐末大饑饉的背景上發生的。其文字通俗曉暢，深沉凝重，讀來催人淚下。故事裏的姊妹兩個年輕女鬼，在如此的境遇中還彬彬有禮地收留過客住宿，足見其善良、誠篤，讓人感念不忘。如果說上一則作品從一個側面觸及唐代由盛轉衰時的民生疾苦的話，這一則作品則從一個側面對唐末大災荒時百姓蒙受的深重苦難作無聲的控訴，具有極大的震撼力。

這個時期的人鬼交誼故事，尚有寫某人途中乞漿，受到歿後仍不忘翁姑之鬼婦接待的《續玄怪錄・唐儉》、寫選人劉某入京時與一舉人亡魂同行數里，意甚相得，歸來再訪時惟見殯宮的《酉陽雜俎・襄陽選人》、寫祖某落第後出游，投宿山中一空寺，有人月夜忽出與其飲茗吟詩，後知其為鬼，乃為文憑弔的《會昌解頤錄・祖價》、寫安某與友人在長安相逢，互有唱和，後從其母處得知此友已亡故三載的《瀟湘錄・安鳳》、寫段某臥病小瘥後，一鬼引一絕色女子來與之婚配，段某不顧，女乃以紅箋留詩而去的《河東記・段何》、寫沈生調補金堂令至洋州夜寢時，舊友竇某幽魂前來相會，後知竇已亡故，乃至其殯宮致奠拜泣的《宣室志・竇裕》、寫李生途經商洛山間，日暮投匿一殯宮受善待，天明知為崔氏女墓，乃以

酒膳致奠的《宣室志·潯陽李生》、寫邢某晝臥時一友來訪，久之乃去，後來才知此友已歿的《宣室志·邢群》、寫一文士素有膽氣，中秋夜與三鬼友飲酒吟詩的《宣室志·三鬼友》、寫某太守見為其家縫衣少女做工精良，常多與價，三年後辭別復賜金錠、金釵，其父母迎喪靈還家墳葬，於棺木中發現太守所與金錠等的句道興本《搜神記·趙子元》、寫一富賈樂善好施，一為暴水漂來之鬼魂求寄其家，常相唱和的《稽神錄·田達誠》、寫一賈客泛海遇風漂至鬼國，鬼王與群臣具酒食為其祀祝的《稽神錄·青州客》、寫一士子累舉不第，因困厄乃祈死於嶽廟，判官授藥方助其致富的《稽神錄·趙瑜》等。

　　隋唐五代的鬼返人間故事，數量不太多。作品大都以家庭生活為題材，通過亡人之鬼魂暫返塵世，與家人共同生活，操持家務，協調家庭成員的關係，體現出深厚的親情。也有少量作品以社會生活為題材，描述亡魂暫返塵世，為百姓辦事，與友人敘舊，表現了愛護鄉梓、珍惜友誼的高尚情操，亦頗動人。

　　譬如，《稽神錄》卷二〈婺源軍人妻〉：

　　　　丁酉歲，婺源建威軍人妻死更娶，其後妻虐遇前妻之子，夫不能制。一日忽見亡妻自門而入，大怒後妻曰：「人誰無死，孰無母子之情，乃虐我兒女如是耶！吾比訴於地下所司，今與我假十日，使我誨汝。汝遂不改，必能殺君矣。」夫妻皆恐懼再拜。即為具酒食，遍召親黨鄰里，問訊敘語如常。他人但聞其聲，惟夫妻見之。及夜，為設榻別室。夫欲從之宿，不可。滿十日將去，復責詈其後妻，言甚切至。舉家親族共送至墓百餘步，曰：「諸人可止矣。」復懇懃辭別而去。將及柏林中，遂入，人皆見之，衣服容色如平生，及墓而沒。建威軍使汪延昌言如是。

　　這一則作品，敘寫前妻亡魂回家十日教訓虐待孩子的繼室，調解家庭矛盾的故事。作品立意甚高，亡魂對繼室既嚴厲又寬厚，不但曉之以理，而且動之以情，還借重家族、鄰里來做其轉化工作，卓見成效。它生動有力地說明，只要尊重每位家庭成員的感情，妥善處置，再棘手的家庭矛盾

也可以化解，甚至達到完美的境界。

又如，《廣異記·李光遠》：

> 李光遠，開元中。為館陶令。時大旱，光遠大為旱書，書就暴卒。卒後，縣申州，州司馬覆破其旱。百姓胥怨，有慟哭者。皆曰：「長官不死，寧有是耶為」其夜，光遠忽乘白馬，來詣旱坊，謂百姓曰：「我雖死，旱不慮不成。司馬何人，敢沮斯議？」遂與百姓詣司馬宅，通云：「李明府欲見。」司馬大懼，使人致謝。光遠責云：「公非人，旱是百姓事，何以生死為准？宜速成之，不然，當為屬矣。」言訖，與百姓辭訣方去。其年旱成，百姓賴焉。

這一則作品，敘寫一縣令大旱時暴卒，其亡靈急民之困，乃乘馬返回塵世，與阻撓抗旱的上司抗爭，終獲成功，使百姓得以生存。其中，所塑造的這個急公好義、敢於為民請命的縣令鬼魂形象，可欽可佩，令世人永遠銘記在心。

這個時期的鬼返人間故事，尚有寫一婦人暴卒，其亡魂見丈夫、諸子慟哭不止，乃現形慰勉親人、安排家事，然後入堂遂滅的《廣異記·王光本》、寫趙某以文章知名，卒後返回處理家事如平生，三年後乃告別而去的《紀聞·趙夏日》、寫馬母亡故十餘載仍不忍別離，經常賃驢返家探望的《續玄怪錄·馬震》、寫衙將張某繼室悍妒，前妻所生五子不堪其苦常哭於母墓，前妻亡靈乃讓張某上訴官府，使繼室流放嶺南的《本事詩·幽州衙將》、寫呂生妻黃氏卒後變為一鳥飛入堂中謁姑，回翔哀唳，食頃乃去的《宣室志·黃氏》、寫亡妻鬼魂來與丈夫共敘家常，情意綿綿的《通幽記·唐晅》、寫亡妻鬼魂深夜還家，丈夫烹茗以待，亡妻恐驚小兒女，隨即辭去的《聞奇錄·鄭總》、寫一僧人忽於揚州市中與亡友章某相遇，乃邀入食店敘舊的《稽神錄·僧珉楚》、寫某人在外亡故，忽扣門夜歸探望老母，並譴責其妻匿金不供其母的《稽神錄·浦城人》等。

隋唐五代的鬼魂報恩故事，講述的均為鬼魂以各種方式回報有恩之人的趣聞，感情真摯，頗為動人。在故事當中，世人給予鬼魂的幫助，涉及運載、款待、遷葬、壅墳、平亂等等，不一而足。受世人幫助的鬼魂，大

多為貧寒困苦者，屬於弱勢群體，其命運可悲可嘆。此類故事的內容一般都比較健康，有一定的積極意義，不但稱頌扶困濟危、與人為善的品格，而且讚揚待人以誠、知恩圖報的美德，對於改善人際關係、倡導良好的社會風尚十分有益。

譬如，《會昌解頤錄‧牛生》：

牛生自河東赴舉，行至華州，去三十里，宿一村店。其日雪甚，令主人造湯餅。昏時，有一人窮寒，衣服藍縷，亦來投店。牛生見而念之，要與同食。此人曰：「某窮寒，不辦得錢，今朝已空腹行百餘里矣。」遂食四五碗，便臥於床前地上。其聲如牛。至五更，此人至牛生床前曰：「請公略至門外，有事要言之。」連催出門，曰：「某非人，冥使耳。深愧昨夜一餐，今有少相報。公為置三幅紙及筆硯來。」牛生與之。此人令牛生遠立。自坐樹下，袖中出一卷書，檢之。看數張，即書兩行。如此三度訖，求紙封之。書云第一封、第二封、第三封。謂牛生曰：「公若遇災難危篤不可免者　即焚香以次開之視。若或可免，即不須開。」言訖，行數步，不見矣。牛生緘置書囊中，不甚信也。及至京，止客戶坊，饑貧甚，絕食。忽憶此書，故開第一封。題云：「可於菩提寺門前坐。」自客戶坊至菩提寺，可三十餘里，飢困，且雨雪，乘驢而往。自辰至鼓聲欲絕方至寺門，坐未定，有一僧自寺內出，叱牛生曰：「雨雪如此，君為何人而至此為若凍死，豈不見累耶？」牛生曰：「某是舉人，至此值夜，略借寺門前一宿，明日自去耳。」僧曰：「不知是秀才，可止貧道院也。」既入，僧乃為設火具食，會語久之，曰：「賢宗晉陽長官，與秀才遠近？」牛生曰：「是叔父也。」僧乃取晉陽手書，令識之，皆不謬。僧喜曰：「晉陽常寄錢三千貫文在此，絕不復來取。某年老，一朝溘至，便無所付，今盡以相與。」牛生先取將錢千貫，買宅，置車馬，納僕妾，遂為富人。又以求名失路，復開第二封書。題云：「西市食店張家樓上坐。」牛生如言，詣張氏，獨止一室，下簾而坐。有數少年上樓來，中有一人白衫。坐定，忽曰：「某本只有五百千，令請添

至七百千，此外即力不及也。」一人又曰：「進士及第，何惜千
緡。」牛生知其貨及第矣。及出揖之，白衫少年即主司之子。生
曰：「某以千貫奉郎君，別有二百千，奉諸公酒食之費，不煩他議
也。」少年許之。果登上第。歷任台省，後為河中節度副使。經一
年，疾困，遂開第三封。題云：「可處置家事。」乃沐浴，修遺
書，才訖而遂終焉。

這一則作品，描述冥使贈送三封手書以回報舉人牛生熱情相助的恩
德，讓牛生饑貧時得錢致富，求名時登第為官，疾困時得以善終。通篇
故事充滿神秘感，依次遞進，引人入勝。其藝術技巧的運用亦頗為嫻熟，
有兩點值得提及：其一，善於鋪墊。作品一開始充分描繪冥吏的窮寒與飢
乏，藉以顯示冥吏對一餐之恩的格外看重，引出贈送三封手書，為展開其
後的故事情節作了很自然的鋪墊。其二，擅長駕馭象徵手法。作品用三封
手書引出故事角的三個階段的際遇，頗具象徵性。故事主角一次次打開冥
吏所贈的手書，由富貴榮華而走向人生的終結，實際上濃縮了一生的經
歷。故事發人深省，提醒世人應當更加珍惜生命，切莫虛度光陰。

又如，《宣室志》卷六〈三女墳〉：

廣陵有官舍，地步數百，制度宏麗，相傳其中為鬼所宅，故
居之者一夕即暴死，鎖閉累年矣。有御史崔某，官於廣陵，至，
開門曰：「妖不自作。我必居之，豈能夠祟哉？」即白廉史而居
焉。是夕微雨，崔君命僕曰：「汝盡居他室，而吾寢於堂。」夜已
半，惕然而寤，衣盡沾濕，即起，見己之臥榻在庭中。卻寢，未食
頃，其榻又遷於庭。如是者三，崔曰：「我謂天下無鬼者，今則果
有矣。」即具簪笏，命酒，沃而祝曰：「吾聞居此者多暴死。且人
神殊道，當各安其居，豈害生人耶？雖苟以形見、以聲聞者，是其
負冤鬱而將有訴者，或將求一飯以祭者，則現於人，而人自驚悸以
死，固非神靈害之也。吾今遇汝，汝無畏。若真有所訴，當為我
言，可以副汝托，雖湯火不避。」沃而祝者三。俄聞空中有言曰：
「君，人也；我，鬼也。誠不當以鬼幹人，直將以深誠奉告。」崔

曰：「但言之。」鬼曰：「我，女子也。女兄弟三人，俱未笄而
歿，父母葬我於郡城之北久矣。其後府公於此浚城池，構城屋，工
人伐我封內樹且盡，又徙我於此堂之東北隅，使羈魂不寧，無所栖
托。不期今夕，幸遇明君子，故我得語其冤。儻君以仁心為我棺
殮，葬於野外，其恩之莫大者矣。已而涕泣嗚咽，又曰：「我在此
十年矣。前後所居者皆欲訴其事，自是居人驚悸而死。某本女子，
非有害於人也。」崔曰：「吾前言固如是矣。雖然，如何不見我
耶？」鬼曰：「某鬼也，豈敢以幽晦之質而見君子乎？既諾我之
請，雖處冥昧中，亦當感君子之恩，豈可徒然而已。」言訖告去。
明日，召工人，於堂東北隅發之，果得枯骸，葬於禪智寺隙地。里
人皆祭之，謂之三女墳。自是其地獲安矣。

　　這一則作品，描述御史崔某夜入鬧鬼宮舍，再三沃酒祝禱，使女鬼出
而請崔為三姊妹棺斂、遷葬，崔即召人安葬枯骸，於是其地遂安。該作品
對女鬼三姊妹未笄而歿，墳塋遭毀，無所栖托，欲訴無門的不幸遭遇寄予
深切的同情，並且對故事主角的膽識和魄力大加讚賞。其人不但敢於面對
凶險，迎難而上，而且善於發現和處理問題，找到官舍鬧鬼的癥結所在，
從根本上化解矛盾，使人鬼各安其居，確保一方清泰。
　　再如，句道興本《搜神記·侯霍救鬼》：

　　　昔有侯霍，（白馬縣人也，）在田營作，聞有哭聲，不見其
形，經餘六十日。秋間因行田，露濕難入，乃從畔上褰衣而入。至
地中，遂近畔邊有一死人髑髏，半在地上，半在地中，尚眼眶裏一
枝禾生，早以欲秀。霍湣之，拔卻，其髑髏以土壅之，遂成小墳。
從此已後，哭聲遂即絕矣。

　　　後至八月，侯霍在田刈禾，至暮還家，覺有一人從霍後行，
霍急行，人亦急行，霍遲行，人亦遲行。霍怪之，問曰：「君是何
人，從我而行？」答曰：「我是死鬼也。」霍曰：「我是生人，你
是死鬼，共你異路別鄉，因何從我而行？」鬼曰：「我蒙君鋤禾之
時，恩之厚重，無物相報，知君未取（娶）妻室，所以我明年十一

月一日，克定為君取（娶）妻，君宜以生人禮待之。」霍得此語，即忍而不言。

遂至十一月一日，聚集親情眷屬，椎牛釀酒，只道取（娶）妻，本不知迎處。父母兄弟親情怪之，借問，亦不言委由，常在村南候望不住。欲至晡時，從西方黃塵風雲及卒雨來，直至霍門前，雲霧暗黑，不相睹見。霍遂入房中，有一女子，年可十八九矣，並床褥豔被，隨身資妝，不可稱說。見霍入，女郎語霍曰：「你是何人，入我房中？」霍語女郎曰：「娘子是何人，入我房中？」女郎復語霍曰：「我是遼西太守梁合龍女，令嫁與遼東太守毛伯達兒為婦。今日迎車在門前，因大風，我漸出來看風，即還家入房中，其房此（不）是君房？」霍曰：「遼西去此五千餘里，女郎因何共我爭房為如其不信，請出門看之。」女郎（驚起），出門看之，全非己之舍宅。遂於床後，取九子籠開看，遂有一玉版上有金字，分明云：「天付應合與侯霍為妻。」因爾已來，後人學之，作迎親版通婚書出，因此而起。死鬼尚自報恩，何產生人。事出《史記》。

這一則作品，講述的是一個農民安埋野鬼遺骸得報的故事，由前後兩部分組成：前半部分敘寫一農民出於憐憫，主動為野鬼髑髏拔去眼眶中長出的禾苗，並為之安葬壘墳。野鬼現身，表示為其人娶妻以報。後半部分敘寫晡時忽降官宦人家小姐，最終得與農夫結為夫婦，實現了野鬼報恩的願望。這則作品，敘事方式平實流暢，語言通俗易懂，人物對話活潑風趣，藝術構思奇特，具有濃郁的民間故事色彩，從中不難窺見句道興本《搜神記》所錄寫的作品甚為接近民間故事口傳形態的基本面貌。

這個時期的鬼魂報恩故事，尚有寫鬼魂現形求人為其膠粘木馬前足，致謝後乃騎馬而去的《廣異記‧高勵》、寫一捕鬼為報車載之恩，應允為其人延壽十年，其人因違禁而被捉走的《廣異記‧羅元則》、寫某人斬殺盟器之為亂者，鬼魂遂持金銀人馬回報的《廣異記‧商鄉人》、寫某人為夫君戍邊不歸竟染病而歿之女鬼遷葬，後夢女鬼前來致謝的《酉陽雜俎‧郝惟諒》、寫某人所購凶宅深夜常聞哭聲，將屏下一女枯骨安葬後，其宅乃安的《乾𩡄子‧寇鄘》、寫一人泊舟時投食於岸邊枯骨，俄聞空中傳來

鬼魂愧謝之聲的《靈怪集‧河湄人》、寫一致仕官吏以豐饌款待來訪之鬼魂，鬼魂乃贈五十石以報的《稽神錄‧林昌業》等。

隋唐五代的鬼魂復仇故事，大都講述蒙冤受屈、死於非命的鬼魂採取各種手段對仇家進行報復，甚至向其索命，使為惡者終得惡報。此類故事，通過鬼魂訴說冤情、報仇雪恨的各式各樣的實例，有力揭露出當時政治腐敗、暴徒橫行、家庭不幸、日無寧靖的社會狀態。其中的蒙冤遇害者，大都是被酷吏、豪強、盜匪、歹徒等惡人殘害枉殺的、值得同情的人們，包括正直的官吏、善良的書生、本分的農夫、誠實的商賈、無辜的僧侶以及受欺凌的家婦、小妾、婢女等等，在作品中無不以正面形象出現。這一些人往往在生時難以抗暴申冤，只有成為鬼魂之後，甚至過了數年、數十年之後，才得以報仇雪恨。在他們身上體現了不屈不撓的反叛性和抗爭精神，給世人以激勵和鞭策。此類故事的作品較多，其數量遠超過鬼魂報恩故事。

譬如，《宣室志》卷五〈殷氏父子〉：

> 樊宗諒為密州刺史，時邑有群盜縱橫，入裏中泯殷氏家，掠奪金帛，戕其父子，死者三人。刺史捕之甚急，月餘不獲。有為鹿魏南華者，寓居齊魯之間，家甚貧。宗諒命攝司法掾。一夕，南華夢數人，皆被髮，列訴於南華曰：「姓殷氏。父子三人，俱無罪而死。願明公雪其冤。」南華曰：「殺汝者為誰？」對曰：「某所居東十里，有姓姚者，乃賊之魁也。」南華許諾，驚寤。數日，宗諒謂南華曰：「盜殺吾泯，且一月矣，莫窮其跡，豈非吏不奉職乎？爾為司法官，第往驗之。」南華馳往，未至，忽見一狐起於路旁深草中，馳入里人姚氏所居，噪而逐者以百數。其狐入一穴中。南華命以鍤發之，得金帛甚多，乃群盜劫殷氏財也。即召姚氏子，訊其所自，目動詞訥，即收劾之，果盜之魁也。自是，盡擒其支黨且十輩。其狐雖匿於穴中，窮之卒無所見也，豈非冤魂之所假歟為時大和中也。

這一則作品，敘寫一司法官吏夢見三個披髮鬼魂向其訴冤，隨即有一狐引其於穴中覓得贓物，並且捕獲殺人劫財盜魁及其同黨，為死者雪冤。

故事通過一樁實例，揭露了中唐時期盜匪橫行、民不聊生的社會狀況；同時表明，只要官吏能夠嚴明法紀，為民作主，凶犯便難逃法網。值得關注的是其中的一個具有神秘色彩的野狐的出現，對於破案懲凶發揮了關鍵性的作用。而這一動物形象，恰好是冤魂的化身，藉以說明只有受害者自己出來控告凶犯，窮追不捨，才能讓凶犯落網，得以報仇雪恨。

又如，句道興本《搜神記·侯光侯周》：

> 昔有侯光、侯周兄弟二人，親是同堂，相隨多將財物遠方興易。侯光貨易多利，侯周遂乃損抑，即生噁心，在於郭歡地邊殺兄，拋著業林之中，遂先還家。光父母借問周：「汝早到來，兄在何處？」周答曰：「兄更廿年，方可到來。」
>
> 郭歡在田營作此地頭，林中鳥鵲，遶亂而鳴。郭歡怪之，往看，乃見一死人，心生哀愍，遂即歸家，將鍬钁則為埋藏，營作休罷。中間每日家人送食飯來祭之。經九十餘日，粟麥收了，欲擬歸家，遂辭死人，咒願曰：「我乃埋你死屍靈在此，每日祭祀，經三個月，不知汝姓何字誰，從今已後（不）祭汝，汝自努力。」即相分別。
>
> 後年四月，歡在田鋤禾，乃有一人，忽然在前頭而立，問曰：「君是何人，乃在我前而立？」此人答曰：「我是鬼。」歡曰：「我是生人，你是死鬼，共你異路別鄉，何由來也？」鬼曰：「蒙君前時恩情厚重，無物報恩。今日我家大有飲食，故迎君來，兼有報上之物，終不相違。」歡疑，遂共相隨而去。
>
> 神鬼覆蔭，生人不見。須臾之間，引入靈床上坐。其祭盤上具有飲食，侯光共歡即吃直淨盡，諸親驚怪，皆道神異。須臾之間，弟侯周入來，向兄家檢校。兄忽然見弟，語歡曰：「殺我者，此人也。生時被殺，死亦怕他。」便即畏懼走出。郭歡無神靈覆蔭，遂即見身，從靈床上起來，具說委由，向侯光父母兄弟。遂即將侯周送縣，一問即口承如法。侯光父母賜歡錢物、車馬、侍從，相隨取兒神歸來葬之。故曰：侯光作鬼，尚自報恩，何產生人。
>
> 事出《史記》。

這一則作品敘寫兄長被胞弟殺害後，一農夫見憐而將其屍首安埋，並常祭奠。亡魂感恩，在其家祭祀時邀農夫進餐，因而有機會揭發凶手罪行，最後將凶手送縣處置。這則作品係鬼魂報恩與鬼魂復仇的複合型故事。其中，讓跟受害人素不相識、富有同情心的農夫與對同胞兄弟凶殘狠毒的凶手形成烈對比，使兩個形象更為鮮明，進而揭示出善惡終有報的題旨，具有一定的警世作用。

再如，《稽神錄》卷五〈劉璠〉：

> 軍將劉璠性強直勇敢，坐法徙海陵。郡守褚仁規嫌之，誣其謀叛，詔殺於海陵市。璠將死，謂監刑者曰：「為我白諸妻兒，多置紙、筆於棺中。吾必訟之！」後數年，仁規入朝。泊舟濟灘江口，夜半，聞岸上連呼：「褚仁規！爾知當死否？」舟人盡驚起，視岸上，無人。仁規謂左右曰：「爾識此聲否？劉璠也。」立命酒食，祭而謝之。仁規至都，以殘虐下獄。獄吏夜夢一人，長大黑面，從二十餘人，至獄，執仁規而去。既寤，為仁規所親說之。其人撫膺嘆曰：「吾君必死，此人即劉璠也。」其日中使至，遂縊於獄矣。

這一則作品，敘寫郡守誣陷一軍將謀反，將其誅戮。數載後軍將冤魂來索命，使其人得報。這則作品的故事情節並不曲折，但其中的那位軍將的形象卻給人留下較深的印象。他因剛直勇武而被上司怨恨，竟遭構陷，但他寧死不屈，聲言死後必訟仇家，並且矢志不移，終於將那個凶狠毒辣、置人於死地的郡守捉走，使之得到應有的懲罰。故事借助這一藝術形象昭示一切為非作歹的權貴，切莫以勢壓人，為所欲為，否則不會有好下場。

這個時期的鬼魂復仇故事，尚有寫某縣主簿亡靈托夢與妻子，具說被佐使二人殺害慘狀，兼示被奪財物藏隱之處，其妻告官讓二犯皆置於法的《冥報拾遺・館陶主簿》、寫邢某為性陰險，劫殺一客商後又將一老僧殺害，過二十餘日還經該地，僧口竄出一蛇直入其鼻，令其病歿的《冥報拾遺・邢文宗》、寫杜某圖財害命，與其妻擊殺一僧，該僧臨死時誦咒，讓一蠅先後飛入杜某、杜妻鼻中，令二人患惡疾而卒的《法苑珠林・杜通

達》、寫某將軍妻妒而擊殺婢女後，婢女冤魂使其生瘡腦潰，痛苦而斃的
《朝野僉載·李氏殺婢》、寫某縣丞妻妒殺婢女而投之於井，婢女亡魂訟
於冥司，讓其重病身亡的《朝野僉載·楊氏得報》、寫酷吏周某枉奏殺
害之正直官吏，頭雖斷而忿怒不息，使周某驚嚇喪命的《朝野僉載·江
融》、寫西明寺僧曇暢被一僧徒殺死後，托夢向客店主人訴冤，遂捉其送
縣處死的《朝野僉載·僧曇暢》、寫某妾亡靈化為一虎噬殺她之凶手，使
其號叫而死的《紀聞·晉陽人妾》、寫李某為縣令枉殺後，縣令腰部被其
冤魂所擊，腫潰而亡的《紀聞·李之》、寫被害人被入室二賊劫殺後，其
冤魂讓二賊迷幻受縛，送縣處斬的《集異記·王安國》、寫一亡靈現身求
縣令為其雪冤，終將害主謀財之奴婢繩之以法的《逸史·公孫綽》、寫盧
生亡魂托夢向表兄弟訴冤，遂使劫殺盧生之一夥盜賊落網被斬的《逸史·
盧叔敏》、寫村婦鬼魂求鄭生為其申冤，遂將殺婦分屍之賊置於法的《宣
室志·鄭生》，寫竇某殘害產後之妾及二嬰，十五年後冤魂揭發竇某枉殺
滅跡罪行並令其償命的《通幽記·竇凝妾》、寫三兄弟圖財害死投宿客劉
某，投屍枯井，劉某亡魂托夢訴冤，乃將三凶犯問罪的句道興本《搜神
記·劉寄》、寫某吏染重病時忽見被其擊殺之侍婢前來索命，其人哀祈無
果，遂不治而卒的《玉堂閑話·馬全節婢》、寫豪民郭某醉後擊殺貧民趙
某，後見趙來索命，遂生瘡潰爛喪命的《儆誠錄·趙安》、寫某官誣一吏
收受罪人錢物而將其置極刑，某得病時見該吏亡靈執火炬燒灼其四體，痛
楚而終的《儆誠錄·張進》、寫軍校吳景枉殺一婦後，其冤魂呼「我從吳
景索命，不知其他！」令吳顛仆而卒的《稽神錄·吳景》、寫主簿李某被
中州推吏常某屈打成招，臨刑時讓家人多燒紙筆以訟於地下，常某一月後
竟暴卒的《北夢瑣言·李矩》等。

　　隋唐五代的鬼魅作祟故事，作品數量較多，大都描述鬼魅到塵世擾亂
人們的正常生活，給人們帶來傷害、惶懼、病痛、災禍，甚至奪人性命。
此類故事中的鬼魅，性別、年齡、身份各不相同。有的一開始便露出猙獰
面目，令人恐怖；有的起初以和善可親，或者姣好動人的面貌出現，一旦
達到目的，才凶相畢露。與多數鬼魂故事不同的是，此類故事以及後面將
要論及的驅鬼鬥鬼故事中的鬼魅，幾乎都是以反面角色出現的，是世間各

種暴力、禍害、災難的象徵。此類故事似乎在告誡世人，應當居安思危，提高警惕，任何時候也不可麻痺大意。

譬如，《廣異記・楊准》：

> 唐楊准者，宋城人。士流名族，因出郊野，見一婦人，容色殊麗。准見挑之，與野合。經月餘日，每來齋中，復求引准去。准不肯從，忽爾心痛不可忍。乃云：「必不得已，當隨君去，何至苦相料理。」其疾遂瘳。更隨婦人行十餘里，至舍，院宇分明，而門戶卑小。婦人為准設食，每一舉盡碗。心怪之，然亦未知是鬼。其後方知。每准去之時，閉房門，屍臥床上，積六七日方活。如是經二三年，准兄謂准曰：「汝為人子，當應紹續，奈何忽與鬼為匹乎？」准慚懼，出家被緇服，鬼遂不至。其後准反初服，選為縣尉，別婚家人子。一年後，在廳事理文案，忽見婦人從門而入，容色甚怒。准惶懼，下階乞命。婦人云：「是度無放君理。」極辭搏之，准遇疾而卒。

這則作品，敘寫化為艷婦的女鬼勾搭上名士楊某後，一直糾纏不休，致使楊某命喪黃泉。應當看到，此女鬼有一個逐漸暴露的過程，最初用美麗的外表吸引士人，令其不能自拔；待士人落入彀中時，便要弄鬼蜮伎倆，讓其吃盡苦頭；當士人感到恐懼，與之斷絕往來時，竟動怒置士人於死地。它通過生動的藝術形象提醒世人，待人接物切莫被表面現象所迷惑，稍有不慎，就可能鑄成大錯。

又如，《酉陽雜俎》續集卷二〈支諾皋中・利俗坊民〉：

> 長慶初，洛陽利俗坊百姓行車數輛，出長夏門。有一人負布囊，求寄囊於車中，且戒勿妄開，因返入利俗坊。才入坊內，有哭聲起，受寄者發囊視之，其口結以生綆，內有一物，狀如牛胞，及黑繩長數尺，百姓驚，遽斂結之。有頃，其人亦至，復曰：「我足痛，欲憩君車中數里可乎？」百姓知其異，許之。其人登車，覽其囊，不悅，顧曰：「何無信？」百姓謝之。又曰：「我非人，冥司

俾予錄五百人，明歷陝、虢、晉、絳及至此，人多蠱，唯得二十五人耳。今須往徐泗。」又曰：「君曉予言蠱乎？患赤瘡即蠱耳。」車行二里，遂辭有程不可久留，君有壽者，不復憂矣。」忽負囊下車，失所在。其年夏，天下多患赤瘡，少有死者。

　　這一則作品，敘寫疫鬼奉命傳播瘟疫，讓四方黎民染病，死者甚夥，所幸故事主角躲過了一劫。其中的疫鬼，一開始也沒有暴露出真面目；求載時由於譴責車主妄開其布囊，才吐露實情。它之所以未奪走故事主角的性命，並非感念其運載之恩，大發善心，而是因為該人陽壽未盡，命不該絕。這也絲毫不會減輕人們對疫鬼的憎惡。

　　再如，《稽神錄》卷三〈清源都將〉：

　　　　清源都將楊某，為本郡防過營副將，有大第在西郭。某晨趨府未歸，有人方食。忽有一鵝，負紙錢，自門而入，徑詣西廊房中。家人云：「此鵝自神祠中來耶？」乃令奴逐之。奴入房，但見一雙鬐白鬒老翁，家人莫不驚走。某歸，聞之怒，持杖擊之。鬼出沒四隅，變化倏忽，杖莫能中。某益怒曰：「食訖，當復來擊杖之。」鬼乃折腰而前曰：「諾。」楊有二女，長女入廚切肉。且食，肉落砧輒失去。女執刀向空四斫，乃露一大黑毛手，曰：「請斫。」女走，氣殆絕，因而成病。次女於大瓮中取鹽，有一猴，自瓮突出，上女子背。女走至堂前，復失之，亦成疾。乃召巫女，壇治之。鬼亦立壇作法，愈甚於巫。巫不能制，亦懼而去。頃之，二女及妻皆卒。後有善作魔法者，名曰明教，請為持經一宿。鬼乃唾罵某而去。爾因遂絕，某其年亦卒。

　　這一則作品，敘寫鬼魅出沒某都將之家，頻繁騷擾，變化不定，令其家人苦不堪言，最後竟奪走全家性命。此則作品的故事主角及其長女不是沒有起而還擊，甚至還請來巫女、作法者與鬼魅進行較量，但均未將其制伏，以致全家喪命。它從一個特殊的角度揭示出這樣的殘酷現實：面對專橫兇悍的邪惡勢力，人們所作的抗爭有時往往力不從心，難以擺脫厄運。

這個時期的鬼魅作祟故事，尚有寫某人宴請親戚時，忽見壁中有一鬼物，取刀斫斷乃一化為二、二化四，竟奪刀殺某及子弟，唯異姓獲免的《法苑殊林·索頤》、寫一女鬼邀裴生至其家留宿，裴所持可辟惡古劍忽縈然發光，室宇頓失，裴竟處於在古墓叢棘中的《廣異記·裴征》、寫王某乘醉策馬回莊時遇一婦以裝有紙錢、枯骨之包袱求寄，接著又遇無頭人等聚集向火，至莊後竟發疾身亡的《靈怪集·王鑒》、寫主簿王某至家時忽有一深目巨鼻、虎口鳥爪惡鬼來取其鞋咬嚼，令其人百日而卒的《紀聞·王無有》、寫某生入豪宅與美婦宴飲、寢處，半夜覺其臥於石窟，旁有一死婦穢不可聞，還家數日乃亡的《紀聞·道德里書生》、寫李某夜見路旁冢穴中有五個華服女子在燭下紉針，叱之忽有五炬出冢逐李，令馬尾、股脛被燒損的《博異志·李晝》、寫州司馬裴某載鬼嫗同歸，嫗遺一錦囊內有四件亡人面衣，車中四女旬日內相繼亡故的《集異記·裴通遠》、寫進士李某與友同宿於館廳，宵分一鬼婦來言已將李選為郭氏婿，明日乃見李已在室內氣絕身亡的《獨異志·李赤》、寫一紫衣官吏乘車渡水時車軸索已斷，數吏檢之，令取張某妻脊筋修之，渡水後張妻遂背痛而歿的《酉陽雜俎·李佐公》、寫某部將病熱，其子煮藥時有黃衣鬼置囊中藥屑於鼎中，某飲後數日乃卒的《宣室志·太原部將》、寫游某盛夏在凶宅內枕劍而臥，夜半有眾多鬼男女到前堂盡歡，游某欲擒其魁首而不能動，至燈滅聲寂始匍伏而去的《三水小牘·游氏子》、寫王生與姨弟李生外出夜宿郵廳時，一綠裙紅衫女鬼來媚李，以披帛絞其頸而垂死，王以枕擊女鬼使其得救的《通幽記·李咸》、寫縣尉李某再婚沐浴時，前妻鬼魂投藥於浴斛中，使其肢體綿軟，筋骨並散而斃的《聞奇錄·李雲》、寫鬻妝粉何某被一鬼僕領入朱門峻宇，受到婦人輩殷勤款接，及曉竟臥於丘冢間的《玉堂閑話·何四為》等。

隋唐五代的鬥鬼降鬼故事，大都描述故事主角採用各種手段打擊來到人間作祟、為害一方的惡鬼，將其制伏、逐趕，甚至徹底根除。在此類鬥鬼驅鬼的故事中，生動展現出故事主角過人的膽識和智謀，藉以說明對於邪惡勢力不但要敢於抗爭，而且要善於抗爭，以不怕鬼的精神克敵制勝。譬如，《紀聞·蕭正人》：

琅邪太守許誠言，嘗言幼時，與中外兄弟夜中言及鬼神。其中雄猛者，或言：「吾不信邪，何處有鬼？」言未終，前檐頭鬼忽垂下二脛，脛甚壯大，黑毛且長，足履於地。言者走匿，內弟蕭正人，沉靜少言，獨不懼。直抱鬼脛，以解衣束之甚急。鬼舉脛至檐，正人束之，不得升，復下。如此數四，既無救者，正人放之，鬼遂滅。而正人無他。

這一則作品，講述的是一個少年勇鬥檐頭鬼，使鬼魅絕跡的故事。作品篇幅不長，卻繪聲繪色，頗為扣人心弦。其特出之處有兩點：一，擅長營造鬼故事的氛圍；二，採用對比、襯托的手法來刻畫人物——首先是以中外兄弟裏面的誇誇其談者一旦遇上真鬼便悄聲走匿來比照故事主角沉穩、膽大，臨危不亂；其次是詳盡描摹鬼魅之形狀可怖，藉以襯托出故事主角勇敢無畏和應付裕如，使其中的人物形象越發鮮明。

又如，《三水小牘・李約》：

咸通丁亥歲，隴西李夷遇為邠州從事。有僕曰李約，乃夷遇登第時所使也，願捷善行，故常令郵書入京。其年秋七月，李約自京還邠，早行數坊，鼓始絕，倦倦古槐下。時月映林杪，餘光尚明。有一父皤然，傴而曳杖，亦來同止。既坐而呻吟不絕，良久謂約曰：「老夫欲至咸陽，而蹣跚不能良久，若有義心，能負我乎？」約怒，不應。父請之不已，約乃謂曰：「可登背。」父欣然而登，約知其鬼怪也，陰以所得哥舒棒，自後束之而趨。時及開遠門，東方明矣。父數請下，約謂曰：「何相侮而見登？何相憚而欲舍？」束之愈急，父言語無次，求哀請命，約不答。忽覺背輕，有物墜也。視之，乃敗柩板也。父已化去，擲於里桓下，後亦無咎。

這一則作品，講述了一個世人智鬥居心叵測的鬼魅的故事。故事主角的形象描繪，較為成功。他雖為僕役，卻頗有過人之處，既眼光銳利，能夠洞察其奸，識破鬼蜮真面目而不為假像迷惑，又敢作敢為，不受鬼魅哀求干擾，讓其不得脫逃，永絕禍患。在諸多不怕鬼的人物中，有其獨特的地位。

這個時期的鬥鬼降鬼故事，尚有寫一鬼假冒縣令亡妻入室推窗打戶，長嘯歌吟，又於空中揮運刀矛，燒焦箱篋內衣物，縣令乃召道人誦經咒，鬼遂失所在的《法苑珠林·孟襄》、寫劉某母憂在家，一鬼常入宅傾覆器物，歌哭為詈，每炊輒失，劉某以野葛為糜，鬼竊食大吐，從此寂滅的《廣古今五行記·劉遁》、寫蔣以枕擊走排戶入室七鬼，又將兄長床前三婦人鬼叱走，令其兄病癒的《廣異記·蔣惟岳》、寫一軍將夜宿驛館時有一鬼登床壓身，軍將奪下其「蓄氣袋」並舉甓擊走此鬼的《酉陽雜俎·淮西軍將》、寫家人捉住入宅鬼魅投於湯甕中，並奪下「取氣袋」將鬼趕走，使病者即癒的《酉陽雜俎·光宅坊民》、寫一鬼冒充亡友與某吏同榻話舊，夜分某覺其不類亡友，強留後令其化為一胡人死屍的《宣室志·郭翥》、寫寄宿時韋某夜間發箭射中一鬼，並且烹食鬼所化之肉團，主人知情後驚嘆不已的《原化記·韋滂》等。

隋唐五代的鬼魂故事，除了上述幾大類外，還有屍異故事、冥婚故事、倀鬼故事、夜叉故事等其他類別的故事，但作品的數量都不太大。

有關屍異的故事，如寫新死婦起身，去為作佛事的僧人做齋飯的《紀聞·僧儀光》、寫新死婦聞樂聲起舞，旋即出門隨樂聲而去的《酉陽雜俎·村正妻》、寫李某卒而未殮，屍乍起與一吊喪者閉門毆擊，後見二屍共臥床上，相貌一無差異，遂同棺埋葬的《獨異志·李則》、寫一官吏為古冢改葬，見女屍乘紫雲冉冉而升，久之乃沒的《稽神錄·周寶》等。

有關冥婚的故事，如寫王生求宿時與主家女交好，後王得官東歸，聞其女已亡故乃往祭奠，伏地而卒，二家遂為冥婚的《廣異記·王乙》、寫胥吏楊某一日忽然失踪，竟在主簿女棺中找到其人，主簿遂認楊某為婿，楊某暴卒後，乃設冥婚禮與女合葬的《紀聞·季攸》等。

有關倀鬼的故事，如寫渝州鄉民設機阱除虎，一倀鬼來發其機，稍後有人又正之，令一虎中陷機而死，倀鬼哭返，因入虎口的《廣異記·碧石》、寫一小兒被虎食後成為倀鬼，托夢讓其父速設阱於要路，明日竟引虎落入陷阱的《廣異記·宣州兒》、寫一倀鬼引虎來食書吏未能得逞，書吏隨即持劍入山尋虎，竟與變為胡僧之虎交好，後從而化解危機的《原化記·柳並》等。

有關夜叉的故事，如寫縣尉妻被夜叉攫去並生有二子，後抱小兒逃

脫，夜叉竟將大兒擘死的《廣異記・杜萬》、寫一女與夜叉所化美男結為夫妻，緣盡遣還時，夜叉贈藥讓其下毒的《酉陽雜俎・村人失女》、寫吳某赴任後，其妾忽曠烈不可禁，常闖入庖舍生啖兔鹿，竟顯夜叉原形出走的《宣室志・江南吳生》、寫某寺佛座壁上所繪夜叉忽變為美女、侍婢入主持禪房獻媚，竟將其吞噬殆盡，然後騰踔而去的《河東記・蘊都師》等。

第二章　隋唐五代的其他民間故事

第一節　隋唐五代的寫實故事

隋唐五代的寫實故事，總的說來並不如同期的幻想故事發達。其特點是門類相當多，包括諷刺故事、案獄故事、家庭故事、人獸情故事、奇聞故事、機智故事、俠客故事、烈女故事、酷吏故事、呆子故事、巧女故事、盜賊故事、騙子故事、僧道故事、工匠故事、商賈故事、破除迷信故事、詩對故事等，首次比較全面地展示出中國古代寫實故事的風貌。這個時期的寫實故事，除諷刺故事、案獄故事、家庭故事、人獸情故事、奇聞故事作品較多外，其餘各類故事的作品均較少。

隋唐五代的寫實故事，見於《啟顏錄》、《朝野僉載》、《廣古今五行記》、《隋唐嘉話》、《廣異記》、《辨疑志》、《紀聞》、《大唐新語》、《唐國史補》、《博異志》、《集異記》、《投荒雜錄》、《劉賓客嘉話錄》、《酉陽雜俎》、《本事詩》、《逸史》、《宣室志》、《傳奇》、《玉泉子》、《劇談錄》、《闕史》、《原化記》、《唐摭言》、《玉堂閒話》、《王氏見聞錄》、《開元天寶遺事》、《桂苑叢談》、《稽神錄》、《疑獄集》、《北夢瑣言》等書。其中，《啟顏錄》、《朝野僉載》、《酉陽雜俎》、《玉堂閒話》等書所記載的寫實故事比較多，頗為引人注目。

隋唐五代的諷刺故事，大都對官場中或者社會上各種不良現象和陳規陋習加以嘲謔、譏刺、抨擊，構思巧妙，言詞犀利，寓莊於諧，饒有風趣。比如，《啟顏錄》所記載的兩則作品：

> 後魏孝文帝時，諸王及貴臣多服石藥，皆稱石發。乃有熱者、非富貴者，亦云「服石發熱」，時人多嫌其詐作富貴體。有一人於

市門前臥，宛轉稱熱。眾人競看，同伴怪之，報曰：「我石發。」
同伴人曰：「君何時服石，今得石發？」曰：「我昨市米，中有
石，食之，今發。」眾人大笑。自後少有人稱患石發者。

《啟顏錄・魏市人》

　　隋朝有三四人共入店飲酒，酒味甚酢又薄，三四人乃各共嘲
此酒，一人云：「酒，何處漫行來，騰騰失卻酉。」諸人問：「此
何義趣？」答云：「有水在。」又次一人嘲酒云：「酒，頭似阿濫
鎚頭。」諸人問云：「何因酒得似阿濫鎚頭？」其人答曰：「非鶉
頭。」又次至一人嘲云：「酒，向他蘺（得）頭，四腳距地尾獨
速。」諸人問云：「有何義？」其人答云：「更無餘義。」諸人
共笑云：「此嘲最是無豆。」其人即答云：「我若有豆，即歸舍作
醬，何因此間飲酢來？」眾乃大歡笑。

《啟顏錄・嘲誚》，「嘲酒薄」

　　前一則作品，寫的是後魏一市人假冒服石後發熱以抬高身價的一場小
小鬧劇，藉以嘲諷魏晉南北朝時期上流社會服食道家煉製的五石散（又稱
「寒食散」）以求長生的惡劣風氣。後一則作品通過隋代幾位顧客富有機
趣的對答來譏誚店中之酒味酸且薄，抨擊店家摻雜使假、以次充好的商業
欺詐行為。這兩則故事都擅長運用諧音手法來製造噱頭，極盡挖苦、奚落
之能事，表現了民眾特有的幽默感。
　　又如，分別出自《朝野僉載》和《玉堂閒話》的兩則作品：

　　唐貞觀中，桂陽令阮嵩妻閻氏極妒。嵩在廳會客飲，召女奴
歌，閻披髮跣足袒臂，拔刀至席，諸客驚散，嵩伏床下，女奴狼狽
而奔。刺史崔邈為嵩作考詞云：「婦強夫弱，內剛外柔。一妻不能
禁止，百姓如何整肅？妻既禮教不修，夫又精神何在？考下。省符
解見任。」

《朝野僉載》卷三，「阮嵩」

洛中有大寮，世籍膏粱，不分牝牡。偶市一馬，都莫知其妍
媸，為駔儈所欺曰：「此馬不唯馴良，齒及二十餘歲，合值兩馬之
資，況行不動塵，可謂馴良之甚也。」遂多金以市之。儈既倍獲
利，臨去又曰：「此馬兼有為桲牙出也。」於是大喜，詰旦乘出，
如鵝鴨之行。及至家，矜炫曰：「此馬不唯馴熟，兼饒得果子牙兩
所。」復召儈，別贈二十。

《玉堂閒話‧市馬》

前一則作品，簡潔生動地描繪出懼內縣令在悍妻面前的狼狽相，並借
上司之口申斥其缺德無能，難以理政為官。後一則作品，在揭露馬市經紀
人吹噓騙財行徑的同時，盡情譏誚受騙富人不以愚蠢無知為恥，反而洋洋
得意，自我陶醉。兩篇故事均以嘲謔口吻來刻畫自命不凡的官吏、豪紳們
的種種醜態，表現了廣大民眾對他們的輕蔑和厭惡，具有較強的批判性。

這個時期的諷刺故事，尚有嘲笑好誇門第，愛與高官攀親以者為驅疫
避邪和出喪開道之方相子侄，只堪嚇鬼的《啟顏錄‧姓房人》，譏諷一望
族老者妄自尊大，竟將石榴連皮吃下，覺其味極酸澀，以為當煮而食之的
《啟顏錄》「著嘴餦」、寫一使者狂妄自大，在他人面前任意放屁，被譏
為一錢不值之劣馬的《朝野僉載》「嘲使者」，寫儒士薄暮見一婦人，疑
其為狐，乃唾叱之，後知其為店叟女，頗感慚愧的《辨疑志‧蕭穎士》、
寫老僕與婦人在欂林相遇，均誤以對方為狐魅而相追擊，其後乃知誤會的
《紀聞‧田氏子》，寫李生以所抄襄州官之詩作拜謁州官，並謊稱州官表
丈某尚書為其表丈，被當場揭穿，傳為笑柄的《大唐新語》「李秀才」，
寫一儒士自詡膽大無畏，夜宿凶宅時驚怖不已，竟將衣架上之破帽和狗竇
中伸出之驢頭當妖魅亂砍一氣，紳令人絕倒的《原化記‧京都儒士》、寫
某縣令與友會棋，自早至晚末嘗設食，其間竟潛入自食，受人嘲弄的《玉
堂閒話‧胡令》等。

隋唐五代的案獄故事，數量超過同期的諷刺故事及其他各類寫實故
事。它們當中的不少作品往往帶有一些民間傳說色彩。其內容大都講述清
正廉明的官吏審案時，運用各種行之有效的手段偵破兇殺、盜竊案件，查
明姦情，處置世俗或寺院財產糾紛等，以期剪凶雪冤，懲惡揚善，展現了

廣大民眾企盼吏治清明，社會安全，家庭和睦的良好願望。其中有一些作品後世流傳久遠，影響頗大，逐漸發展為民間故事類型。

試看，分別出自《北史》與《朝野僉載》的兩則作品：

> 人有負鹽負薪者，同釋重擔息樹陰。二人將行，爭一羊皮，各言藉背之物。（李）惠遣爭者出，顧州綱紀曰：「此羊皮可拷知主乎？」群下咸無答者。惠令人置羊皮席上，以杖擊之，見少鹽屑，曰：「得其實矣。」使爭者視之，負薪者乃伏而就罪。
>
> 《北史》卷八十，〈外戚傳〉「鹽屑見證」

> 衛州新鄉縣令裴子雲好奇策，部人王敬戍邊，留牸牛六頭於舅李進處。養五年，產犢三十頭，例十貫已上。敬還索牛。「兩頭已死，只還四頭老牛，餘並非汝牛生。」總不肯還。敬忿之，經縣陳牒。子雲令送敬府獄禁，教追盜牛賊李進。進惶怖至縣，叱之曰：「賊引汝同盜牛三十頭，藏於汝家，喚賊共對。」乃以布衫籠敬頭立南牆之下。進急，乃吐款云：「三十頭牛總是外甥牸牛所生，實非盜得。」雲遣去布衫，進見是敬，曰：「此是外甥也。」雲曰：「若是，即還他牛。」進默然。雲曰：「五年養牛辛苦，與數頭，余並與敬。」一縣服其精察。
>
> 《朝野僉載》卷五，「巧判牛案」

這兩則作品寫的都是審理民事案件的故事。前一則情節甚為簡略，敘述主審官吏以現場取得證據的方式判案，使妄圖奪人財物者伏罪。後一則情節較為曲折，敘述主審官吏採用特殊手段審案，讓被告自吐實情，不得不認罪。這兩樁案件，都使沒有證人、契據，頗為棘手的財產糾紛迎刃而解，顯示出故事主角的精明睿智。這兩則作品，後世均發展為民間故事類型，有的至今仍廣為流布。

再看，《玉堂閒話‧殺妻者》：

> 聞諸耆舊云：昔有人因他適回，見其妻為奸盜所殺。但不見其

首，肢體具在。既悲且懼，遂告於妻族。妻族聞之，遂執婿而入官
丞，行加誣云：「爾殺吾愛女。」獄吏嚴其鞭捶，莫得自明。迫不
任其苦，乃自誣殺人，甘其一死。款案既成，皆以為不繆。郡主委
諸從事。從事疑而不斷，謂使君曰：「某濫塵幕席，誠宜竭節。奉
理人命，一死不可再生，苟或誤舉典刑，豈能追悔也？必請緩而窮
之。且為夫之道，孰忍殺妻？況義在齊眉，曷能斷頸？縱有隙而害
之，盍作脫禍之計也？或推病殞，或託暴亡，必存屍而棄首？其理
甚明。」使君許其讞義。

　　從事乃別開其第，權作狴牢，慎擇司存，移此繫者。細而劾
之，仍給以酒食湯沐，以平人待之。鍵戶棘垣，不使繫於外，然後
遍勘在城伍作行人，令各供通，近來應與人家安厝墳墓多少去處文
狀。既而一面詰之曰：「汝等與人家舉事，還有可疑者乎？」有一
人曰：「某於一豪家舉事，共言殺卻一奶子，於牆上舁過，兇器中
甚似無物，見在某坊。」發之，果得一女首級。遂將首對屍，令訴
者驗認，云：「非也。」遂收豪家鞠之。豪家伏辜而具疑，乃是殺
一奶子，函首而葬之，以屍易此良家之婦，私室蓄之。豪士乃全家
棄市。

　　這一則作品敘寫一豪家趁某外出之時，私蓄其妻，而用無頭屍掩人耳
目，製造出殺妻冤案。郡主一幕僚奉命審案時，認為其中疑竇頗多，經過
縝密勘察，終將奪妻殺人者處斬，平反冤獄。它通過動生的案例說明，對
於人命關天的凶案，不可妄斷。審案者須當認真進行分析、調查，採用必
要的偵察手段，才能使案情水落石出，抓住真凶；倘若被假相迷惑，草率
結案，勢必鑄成大錯。

　　這個時期的案獄故事，尚有寫二人爭雞，縣令殺雞從嗉中糧食洞察
其奸，懲處誣告者的《南史》「破雞得情」、寫二嫗爭團絲，縣令以鞭絲
所落碎屑判斷歸屬，懲辦誣告者的《南史》「鞭絲破案」、寫御史密令追
查與涉案老嫗之共語者，使奸殺兇犯落網的《朝野僉載》「張迪凶案」、
寫縣尉以伏聽手段偵破某子與後母通姦案的《朝野僉載》「王璥審案」、
寫縣尉放走去掉籠頭之餓驢，讓其尋到餵養處，因而捉住竊賊的《朝野僉

載》「放驢捉賊」、寫府尹巧計偵破某婦與道士的姦情，使之受到懲處的《隋唐嘉話》「訴子不孝」、寫某吏經過周密偵察，開一新塚從棺中查獲胡人與同黨所盜宮中寶物的《紀聞·蘇無名》、寫某相查明田中所掘甕金確已化為土塊，從而為保管甕金之邑宰昭雪的《劇談錄·袁滋》、寫某尹為久出歸家之商戶主持公道，法辦了騙妻奪產之卜者的《闕史·崔尚書雪冤獄》、寫江陰令以盜匪案拘捕鄰縣一莊客，使其人不得不承認家中八百緡係鄰人贖契金，從而為鄰人追回被訛錢財的《闕史·趙江陰政事》、寫某官審姦殺案時，施計使真凶被擒，讓應約與被害人幽會之少年得脫干係的《玉堂閒話·劉崇龜》、寫鸚鵡告發一淫婦與姦夫謀殺親夫，讓兇犯受到懲治的《開元天寶遺事·鸚鵡告事》、寫審案官巧作安排使誣告他人之某寺主事伏罪，從而為新主事雪冤的《桂苑叢談·史遺》「高澈」、寫一州官查問綢紝卷之胎心用何物，因以識破被劫者妄認贓物行徑的《北夢瑣言·許宗裔》等。

隋唐五代的家庭故事，大都圍繞夫妻、父子、母子、婆媳、翁婿、親家等關係來展示家庭生活，反映當時世人的生活狀況和民眾的愛憎與追求。其中作品內容和情調各異，有的比較沉鬱，有的帶有一定的諧趣或喜劇色彩。

試看，分別出自《廣古今五行記》與《廣異記》的兩則作品：

> 并州有人姓紀干，好劇。承聞在外有狐魅，遂得一狐尾，綴著衣後，至妻旁，側坐露之。其妻私心疑是狐魅，遂密持斧，欲斫之。其人叩頭云：「我不是魅。」妻不信。走遂至鄰家，鄰人又以刀杖逐之。其人惶懼告言：「我戲劇，不意專欲殺我。」此亦妖由人興矣。

《廣古今五行記·紀干狐尾》

> 漳浦人勤自勵者，以天寶末充健兒，隨軍安南，及擊吐蕃，十年不還。自勵妻林氏為父母奪志，將改嫁同縣陳氏。其婚夕，而自勵還。父母具言其婦重嫁始末，自勵聞之，不勝忿怒。婦宅去家十餘里。當破吐蕃，得利劍。是晚，因杖劍而行，以詣林氏。

行八九里，屬暴雨天晦，進退不可。忽遇電明，見道左大樹有旁孔，自勵權避雨孔中。先有三虎子，自勵並殺之。久之，大虎將一物納孔中，須臾復去。自勵聞有人呻吟，徑前捫之，即婦人也。自勵問其為誰，婦人云：「己是林氏女，先嫁勤自勵為妻。自勵為軍未還，父母無狀，見逼改嫁，以今夕成親。我心念舊，不能再見，憤恨莫已，遂持巾於宅後桑林自縊。為虎所取，幸而遇君，今猶未損。倘能相救，當有後報。」自勵謂曰：「我即自勵也。曉還至舍，父母言君適人，故拔劍而來相訪。何期於此相遇！」乃相持而泣。

頃之，虎至。初大吼叫，然後倒身入孔。自勵以劍揮之，虎腰中斷。恐又有虎，故未敢出。尋而月明後，果一虎至，見其偶斃，吼叫愈甚。自爾復倒入，又為自勵所殺。乃負妻還家，今尚無恙。

《廣異記・勤自勵》

這兩則作品雖然都以夫妻關係為題材，但一北一南，有簡有繁，情調亦多不相同。前一則係平民百姓家庭生活的一個小插曲，敘寫由逗樂引起的一場誤會，充滿喜劇氛圍，詼諧有趣。後一則雖以久別夫妻團聚結尾，卻無法改變整篇故事的悽楚氛圍和悲涼基調。團聚之前極為不幸，妻子因丈夫從軍十載不歸，父母乃強令其改嫁，讓這位無助的婦女及夫家翁姑陷入莫大的痛苦，以致將其逼上絕路。而夫妻倆的團聚竟發生在那樣的天氣下，那樣的環境裡，那樣的場合中，不但沒有多少欣喜和歡樂，而且嘗盡驚怖、悲憤與辛酸。它從一個側面較為深刻地揭示了唐代戰亂給百姓人家帶來的創傷和苦難，具有相當高的思想性、藝術性，不失為這個時期寫實故事的一篇佳作。

再看，出自《紀聞》與《王氏聞見錄》的兩則作品：

唐臨濟令李回，妻張氏。其父為廬州長史，告老歸，以回之薄其女也，故往臨濟辱之。誤至全節縣，而問門人曰：「明府在乎？」門者曰：「在。」張遂入至廳前，大罵辱。全節令趙子餘不知其故，私自門窺之，見一老父詬罵不已，而縣下常有狐為魅，

以張為狐焉。乃密召吏人執而鞭之。張亦未寐，罵仍恣肆。擊之困極，方問何人，輒此詬罵。乃自言：「吾李回妻父也，回賤吾女，來怒回耳。」全節令方知其誤，置之館，給醫藥焉。張之僮夜亡至臨濟，告回。回大怒，遣人吏數百，將襲全節而擊令。令懼，閉門守之。回遂至郡訴之，太守召令責之。恕其誤也，使出錢二十萬遺張長史以和之。回乃迎至縣，張喜回之報復，卒不言其薄女，遂歸。

《紀聞·張長史》

蜀有姜太師者，失其名，許田人也。幼年為黃巾所掠，亡失父母，從先主征伐，屢立功勳。後繼領數鎮節鉞，官至極品。有掌廄夫姜老者，事牽秫數十年，姜每入廄，見其小過，必笞之。如是積年，計其數，將及數百。後老不任鞭棰，因泣告夫人，乞放歸鄉里。夫人曰：「汝何許人？」對曰：「許田人。」復：「有何骨肉？」對曰：「當被掠之時，一妻一男，迄今不知去處。」又問其兒小字，及妻姓氏行第，並房春近親，皆言之。及姜歸宅，夫人具言：「姜老欲乞假歸鄉。」因問得所失男女親屬姓名，姜大驚，疑其父也。使人細問之：「其男身有何記驗？」曰：「我兒腳心上有一黑子，餘不記之。」姜大哭，密遣人送出劍門之外，奏先主曰：「臣父近自關東來。」遂將金帛車馬迎入宅，父子如初。姜報撻父之過，齋僧數萬，終身不撻從者。

《王氏見聞錄·姜太師》

這兩則作品，講的都是上層社會的家庭故事，以讚美親情為題旨，都有令讀者、聽眾深思之處。前一則表現的是父女之情，敘寫致仕官員因走錯地方，鬧出一場誤會而化解了薄妻的家庭矛盾，筆墨幽默，引人發噱。後一則表現的是父子之情，敘寫現職高官偶然與散失數十載的老父相認，其老父竟是長年在宅中餵馬，因不堪鞭笞而乞放歸裡的掌廄人，低沉抑鬱，催人淚下。

這個時期的家庭故事，尚有寫被懷疑不慧之女婿巧妙作答，使岳丈羞

愧無言的《啟顏錄・豈是車拔傷》、寫一個年老無齒，一個面有瘡瘢之倆親家母相互逗趣，讓合家大笑的《啟顏錄・田嫗》、寫善歌之美妻每被醉酒丈夫毆打，必發出悲怨之聲令其渾身搖頓的《隋唐嘉話》「踏搖娘」、寫一勇而多力之軍吏欲替老嫗教訓悖惡新婦，卻被新婦嚇得汗落神駭的《劇談錄・張季宏逢惡新婦》、寫兒子長大成人後替父報仇，讓殺人奪妻之兇犯終於落入法網的《聞奇錄・李文敏》、寫某侍衛使於軍中差人充當院子，後竟發現此人是其生父，乃相持而泣的《玉堂閒話・康義誠》、寫某婦之夫有外遇而不濟家，且婆母不慈日有凌虐，卻終無怨歎的《玉堂閒話・賀氏》、寫家人迎寶某棺木殯葬後，寶竟生還令妻男驚疑，細話其由方知死者為從人的《王氏聞見錄・寶少卿》、寫漁女傳染上勞瘦疾後被家人生釘棺中流於江面，漁人救出將其治癒，遂結為夫妻的《稽神錄・漁人》等。

隋唐五代的豪俠故事，大都描述故事主角在行俠仗義時展示出來的過人膽識和非凡本領，繪聲繪色，引人入勝。此類故事主角有男有女，或僧或俗，其豪俠本色一般都是隨著故事情節的展開逐漸顯露的。他們的俠義行為，主要表現在抗暴復仇、懲惡揚善、為民除害等方面，大多富於正義感，有著積極的社會傾向性，能夠博得廣大民眾的支持和贊許。

譬如，《酉陽雜俎》前集卷九〈盜俠〉「京西店老人」：

> 韋行規自言少時遊京西，暮止店中，更欲前進，店前老人方工作，謂曰：「客勿夜行，此中多盜。」韋曰：「某留心弧矢，無所患也。」因進發。行數十里，天黑，有人起草中尾之，韋叱不應，連發矢中之，復不退。矢盡，韋懼，奔馬。有頃，風雷總至，韋下馬負一樹。見空中有電光相逐如鞠杖，勢漸逼樹杪，覺物紛紛墜其前，韋視之，乃木箭也。須臾，積箭埋至膝，韋驚懼，投弓矢，仰空乞命，拜數十，電光漸高而滅，風雷亦息。韋顧大樹，枝幹童矣。鞍馱已失，遂返前店。見老人方箍桶，韋意其異人，拜之，且謝有誤也。老人笑曰：「客勿持弓矢，須知劍術。」引韋入院後，指鞍馱言：「卻須取相試耳。」又出桶板一片，昨夜之箭，悉中其上。韋請役力汲湯，不許。微露擊劍事，韋亦得其一二焉。

這一則作品描述的是少年氣盛者不顧老人勸告而夜行的一段極不尋常的經歷。其中著重刻畫了一位躋身於民間的武林高手——客店籬捅老人的形象，別具光彩，頗為動人。此人武藝超群卻藏而不露，宅心仁厚，善於以言行開導後生，教其為人須當謙虛謹慎，不可自恃弓矢而喪失警惕。這則作品篇幅不長，卻層次分明，懸念迭起，擅長描繪動武場面和烘托神秘氣氛，使人如身臨其境，極具觀賞性，並能留下回味。

又如，《原化記·義俠》：

> 頃有仕人為畿尉，常任賊曹。有一賊系械，獄未具。此官獨坐廳上，忽告曰：「某非賊，頗非常輩。公若脫我之罪，奉報有日。」此公視狀貌不群，詞采挺拔。意已許之，佯為不諾。夜後，密呼獄吏放之，仍令獄吏逃竄。既明，獄中失囚，獄吏又走，府司譴罰而已。
>
> 後官滿，數年客遊，亦甚羈旅。至一縣，忽聞縣令與所放囚姓名同，往謁之。令通姓字，此宰驚懼，遂出迎拜，即所放者也。因留廳中，與對榻而寢，歡洽旬餘。其宰不入宅，忽一日歸宅。此客遂如廁。廁與令宅，唯隔一牆。客於廁室，聞宰妻問曰：「公有何客，經於十日不入？」宰曰：「某得此人大恩，性命昔在他手。乃至今日，未知何報。」妻曰：「公豈不聞，大恩不報。何不看時機為？」令不語，久之乃曰：「君言是矣。」此客聞已，歸告奴僕，乘馬便走，衣服悉棄於廳中。
>
> 至夜，已行五、六十里，出縣界，止宿村店。僕從但怪奔走，不知何故。此人歇定，乃言此賊負心之狀，言訖籲嗟。奴僕悉涕泣之次，忽床下一人，持匕首出立。此客大懼。乃曰：「我義士也。宰使我來取君頭。適聞說，方知此宰負心。不然，枉殺賢士。吾義不舍此人也。公且勿睡。少頃，與君取此宰頭，以雪公冤。」此人怕懼愧謝。此客持劍出門如飛，二更已至，呼曰：「賊首至。」命火觀之，乃令頭也。劍客辭訣，不知所之。

這一則作品，描述一劍客奉命行刺，當他知道縣令欲除掉救命恩人

時，毅然反戈一擊，結果了其人的性命，從而塑造了一位嫉惡如仇、敢於主持正義的志士仁人形象。這則作品的故事情節曲折離奇，擅長捉捕各種富有表現力的細節和製造緊張氣氛，為劍客的登場和展示其風采作了很好的鋪墊，並且用奸詐狠毒的賊縣令來襯托俠肝義膽的劍客，使人物形象越發鮮明生動。當然，作品中的那位縣尉私放賊囚的行為，則不足為訓。其人的作為，無疑在一定程度上影響了這篇故事的思想意義。

再如，《玉堂閒話・歌者婦》：

> 南中有大帥，世襲爵位，然頗恣橫。有善歌者，與其夫自北而至，頗有容色。帥聞而召之，每入，輒與其夫偕至，更唱迭和，曲有餘態。帥欲私之，婦拒而不許。帥密遣人害其夫而置婦於別室，多其珠翠，以悅其意。逾年往詣之，婦亦欣然接待，情甚婉變。及就榻，婦忽出白刃於袖中，擒帥而欲刺之。帥掣肘而逸，婦逐之。適有二奴居前闖其扉，由是獲免。旋遣人執之，已自斷其頸矣。

這一則作品講述的是一位賣唱婦刺殺謀夫霸妻高官未遂，毅然自裁身亡的故事。它在控訴依仗權勢者荒淫歹毒行徑的同時，謳歌柔弱無助的婦女果敢抗暴，殺身取義的壯舉，正氣凜然，驚世駭俗。這位烈婦雖無俠士的武藝，卻有俠士的膽魄，唯其無力抗暴而竭力抗暴，在失手之後毅然刎頸，更突顯出其人的英勇無畏，越發具有震撼力，越發讓人肅然起敬。

這個時期的豪俠故事，尚有寫一婦人冤深似海，在取下仇家首級後竟告別丈夫離家而去的《集異記・賈人妻》、寫一老者展示其絕妙劍法，警告府尹不可隨意欺侮百姓的《酉陽雜俎》「蘭陵老人」、寫一刺客奉師命四處尋訪，以懲處天下妄恃煉丹之術者的《酉陽雜俎》「盧生」、寫老年俠客為某豪士追回所失僧人所贈玉念珠，豪士前去訪謝則已不知去向的《劇談錄・潘將軍》、寫一俠女做崔某妾二載有餘，取郡守人頭替父報仇後，竟殺所生之子離去的《原化記・崔慎思》、寫諸進士宴於曲江亭時，忽有一驕悖少年闖宴胡為，並有紫衣從人數輩及中貴前來助虐，一義俠將其逐個擊潰的《唐摭言》「宣慈寺門子」、寫一村婦在食物中放藥讓劫掠其家產之眾兵丁顛撲於地，然後放其夫將兵丁通通殺死的《玉堂閒話》

「村婦」、寫一婦人在丈夫被害後殊無惶駭，假意稱快，最終讓盜賊落網被處決的《玉堂閒話》「鄒僕妻」、寫女商荊十三娘幫助所慕豪俠趙某之友從權貴處奪得愛妓的《北夢瑣言・荊十三娘》、寫茅山某觀諸道士圍爐夜話時，寓居觀中一秀才忽冒雪從浙帥廚中取來佳釀美食助興，擲劍而舞，後竟莫知所往的《北夢瑣言・丁秀才》等。

　　隋唐五代的騙子故事，講述的是形形色色的騙子採用各式各樣的手段製造假相，欺世罔俗，誆騙錢財，為害社會的作為。作品不但揭露了騙子的卑劣行徑和醜惡面目，而且對某些人的貪心、愚昧、輕信亦有所揶揄。此類作品，大多故事性強，情節生動，描寫精彩，從一個特定的視角反映出當時的社會狀況和人情狀態。

　　試看，分別出自《朝野僉載》和《辨疑志》的兩則作品：

　　　白鐵余者，延州稽胡也，左道惑眾。先於深山中埋一銅佛像柏樹之下，經數年，草生其上。詒鄉人曰：「吾昨夜山下過，見有佛光。」於是卜日設齋，以出聖佛。及期，集數百人，命於非所藏處斸。不得。則詭曰：「諸人不至誠佈施，佛不可見。」是日，男女爭施捨百餘萬。即於埋處斸之，得其銅像。鄉人以為聖人，遠近相傳，莫不欲見。宣言曰：「見聖佛者，百病即瘥。」余遂左計數百里老小士女皆就之。乃以紺紫紅緋黃綾，為袋數十重，盛佛像。人來觀者，去其一重，一回佈施。獲千萬，乃其見像。如此矯偽一二年，鄉人歸伏。遂作亂，自稱光王，署置官屬，設長吏，為患數年。命將軍程務挺討斬之。

　　　　　　　　　　　　　　　　　　　　《朝野僉載》卷三，「白鐵余」

　　　陳留男子李恒家事巫祝。邑中之人，往往吉凶為驗。陳留縣尉陳增妻張氏，召李恒。恒索於大盆中置水，以白紙一張沉於水中，使增妻視之。增妻正見紙上有一婦人，被鬼把頭揫揪。又一鬼，後把棒驅之。增妻惶懼涕泗，取錢十千，並沿身衣服與恒，令作法禳之。增至，其妻具其事告增。增明召恒，還以大盆盛水，沉一張紙，使恒觀之，正見紙上有十鬼拽頭，把棒驅之，題名云：「此李

恒也。」慚惶走，遂卻還所得錢十千及衣服物，便潛竄出境。眾異而問，增曰：「但以白礬畫紙上，沉水中，與水同色而白礬乾。」驗之亦然。

《辨疑志・李恒》

　　這兩則作品，講的都是騙子借神佛、鬼怪蠱惑民眾，誆騙錢財的故事，其中的受害者，無一不是迷信、愚昧之人。前一則的騙子有深謀遠慮，用幾年工夫設下一個大騙局，以預埋佛像為手段，妄稱「聖佛」顯靈，極具欺騙性和迷惑力，其為害的時間長久，受騙的鄉民人數眾多，所斂錢財數額巨大，歎為觀止。這個大騙子得志便猖狂，竟作亂稱王，難以逃脫自取滅亡的下場。後一則的騙子是巫覡，以白礬畫紙的伎倆哄弄家庭婦女，後被戳穿，只好退還錢物。其人與前一則的騙子相比，乃是小巫見大巫，但仍然十分可惡，最後不得不倉皇逃竄。

　　再看，分別出自《玉堂閒話》與《王氏見聞錄》的兩則作品：

　　唐懿宗用文理天下，海內晏清，多變服私遊寺觀。民間有奸猾者，聞大安國寺有江淮進奏官寄吳綾千匹在院。於是暗集其群，就內選一人肖上之狀者，衣上私行之服，多以龍腦諸香薰浥，引二三小僕，潛入寄綾之院。其時有丐者一二人至，假服者遺之而去。逡巡，諸色丐求之人，接跡而至，給之不暇。假服者謂院僧曰：「院中有何物，可借之。」僧未諾間，小僕擷眼向僧，僧驚駭曰：「櫃內有人寄綾千匹，唯命是聽。」於是啟櫃，罄而給之。小僕謂僧曰：「來日早，於朝門相覓。可奉引入內，所酬不輕。」假服者遂跨衛而去。僧自是經日訪於內門，杳無所見，方知群丐並是奸人之黨焉。

《玉堂閒話・大安寺》

　　有處子，姓文，不記其名，居漢中，常游兩蜀侯伯之門，以燒煉為業。但留意於爐火者，咸為所欺。有富商李十五郎者，積貨甚多，為文所惑。三年之內，家財罄空，復為識者所誚。追而恥

之，以至自經。又有蜀中大將，屯兵漢中者，亦為所惑。華陽坊有成太尉新造一第未居，言其空靜，遂求主者，貸以燒藥。因火發焚其第，延及一坊，掃地而靜。文遂夜遁，欲向西取桑林路，東趨斜穀，以脫其身。出門便為虎所逐，不得西去。遂北入王子山溪谷之中。其虎隨之，不離矽步。既窘迫，遂攀枝上一樹，以帶自縛於喬柯之上。其虎繞樹咆哮。及曉，官司捕逐者及樹下，虎乃徐去。遂就樹擒之，斬於燒藥之所。

《王氏見聞錄・文處子》

這兩則作品，寫的都是精明的騙子以老道的騙術行騙的故事，可讀性較強，各有特點。其中的騙子均因抓住對方的致命弱點從而得逞，發人深省。前一則描述群丐假扮微服出遊的皇上及隨從，掠走寺中寄綾千匹，寺僧懾於權勢而被騙。後一則描述騙子謊稱精通煉金術，一次又一次地騙走別人錢財。誰知他正在得意忘形之時，竟引發大火，狼狽逃竄，最後被處斬，可謂現世現報。而猛虎追逐騙子的情節，與其說是出自天意，不如說是體現民心，讀來亦興味盎然。

這個時期的騙子故事，尚有寫自稱「五戒賢者」之人與同夥一起惑人奪產，無惡不造的《朝野僉載》「賀玄景」、寫郭某喪母時以撒餅招鳥來製造每哭群鳥大集的假相，騙取旌表門閭的《朝野僉載》「郭純」、寫一老嫗於野外冒充狐魅怖人，某家婢子獨行時被奪走所荷大黃袱的《廣古今五行記・鄴城人》、寫一著道士衣冠者自稱年已數百歲，有長生藥度世，其謊言竟被飽學之士戳穿的《辨疑志・姜撫先生》、寫一騙子偽造先人遺書騙取富室少年縑帛數十匹，後事敗伏罪的《闕史・秦中子得先人書》、寫一道術人自稱得丹砂駐顏，妄稱乃父為其小兒，後被人識破的《玉堂閒話・目老叟為小兒》、寫某寺僧製造佛光假相誆騙錢財，敗露後被擒治罪的《北夢瑣言・捉佛光事》、寫一僧自云身出舍利，騙取豪民財帛，後發現其舍利皆是枯魚目的《北夢瑣言・魚目為舍利》等。

隋唐五代的機智故事，由機智人物故事和一般機智故事組成，前者的數量較多，後者的數量較少。兩類機智故事，都生動地展示出故事主角的過人的聰穎、機捷、智謀以及特有風趣和幽默感。作品內容頗為豐富，涉

及扶危濟困，揶揄權貴，播弄富豪，鞭笞惡人，嘲諷不良的社會現象，表現世人的生活情趣等。

中國古代機智人物故事，萌生的時間相當早。春秋時期晏嬰的故事《晏子使楚》、《橘與枳》、《馬圉之死》、《燭鄒亡鳥》，優孟的故事《葬馬於人腹》、《優孟衣冠》，戰國時期淳于髡的故事《奮兵而出》、《持狹望奢》、《罷長夜之飲》、《赴楚獻鵠》，秦代優旃的故事《陛楯者得半相代》、《麋鹿禦寇》、《漆城之蔭》等，可謂中國最早的一批機智人物故事。此後，尚有漢代東方朔的故事《東方朔識酒》、《上林獻棗》、《乳母得救》、《不死酒》，三國時期諸葛恪的故事《請筆益字》、《臣父知所事》等。到了隋唐五代時期，機智人物故事有了較大的發展，主要體現在兩個方面：其一，湧現了一大批機智人物故事的作品，既有前一個時期開始傳誦並在這個時期才被錄寫下來的作品，又有在這個時期開始傳誦並在這個時期被錄寫下來的作品。這一大批機智人物故事的藝術質量大多比較高，有一些作品後世多有流布，甚至逐漸演化成故事類型。其二，湧現了許多機智人物，包括官宦型機智人物，如北齊的石動筒、徐之才，隋代的盧思道，唐代的鄧玄挺、長孫玄同、封抱一；文人型機智人物，如隋唐的侯白；俳優型機智人物，如唐代的高崔嵬、黃幡綽、李可及，五代的敬闢磨等。

侯白是這個時期最為突出的機智人物。其故事現存十四則，除〈牛羊下來〉見於《北史》外，均載《啟顏錄》，內容涉及三個方面：其一為譏刺、播弄官吏，如〈一錢不值〉、〈當作號號〉；其二，誆騙、嘲誚富豪，如〈誆騙富貴公子〉、〈音聲博士〉、〈九尾胡〉；其三，文人趣事，如〈此是犢子〉、〈應是六斤半〉、〈問一知二〉。試看：

> 侯白初未知名，在本邑，令宰初至，白即謁。會知識曰：「白能令明府作狗吠。」曰：「何有明府得遣作狗吠？誠如言，我輩輸一會飲食；若妄，君當輸。」於是入謁，知識俱門外伺之。令曰：「君何須得重來相見？」白曰：「公初至，民間有不便事，望諮公。公到前，甚多盜賊，請命各家養狗，令吠驚，自然盜賊止息。」令曰：「若然，我家亦須養能吠之狗，若為可得？」白曰：

「家中新有一群犬，其吠聲與餘狗不同。」曰：「其聲如何？」答曰：「其聲惙惙者。」令曰：「君全不識，好狗吠聲當作號號，惙惙聲者，全不是能吠之狗。」伺者聞之，莫不掩口而笑。白知得勝，乃云：「若覓如此能吠者，當出訪之。」遂辭而出。

《啟顏錄·當作號號》

隋開皇初，高祖新受禪，意欲上合天心，下順人望，每諸州奏有祥瑞，皆大喜悅。有人來獻瑞物，皆即得官。後有一人甚富，訪諸瑞物，若知有處，皆不惜錢。侯白東家有一胡患痁饒睡，家人每日常灸尾翠。侯白即覓富人云：「我知有一瑞物，你與我幾錢？」富人大喜，即與侯白二十貫錢。白即共作券契，不得翻悔。受錢訖，即引富人至胡家，見胡睡臥，家人正灸，富人云：「瑞物何在？」侯白指胡云：「此是九尾胡。」富人大嗔云：「何得是瑞？」侯白云：「若不信瑞，任汝就胡眼看，今見未覺。」富人即欲索錢，侯白出券共爭，遂一錢索不得。

《啟顏錄·嘲誚》，「九尾胡」

這兩則作品均講述故事主角採用哄騙手段來戲謔、捉弄對手，展現了蔑視官家、奚落富豪的題旨，寓莊手諧，充滿機智與風趣。前一則是現存最早的一則「學狗叫型故事」，相當完整，對後世影響甚大，至今流布較廣，多有變異，頗受民眾喜愛。後一則在戲耍財迷心竅的富人的同時，對隋朝建立者文帝（楊堅）所謂承受禪讓即位時大搞奏獻祥瑞之物亦有所譏刺，其立意不俗，耐人回味。

隋唐五代的一般機智故事，亦不乏精彩的作品。試看：

嘗有一僧忽憶餺飥，即於寺外作得數十個餺，買得一瓶蜜，於房中私食。食訖，殘為留鉢盂中，蜜瓶送床腳下，語弟子云：「好看我餺，勿使欠少，床底瓶中，是極毒藥，吃即殺人。」此僧即出。弟子待僧去後，即取瓶瀉蜜，為餺食之，唯殘兩個。僧來即索所留餺蜜，見餺唯有兩顆，蜜又吃盡，即大嗔云：「何意吃我餺

蜜？」弟子云：「和尚去後，聞此餬香，實忍饞不得，遂即取吃。畏和尚來嗔，即服瓶中毒藥，望得即死，不謂至今平安。」僧大嗔曰：「作物生，即吃盡我爾許餬！」弟子即以手於缽盂中取兩個殘餬，向口連食，報云：「只做如此吃即盡。」此僧下床大叫，弟子因即走去。

《啟顏錄‧嘲誚》，「瀉蜜吃餬」

　　光啟年中，左神策軍四軍軍使王卞出鎮振武，置宴。樂戲既畢，乃命角抵。有一夫甚魁岸，自鄴州來此較力，軍中十數輩軀貌膂力，悉不能敵。主帥亦壯之，遂選三人，相次而敵之。魁岸者俱勝，帥及座客，稱善久之。時有一秀才坐於席上，忽起告主帥曰：「某撲得此人！」主帥頗駭其言。所請既堅，遂許之。秀才降階，先入廚，少頃而出，遂掩縮衣服，握左拳而前。魁梧者微笑曰：「此一指必倒矣。」及漸相逼，急展左手示之，魁岸者憺然而倒，合座大笑。秀才徐步而出，盥手而登席焉。主帥詰之：「何術也？」對曰：「頃年客游，曾於道店逢此人，才近食案，跟蹡而倒。有同伴曰：『怕醬，見之輒倒。』某聞而志之。適詣設廚，求得少醬，握在手中，此人見之，果自倒。聊助宴設之歡笑耳。」有邊岫判官，目睹其事。

《玉堂閒話‧振武角抵人》

　　這兩則作品都具有出奇制勝，饒有興味的特點，故事主角均係無姓名者，一為寺院弟子，一為秀才。前一則寫的是寺院生活中的一小個插曲，卻描述得如此有趣，如此引人入勝。故事主角善於抓住師僧的一句哄人謊話，即興發揮，處處顯示出其人的隨機應變的能力和超群的智慧。後一則寫的是在摔跤的較量中，一秀才輕而易舉地戰勝無敵勇士的故事。其人克敵制勝的本領出自機智——既得益於平素的積累，又得益於臨場發揮，因而方能在一揮手之間使對手憺然倒下。

　　這個時期的一般機智故事，尚有寫寺院弟子讓老僧無法飲用熱酒，卻不會受罰的《啟顏錄》「溫酒」、寫一口才敏捷之少年隨難即對，左右逢源，

使法師既怒且慚的《啟顏錄》「趙小兒」、寫一好吃爐牛頭之士人夢拘至地府，了無畏憚，竟用妙語得以被放回陽間的《大唐傳載》「爐牛頭」等。

隋唐五代的破除迷信故事，大都通過陳述實例，具體揭示出由於篤信鬼神、法籙而造成的各種災難和不幸，讓人猛醒，因而產生破除迷信思想的社會效應。此類作品，數量不太多，這在當時亦頗為珍貴。試看：

> 李長源常服氣導引，並學禹步方術之事。凡數十年，自謂得靈精妙，而道已成。遠近畢親敬師事者甚多。洪州晝日火發，風猛焰烈，從北來。家人等狼狽，欲拆屋倒籬，以斷其勢。長源止之，遂上屋禹步禁咒。俄然火來轉盛，長源高聲誦咒，遂有進火飛焰先著長源身，遂墮於屋下。所居之室，燒蕩盡，器用服玩，無復孑遺。其餘圖籙持咒之具，悉為灰燼。
>
> 《辨疑志・李長源》

> 天寶中，河南緱氏縣東太子陵仙鶴觀，常有道士七十餘人，皆精專修習法籙齋戒皆全。有不專者，自不之住矣。常每年九月三日夜，有一道士得仙，已有舊例。至旦，則具姓名申報以為常。其中道士，每年到其夜，皆不扃戶，各自獨寢，以求上升之應。後張竭忠攝緱氏令，不信。至時，乃令二勇者以兵器潛覘之，初無所睹，至三更後，見一黑虎入觀來，須臾，銜出一道士。二人遂射，不中，奔棄道士而往。至明，並無人得仙。具以此白竭忠。竭忠申府，請弓矢大獵，於太子陵東石穴中格殺數虎。有金簡玉籙泊冠帔，或人之發骨甚多，斯皆謂每年得仙道士也。自後仙鶴觀中即漸無道士。今並休廢，為守陵使所居也。
>
> 《博異志・張竭忠》

這兩則作品均錄寫於唐代，是破除迷信、倡導求真務實精神的名篇。前一則描述自詡精通道家禹步方術者在大火蔓延的危急關頭，妄圖誦咒滅火，竟墮於屋下，不獨其居所及財物一無倖免，甚至連他使用的圖籙、法

器也化為灰燼，極具諷刺意味。它借助作法者的自我暴露，使世人，尤其是那些親近師事其人者因而警醒。後一則敘寫一兼理縣令探明猛虎食人的慘劇，揭開「升天」之謎，不但挽救了許許多多妄想升仙者的性命，而且擦亮了世人的眼睛，認識到盲目虔誠的危害性，在當時無疑會產生積極的社會影響。

　　這個時期的破除迷信故事，尚有寫西京連續降雨二月有餘，一胡僧設法場讀經咒止雨，其雨更盛，乃被驅逐的《朝野僉載》「胡僧寶嚴」、寫一僧自云數百歲，耗資巨萬為天后制長生藥，服藥後二年天后即駕崩的《朝野僉載》「胡超僧」，寫華州虎暴，一華山道士以金水分形之法驅虎，竟為猛虎所食的《辨疑志・明思遠》、寫每歲大齋夜長安士女爭相至靈應台合聲禮念，觀看觀世音菩薩之身光，後有人被虎拽去，方知所見者乃是虎目光的《辨疑志・雙聖燈》、寫一子謀稱其父化鶴飛去，騙得官府厚賞，後竟探明其人縛父屍沉於河水，遂被杖殺的《辨疑志・石老化鶴》、寫一書生回到某地寺院，見村人禮施求福之「五臺山聖琵琶」乃是自己年前繪製，遂將其拭去的《原化記・畫琵琶》、寫某郎中借居據傳素多凶怪之宅，一夕忽聞吼聲令家人怖懼，後乃發現所見精怪竟是頭入油器之黃狗的《玉堂閒話・袁繼謙》等。

　　隋唐五代的人獸情故事，大都講述世人與各種通靈性的動物（包括長期餵養的家畜和偶然相遇的野獸）之間的情誼。這種情誼既體現為家畜在主人面臨兇殺、災難，處境危急之時竭誠搭救，甚至獻出生命，亦體現為野獸向世人報恩或給予各種關照和幫助，情至意盡，頗為感人。此類故事，往往借動物抒發感情，以曲折的藝術手法呼喚互相關愛、互相幫助的美好人際關係和見義勇為、知恩圖報的崇高道德風尚，無不具有積極的社會意義。

　　試看，分別出自《集異記》與《宣室志》的兩則作品：

　　　　鄭韶者，隋煬帝時左散騎常侍，大業中，授閬中太守。韶養一
　　　犬，憐愛過子。韶有從者數十人，內有薛元周者，韶未達之日已事
　　　之。韶遷太守，略無恩恤。元周忿恨，以刀久伺其便，無得焉。時

在閣中，隋煬帝有使到，詔排馬遠迎之。其犬乃銜拽衣襟，不令出宅。館吏馳告云：「使入郭。」詔將欲出，為犬拽衣不放。詔怒，令人縛之於柱。詔出使宅大門，其犬乃掣斷繩而走，依前拽詔衣不令去。詔撫犬曰：「汝知吾有不測之事乎？」犬乃嗥吠，跳身於元周隊內，咬殺薛元周。詔差人搜元周衣下，果藏短劍耳。

《集異記‧鄭韶》

扶風縣西有天和寺，在高崗之上，其下龕宇軒豁，可居窮者，趙叟家焉。叟無妻孥，病足而傴，常策杖行乞於市。裡人哀其老病而窮無所歸，率給以食。叟得食，必先聚群犬以食之。後歲餘，叟病寒，臥於龕中。時大雪，叟貧無衣，裸形就地，且戰且呻。群犬俱集於叟旁，搖尾而嗥。已而環其衽席，競以身衛叟肢體，由是寒威稍解。後旬餘，竟以寒死於龕中。群犬哀鳴，晝夜不歇，數日方去。

《宣室志》卷二，「趙叟」

這兩則作品均為義犬護衛恩人的故事，儘管兩位恩人的身份、境況差異很大，卻都傳達出義犬對其人的深情厚意，令人感佩。前一則敘寫主人憐愛過子的那隻犬，在反復制止主人外出未能湊效時，斷然咬死意欲謀害主人的從者，使主人倖免於難，表現出愛犬的高度警惕性和責任感。後一則敘寫一群野犬與貧病老叟之間的非同尋常的感情。對於那群野犬而言，這個老叟不是主人，勝似主人。當老叟病寒臥地時，群犬爭相為其暖身，當老叟凍死時，群犬數日哀鳴不止，都遠超過一般的親情，感人至深。

再看，出自《廣異記》的兩則作品：

唐建中初，青州北海縣北有秦始皇望海臺。臺之側有別墟泊，泊邊有取魚人張魚舟結草庵止其中。常有一虎夜突入庵中，值魚舟方睡。至欲曉，魚舟乃覺有人，初不知是虎，至明方見之。魚舟驚懼，伏不敢動。虎徐以足捫魚舟，魚舟心疑有故，因起坐。虎舉前左足示魚舟。魚舟視之，見掌有刺可長五六寸，乃為除之。虎躍然

出庵，若拜伏之狀，因以身劘魚舟。良久，回顧而去。至夜半，忽聞庵前墜一大物。魚舟走出，見一野豕脂甚，幾三百斤，在庵前。見魚舟，復以身劘之，良久而去。

自後每夜送物來，或豕或鹿。村人以為妖，送縣，魚舟陳始末，縣使吏隨而伺之。至二更，又送麋來，縣遂釋其罪。魚舟為虎設一百一齋功德，其夜，又銜絹一匹而來。一日，其庵忽被虎拆之，意者不欲魚舟居此。魚舟知意，遂別卜居焉。自後虎亦不復來。

《廣異記・張魚舟》

鳳翔府李將軍者為虎所取，蹲踞其上。李頻呼大王乞一生命，虎乃弭耳如喜狀。須臾，負李行十餘里投一窟中。二三子見人喜躍。虎於窟上俯視，久之方去。其後入窟，恒分所得之肉及李。積十餘日，子大如犬，悉能陸梁乳，虎因負出窟，至第三子。李恐去盡，則己死窟中。乃因抱之云：「大王獨不相引。」虎因垂尾，李持之，遂得出窟。李復云：「幸已相祐，豈不送至某家？」虎又負李至所取處而訣。每三日，一至李舍，如相看。經二十日，前後五六度。村人怕懼，其後又來。李遂白云：「大王相看甚善，然村人恐懼，願勿來。」經月餘，復一來，自爾乃絕焉。

《廣異記・虎恤人》

這兩則有關野獸報恩與野獸恤人的作品，故事性較強，各有特點，無不把故事主角老虎的形象刻畫得鮮活可愛，具有較高的藝術水平。前一則圍繞老虎報答漁人來展開故事，有兩點值得著重提及：其一，擅長細節描寫，通過各種富有表現力的細節，將老虎從向漁人求助到促使漁人遷居的全過程描繪得活靈活現，突顯出這只老虎很有靈性，雖不會言語卻善與漁人溝通，對恩人關心備至，體貼有加。其二，故事情節富於變化，由拔刺引出送野物酬謝，由酬謝引出吃官司，由平息官司引出漁人遷居，環環相和，頗有情致。後一則圍繞老虎對李將軍的態度變化來展開故事，最初作為獵物來對待，將其背回投入虎穴之中；見其給虎子帶來快樂，便不斷分給肉食，並無傷害之意；接著又將其帶出虎穴，並且送還原地；後來甚

至成為朋友，常到家中看望，因鄉鄰懼怕才不復往來。作品從平實的描述中，將這只通人性、重情誼的老虎刻畫得非常可愛。

這個時期的人獸情故事，尚有寫大象求人為其拔取足中碎塊，後以象牙相報的《朝野僉載》「象報恩」，寫主人被殺後義犬前去守護，並告發兇手，讓其受到嚴懲的《廣古今五行記‧崔仲文》、寫二犬分別咬死欲行兇之家奴父子，使主人獲免的《廣異記‧姚甲》、寫楊妻與姘夫欲殺其夫，家犬傷二人救主，並讓二人受到法辦的《集異記‧楊褒》、寫義犬齧殺欲謀主之二奴，使主人免遭毒害的《集異記‧柳超》，寫鄰店失火時義犬急登床銜衣拽出醉臥之主人，使其免難的《集異記‧盧言》、寫閽者因過失被司空鞭笞，群犬爭相護衛令司空深為感動，遂將其釋放的《宣室志》「郭釗」、寫猩猩跨白象扣門求蔣某射殺大巴蛇，事後獻象牙跪謝的《侍奇‧蔣武》、寫某都督家犬隨其外出，忽咬死藏有匕首欲行刺報復之從者，主人因得免難的《松窗雜錄‧劉巨麟》、寫家犬咬虎鼻將其驚走，並使被擒之主人復蘇，因而累死的《原化記‧章華》等。

隋唐五代的奇聞故事，涉及出現在各個社會層面的異聞逸事，傳奇色彩較為濃烈，具有一定的思想意涵，通過其引人入勝的描述可以增進對當時的社會狀況和民眾好惡的瞭解。

譬如，《酉陽雜俎》前集卷十二〈語資〉「櫃中熊」：

> 甯王常獵於鄠縣界，搜林，忽見草中一櫃，扃鎖甚固，王命發視之，乃一少女也。問其所自，女言姓莫氏，父亦曾作仕，叔伯莊居。昨夜遇光火賊，賊中二人是僧，因劫某至此。動婉含嚬，冶態橫生。王驚悅之，乃載以後乘。時慕舉者方生獲一熊，置櫃中，如舊鎖之。時上方求極色，王以莫氏衣冠子女，即日表上之，具其所由。上令充才人。經三日，京兆奏鄠縣食店有僧二人，以錢一萬，獨賃店一日一夜，言作法事，唯舁一櫃入店中。夜久，膈膊有聲，店戶人怪日出不啟門，撤戶視之，有熊沖人走出，二僧已死，骸骨悉露。上知之，大笑，書報甯王云：「甯哥大能處置此僧也。」莫才人能為秦聲，當時號「莫才人囀」焉。

這一則作品，情節曲折多變，環環相扣，前後呼應，結構頗為完整。其中有關僧劫少女的描寫，從將少女藏入櫃中到二僧為櫃中熊斃死，既具有傳奇色彩，又富於戲劇性，讀來甚感痛快。但是，令人慨歎的是，那位美貌天真的少女雖然獲救，免受賊僧蹂躪，卻又被送入皇宮充當才人，常年受到禁錮，是福是禍，只有她心裡最為清楚。

又如，《稽神錄》卷六〈食黃精婢〉：

> 臨川有士人，虐遇其所使婢。婢不堪其毒，乃逃入山中。久之糧盡。飢甚，坐水邊，見野草枝葉可愛，即拔取，濯水中，連根食之，甚美。自是恒食。久之遂不飢，而更輕健。夜息大樹下，聞草中獸走，以為虎而懼。因念得上樹杪乃佳也，正爾念之，而身已在樹杪矣。及曉，又念當下平地，又欻然而下。自是意有所之，身即飄然而去，或自一峰之一峰頂，若飛鳥焉。
>
> 數歲，其家人伐薪見之。以告其主，使捕之，不得。一日，遇其在絕壁下，即以細繩三面圍之。俄騰上山頂。其主益駭異，必欲致之。或曰：「此婢也，安有仙骨？不過得靈藥餌之爾。試以盛饌，多其五味，令甚香美，值其往來之路，觀其食之否？」如其言，果來就食。食訖，不復能遠去，遂為所擒。具述其故。問其所食草之形，即黃精也。復使之，遂不能得。其婢數年亦卒。

這是一則以虐婢為題材的奇聞故事，基調淒婉，令人感慨良多。婢女之所以變為在絕壁下、山頂上騰飛若鳥的野人，數年間與世隔絕，只不過是為了躲避主人的殘酷虐待。其後主人用盛饌美食引誘婢女回歸，並非動了惻隱之心，完全是出於探問所食靈藥的目的。而改變婢女生存環境的結果，只能是加快婢女死亡的速度，真是何其毒也！

這個時期的奇聞故事，尚有寫權貴張某三兄弟食鵝、鴨、驢、犬、馬等皆別有其法，慘不忍睹，後受到惡報——被誅的《朝野僉載》「張易之兄弟」、寫一養鴨人因在鴨糞中汰得黃金，後來遂致巨富的《朝野僉載》「陳懷卿」、寫虎嗅一臨崖而睡之醉漢，竟被其人噴嚏驚擾而落崖的《朝朝聖僉載》「醉人驚虎」、寫一婦人被取為老虎之妻十餘載，逃出後被伐

木人送還其家，終憨戀無神的《廣異記・虎婦》、寫某生入京成名歸時，一虎負其將被迫另嫁他人之未婚妻來跟前來，二人始得團聚的《原化記・中朝子》、寫一極貪狠之富商夜行時殺死寢息樹下者，取其衣襆而去，天曉方知所殺者為己子的《野人閒話・章邵》等。

隋唐五代的寫實故事，除了上述幾類之外，還有《啟顏錄》「癡人買帽」、《啟顏錄》「不識羊」、《啟顏錄》「驢鞍橋」等呆子故事，《啟顏錄》「通馬毛色」，《啟顏錄・劉道真》等巧女故事，《法苑珠林》「葛由」、《朝野僉載》「刻木作僧」、《杜陽雜編・韓志和》等工匠故事，《朝野僉載》「京師三豹」、《投荒雜錄・胡浙》、《玉堂閒話・安道進》等酷吏故事，《朝野僉載》「史崇玄」、《唐國史補》「蘇州遊僧」、《稽神錄・僧十朋》等僧道故事，《酉陽雜俎》「僧盜」、《劇談錄・田膨郎》、《玉堂閒話・發塚盜》等盜賊故事，《乾饌子・梅權衡》、《玉泉子・杜羔妻》、《桂苑叢談・青龍寺客》等詩對故事。這些類別的故事，進一步展示出隋唐五代寫實故事涉及面甚廣，內容豐富多彩的特點。

第二節　隋唐五代的民間笑話與民間寓言

一、隋唐五代的民間笑話

中國民間笑話在隋唐五代時期有了一定程度的發展。這個時期的笑話，作品有所增加，題材更為生活化、世俗化，因而越發受到世人關注。這個時期錄有民間笑話的書籍，有的早已失傳，如〔隋〕魏澹撰《笑苑》四卷、〔唐〕何自然撰《笑林》三卷。現存錄有民間笑話的的書籍，計有《啟顏錄》、《朝野僉載》、《封氏聞見記》、《紀聞》、《大唐新語》、《酉陽雜俎》、《因話錄》、《乾饌子》、《諧噱錄》、《笑言》、《北夢瑣言》等。其中，《啟顏錄》所收的作品數量最多，藝術成就最為突出，對後世笑話的發展影響最為顯著。

《啟顏錄》是繼〔三國魏〕邯鄲淳撰《笑林》之後，在中國笑話發展

史上具有里程碑意義的一部笑話故事集。它所收錄的絕大多數作品都包含著笑的因素，倘若寬泛一些講，它們都可以稱為笑話；但嚴格地說來，內中比較典型的笑話不足半數，此外還有不少其他類別的民間故事。

隋唐五代的民間笑話，可分為嘲諷笑話、勸誡笑話、諧趣笑話三類，以嘲諷笑話的數量最多。

這個時期的嘲諷笑話，大多以諷刺官吏昏庸無道，譏笑世人趨炎附勢為內容，語意辛辣，頗有鋒芒。

試看，分別出自《啟顏錄》與《朝野僉載》的兩則笑話：

> 隋柳真為洛陽令，恍忽多忘。曾有一人犯罪，合決杖。柳真見其罪狀，大嗔，索杖欲打，即脫犯罪人衣裳於庭中。坐訖，猶未行杖，即有一客來覓柳真，柳真引客向房中語話。當時寒月，其犯罪人緣忍寒不得，即鶱起向廳屋頭向日，取襪子散披蹲地。柳真須臾送客出廳門，還，遙見此人，大叫嗔曰：「是何物人，敢向我廳邊覓虱？」此人出門徑走，更不尋問。
>
> 《啟顏錄‧昏忘》，「洛陽令」

> 五原縣令閻玄一為人多忘，曾至州，於主人舍坐。州佐史[49]前過，以為縣典也，呼欲杖之。典曰：「某是州佐也。」玄一慚謝而止。須臾縣典至，一疑其州佐也，執手引坐。典曰：「某是縣佐也。」又愧而止。曾有人傳其兄書者，止於階下。俄而裡胥白錄人到，玄一索杖，遂鞭送書人數下。其人不知所以，訊之。一曰：「吾大錯。」顧直典，向宅取杯酒暖瘡。良久，典持酒至。玄一既忘其取酒，復忘其被杖者，因便賜直典飲之。
>
> 《朝野僉載》卷三，「閻玄一」

這兩則均為嘲誚官吏昏忘的笑話。前一則譏諷的對象是隋代一縣令，其人恍忽多忘，在執行公務時，轉瞬間便忘卻懲處罪犯之事，讓罪犯逍遙法外而渾然不知。後一則譏諷的對象是唐代一縣令，其人昏聵到連自己的

---

[49] 佐史：隋唐州縣低級官員的泛稱。

下屬都記不住的地步，接連錯認。當發現誤打送書信者時，忙令縣典取酒安慰，卻又忘卻取酒何為，竟賜縣典飲用。其人忘性之大勝過隋代那位縣令，更令人發噱。朝廷任用此等人物做父母官，足見當時某些地方的吏治腐敗到了何等程度。

再看，分別出自《啟顏錄》和《諧噱錄》的兩則笑話：

> 唐有姓房人，好矜門地，但有姓房為官，必認云親屬。知識疾其如此，乃謂之曰：「豐邑公相[50]，是君何親？」曰：「是姓某乙再從伯父。」人大笑曰：「君既是方相侄兒，只堪嚇鬼。」
>
> 《啟顏錄·姓房人》

> 江夏王義恭，性愛古物，常遍就朝士求之。侍中何勖，已有所送，而王徵索不已，何甚不平。嘗出行於道中，見狗枷牘鼻，乃命左右取之還，以箱擎送之，箋曰：「承復須古物，今奉李斯狗枷，相如牘鼻。」
>
> 《諧噱錄·狗枷牘鼻》

這兩則均為譏刺惡劣社會風氣的笑話。前一則寫某人戲稱一心攀附顯貴者，是舊時作驅逐疫鬼和出喪開道之用的方相侄兒，對好誇耀門第之人給予無情嘲弄。後一則寫某人故意將道中狗枷牘鼻稱為「古董」，對喜好古物而瘋狂勒索他人的高官加以調侃和奚落。兩則笑話筆鋒犀利，一針見血，讀來無不使人感到開心、解氣。

這個時期的嘲諷笑話，尚有嘲誚某都督活似餓夜叉，「判事驢咬瓜，喚人牛嚼沫，見錢滿面喜，無錏從頭唱」的《朝野僉載》「王癲獺」、譏諷某縣丞剛到任時，一次又一次問縣典何姓，其人都答姓王，便驚愕說縣中佐史總姓王的《朝野僉載》「南皮縣丞」、譏刺一中書舍人奉命整飭時，因署吏持庫鑰他去，竟破窗檢尋舊本的《朝野僉載》「斫窗舍人」、訕笑陸某不識藻豆供洗手面之用途，每旦均將婢女所送藻豆沃水吞服，不

---

[50] 《太平廣記》卷二六〇原注：豐邑坊在上都，是凶肆，出方相也。

勝其苦的《酉陽雜俎》「陸暢」，奚落一書生奔馳入京，人問求何事，竟稱應「不求聞達科」的《因話錄‧照應書生》等。

隋唐五代的勸誡笑話，大多以譏刺世人粗疏、淺薄、愚昧的行為和猜疑、妒忌、浮躁的心態為內容，藉以達到淨化心靈，匡正世風的目的。譬如，《啟顏錄》「傾麥飯」：

> 隋初有同州人負麥飯入京糶之。至渭水上，時冰正合，欲食麥飯，須得水和，乃穿冰作孔取水，而謂冰孔可就中和飯，傾飯於孔中。傾之總盡，隨傾即散，其人但知嘆惜，竟不知所以。良久，水清，照見其影，因叫曰：「偷我麥飯者只是此人。此賊猶不知足，故自仰面看我。」遂向水打之，水濁不見，因大嗔而去，云：「此賊始見在此，即向何處？」至岸，見有砂，將去便歸。

這則笑話簡短而生動，通過蠢人的自我暴露，嘲諷某些人生性愚笨、懶怠，辦事不動腦子，卻自以為是，不思反省，或許能讓人們從笑聲中有所警覺。

又如，《朝野僉載》卷二「鑰匙尚在」：

> 昔有愚人入京選皮袋，被賊盜去，其人曰：「賊偷我袋，將終不得我物用。」或問其故，答曰：「鑰匙今在我衣帶上，彼將何物開之。」

這則笑話，奚落愚人被盜卻滿不在乎，竟用自我解嘲的方式來錄求心理上的安慰，既可笑又可歎。讀了這則笑話，使人不禁聯想到維吾爾族阿凡提放事《灌肺法》。它們在故事情節、表現手法、藝術風格上都頗為相似。兩者是否有淵源關係，尚待考證。

這個時期的勸誡笑話，尚有寫某子入市買奴，見鏡中人影少壯，乃將鏡購回。其父照鏡以為奴老，欲打其子；其母抱孫女照鏡以為購得子母兩婢，即欣喜；因謂奴藏未肯出，便請巫婆作法，懸鏡落地分為兩片，巫婆

取照各見其影，乃歡呼「神明與福，令一奴而成兩婢」的《啟顏錄》「買奴購鏡」、寫縣中諸官婦相聚時，縣令婦訊問各婦姓氏後，即勃然入內對縣令道：「贊府（縣丞）婦云姓陸，主簿婦云姓漆，以吾姓伍，故相弄耳，餘官婦賴吾不問，必曰姓八姓九」的《封氏聞見記・失誤》、寫嚴生誤將京兆尹龐嚴作嚴龐，自稱從侄登門拜謁，竟出乖露醜的《因話錄・姓嚴人》、寫韓某性粗質，請人為其講《論語・為政篇》「三十而立」後，乃稱「僕近方知古人淳樸，年至三十，方能行立」的《北夢瑣言・韓簡》等。

隋唐五代的諧趣笑話，大多以詼諧逗趣為主旨，娛樂性甚強，雖不一定具有警世意義，但往往也能使人得到某些教益。譬如，《啟顏錄・昏妄》「多忘者」：

> 鄏縣有一人多忘，將斧向田斫柴，並婦亦相隨。至田中遂急便轉，因放斧地上。旁便轉訖，忽起見斧，大歡喜云：「得一斧。」仍作舞跳躍，遂即自踏著大便處，乃云：「只應是有人因大便遺卻此斧。」其妻見其昏忘，乃語之云：「向者君自將斧斫柴，為欲大便，放斧地上，何因遂即忘卻？」此人又熟看其妻面，乃云：「娘子何姓，不知何處記識此娘子？」

這則笑話，經過巧妙的藝術構思，彙集了一些日常生活中的昏忘行為，並加以誇飾，從而塑造出一個健忘者的典型形象，頗為引人發噱。世人在譏笑其昏忘時，亦不可不自省，引為鑒戒。

又如，《大唐新語》卷十三〈諧謔〉「益州長吏」：

> 益州每歲進柑子皆以紙裹之。他時長吏嫌紙不敬，代以細布。既而恐柑子為布所損，每懷憂懼。俄有御史甘子布使於蜀，驛使馳白長吏：「有御史甘子布至。」長吏以為推布裹柑子事，懼曰：「果為所推！」及子布到驛，長吏但敘以布裹柑子為敬。子布初不知之，久而方悟。聞者莫不大笑。

這是一則因誤解御史姓名而引出的笑話，讓人忍俊不禁。其中誤會越大，產生的逗樂的效果越強烈。作品將為進貢土特產煞費苦心的益州郡守唯恐觸怒皇上的惴惴不安心境表現得淋漓盡致。世人在發噱之後，亦不能不有所感悟。

這個時期的諧趣笑話，尚有寫老佐史為試新縣令強弱，在差丁點名時故意超越次第，呼喚「張破袋成老鼠宋郎君向明府」的《啟顏錄·山東佐史》、寫某縣令常畏見嘲其口無一齒，理事時佐史稱其「書處其疾」，誤謂稱己之善，後經人指點始知受辱的《啟顏錄·安陵佐史》、寫何某至京訪其從叔，竟誤入趙郎中宅，遂歲餘不敢出門的《唐國史補》「何儒亮」、寫蕭某忽患寒熱去國醫王某家求診，誤入給事鄭某第具說其狀，鄭某云「據脈候是心家熱風，若覓王醫東鄰是也」的《乾𦠆子·蕭俛》、寫鄰人夫婦諧和，夫自外歸，見妻吹火，乃吟詩相謔「吹火青唇動，添薪黑腕斜，遙看煙裡面，恰似鳩盤荼[51]」的《笑言·鄰夫》等。

二、隋唐五代的民間寓言

隋唐五代的民間寓言，無論人事寓言或擬人寓言，仍然處於不發達的狀態。它們散見於這個時期的一些筆記小說集、笑話集或史籍之中，其數量略多於魏晉南北朝時期的民間寓言。

隋唐五代民間寓言中的人事寓言，一部分為幻想性作品，一部分為寫實性作品；多數取材於民眾熟悉的日常生活事件，完全出自藝術虛構；也有一些則涉及當時的真實人物，帶有一定的傳說色彩。這些民間寓言，無不通過富有情趣的故事來闡發不同的寓意，對世人有所啟示和教益。譬如，《廣異記·潁陽里正》：

> 潁陽里正說某不得名，曾乘醉還村，至少婦祠醉，因繫馬臥祠門下。久之欲醒，頭向轉，未能起。聞有人擊廟門，其聲甚屬。俄聞中問是何人，答云：「所由令覓一人行雨。」廟中云：「舉家

---

[51] 荼：「茶」的古體字。鳩盤荼：佛教惡神，因其貌醜陋，因用比喻婦人老醜之狀。

往嶽廟作客，今更無人。」其人云：「只將門下臥者亦得。」廟中人云：「此過客，哪得使他？」苦爭不免，遂呼某令起。隨至一處，濛濛悉是雲氣。有物如駱駝，其人抱某上駝背，以一瓶受之。誡云：「但正抱瓶，無令傾側。」其物遂行，瓶中水紛紛然作點而下。時天久旱，下視見其居處，恐雨不足，因爾傾瓶。行雨既畢，所由放還。至廟門，見己屍在水中，乃前入，便活，乘馬還家。以傾瓶之故，其宅為水所漂，人家盡死。某自此發狂，數月亦卒。

這一寓言寫天旱時某里正代天神行雨，唯恐其居處雨水不足，竟傾瓶而下，帶來嚴重後果。它說明執行公務一則必須遵守法度，掌握分寸，切不可憑主觀臆斷而妄為，一則應當杜絕私心，排除雜念，否則很可能害人害己，甚至造成難以彌補的損失。

又如，《原化記‧張老》：

> 荊湘有僧寺背山近水，水中有龍。時或雷風大作，損壞樹木。寺中有撞鐘張老者，術士也，而僧不知。張老惡此龍損物，欲禁殺之，密為法。此龍已知，化為人，潛告僧曰：「某實龍也。住此水多年，或因出，風雨損物。為張老所禁，性命危急，非和尚救之不可。倘救其命，奉一寶珠，以伸報答，某即移於別處。」僧諾之，夜喚張老，求釋之。張老曰：「和尚莫受此龍獻珠否？此龍甚窮，唯有此珠。性又兇惡，今若受珠，他時悔無及。」僧不之信，曰：「君但為我放之。」張老不得已，乃放。龍夜後送珠於僧，而移出潭水，張老亦辭僧去。後數日，忽大雷雨，壞此僧舍，奪其珠，果如張老之言。

這一寓言寫僧人貪圖惡龍的寶珠，置忠告於不顧，讓禁殺惡龍之人手下留情，非但一無所得，而且使寺院遭毀，後悔莫及。它告誡世人，貪欲使人閉明塞聰，喪失理智，對兇殘、邪惡者網開一面，勢必養虎貽患，自食惡果。

再如，《稽神錄》卷一〈茅山牛〉：

庚寅歲，茅山有村中兒牧牛，洗所著汗衫，暴於草上而假寐。及寤失之，唯一鄰兒在傍，以為竊去，因相喧競。鄰兒父見之，怒曰：「生兒為盜，將安用之！」即投水中。鄰兒匍匐出水，呼天稱冤者數四。復欲投之。俄而雷雨暴至，震死其牛，汗衫自牛口中嘔出。兒乃得免。

這是一則揭示調查研究重要性的寓言。它描述父親在不明情況時，一怒之下採取極端舉措，幾乎使蒙冤小兒喪命，從而告誡世人遇事當沉著冷靜，弄清事實真相後再作處置，倘若不問青紅皂白貿然行事，很可能帶來嚴重傷害，後悔莫及。

這個時期的人事寓言，尚有寫夫婦二人取酒時見甕中人影，均以為甕內藏人而廝打不休，當其人打破酒甕後方知是一場誤會，說明妒意使人喪失理智，勢必遭人恥笑的《法苑珠林》「酒甕人影」、寫兒子用大棒驅趕蚊子，竟將父親打死，說明做事不講究方式方法，便會好心辦壞事，以致鑄成大錯的《法苑珠林》「愚兒驅蚊」、寫王皎性迂緩，征戰時因坐騎覆蓋白霜誤以丟失，待日出霜盡方知坐騎尚在，說明遇事不可被表面現象迷惑，否則庸人自擾，貽笑大方的《北史》「赤馬蒙霜」、寫相傳潤州因萬歲樓上出煙而刺史不死即貶，後探知井中蚊蚋作團而上，遙看類煙，從此刺史無慮，說明凡遇怪異現象必須深究，以免徒生疑懼，貽害無窮的《辨疑志·潤州樓》、寫田父失牛，忽見山穴中有錢，便負十斤歸，後又往取，即迷不知途，乃悟而歸，說明為人不可貪心妄取；迷途知返，善莫大焉的《紀聞·牛》、寫裴旻嘗一日斃三十一虎，四顧自若，後往見勢猛真虎使坐騎驚退，弓矢皆墜，自慚不復射虎，說明藝無止境，習武之人不可自滿的《唐國史補》「裴旻射虎」、寫蔣生好神仙，遇乞丐談及神丹化金之事，受到譏笑，後乞丐以仙丹化石硯為金，始悟其人果仙，慚恚不已，說明不應以貌取人，否則可能錯失良機，抱憾終生的《宣室志》「好神仙而不識神仙」、寫三狐分別化為高生、王生、道士登門為裴生診治，多受騷擾，一旦鞭殺三狐乃癒，說明遇事當追本窮源，找出癥結所在，否則非徒無益，反而添亂的《宣室志》「三狐治病」、寫某節度使獲一巨橘將表獻朝廷，監軍中表以為不可輕進，剖之中有一數寸赤蛇，說明行事應當慎

重，切忌輕舉妄動，否則事與願違，甚至引來殺身之禍的《稽神錄‧賈潭》等。

隋唐五代民間寓言中的擬人寓言，數量比同時期的人事寓言少。它們均以動物寓言的形態出現，不論作品長短，都頗為生動活潑，具有較高的藝術性。值得指出的是，在這個時期的擬人寓言中，有的作品首先見諸當時的漢譯佛經，有的作品相繼見諸當時的漢文典籍與漢譯佛經。這些無不顯示出這個時期的漢譯佛經對我國的民間故事發展，仍然產生較大的的影響。

譬如，《法苑珠林》卷五十三〈愚戇篇‧雜癡部〉「分鯉」：

> 一河曲中有二獺，河中得大鯉魚，不能分，二獺守之。有野干來飲水，見獺語言：「外甥，是中作何等？」獺答言：「阿舅，是河曲中得此鯉魚，不能分，汝能分不？」野干言：「能。是中說偈，分作三分。」即問獺言：「汝誰喜入淺？」答言：「是某獺。」「誰喜入深？」答言：「是某獺。」野干言：「汝聽我說偈：入淺應與尾，入深應與頭；中間身肉分，應與知法者。」野干銜魚身來，雌者說偈：「汝何處銜來，滿口河中得。如是無頭尾，鯉魚好肉食。」雄野干說偈言：「人有相言擊，不知分別法。能知分別者，如官藏所得。無頭尾鯉魚，是故我得食。」

這則寓言，寫兩個水獺捕到一尾大鯉魚，不知如何分配為好，請求一形似狐狸的野獸幫忙操持。此獸將頭、尾分給它倆，竟獨吞了中間的那段魚肉，洋洋得意，喜形於色。作品通過分鯉的故事告誡世人，在處理財物紛爭時應當發揚互諒互讓的精神，力避旁人從中漁利。不僅對待財產問題如此，處理其他糾紛也應當互諒互讓，以求圓滿解決，絕不讓別有用心者插手。

又如，《朝野僉載》佚文「獅子王與豺」[52]：

> 昔有師子王於深山獲一豺，將食之，豺曰：「請為王送二鹿以自贖。」師子王喜。周年之後，無可送。王曰：「汝殺眾生亦已多，今次到汝，汝其圖之。」豺默然無應，遂為殺之。

---

[52] 見《太平廣記》卷二六三，〈宋之愻〉。

這一則寫獅王食豺的寓言，原書徵引時本用以說明武則天朝的那個專事酷刑逼供，先後族殺冤死者達千餘家的奸倖來俊臣之輩，何異豺也，將其處死，罪有應得。但此則寓言，尚另有含意。倘若就獅王的作為來講，亦可說明強權者橫行霸道，為所欲為。他們想幹任何事情總是可以找到冠冕堂皇的理由來作藉口的。

再如，〔唐〕義淨譯《根本說一切有部毗奈耶破僧事》「老貓」[53]：

> 乃往昔時，有異方所，有一鼠王，與五百鼠為眷屬。有一貓子，名曰火焰。其貓少年之時，所有鼠等，悉皆殺害，後年老邁，便作是念：「我昔少時，氣力強盛，以力捉鼠而食。我今年既朽邁，氣力微薄，不能捉獲。設何方便，而捉獲鼠？」
>
> 作是念已，遍觀其地，乃見一鼠王與五百鼠而為眷屬，住此方所。即就鼠穴，詐作坐禪。時諸群鼠，出穴遊行，乃見老貓安然坐禪，其鼠問曰：「阿舅，今何所作？」老貓答曰：「我昔少年，氣力盛壯，作無量罪。今欲修福，除其舊罪。」
>
> 時群鼠等，聞是語已，皆發善心：「今此老貓，修行善法。」即與鼠等，右繞老貓，行於三匝，便入於穴。其老貓取其最末後者而食。不經多時，其鼠漸少。鼠王既見此已，便作是念：「我鼠等漸漸數少，其老貓氣力肥盛，是事必有緣由。」其鼠王即便觀察，乃見老貓於其糞中有鼠毛骨，心即知：「老貓食我鼠等，我今深觀捉鼠之時。」
>
> 作是念已，便即於窟而看老貓，乃見老貓捉最末後鼠而食。鼠王見已，避遠而立，遂說頌曰：「老貓身漸肥，群鼠積減少；食苗實根葉，糞不應毛骨。汝今修禪不謂善，為利詐作修善人；願汝無病安穩住，我今群鼠汝食盡！」

這一則寓言，雖出自佛經，卻非常注重人物形象的刻畫和細節描寫，具有很高的文學性。它通過鼠王揭穿老貓偽裝坐禪，以欺騙手段食鼠的行徑，提醒善良的人們，歹徒往往秉性難移，切不可輕信花言巧語，被假相

---

[53] 轉引自王邦維選譯《佛經故事選》，重慶出版社1985年版，127-128頁。

蒙蔽。一旦喪失警惕，就可能大禍臨頭。這一類民間寓言，往往包含多重意蘊。此則作品又告訴世人，只要有警惕性，而且善於觀察與分析，無論搞陰謀詭計者如何狡猾，其本來面目終歸會被人識破。

這個時期的擬人寓言，尚有寫老虎銜刺蝟被刺受驚奔走，後遇橡子竟嚇得連忙躲避，說明粗心大意者不善總結經驗教訓，以至草木皆兵，枉受驚擾的《啟顏錄》「遭見賢尊」、寫獼猴王見井中月影大驚失色，群猴奉命輾轉相捉入井救月，因樹枝折斷竟墮井中，說明既未弄清情況，又不考慮後果，憑一時衝動貿然行事，勢必闖禍的《法苑珠林》「猴子救月」等。

隋唐五代是我國作家寓言的一個重要發展時期，湧現出一批在寓言創作上卓有成就的作家。值得提及的是，在這個時期的作家寓言中，有不少篇什善於吸取民間寓言的養分，包括借鑒民間寓言的故事情節、藝術形象、結構模式、表現手法等，從而使其具有一定程度的民間寓言特色和韻味，受到了世人的關注和贊許。在這方面，唐代古文運動巨匠柳宗元的寓言創作最為突出。他的〈蝂傳〉、〈哀溺文〉、〈大鯨〉、〈鞭賈〉、〈三戒〉、〈羆說〉等，都具有一定的代表性。試看〈三戒〉中的〈黔之驢〉[54]：

> 黔無驢，有好事者船載以入。至，則無可用，放之山下。虎見之，龐然大物也，以為神。蔽林間窺之，稍出，近之，憖憖然莫相知。
>
> 他日，驢一鳴，虎大駭，遠遁，以為且噬己也，甚恐。然往來視之，覺無異能者，益習其聲。又近出前後，終不敢搏。稍近，益狎，蕩倚沖冒，驢不勝怒，蹄之。虎因喜，計之曰：「技止此耳！」因跳踉大㘎，斷其喉，盡其肉，乃去。
>
> 噫！形之龐也類有德，聲之宏也類有能，向不出其技，虎雖猛，疑畏卒不敢取；今若是焉，悲夫！

---

[54] 見《柳宗元集》第十九卷，中華書局1979年10月。

這是一則意蘊深刻的寓言。它之所以如此生動活潑，富有表現力，在很大程度上得益於民間寓言的滋養。不難看出，這一則寓言不但在創作題材、動物形象方面具有較為鮮明的民間寓言韻味，而且還採用了民間寓言的寫作技巧和結構模式——三段體（新到之驢長鳴將虎驚走；虎熟悉驢聲後與其嬉戲、衝撞；驢憤怒踢虎而被吃掉），無疑是一則帶有民間故事色彩的動物寓言[55]。千百年來，它一直為世人傳誦，並且演化出「黔驢技窮」一類成語。此外，像〔唐〕裴炎撰〈猩猩銘序〉、〔唐〕李翱撰〈國馬說〉、〔唐〕韓愈撰〈毛穎傳〉、〔唐〕羅隱撰〈荊巫〉、〔唐〕皮日休撰〈悲摯獸〉、〔唐〕林慎思撰〈梁大夫〉「以鳩醉人」等，我們從中也不難發現民間寓言故事的影響。

---

[55] 季羨林的《柳宗元〈黔之驢〉取材來源考》（見季羨林著《比較文學與民間文學》，北京大學出版社，1991年7月版）認為，《黔之驢》這篇寓言「有所本」。他在印度梵文的《五卷書》、《嘉言集》、《故事海》和巴利文的《本生經》等書中，都找到一則以驢為主角蒙了虎皮或獅皮的故事，他不相信《黔之驢》與這則故事沒有關係。季羨林先生的有關考證很有見地。筆者以為，對於《黔之驢》取材來源的問題，應當進一步深究。

第三章　隋唐五代的民間故事類型

在隋唐五代時期將近三百八十年間，原有的民間故事類型大多有了新的演變和發展，並且新出現了近五十個民間故事類型。就數量而言，這個時期新出現的故事類型不及魏晉南北朝時期多，卻包含了不少有名的、甚至令國內外學界矚目的新的故事類型。

這個時期出現的新的民間故事類型，主要見諸下列典籍：《啟顏錄》（服「毒」尋死型故事、學狗叫型故事、健忘者型故事、癡人買帽型故事首見於此書），《朝野僉載》（智審匿產案型故事、寡婦訟子型故事、放驢捉賊型故事、黠嫗獲賊型故事、麻瘋女型故事、鑰匙尚在型故事、見屈原型故事、獅子與豺型故事首見於此書），《集異記》（枯井屍案型故事、虎妻子型故事、虎為媒型故事、蛇精行淫型故事等首見於此書），《酉陽雜俎》（灰姑娘型故事、長鼻子型故事、畫中人型故事、櫃中熊型故事首見於此書），《玉堂閒話》（換刀擒凶型故事、無頭屍案型故事、銀人求宿型故事首見於此書），《疑獄集》（燒豬判案型故事、斷絹得奸型故事、舉哀還兒型故事首見於此書）。此外尚有《冥報記》（逆婦惡報型故事首見於此書）、《晉書》（〔唐〕房玄齡等撰，書家題扇型故事、換鵝書型故事首見於此書）、《廣異記》（制倀滅虎型故事、虎送親型故事首見於此書）、《南史》（破雞辨食型故事、鞭絲破案型故事首見於此書）、《博異志》（除惡虎型故事、白蛇傳型故事首見於此書）以及《十道四蕃志》（〔唐〕梁載言撰，梁山伯祝英台型故事首見於此書）、《紀聞》（入仙洞型故事首見於此書）、《唐國史補》（夜宿聽棋型故事首見於此書）、《歷代名畫記》（〔唐〕張彥遠撰，畫像募緣型故事首見於此書）、《書斷》（〔唐〕張懷瓘撰，書僧筆塚型故事首見於此書）、《北史》（拷打羊皮型故事首見於此書）、《根本說一切有部毗奈耶被僧事》（貓喇嘛型故事首見於此書）、《續玄怪錄》（定婚店型故事首見於此書）、《河東記》（旅客變驢型故事首見於此書）、《幽閒鼓吹》（巧求

筆跡型故事首見於此書）、《原化記》（江中寶鏡型故事首見於此書）、《志怪錄》（燕化女子型故事首見於此書）、敦煌古藏文寫本《白噶白喜和金波聶基》和《金波聶基兄弟倆和增巴辛姐妹仨》（狼外婆型故事首見於此書）等。

第一節　隋唐五代的寫實故事類型

隋唐五代時期新出現的故事類型，以寫實故事方面的類型居多，共二十個，占總數的五分之二強，其中半數以上是涉及案獄的故事類型，計有智審匿產案型故事、寡婦訟子型故事、放驢捉賊型故事、覘嫗獲賊型故事、破雞辨食型故事、鞭絲破案型故事、拷打羊皮型故事、枯井屍案型故事、換刀擒凶型故事、無頭屍案型故事、燒豬判案型故事、斷絹得奸型故事、舉哀還兒型故事等。

這一批案獄故事類型，有好一些不斷見諸這個時期及後世的各種書籍，至現當代仍多有流布，頗為活躍。譬如，破雞辨食型故事，這個時期見諸《南史》、《疑獄集》，此後又見諸《折獄龜鑒》、《智囊補》、《夜航船》、《不用刑審判書》、《中國偵探案》等，現當代仍在寧夏、甘肅、陝西、四川、河南、河北、江蘇、上海、福建等地漢族和個別少數民族聚居區流布。

也有一些案獄故事類型，文獻記載很多，但現當代卻流傳不廣，甚至不再流傳。譬如，智審匿產案型故事，這個時期見諸《朝野僉載》、《唐闕史》、《疑獄集》，此後又見諸《折獄龜鑒》、《棠陰比事》、《雪濤小說》、《智囊補》、《志異續編》、《北東園筆錄》、《客窗閒話》、《棠陰比事續編》、《中國偵探案》、《清稗類鈔》等，現當代僅流傳於河南、上海等地。枯井屍案型故事，這個時期見諸《集異記》，此後見諸《涑水記聞》、《折獄龜鑒》、《智囊補》、《龍圖公案》等，現當代未見流傳。

這一批案獄題材的故事類型的出現，進一步以其濃郁的中國特色而引人注目，從而確立了它們在中國古代民間故事類型中的地位。

除此以外，這個時期寫實故事方面新出現的，尚有婚姻、官吏、僧

侶等題材的故事類型。其中，有一些故事類型，如像麻瘋女型故事、定婚店型故事、服「毒」尋死型故事、學狗叫型故事等，不但後世多有記載，而且仍在各地流布，廣為人知。以服「毒」尋死型故事為例，它在這個時期見諸《啟顏錄》，此後又見諸《嘻談錄》、《笑林廣記》等，現當代仍在西藏、新疆、湖北、浙江等地漢族、藏族、維吾爾族、土家族聚居區流布。又如，麻瘋女型故事，這個時期見諸《朝野僉載》，此後又見諸《癸辛雜識》、《秋燈叢話》、《小豆棚》、《客窗閒話》、《香草淡薈》、《蟲鳴漫錄》、《夜雨秋燈錄》、《近人筆記大觀》、《近五十年見聞錄》等，當代仍在江西、福建、上海、湖南、湖北、河南、河北、四川、山東、遼寧等地漢族和個別少數民族聚居區流布。

第二節　隋唐五代的幻想故事類型與民間傳說類型

隋唐五代時期新出現的幻想故事方面的故事類型共十四個，數量雖不算很多，但卻包含有好些著名的故事類型。首先要提及的是灰姑娘型故事和狼外婆型故事這兩個世界性的著名故事類型。它們都比國外同一故事早出現八九百年之久。前者最早見於《酉陽雜俎》，此後又見於藏族班貢帕巴·魯珠撰《屍語故事》等，現當代仍在廣西、雲南、貴州、四川、西藏、新疆、甘肅、寧夏、陝西、湖北、海南、上海、遼寧、吉林、黑龍江等地的漢族和藏、苗、彝、壯、哈尼、哈薩克、朝鮮、佤、黎、納西、東鄉、錫伯、普米、俄羅斯等少數民族聚居區廣為流布。後者最早見諸大約成於吐蕃時期（7-9世紀）的敦煌古藏文寫本《白噶白喜和金波聶基》和《金波聶基兄弟倆和增巴辛姐妹仨》，此後又見於《屍語故事》、《廣虞初新志》等，現當代仍在雲南、四川、貴州、廣西、廣東、福建、臺灣、海南、湖南、湖北、安徽、江蘇、上海、浙江、河南、河北、陝西、內蒙古、遼寧、吉林、黑龍江、北京、山西、寧夏、甘肅、新疆、青海等地的漢族和回、藏、苗、彝、壯、布依、朝鮮、傈僳、白、滿、侗、瑤、土家、納西、毛南、畬、仫佬、達斡爾、土、東鄉、普米等少數民族聚居區廣為流布。

這個時期新出現的幻想故事類型，涉及神異、精怪、寶物等題材，

像長鼻子型故事、畫中人型故事、制倀滅虎型故事、入仙洞型故事、逆婦惡報型故事、銀人求宿型故事，也比較有影響。它們大多不斷見諸文字記載，現當代也相當活躍。試看：

畫中人型故事，這個時期見諸《酉陽雜俎》、《志怪錄》、《聞奇錄》，此後又見諸《夷堅志》、《輟耕錄》、《玉芝堂談薈》、《情史》、《閱微草堂筆記》、《此中人語》等，現當代則在遼寧、黑龍江、河北、山西、山東、河南、陝西、新疆、寧夏、上海、浙江、廣東、湖南、四川等地漢族和個別少數民族聚居區流布。

虎妻子型故事，這個時期見諸《集異記》、《河東記》、《原化記》，此後又見諸《虎薈》、明隆慶《海州志》、《堅瓠集》、《袛可自恰》、《趼廛筆記》、《古今情海》等，現當代則在江蘇、上海、浙江、福建、貴州、四川、陝西、河北、黑龍江等地漢族和一些少數民族聚居區流布。

逆婦惡報型故事，這個時期見諸《冥報記》、敦煌寫本《孝子傳》、《獨異志》，此後又見諸《夷堅志》、《湖海新聞夷堅續志》《稗史彙編》、《穀山筆麈》、《昨非庵日纂》、《聊齋志異》、《北東園筆錄》、《古今情海》等，現當代則在山西、河北、河南、江蘇、上海、浙江、福建、湖南、湖北、四川、甘肅、吉林等地流布。

這個時期新出現的民間傳說方面的故事類型將近十個，數量不算多，但有兩點值得關注。其一，孟姜女的傳說和梁山伯祝英台的傳說均為中國四大民間傳說之一，有關它們的兩個故事類型，都正式形成於這個時期，而有關中國四大民間傳說之一的白蛇傳傳說的故事類型，在這個時期已有雛型出現。這些無不說明，這個時期的民間傳說類型在中國民間故事類型發展史上具有重要地位。其二，這個時期新出現一批有關書畫家傳說方面的故事類型，其故事主角不但有前一個時期的王羲之、顧愷之，即分別見諸《晉書》、《書斷》、《圖畫會粹》的書家題扇型故事與換鵝書型故事和見諸《歷代名畫記》的畫佛募緣型故事；而且有這個時期的書法家張旭、智永、懷素，即見諸《幽閒鼓吹》的巧求筆跡型故事和分別見諸《書

斷》、《唐國史補》的書僧筆塚型故事。這些有關書畫家的故事類型，除書家題扇型故事現當代流布較廣外，差不多都僅在某些地區流布，甚至不復流布。比如，書家筆塚型故事現當代僅流傳於湖南一地，換鵝書型故事現當代已不見流傳。

這個時期的其他傳說類型，以見屈原型故事最為活躍，這個時期分別見諸《朝野僉載》、《酉陽雜俎》、《雲仙雜記》：

> 敬宗時，高崔巍喜弄癡，大帝令給使捺頭向水下，良久，出而笑之。帝問，曰：「見屈原，云：『我逢楚懷王無道，乃沉汨羅水；汝逢聖明主，何為來？』」帝大笑，賜物百段。
>
> 《朝野僉載》卷六，「見屈原」

> 散樂高崔嵬善弄癡，大帝令沒首水底。少頃，出而大笑，上問之，云：「臣見屈原，謂臣云：『我遇楚懷無道，汝何事亦來耶？』」帝不覺驚起，賜物百段。
>
> 《酉陽雜俎》續集卷四，「見屈原」

> 相傳玄宗嘗令左右捉黃幡綽入池水中，復出，幡綽曰：「向見屈原笑臣，爾遭逢聖明，何爾至此？」
>
> 《酉陽雜俎》續集卷四，「屈原笑臣」

> 玄宗嘗令左右捉翻綽入水池中，復出曰：「向見屈原笑臣，爾遭逢聖明，何爾至此？」
>
> 《雲仙雜記》卷九，〈翻綽入水〉

此後又見諸《群居解頤》、《山中一夕話》、《舌華錄》，現當代仍在北京、河北、山東、上海、湖北、四川等地流布。

第三節　隋唐五代的民間寓言類型與民間笑話類型

隋唐五代時期和新出現的民間寓言、民間笑話的故事類型，數量都很少。值得提及的是，這個時期新出現的民間寓言類型，全是擬人寓言（包括動物寓言與非生物寓言）的類型，進一步顯示出中國古代寓言方面的故事類型，逐漸改變以人事寓言為主的發展趨勢。

貓喇嘛型故事，是這個時期新出現的著名寓言方面的故事類型，初見於《根本說一切有部毗奈耶破僧事》這部漢譯佛經。十五世紀、十八世紀又先後見諸藏文古籍《益世格言注釋》和蒙古文古籍《學習寶貝珠》，現當代仍在西藏、四川、甘肅、新疆、福建等地漢族和藏族、維吾爾族、門巴族、珞巴族聚居區流布。

這個時期新出現的民間笑話類型，以昏忘、癡愚者為主要嘲笑對象。其中，健忘者型故事、鑰匙尚在型故事比較有影響。舉例來講，健忘者型故事首見於《啟顏錄》，即《啟顏錄・昏妄》「多忘者」[56]。此後又見諸《艾子後語》、《五雜俎》、《雪濤諧史》、《笑府》、《雅謔》、《鵝林子》、《笑得好》、《笑林廣記》、《滑稽故事類編》、《笑林博記》等。譬如：

> 齊有病忘者，行則忘止，臥則忘起，其妻患之，謂曰：「聞艾子滑稽多知，能癒膏肓之疾，盍往師之？」其人曰：「善。」於是乘馬挾弓矢而行，未一舍，內逼，下馬而便焉，矢植於土，馬繫於樹，便訖，左顧而睹其矢，曰：「危乎！流矢奚自，幾乎中予！」右顧而睹其馬，喜曰：「雖受虛驚，乃得一馬。」引轡將旋，忽自踐其所遺糞，頓足曰：「踏卻犬糞，汙吾履矣，惜哉！」鞭馬，反向歸路而行，須臾抵家，徘徊門外曰：「此何人居，豈艾夫人所寓邪？」其妻適見之，知其又忘也，罵之。其人悵然曰：「娘子素非相識，何故出語傷人？」
>
> 《艾子後語・病忘》

---

[56] 此則見本編第三章第二節，隋唐五代的民間笑話與民間寓言。

有健忘者，置扇於樹解褲，就此出糞。仰見樹上扇，輒欣然取之，曰：「是何人遺扇於此？」因而失腳踐糞，輒忿然怒曰：「是誰家病痢的在此拉糞汙我鞋？」

《雪濤諧史》，「健忘者」

一人攜刀往竹園取竹，偶內急，乃置刀於地，就園中出恭。忽抬頭曰：「家中正要竹用，此處好竹，惜未帶刀耳。」已解畢，見刀喜曰：「天隨人願，適有刀在此。」方擇竹下刀，見所遺糞，慍曰：「何人沿地出痢，幾汙我足。」

《笑府‧善忘》

現當代仍在四川、重慶、貴州、福建、浙江、上海、山東、河南、陝西、山西、河北、山東、黑龍江等地漢族和個別少數民族聚居區流布。

第四節　敦煌寫本對民間故事類型的貢獻

隋唐五代時期的民間故事手抄本以及變文手抄本，即十九世紀末在敦煌石窟中發現的唐、五代時期的漢文和古藏文的有關內容手抄本，在中國古代民間故事類型的形成、發展過程中，有著不可忽視的作用。

首先應當看到，這些手抄本，有不少對先秦兩漢、魏晉南北朝兩個時期出現的好一些故事類型的發展、演變多有貢獻。

譬如，句道興本《搜神記》「田章」的出現，使羽衣仙女型故事的故事情節更加曲折豐富，人物形象更加鮮活動人，充分顯示出民間故事的獨特魅力，成為此故事類型發展的一個里程碑。

又如，古藏文寫本《金波聶基兄弟倆和增巴辛姐妹仨》與《白噶白喜和金波聶基》[57]中有關的民間故事，使田螺女型故事的故事情節帶上鮮明的藏族特色，邁出了讓此類民間故事類型傳入少數民族聚居區的可喜的一步。

再如，句道興本《搜神記》與敦煌寫本《孝子傳》的有關故事，大多以具體的細節描寫和人物心態的刻畫，使董永行孝型故事、郭巨埋兒型故

---

[57] 這兩則藏族古代民間故事，都是由田螺女型故事和狼外婆型故事組成的複合故事。

事、丁蘭刻木型故事等故事類型得到了充實和發展。

　　不僅如此，敦煌遺書中的有關漢文、古藏文寫本，還在隋唐五代時期新產生的故事類型方面發揮了重要的、不可替代的作用。最為突出的是古藏文寫本《金波聶基兄弟倆和增巴辛姐妹仨》與《白噶白喜和金波聶基》的有關故事，是世界上現存的兩則最早的狼外婆型故事。它們的被發現，在世界範圍內將狼外婆型故事的產生提前了很長一段時間。此外，敦煌寫本《孝子傳》「向生妻」是逆婦惡報型故事最早的文本，而敦煌變文寫本《茶酒論》則是茶酒爭高型故事的雛型，其價值和意義也是不言而喻的。

第四章　隋唐五代的民間故事採錄

第一節　民間故事採錄步入成熟期

隋唐五代是中國民間故事採錄步入成熟期的一個重要發展階段。這個時期收錄有民間故事的書籍眾多，數量為魏晉南北朝時期的幾倍，包括筆記小說集、笑話集、史籍等，此外尚有漢文和少數民族文字的寫本出現。

這個時期的民間故事的錄寫者，仍然保持了以上層社會有識之士為主的格局，其中最多的是文學家、小說家，如侯白、張鷟、劉餗、牛肅、牛僧孺、李肇、李復言、鄭還古、薛用弱、韋絢、段成式、盧肇、溫庭筠、張讀、裴鉶、皇甫松、李玫、杜庭光、王仁裕、王定保、孫光憲，也有史學家、書學家，如房玄齡、李延壽、張懷瓘、張彥遠，政治家、各級官員，如唐臨、郎餘令、竇維鋈、戴孚、陸長源、封演、李德裕、鄭處誨、陸勛、康駢、高彥休、劉恂、王轂、蘇鶚、劉崇遠、景渙、徐鉉。此外尚有下層知識分子如句道興，僧人如釋道世。由於年代久遠，有的採錄人生平不詳，如劉肅、薛漁思、焦璐、丁用晦、皇甫氏、沈汾、尉遲偓、周斑；有的著作的作者已佚名，如《珝玉集》、《會昌解頤錄》、《玉泉子》、《聞奇錄》、《燈下閒談》。

隋唐五代的有關著述、寫本在彙集民間故事時，大體上沿用了《搜神記》提出的兩種方式：一是採用前人的成果，即「承於前載」，「廣收遺逸」；一是自己進行採錄，即「採訪近世之事」，錄寫「耳目所受」。總的看來，這個時期利用前人成果的比重甚小，而自己採錄的作品比重很大。這無疑是這個時期民間故事走向成熟的一個重要標誌。

隋唐五代收有前人所錄民間故事的集子約十來種，最值得提及的是《酉陽雜俎》與《獨異志》。《酉陽雜俎》在民間故事採錄方面成績卓著，為世所公認，但其成書時也曾多處引用前人採錄的故事。茲舉數例：

前集卷四《異境》「解形之民」，引自《王子年拾遺記》。

前集卷十《物異》「石駝溺」，引自《論衡》。

前集卷十四《諾皋記上》「鬼仙」，引自《太真科經》。

前集卷十六《毛篇》「猳玃」，引自《搜神記》。

續集卷四《貶誤》「見屈原」，引自《朝野僉載》及《北齊書》。

續集卷四《貶誤》「鵝籠書生」，引自《續齊諧記》及《雜譬喻經》。

段成式在《酉陽雜俎》中採用前人採錄的故事，有的為直接引用，有的則用以和自己採錄的作品進行對比。而所引用的前人成果，文字一般都經過改動，並非照錄原文。

試看「猳玃」條：

> 猳玃，蜀西南高山上有物如猴狀，長七尺，名猳玃，一曰馬化。好竊人妻，多時形皆類之，盡姓楊，蜀中姓楊者往往獲爪。
>
> 《酉陽雜俎》前集，卷十六〈毛篇〉「猳玃」

> 蜀中西南高山之上，有物與猴相類，長七尺，能作人行，善走逐人，名曰「猳國」，一名「馬化」，或曰「玃猨」。伺道行婦女有美者，輒盜取將去，人不得知。若有行人經過其旁，皆以長繩相引，猶故不免。此物能別男女氣臭，故取女，男不取也。若取得人女，則為家室，其無子者，終身不得還。十年之後，形皆類之，意亦迷惑，不復思歸。若有子者，輒抱送還其家。產子皆如人形，有不養者，其母輒死，故懼怕之，無敢不養。及長，與人不異，皆以楊為姓。故今蜀中西南多諸楊，率皆是猳國、馬化之子孫也。
>
> 《搜神記》卷十二，〈猳國馬化〉

顯而易見，《酉陽雜俎》的此條是由《搜神記》縮寫而成的。而《搜神記》的此條，又出自《博物志》卷三〈異獸〉「猳玃」。

《獨異志》採用前人錄寫的故事，數量遠超過《酉陽雜俎》，所徵引先秦至魏晉南北朝的典籍達二三十種之多，亦有引自唐代某些典籍者，具

有一定的資料價值。其引文大都經過改寫，偶有引文不準確之處。茲舉例如下：

> 卷上：「斑竹」，出自《博物志》。
> 卷上：「干寶母妒」，出自《搜神後記》。
> 卷上：「七寸人」，出自《神異經》。
> 卷上：「劉伶袒露」，出自《世說新語》。
> 卷上：「庖丁解牛」，出自《莊子》。
> 卷上：「秦始皇觀日」，出自《三齊要略》。
> 卷上：「歷陽為湖」，出自《淮南子》高誘注。
> 卷中：「句踐揖怒蛙」，出自《韓非子》[58]。
> 卷中：「相思樹」，出自《搜神記》。
> 卷中：「夜郎侯」，出自《華陽國志》。
> 卷中：「餘響繞梁」，出自《列子》。
> 卷中：「陶答子妻」，出自《列女傳》。
> 卷下：「救盾郎」，出自《史記》。
> 卷下：「支解人」，出自《晏子春秋》。
> 卷下：「張廣定女」，出自《異聞記》。

　　這個時期收有前代故事的筆記小說集、笑話集、寫本，尚有《啟顏錄》、《珊玉集》、《集異志》、《窮神秘苑》、《嶺表錄異》、句道興本《搜神記》、《疑獄集》等，恕不一一例舉。

　　應當指出，隋唐五代的有關著作、寫本所記載的民間故事，絕大多數是新採錄的。這裡面包含著兩層含意：其一，從整體上看，收有前人作品的集子只是少數，絕大部分集子中的故事都是這個時期錄寫的；其二，在收有前人作品的集子中，多數集子新採錄的作品的數量都遠超過「承於前載」的作品。這有力地說明，隋唐五代在民間故事採錄方面有了很大的發展，已經進入了成熟期。

---

[58] 此條又見《吳越春秋》，《獨異志》稱出自《越絕書》，有誤。

這個時期採錄者錄寫的民間故事，數量巨大，採錄的地區更為廣闊，其中不但有漢民族的作品，而且有少數民族的作品，甚至還有從異域流傳到中國的作品，充分顯示出這個時期民間故事採錄的繁榮景象。

這個時期有一批筆記小說集、笑話集、寫本，包括《啟顏錄》、《朝野僉載》、《廣異記》、《紀聞》、《續玄怪錄》、《博異志》、《集異記》、《酉陽雜俎》、《逸史》、《宣室志》、《原化記》、《玉堂閒話》、《稽神錄》以及敦煌藏卷中的《搜神記》寫本（即句道興本《搜神記》）、古藏文寫本等，在採集民間故事方面頗為突出，在我國民間故事採錄史上都有一定的地位。這裡著重介紹其中的幾種。

《廣異記》，作者戴孚，譙郡（今安徽亳州）人。唐肅宗至德二年（757）進士，曾任校書郎、饒州錄事參軍，卒時五十七歲。此書約作于代宗大曆年間（766-779），二十卷。唐、宋各書目未見著錄，久已亡佚。有舊抄本六卷，似後人輯佚。《太平廣記》存佚文近三百條，共約十萬言。[59]商務印書館1933年版吳曾祺編《舊小說》已集收有《廣異記》一百三十三則，計五萬餘字。今有《全唐小說》本等。

《廣異記》所載民間故事篇什甚多，在唐代筆記小說集中頗為突出。其中的民間故事，採自皖、蘇、浙、閩、粵、贛、湘、鄂、川、陝、甘、豫、魯、冀、晉等地，以幻想故事為主，作品的情節大多曲折生動，有頭有尾，相當完整，比較接近於口傳形態。書中保存了不少唐代民間故事的名篇佳作，諸如：精怪故事〈稽胡〉、〈虎婦〉、〈笛師〉（以上為虎精）、〈上官翼〉、〈韋明府〉、〈李麐〉（以上為狐精）、〈忻州刺史〉、〈余干縣令〉、〈海州獵人〉（以上為蛇精），鬼魂故事〈張琮〉、〈張果女〉、〈楊准〉、〈商鄉人〉、〈宣州兒〉、〈天寶礦騎〉、〈李光遠〉、〈商順〉，神異故事〈麻陽村人〉、〈句容佐史〉、〈破山劍〉、〈寶珠〉、〈石巨〉、〈巴人〉、〈南海大蟹〉，寫實故事與寓言〈勤自勵〉、〈張魚舟〉、〈天寶樵人〉、〈蒲城人〉、〈潁陽里正〉。該書可謂集初唐至中唐，尤其是開元、天寶時期流布的幻想故事之

---

[59] 參見《中國古代小說百科全書》編輯委員會，《中國古代小說百科全書》，《廣異記》條。北京：中國大百科全書出版社，1993年，131頁。

大成。在民間故事採錄方面，對後世頗有影響。遺憾的是，長期以來，學界對於它在民間故事採錄上的成就及影響沒有引起足夠的重視，給予充分的肯定。

《酉陽雜俎》，作者段成式，晚唐臨淄鄒平（今山東鄒平東北）人。大約生於德宗貞元十九年（803）或稍後，卒於懿宗咸通四年（863），享年六十歲左右。曾任秘書省校書郎，出為廬陵、縉雲、江州刺史，仕至太常少卿。《酉陽雜俎》前集二十卷，續集十卷，《新唐書‧藝文志》列入子錄小說家類，成於公元九世紀中期。今有明刻本、《稗海》本、《津逮秘書》本、《學津討源》本及中華書局點校本。[60]

《酉陽雜俎》涉獵廣博，內容非常豐富，凡天文、地理、歷史、文學、醫藥、民族、民俗、佛道、書畫、音樂、建築等等，無所不包，具有很高的資料價值和科學價值。從民間文學的視角來考察，它較為忠實地錄寫了大量的神話、傳說、故事。見於前集的〈忠志〉、〈天咫〉、〈玉格〉、〈壺史〉、〈怪術〉、〈盜俠〉、〈語資〉、〈諾皋記〉，續集的〈支諾皋〉、〈貶誤〉、〈金剛經鳩異〉等篇，都錄寫了大量的民間故事。其中的〈諾皋記〉二卷、〈支諾皋〉三卷，所記載的民間故事，不但數量多，而且藝術質量高，尤為引人注目。它所採錄的民間故事，既有流布於國內陝、甘、川、湘、鄂、贛、桂、貴、閩、浙、蘇、皖、豫、魯、冀、晉等地的作品，也有流布于境外的波斯、天竺、新羅、交趾、真臘等國的作品。該書所錄寫的好些作品，諸如：〈盜俠〉的「老人舞劍」、「僧盜」，〈語資〉的「櫃中熊」，〈諾皋記〉上的「長須國」、「龍興寺僧」、「屏婦踏歌」，〈諾皋記〉下的「白首婦」、「守宮」、「巨手乞餅」，〈支諾皋〉上的「葉限」、「旁䍐」、「周乙擒怪」，〈支諾皋〉中的「烏郎與黃郎」、「登娘」、「成都老姥」，〈支諾皋〉下的「李簡復生」、「冤魂夜訴」、「花精與風神」，〈貶誤〉的「見屈原」、「中嶽道士」等，都頗為有名。譬如，〈支諾皋〉上「葉限」係現存最早的一篇「灰姑娘型故事」文本，故事完整，情節生動，描寫細膩，非常接近後世口傳形態，充分顯示出段成式的錄寫相當忠實可靠。不僅如

---

[60] 參見方南生點校《酉陽雜俎‧前言》，北京中華書局1981年，1-4頁。

此，這則故事還記有故事講述人的姓名及其身份，並且點出故事的流傳地區——邕州，轄境相當今廣西南寧、邕甯、武鳴、隆安、大新、崇左、上思、扶綏等地，說明這一則世界聞名的民間故事一千兩百多年前已在我國南方漢、壯等族先民中流布。這對於民間故事研究很有價值。又如，《支諾皋》上「旁㐌」系現存最早的一篇「長鼻子型故事」文本。它是從朝鮮半島流傳到中國的。與後世的口傳形態的諸多異文相比較，亦不難看出段成式的記錄相當忠實可靠。這篇作品，對於民間故事類型研究和中外民間文學交流研究，同樣很有價值。總之，《酉陽雜俎》對後世的民間故事採錄影響深遠，它在中國古代民間故事採錄史上無疑具有里程碑的意義。

《稽神錄》，作者徐鉉，廣陵（今江蘇揚州）人。官至南唐吏部尚書，南唐滅後入宋，封太子率更令，後遷右散騎常侍等。宋太宗太平興國初直學士院，參與編修《太平廣記》、《文苑英華》等。著有《騎省集》等。《稽神錄》成書於徐鉉入宋之前，其後又有所增補。編修《太平廣記》時，他徵得主編李昉同意，將此書收了進去。故《太平廣記》所引《稽神錄》甚多，有超出今本之作品。《稽神錄》原書十卷，現存傳本均為六卷。商務印書館排印本（1919）有補遺四十六條，較為完備。[61]

《稽神錄》記有五代時期流布的眾多民間故事，採錄地以蘇、皖、贛為主，兼及浙、閩、湘、鄂、川、陝、晉、魯等地。它所錄寫的作品，大多為幻想故事，文字未經雕飾，平實無華，接近民間故事本色。像精怪故事〈蔡彥卿〉、〈熊為〉、〈蘇長史〉、〈宋氏〉，鬼魂故事〈周潔〉、〈田達誠〉、〈法曹吏〉、〈清源都將〉、〈劉璠〉、〈陳勳〉，神異故事〈梅真君〉、〈徐仲寶〉、〈陳師〉、〈杜魯賓〉、〈建州村人〉、〈酷酒王氏〉，寫實故事〈漁人〉、〈食黃精婢〉、〈蜂餘〉等，都頗有特色，在五代時期具有相當的代表性。此書在民間故事採錄方面，對後世，尤其是對宋代（如《江淮異人錄》、《睽車志》、《夷堅志》）產生了一定的影響。

[61] 參見《中國古代小說百科全書》、《稽神錄》條，北京：中國大百科全書出版社，1993年，197頁。

第二節　開啟記載民間故事講述人及流傳情況的風氣

隋唐五代在採錄民間故事方面的發展，還體現在第一次對講述人的廣泛關注和作品流傳情況的記載上。在採錄民間故事的時候，記下講述人，甚至記下故事流布的相關信息，不但使其有別於作家的小說創作，而且有助於後世對民間故事的產生、傳播等相關情況的瞭解，增強了作品的可信度和研究價值。這標誌著我國古代民間故事採錄朝理性化、科學化邁進了一大步，更加走向成熟。

當然，這個時期並非所有錄寫民間故事的書籍、寫本都有講述人及流布信息的記載，而且即令有此類記載的書籍、寫本，也不是每一則故事都有此類記載。但是，在中國古代民間故事採錄史上，這個時期首先記載了講述人以及有關故事的流布情況，並且這方面的記載不是個別現象，具有顯著的普遍性，由此而蔚然成風，一直影響到後世民間故事採錄的發展，其意義不可等閒視之，值得予以充分肯定。

這個時期現存最早記載講述人及流布情況的，是成於初唐的《冥報記》。作者唐臨為京兆長安（今陝西西安）人，先後在唐代高祖、太宗、高宗三朝為官。此書《舊唐書》、《新唐書》皆作二卷，宋元後亡佚。從現存殘本可以看到，它錄寫的近六十則故事，大都記有講述人，甚至記有流布情況。這在中國古代民間故事採錄史上，無疑是一個創舉，對唐、五代和以後的採錄均具有示範作用，影響深遠。

《冥報記》所記故事講述人，計有採錄者的親屬，如兄、嫂、舅氏、外祖父，還有僧道、醫生、鄉人、船夫等，而最為常見的則是中央和地方的各級官吏，如殿中丞相里玄契、駙馬守國公蕭銳、大理卿李適裕、光祿卿柳享、東宮右監門率兵曹參軍鄭師辯、雍州司馬盧華京、杭州別駕張德玄。內中傳講二三則故事的講述人有：監察御史盧文勵、中書令岑文本、大理丞蔡宣明、尚書崔敦禮、大理主簿韋孝偕、智力寺僧慧永、龍門僧法端、揚州針醫飄陁、高陽許仁則、舅氏高莒州等。

《冥報記》有關故事的流傳情況的記述，有一些較為詳盡。譬如，描述一幽州沙門鑿石室磨四壁寫經而得神助的卷上《隨釋智苑》，末尾

交代：「殿中丞相里玄契、大理丞采（蔡）宣明等皆為臨（即作者唐臨，下同）說云爾。臨以十九從車駕幽州，問鄉人，亦同云爾，而以軍事不得之。」又如，寫大理丞董雄被人牽連繫於御史台時由於專念佛經而鎖自解落，後乃得雪的卷中《唐董雄》，末後交代：「臨時病篤在家，玄（曾經與董雄同時繫獄之大理丞李敬玄）來說疾，具說其事。臨病癒攝職，問台內官吏，與玄說不殊。雄亦自說其事，而精屬彌篤。雄今見在，為周至令。」再如，寫魏州刺史崔某至一邑，驚謂從者言往昔嘗在邑中為人婦，入一家後所言之事無不應驗的卷中《隨崔彥武》，末後交代：「崔尚書敦禮說云然。往年見盧文勵，亦同。但言齊州刺史，不得姓名，不（下缺一字）崔具，故依崔錄。」

隋唐五代，在記載故事講述人和流布情況方面，最為突出的當數段成式撰《酉陽雜俎》。此書不但記載的故事講述人數量更多，其身份更為多種多樣，而且對於故事流布情況的記載也更為多樣化，其中有的記載較為詳實，科學價值更高。

《酉陽雜俎》記載的講述人，涉及家族、親屬傳承與社會傳承兩大渠道，計有：採錄者的三從叔、姑婿；採錄者的家人、女工、乳母、友人、鄰人；知識分子如博士、秀才、處士、醫生；宗教徒如僧人、道長、女道士；中央及地方各級官吏如相國、大理丞、戶部郎中、集賢學士、司馬、司徒、司戶、都官司、縣尉、書吏。其中傳承二至五則故事的講述人有：工部員外郎張周封、興州刺史韋行規、鹽州從事鄭賓於、處士許卑、醫僧行儒等。

此書有關故事流布情況的記載，最有研究價值的莫過於對現存世界上最早的一則「灰姑娘型故事」——續集卷一《支諾皋》上「葉限」的記載。前文已作論析，不贅述。另外一些記載亦值得關注，諸如：續集卷二《支諾皋》中「黑魚谷」，末後交代：「元和中，處士趙齊約嘗至谷中，見村人說。」續集卷三《支諾皋》下「石枕」，末後交代：「阿賀今住洛陽會節坊，成式家雇其紉針，親見其說。」續集卷三《支諾皋》下「夢身為魚」，末後交代：「成式書吏沈郅家在越州，與堰相近，目睹其事。」續集卷三《支諾皋》下「李懷玉」，末後交代：「成式見台州喬庶說，喬

之先官於東平，目擊其事。」續集卷七〈金剛經鳩異〉「村女還陽」，末後交代：「王從貴能治木，嘗於公安靈化寺起造，其寺禪師曙中，嘗見從貴說。」

這個時期載有故事講述人及相關情況的書籍不下二三十種，除《冥報記》、《酉陽雜俎》外，尚有《冥報拾遺》、《法苑珠林》、《廣異記》、《玄怪錄》、《續玄怪錄》、《前定錄》、《會昌解頤錄》、《逸史》、《乾𡢃子》、《宣室志》、《玉泉子》、《定命錄》、《劇談錄》、《闕史》、《雲溪友議》、《杜陽雜編》、《原化記》、《嶺表錄異記》、《報應錄》、《玉堂閒話》、《開元天寶遺事》、《金華子雜編》、《野人閒話》、《稽神錄》、《北夢瑣言》等。其中，《冥報拾遺》、《法苑珠林》、《廣異記》、《續玄怪錄》、《稽神錄》的記載較多。

茲舉數例如下：

《冥報拾遺》「劉善經」，末後交代：「鄜州沙門善撫與善經知舊，見善經及鄉人所說，為餘令（即作者郎餘令）言之。」

《冥報拾遺》「信都元方」，末後交代：「河東薛大造寓居滏陽，前任吳山縣令，自云具識名遠，智力寺僧慧永、法真等說之。」

《冥報拾遺》「任五娘」，末後交代：「吳興沈玄法說，淨土寺僧智整所說亦同。」

《法苑珠林》「李校尉外婆」，末後交代：「東宮率梁難迪，並州人，改任懷州，墩下折衝，具見說之也。」

《法苑珠林》「徐荼」，末後交代：「時與榮同船者沙門支道蘊，謹篤士也，亦具其事，為傅亮言之，與榮所說同。」

《廣異記‧李叔霽》，末後交代，「吳郡朱敖嘗於陳留賊中識一軍將，自言索得李霽婦云。」

《廣異記‧天寶礦騎》，末後交代：「御史大夫嘗為邯鄲尉崔懿，親見其事，懿再從弟恒說之。」

《廣異記‧南海大魚》，前面交代：「嶺南節度使何履光者，朱崖人也。所居傍大海，云：」

《續玄怪錄‧錢方義》，末後交代：「復言（即作者李復言）

頃亦聞之，未詳其實。大和二年秋，與方義從兄及河南兄不旬求岐州之薦，道途授館，日夕同之，宵話奇言，故及斯事，故得以備書焉。」

《續玄怪錄・驢言》，末後交代：「和（即故事主角張和）東鄰有右金吾郎將張達，其妻，李之出也，餘嘗造焉。云見驢言夕。遂聞其事，且以戒欺暗者，故備書之。」

《續玄怪錄・木工蔡榮》，末後交代：「有李復者，從母夫楊曙為中牟團戶於三異鄉，遍聞其說。召榮母問之，回以相告。泛祭之見德者，豈其然乎？」

《續玄怪錄・梁革》，末後交代：「其年秋，友人高損之，以其元舅為天官郎，日與相聞，故熟其事而言之，命余纂錄耳。」

《續玄怪錄・尼妙寂》，末後交代：「太和庚戌歲，隴西李復言遊巴南，與進士沈田會於蓬州，田因話奇事，持以相示，一覽而復之。錄怪之日，遂纂於此焉。」

《原化記・韋氏》，末後交代：「後數十年，韋氏表弟裴綱，貞元中，猶為洪州高安尉，自說其事。」

《稽神錄・青州客》，末後交代：「時賀德倫為青州節度使，與魏博節度使楊思厚有親，因遣此客使魏，具為思厚言之。魏人范宣古親聞其事，至為余言。」

《稽神錄・康氏》，末後交代：「有李潯者，為江都令，行縣至新寧鄉，見大家即平平家也。其父老為李言如此。」

以上所引各書材料充分說明，這個時期對故事講述人及故事流布情況的記載，絕非個別現象，而是開一代風氣的普遍現象。

第三節　民間故事異文更為豐富多彩

民間故事的異文，即同一故事在流傳過程中，其故事情節產生各種不同變化而形成的若干情節大同小異的口傳文本。一般來講，故事流傳的時間越長，擴布的地域越廣，產生變化的可能性越大，出現異文的機會越多。但是，民間故事在流傳過程中出現的各種變異，總是處於不斷發生變

動的狀態之下，只有被採錄者錄寫成文字，才產生「定格」的效果，因而得以保存並傳世，具有一定的資料價值和研究價值。

民間故事的各種異文，無不顯示出民間故事的流傳、變異特徵，歷來都受到學術界的重視。而採錄者在採集民間故事的時候，對異文的關注程度以及錄寫異文的豐富程度，都能夠反映出一個時期民間故事採錄活動的發展狀況和發展水平。同先秦兩漢、魏晉南北朝時期相比，隋唐五代錄寫的民間故事異文，數量大為增加，變化多種多樣，涉及的書籍達三四十種以上，成為這個時期民間故事採錄走向成熟的又一個重要標誌。

隋唐五代所錄寫的民間故事異文，有的載於同一種書籍，有的載於不同的書籍，有的則既見於同一種書，又見於不同的書籍。各種異文之間的變化情況大致有三類：其一，情節相同，繁簡有別；其二，情節相似，變化的幅度一般都不大；其三，主要情節相似，變化的幅度較大。下面，通過若干例證，具體論析這個時期民間故事異文的不同變化情況和不同的記載情況。

一、見於同一種書籍的民間故事異文

這個時期見於同一種書籍的民間故事異文，數量不太多，通常在同一作品之後，以「又」、「復一說」、「又一說」等方式錄寫和展示異文。諸如，《博異志・張不疑》及《又》，《河東記・李敏求》及「又一說」、《定命錄・沈七》及《又一則》、《靈怪集・張不疑》及《又》。也有一些民間故事異文，是以不同的篇名出現於同一種書籍之中的。諸如，《冥報記・唐杜通達》與《冥報記・唐邢文宗》、《廣異記・晁良貞》與《廣異記・李氏》及《又》。

試看，《博異志・李黃》及其異文：

> 元和二年，隴西李黃，鹽鐵使遜之猶子也。因調選次，乘暇於長安東市，瞥見一犢車，侍婢數人，於車中貨易。李潛目車中，因見白衣之姝，綽約有絕代之色。李子求問，侍者曰：「娘子孀居，袁氏之女，前事李家，今身依李之服。方除服，所以市此耳。」又

詢：「可能再從人乎？」乃笑曰：「不知。」李子乃出與錢帛，貨諸錦繡。婢輩遂傳言云：「且貸錢買之，請隨到莊嚴寺左側宅中，相還不負。」李子悅。時已晚，遂逐犢車而行，礙夜方至所止。

犢車入中門，白衣姝一人下車，侍者以帷擁之而入。李下馬，俄見一使者，將榻而出，云：「且坐。」坐畢，侍者云：「今夜郎君豈暇領錢乎！不然，此有主人否？且歸主人，明晨不晚也。」李子曰：「乃今無交錢之志，然此亦無主人，何見隔之甚也！」侍者入，復出曰：「若無主人，此豈不可。但勿以疏漏為誚也。」俄而侍者云：「屈郎君。」李子整衣而入，見青服老女郎立於庭，相見曰：「白衣之姨也。」中庭坐。少頃，白衣方出，素裙燦然，凝質皎若，辭氣閑雅，神仙不殊。略序款曲，翻然卻入。姨坐謝曰：「垂情與貨諸彩色，比日來市者，皆不如之，然所假如何？深憂愧。」李子曰：「彩帛粗繆，不足以奉佳人服飾，何敢指價乎！」答曰：「渠淺陋，不足侍君子巾櫛，然貧居有三十千債負，郎君儻不棄，則願侍左右矣。」李子悅，拜於侍側，俯而圖之。李子有貨易所先在近，遂命所使取錢三十千，須臾而至。堂西間門，舂然而開，飯食畢備，皆在西間。姨遂延李子入座，轉盼炫煥。女郎旋至，命坐，拜姨而坐。六七人具飯，食畢，命酒歡飲。一住三日，飲樂無所不至。第四日，姨云：「李郎君且歸，恐尚書怪遲，後往來亦何難也。」李亦有歸志，承命拜辭而出。上馬，僕人覺李子有腥臊氣異常。

遂歸宅，問：「何處，許日不見？」以他語對。遂覺身重頭旋，命被而寢。先是婚鄭氏女，在側云：「足下調官已成，昨日過官，覓公不得，某二兄替過官，已了。」李答以愧佩之辭。俄而鄭兄至，責以所往行。李已漸覺恍惚，祗對失次，謂妻曰：「吾不起矣。」口雖語，但覺被底身漸消盡。揭被而視，空注水而已，唯有頭存。家大驚惶，呼從出之僕考之，具言其事。及去尋舊宅所，乃空園，有一皂莢樹，樹上有十五千，樹下有十五千，餘了無所見。問彼處人，云：「往往有巨白蛇在樹下，便無別物。」姓袁者，蓋以空園為姓耳。

復一說。元和中，鳳翔節度李聽，從子琯，任金吾參軍，自永寧裡出遊，及安化門外，乃遇一車子，通以銀裝，頗極鮮麗，駕以白牛，從二女奴，皆乘白馬，衣服皆素，而姿容婉媚。琯貴家子，不知檢束，即隨之，將暮焉。二女奴曰：「郎君貴人，所見莫非麗質。某皆賤質，又粗陋，不敢當公子厚意。然車中幸有姝麗，誠可留意也。」琯遂求女奴，乃馳馬傍車，笑而回曰：「郎君但隨行，勿舍去，某適已言矣。」琯既隨之，聞其異香盈路。

　　日暮，及奉誠園，二女奴曰：「娘子住此之東，今先去矣。郎君且此回翔。某即出奉迎耳。」車子既入，琯乃駐馬於路側。良久見一婢，出門招手，琯乃下馬，入座於廳中，但聞名香入鼻，似非人世所有。琯遂令人馬入安邑裡寄宿。黃昏後，方見一女子，素衣，年十六七，姿艷若神仙。琯自喜之心，所不能諭。

　　及出，已見人馬在門外，遂別而歸。才至家，便覺腦疼，斯須益甚。至辰巳間，腦裂而卒。其家詢問奴僕昨夜所歷之處，從者具述其事，云：「郎君頗聞異香，某輩所聞，但蛇臊不可近。」舉家冤駭，遽命僕人，於昨夜所止之處覆驗之。但見枯槐樹中，有大蛇蟠屈之跡。乃伐其樹，發掘，已失大蛇，但有小蛇數條，盡白，皆殺之而歸。

　　這一組異文，寫的是蛇精化為美女殘害青年男子的故事，基本情節相同，卻又有許多不同之處。兩者不但某些情節有出入，而且細節描寫亦多有差別。例如，前一則故事主角進蛇窟一住三日，與蛇精盡歡；後一則故事主角入座廳中兩個時辰，僅與蛇精見過一面。又如，前一則故事主角回家後身重頭旋，就寢後身漸消盡，唯有頭存；後一則故事主角歸家便覺腦疼，不久便腦裂而卒。

　　再看，《冥報記》佚文中的兩則異文：

　　齊州高苑人杜通達，貞觀年中，縣承命令送一僧向北。通達見僧經箱，謂意其中是絲絹，乃與妻共計，擊僧殺之。僧未死，聞誦咒三兩句，遂有一蠅飛入其鼻，久悶不出。通達眼鼻遽喘，眉鬢即

落。迷惑失道，精神沮喪。未幾之間，便遇惡疾，不經一年而死。臨終之際，蠅遂飛出，還入妻鼻。其妻得病，歲餘復卒。

《冥報記・唐杜通達》

唐河間邢文宗，家接幽燕，秉性粗險。貞觀年中，忽遇惡風疾，旬日之間，眉鬢落盡。於後就寺歸懺。自云：近者向幽州，路逢一客，將絹十餘匹。迴澤無人，因即劫殺。此人云將向房州，欲買經紙。終不得免。少間，屬一老僧復欲南去，遇文宗。懼事發覺，揮刀擬僧。僧叩頭曰：「乞存性命，誓願終身不言。」文宗殺之，棄之草間。經二十餘日，行還，過僧死處。時當暑月，疑皆爛壞。試往觀之，儼若生日。文宗因以馬下策築僧之口。口出一蠅，飛鳴清徹，直入宗鼻，久悶不出。因得大病，歲餘而死。

《冥報記・唐邢文宗》

這一組異文，寫的是某人為奪絲絹殺人，後竟得報而大病身亡的故事，主要情節相同，但出入較前面一組明顯。前一則為直敘，文字較簡約；後一則為倒敘，描寫較細緻。其故事情節的差異主要是，前一則為夫妻共謀殺僧，二人先後遭報而死，後一則先殺路客又殺僧人，其人後遭報而死。

二、見於不同書籍的民間故事異文

這個時期見於不同書籍的民間故事異文，只要細心查閱，隨處可以發現，數量相當大，遠勝過這個時期見於同一種書籍記載的民間故事異文。其中，以見於兩種書籍的民間故事異文數量最多，譬如，有關鼠異房塌故事的兩則異文：

崔懷嶷，其宅有鼠數百頭，於庭中兩足行，口中作呱呱聲。家人無少長，盡出觀，其屋轟然而塌壞。嶷外孫王汶自向餘說。

《廣異記・崔懷嶷》

寶應中，有李氏子，亡其名，家於洛陽。其世以不好殺，故家未嘗蓄狸，所以宥鼠之死也。迨其孫，亦能世祖父意。嘗一日，李氏大集其親友，會食於堂上，而門外有群鼠數百，俱人立，以前足相鼓，如甚喜狀。家僮驚異，告於李氏。李氏親友乃空其堂而縱觀，人去且盡，堂忽摧圯，其家無一傷者。堂既摧而群鼠亦去。

《宣室志》卷三，「李氏子」

這一組異文，寫群鼠以怪異舉動吸引眾人出屋，使其全都躲過房塌之災，基本情節相似，但具體描寫各異。前一則甚為簡略，僅僅交代了基本故事情節；後一則的描述稍為詳細一些，不但交代了群鼠救人的因由，而且情節比較具體生動，有頭有尾。

又如，有關獵者救象故事的兩則異文：

安南人以射獵為業，每藥附箭鏃，射鳥獸，中者必斃。開元中，其人曾入深山，假寐樹下，忽有物觸之。驚起，見是白象，大倍他象，南人呼之為將軍。祝之而拜，象以鼻卷人上背，復取其弓矢藥筒等以授之。因爾遂騁行百餘里，入邃谷，至平石。迴望十里許，兩崖悉是大樹，圍如巨屋，森然隱天。象至平石，戰懼，且行且望。經六七里，往倚大樹，以鼻仰拂人。人悟其意，乃攜弓箭，緣樹上。象於樹下望之，可上二十餘丈，欲止。象鼻直指，意如導令復上。人知其意，遽上六十丈，象視畢走去。其人夜宿樹上。至明，見平石上有二目光，久之，見巨獸，高十餘丈，毛色正黑。須臾清朗，昨所見大象，領凡象百餘頭，循山而來。伏於其前。巨獸躩食二象，食畢，各引去。人乃思象意，欲令其射。因傅藥矢端，極力射之，累中二矢。獸視矢吼奮，聲震林木，人亦大呼引獸。獸來尋人，人附樹，會其開口，又當口中射之。獸吼而自擲，久之方死。俄見大象從平石入，一步一望，至獸所，審其已死。以頭觸之，仰天大吼。頃間，群象五六百輩，雲萃吼叫，聲徹數十里。大象來至樹所，屈膝再拜，以鼻招人。人乃下樹，上其背，象載人前行，群象從之。尋至一所，植木如隴，大象以鼻揭楂，群象皆揭，

日昕而盡。中有象牙數萬枚，象載入行，數十步內，必披一枝，蓋示其路。訖，尋至昨寐之處，下人於地，再拜而去。其人歸白都護，都護髮使隨之，得牙數萬。嶺表牙為之賤。使人至平石所，巨獸但餘骨存，都護取一節骨，十人舁致之，骨有孔，通人來去。

《廣異記‧安南獵者》

張景伯之為和州，淮南多象。州有獵者，常逐獸山中。忽有群象來圍獵者，令不得去。有大象至獵夫前，鼻絞獵夫，置之於背。獵夫刀仗墜者，象皆為取送還之。於是馱獵夫徑入深山，群象送於山口而返。入山五十里，經大磐石，石際無他物，盡象之皮革，餘血肉存焉。獵夫念曰：「得無於此啖我乎？」象負之且過，去石五十步，有大松樹。象以背依樹，獵夫因得登木焉。弓墜於地，象又鼻取仰送之。獵夫深怪其故。

象既送獵夫訖，因馳去。俄而有一青獸，自松樹南細草中出，毳毛鬅鬙，爪牙可畏，其大如屋，電目雷音，來止磐石，若有所待。有頃，一次象自北而來，遙見猛獸，俯伏膝行，既至磐石，恐懼戰慄。獸見之喜，以手取之，投於空中，投已接取，猶未食啖。獵夫望之歎曰：「畜獸之愚，猶請救於人，向來將予於山，欲予斃此獸也。予善其意，曷可不救？」於是引滿，縱毒箭射之，洞其左腋。獸既中箭，來趨獵夫，又迎射貫心，獸踣焉，宛轉而死。小象乃馳還，俄而諸象二百餘頭，來至樹下，皆長跪。展轉獵夫下，前所負象，又以背承之，負之出山。諸象圍繞喧號，將獵夫至一處，諸象以鼻破阜，而出所藏之牙焉，凡三百餘莖，以示獵夫。又負之至所遇處，象又皆跪，謝恩而去。獵夫乃取其牙，貨得錢數萬。

《紀聞‧淮南獵者》

這一組異文，寫大象馱獵人入深山除掉巨獸，保山林平安，基本情節也很相似。兩者不同之處在於：前一則故事情節較為豐富，在以毒矢射殺巨獸之前，描述了大象對獵人友善的情節；在射殺巨獸之後，又交代了贈送象牙致謝和都護取象牙、舁巨獸餘骨等情節。首尾呼應，頗為完整。後

一則故事情節較為單純，主要突出射殺巨獸的情節，描述比前一則更為具體生動，尤其是對巨獸的外貌與動作，以及射殺巨獸的過程，都做了繪聲繪色的描述。

這個時期見於兩種書籍的民間故事異文，尚有關於盜竊受懲故事的《冥報記・隨冀州小兒》與《玉泉子・孫季貞》，關於見屈原故事的《朝野僉載・高崔嵬》與《酉陽雜俎・黃幡綽》，關於不是錯喉故事的《次柳氏舊聞・噴帝》與《松窗雜錄・黃幡綽》，關於烈婦復仇故事的《集異記・賈人妻》與《原化記・崔慎思》，關於定婚店故事的《續玄怪錄・定婚店》與《玉堂閒話・灌園女嬰》，關於三封書信故事的《逸史・李君》與《會昌解頤錄・牛生》，關於酷吏遭報故事的《報應記・徐可苑》與《玉泉子・李詹》，關於魚念佛故事的《宣室志・當徐民》與《報應錄・熊慎》，關於某生遇仙故事的《原化記・陸生》與《會昌解頤錄・張卓》等。

第四節　隋唐五代民間故事的結構模式

隋唐五代時期，民間故事的結構模式大體上保存了魏晉南北朝時期的狀況，具有二段體、三段體、四段體和多段體等形態，而以三段體最為常見。

採用二段體的故事，例如《原化記・潯陽獵人》有關施弓弩殺虎的描述，形成一個二段體：

> 潯陽有一獵人常取虎為業，於徑施弩弓焉。每日視之，見虎跡而箭已發，未曾得虎。舊說云：「人為虎所食，即作倀鬼之事。」即於其側，樹下密伺。二更後，見一小鬼青衣，髡髮齊眉蹩躄而來弓所，拔箭發而去。後食品頃，有一虎來，履弓而過。既知之，更攜一隻箭而去。復如前狀。此人速下樹，再架箭，而登樹覘之。少頃虎至，履弓箭發，其虎貫脅而死。其倀鬼良久卻回，見虎死，遂鼓舞而去也。

這個時期採用二段體的故事，尚有《博異志·張不疑》（尊師第一次作法，以水向東而噀者三，怪物大體上保持原貌，略有短小；尊師又一次作法，以水向門而噀者三，怪物仆地作聲，化為冥器）、《廣異記·崔昌》（狐精所化小兒來向崔討教學問，崔不推卻；狐精所化小兒引來之老狐作亂，被崔趕走）、《集異記·僵僧》（士兵郝某不信佛，以刀刺僵僧之心，不三四步即捧心大叫一聲而絕；士兵陳某不信佛，以刀挑去僵僧二齒，不三四步即捧頤大叫一聲而絕）、《酉陽雜俎》「旁㐌」（胞兄忠厚，得到群鬼寶物，多有所獲，因以致富；胞弟狡詐，欲得群鬼寶物，受到懲罰，被拔長鼻子）、《宣室志》補遺「劉憲」（白衣鬼第一次要劉憲去冥府被叱走；白衣鬼第二次要劉憲去冥府，遂隨之而去）、《原化記·柳並》（深夜，柳將一小鬼剛插於書吏頭邊的小幡拔去，少頃一虎來嗅遍所有睡者而去；須臾，柳又將一小鬼新插於書吏頭邊的小幡拔去，少頃一虎再來嗅遍所有睡者而去）等。

這個時期採用三段體的故事，作品較多。例如《宣室志》卷二「王薰」，寫故事主角三次對待驢精的不同態度，形成一個三段體：

> 天寶初，有王薰者，居長安延壽裡中。嘗一夕，有三四輩挈食會薰所居。既飲食，燭前忽有巨臂出燭影下，薰與諸友且懼，相與觀之。其臂色黑，而有毛甚多。未幾，影外有語曰：「君有會，不能一見呼耶？願得少肉致掌中。」薰莫測其由，即與之。其臂即引去。少頃，又伸其臂曰：「君幸與我肉，今食具盡，願君更賜之。」薰即又置肉於掌中，已而又去。於是相與謀曰：「此必怪也。俟其再來，當斷其臂。」頃之果來，拔劍斬之。臂既墮，其聲亦遠。俯而視之，乃一驢足，血滿於地。明日，因以血蹤追尋之，入里中民家。既以事問民，民曰：「家有一驢，且二十年矣。夜失其足，有似刀而斷者焉。方駭之。」而薰又以事而告其民，若符所怪。即殺而食之。

又如，《逸史·李主簿妻》共包含兩個三段體──李妻氣絕而倒後，請葉仙師書符施救，形成一個三段體；金天王接到葉仙師三道符態度的變化，又形成一個三段體：

選人李主簿者，新婚。東過華岳，將妻入廟，謁金天王。妻拜次，氣絕而倒。惟心上微暖。過歸店，走馬詣華陰縣求醫卜之人。縣宰曰：「葉仙師善符術，奉詔投龍回，去此半驛，公可疾往迎之。」李公單馬奔馳五十餘里，遇之。李生下馬，拜伏流涕，具言其事。仙師曰：「是何魅怪敢如此？」遂與先行，謂從者曰：「鞍馱速馳來，待朱為及筆。」至店家，已聞哭聲。仙師入，見事急矣，且先將筆墨及紙來，遂畫符焚時，以水噀之。符化，北飛去，聲如旋風。良久無消息。仙師怒，又書一符，其聲如雷。又無消息。少頃，鞍馱到。取朱筆等，令李左右煮少許薄粥，以候其起。乃以朱書一道符，噀水叱之。聲如霹靂。須臾，口鼻有氣，漸開眼能言。問之，某初拜時，金天王曰：「好夫人。」第二拜，云：「留取。」遣左右扶歸院。適已三日。親賓大集，忽聞敲門。門者走報王，王曰：「何不逐卻？」乃第一符也。逡巡，門外鬧甚。門者數人，細語於王耳。王曰：「且發遣。」第二符也。俄有赤龍飛入，正扼王喉。才能出聲，曰：「放去。」某遂有人送，乃第三符也。李生罄裝以謝。葉師一無所取。是知靈廟，女子不得入也。

這個時期採用三段體的故事，尚有《廣異記・李元恭》（李子第一次引一老人來授崔經史，讓其頗通諸家大義；第二次引一人來授崔書法，讓其以工書著稱；第三次引人來教崔音樂，讓其備盡諸曲妙）、《廣異記・李氏》（第一次小狐讓少女掐指節，使大狐無法用媚藥加害；第二次小狐讓少女投其所給藥丸於路，使大狐不敢再來追趕；第三次小狐以朱書桃板釘於少女家門上，永絕大狐之患）、《紀聞・蘇無名》（武則天命洛州長史捕盜：「三日不得盜，罪」；長史命兩縣主盜官捕盜：「兩日不得盜，死」；兩縣主盜官命吏卒遊徼捕盜：「一日必擒之，擒不得，先死」）、《紀聞・鄭宏之》（狐精所化貴人來到堂前怒斥何人敢居於此？鄭不搭理；狐精所化貴人命長人前去滅燈，鄭用杖劍將其擊走；鄭邀狐精所化貴人同坐，乘其不備，用杖劍將其擊走）、《宣室志》「陳越石」（陳與張氏夜飯時，一怪伸青黑毛手乞食，陳厭而投以少量肉食令去；怪食訖又伸手來乞，陳怒斥之，怪若有所懼，乃去；俄頃，怪又伸手向張氏乞食，張

氏亦不與，怪即顯出夜叉面目將其擊倒）、《宣室志》「裴氏子」（一狐精稱高生者，登門以符術為裴氏子驅狐治病，不見起色；數日後一狐精稱王生者，登門以呵禁除狐為裴氏子治病，竟與高生互相詬辱；不多時，一狐精所變道士來為裴氏子治病，與高、王閉戶鬥毆，三狐倒地後被裴家鞭殺，裴氏子乃癒）、《會昌解頤錄・牛生》（牛生飢寒貧困時，開冥使所與第一信書，得到叔父寄存之錢；牛生求名失路時，開冥使所與第二信書，果登上第；牛生疾病纏身時，開冥使所與第三信書，乃得善終）等。

採用四段體的故事，例如《廣異記・魏元忠》寫故事主角對待猿、狗、群鼠、鵂鶹的不同態度，形成一個四段體：

> 唐魏元忠本名真宰，素強正，有幹識，其未達時，家貧，獨有一婢，廚中方爨，出汲水還，乃見老猿為其看火。婢驚白之，元忠徐曰：「猿滑我無人力，為我執爨甚善戶。」又常呼蒼頭，未應，狗代呼之。又曰：「此孝順狗也。乃能代我勞。」又獨坐，有群鼠拱手立其前，又曰：「鼠飢，就我求食。」乃令食之。夜中，鵂鶹鳴其屋端。家人將彈之，又止之曰：「鵂鶹晝不見物，故夜飛。此天地所育，不可使南走越，北走胡，將何所之？」其後遂絕無怪矣。元忠歷太官至侍中中書令僕射。則天崩，中宗在諒闇，詔元忠攝塚宰，百官總己以聽三日。年八十餘方薨。始元忠微時，常謁張景藏，景藏待之甚薄，就質通塞，亦不答也。乃大怒曰：「僕千里裹糧而來，非徒然也。必謂明公有以見教，而乃金口木舌以相遇，殊不盡勤勤之意耶？然富貴正由蒼蒼，何預公事。」因拂衣長揖而去。景藏遽牽止之曰：「君相正在怒中，後當貴極人臣。」卒如其言。

採用多段體的故事，比較少見。例如《廣異記・張鋋》寫故事主角在返四川中，被巴西侯（巨猿）邀請至府內設宴款待，陪客的六雄將軍（熊）、白額侯（虎）、滄浪君（狼）、五豹將軍（豹）、鉅鹿侯（鹿）、玄丘校尉（狐）到了時，形成一個小六段體：

前有六人皆黑衣，當矗然其狀，曰六雄將軍。巴西侯起而拜，六雄將軍亦拜。又一人衣錦衣，戴白冠，貌甚獰，曰白額侯也。又起而拜，白額侯亦拜。又一人衣蒼，其質魁岸，曰滄浪君也。巴西侯又拜，滄浪亦拜。又一人被斑文衣，似白額侯也而稍小，曰五豹將軍也。巴西又拜，五豹將軍亦拜。又一人衣褐衣，首有三角，曰為鹿侯也。巴西揖之。又一人衣黑，狀類滄浪君，曰玄丘校尉也。巴西侯亦揖之。

又如，《河東記・李知微》寫故事主角某個月夜在古槐樹下，見眾多鼠精出來分別報自己的官職，形成一個小小的八段體：

有一人，白長者曰：「某當為西閣舍人。」一人曰：「某當為殿前錄事。」一人曰：「某當為司文府史。」一人曰：「某當為南宮書佐。」一人曰：「某當為馳道都尉。」一人曰：「某當為司城主簿。」一人曰：「某當為遊仙使者。」一人曰：「某當為東垣執戟。」

語言文學類　PG0578

中國民間故事史
──先秦至隋唐五代篇

作　　者 / 祁連休
責任編輯 / 鄭伊庭、孫偉迪
圖文排版 / 蔡瑋中
封面設計 / 王嵩賀

發 行 人 / 宋政坤
法律顧問 / 毛國樑　律師
出版發行 / 秀威資訊科技股份有限公司
　　　　　114台北市內湖區瑞光路76巷65號1樓
　　　　　電話：+886-2-2796-3638　傳真：+886-2-2796-1377
　　　　　http://www.showwe.com.tw
劃撥帳號 / 19563868　戶名：秀威資訊科技股份有限公司
　　　　　讀者服務信箱：service@showwe.com.tw
展售門市 / 國家書店（松江門市）
　　　　　104台北市中山區松江路209號1樓
　　　　　電話：+886-2-2518-0207　傳真：+886-2-2518-0778
網路訂購 / 秀威網路書店：http://www.bodbooks.com.tw
　　　　　國家網路書店：http://www.govbooks.com.tw

2011年8月BOD一版
定價：420元

國家圖書館出版品預行編目

中國民間故事史. 先秦至隋唐五代篇 / 祁連休著. -- 一版.
-- 臺北市：秀威資訊科技, 2011. 08
面； 公分. --（語言文學類；PG0578）
BOD版
ISBN 978-986-221-774-0（平裝）

1. 民間故事 2. 文學評論 3. 中國

539.52   100010257

讀者回函卡

感謝您購買本書，為提升服務品質，請填妥以下資料，將讀者回函卡直接寄回或傳真本公司，收到您的寶貴意見後，我們會收藏記錄及檢討，謝謝！
如您需要了解本公司最新出版書目、購書優惠或企劃活動，歡迎您上網查詢或下載相關資料：http:// www.showwe.com.tw

您購買的書名：_____

出生日期：_____年_____月_____日

學歷：□高中 (含) 以下　　□大專　　□研究所 (含) 以上

職業：□製造業　□金融業　□資訊業　□軍警　□傳播業　□自由業
　　　□服務業　□公務員　□教職　　□學生　□家管　　□其它_____

購書地點：□網路書店　□實體書店　□書展　□郵購　□贈閱　□其他

您從何得知本書的消息？

　　□網路書店　□實體書店　□網路搜尋　□電子報　□書訊　□雜誌

　　□傳播媒體　□親友推薦　□網站推薦　□部落格　□其他_____

您對本書的評價：（請填代號　1.非常滿意　2.滿意　3.尚可　4.再改進）

　　封面設計____　版面編排____　內容____　文／譯筆____　價格____

讀完書後您覺得：

　　□很有收穫　□有收穫　□收穫不多　□沒收穫

對我們的建議：_____

_____

_____

_____

11466
台北市內湖區瑞光路 76 巷 65 號 1 樓

秀威資訊科技股份有限公司　　　收

BOD 數位出版事業部

....

（請沿線對折寄回，謝謝！）

姓　　名：＿＿＿＿＿＿＿＿　年齡：＿＿＿＿　性別：□女　□男

郵遞區號：□□□□□

地　　址：＿＿＿＿＿＿＿＿＿＿＿＿＿＿＿＿＿＿＿＿＿＿

聯絡電話：(日) ＿＿＿＿＿＿＿＿＿＿　(夜) ＿＿＿＿＿＿＿＿＿＿

E-mail：＿＿＿＿＿＿＿＿＿＿＿＿＿＿＿＿＿＿＿＿＿＿